JULIE LUTZ

Großmutters Leibspeisen

P N

JULIE LUTZ

Großmutters Leibspeisen

936 REZEPTE AUS DER GUTEN ALTEN ZEIT

rosenheimer

39. Auflage

Titel bis zur 29. Auflage: „Kochbuch für jeden Haushalt“

Alle Zeichnungen stammen von Paul Neu; die Zeichnungen auf den Seiten 227, 240, 249, 250, 251, 258, 264, 286, 287, 300, 302 und 308 wurden mit freundlicher Genehmigung des Möseler Verlags, Wolfenbüttel und Zürich, dem Buch „Das leibhaftige Liederbuch“ entnommen.

Titelbild: G+J Fotoservice
Druck und Bindung: Grafica Veneta SpA, Trebaseleghe (PD)
Printed in Italy

ISBN 978-3-475-52948-1

Inhalt

Vorwort

Die Kochvorschriften sind für vier Personen berechnet. Sämtliche angeführten Speisen werden von mir seit Jahrzehnten gekocht. Die Speisen können in *jedem* Haushalt hergestellt werden. Wer sich *genau* an die Vorschriften hält, wird nur gute und schmackhafte Speisen auf den Tisch bringen.

Ich habe mich bemüht, die Vorbereitungen und die Kochvorgänge mit wenigen Worten so anschaulich als möglich zu schildern, damit sich auch Anfänger zurechtfinden.

Ich habe es unterlassen, teure Kochvorschriften aufzunehmen, ebenso habe ich Speisen, die fast nie im Privathaushalt hergestellt werden, weggelassen.

Ich hoffe, daß das Büchlein vielen Hausfrauen ein treuer, verläßlicher Freund werden wird.

Julie Lutz

PAUL NEU

Wichtige Vorbemerkungen und Ratschläge

Kochgeräte

Herd

Wichtig für Kochen ohne Ärger und Sparen von Energie und Feuerungsmaterial ist die Beschaffenheit des Herdes und die Instandhaltung desselben. Da jeder Herd eine besondere Behandlung verlangt, ist es unbedingt nötig, daß die Hausfrau ihn genau kennt.

Holz- oder Kohlenherd
Die Hausfrau muß wissen, welches Brennmaterial für ihren Herd am geeignetsten ist. Sie muß wissen, welche Feuerungsart benötigt wird, um langsame, rasche, schwache oder starke Hitze zu erzeugen. Durch genaues Beobachten und öftere Versuche ist dies sehr leicht festzustellen. Ein Fehler wird sehr häufig gemacht: Es wird zuviel Brennmaterial gleichzeitig in die Schüre gebracht, und das Feuer erhält dadurch keine Luft. Man scheue nicht die Mühe, öfter nachzuschüren und bei Kohlenfeuer die Glut mit dem Schürhaken von Zeit zu Zeit durchzurütteln. Die Bratröhre soll häufig auf allen Seiten abgekehrt werden. Die Röhre wird dadurch rascher heiß, und man spart Brennmaterial und Zeit.

Gas- oder Elektroherde
werden in vielen verschiedenen Modellen und Ausführungen hergestellt und sind am besten nach den speziell von den Lieferfirmen ausgearbeiteten Gebrauchsanweisungen zu bedienen. Auch sind meistens Grundrezepte mit Angaben der Heizstufen oder Temperaturen zum Kennenlernen des Herdes beigefügt.

Dampfdrucktopf

Dieser Topf spart viel Zeit und Heizenergie beim Garen von Nahrungsmitteln mit längerer Kochzeit, z.B. Fleisch, Geflügel, Eintöpfe, Hülsenfrüchte, Gemüse und Kartoffeln. Die den Dampfdrucktöpfen beiliegende Gebrauchsanweisungen sind unbedingt *genau* zu beachten, damit Unfälle durch Verbrennungen vermieden werden. Auch sollen die Angaben über die einzelnen Garzeiten eingehalten werden, damit die Speisen nicht verkochen.

Friteuse

Gerät zum Backen von Speisen und Gebäcken in *Öl-* oder *Fettbad;* meistens elektrisch beheizt und ausgestattet mit einem Thermostat zum Regeln der Hitze. Ist keine *elektrisch beheizte* Friteuse vorhanden, so kann man auch einen höheren Topf verwenden, in dem das Fett erhitzt wird.

Grill

Er kann entweder als Infrarotgrill im Backofen eines Elektro- oder Gasherdes eingebaut oder als selbständiges Gerät konstruiert sein. Diese Art des Garens ermöglicht, fettarme Speisen in kurzer Zeit herzustellen. Außerdem werden die Geschmacksstoffe und der Saft durch raschen Porenverschluß infolge der Eiweißgerinnung erhalten.

Holzkohlengrill im Freien
Die zur Rotglut gebrachten Holzkohlen liefern die Hitze zum Grillen im Freien. Siehe auch Hinweise zur Behandlung des Grillgutes!

Grillpfanne

Die am Pfannenboden befindlichen dicken Rippen stellen den Grillrost dar. Die Grillpfanne wird auf einer Platte eines Holz-, Kohlen-, Gas- oder Elektroherdes erhitzt, wobei die Rippen geölt werden und das Grillgut, genau wie bei anderen Grillarten *ohne* Salz, jedoch nach Belieben mit Kräutern gebeizt, rasch gegart wird. Der Fettverbrauch ist gering. Erst beim Anrichten salzen!

Pfanne

Zum Backen kurzer Pfannenspeisen verwendet man am besten eine eiserne Pfanne, ebenso zum Rösten von Einbrenne. Sehr vorteilhaft ist ein dazu passender, gutschließender Deckel zum Garziehen lassen auf kleiner Temperatur.

Tiegel

Unter Tiegel versteht man *halbhohe* Töpfe.

Kochbegriffe

Anbraten

Um kleinere Stücke Fleisch saftig zu erhalten, empfiehlt es sich, dieselben auf allen Seiten *rasch* in heißem Fett anzubraten. Die Poren schließen sich dadurch sofort, und es entweicht wenig Saft. Ein Überhitzen von Fett während des Bratens ist auf jeden Fall zu *vermeiden*, da sonst das Bratgut zu schnell bräunt, austrocknet und an Geschmack verliert! Außerdem ist überhitztes Fett gesundheitsschädlich!

Backen

Unter Backen ist in nachfolgenden Vorschriften verstanden, Fleischspeisen oder Einlagen für Suppen in offener Pfanne (in Fett) auf heißer Herdplatte rasch fertig zu machen.

Braten

Unter Braten versteht man, Speisen unter Zugabe von Fett in heißer Pfanne auf dem Herd (Pfannengerichte oder Schnellgerichte) *oder* in der Bratpfanne (Bratraine) mit oder ohne Bratrost, *in der Bratröhre* garzumachen. Sehr wichtig für das Braten in der Bratröhre ist das *öftere* Begießen mit Fett, Butter oder Öl oder mit dem entstandenen Bratensaft.

So wie die Bratpfanne auf dem Herd vor Zugabe des Bratfettes erhitzt werden muß, muß auch die Bratröhre vor dem Einschieben des Bratgutes auf die gewünschte Temperatur geheizt werden, (rascher Porenverschluß bewirkt Saftigbleiben des Bratens).

Dämpfen

Unter Dämpfen versteht man, Fleisch oder Gemüse unter Zugabe von wenig Flüssigkeit auf nicht zu starkem, gleichmäßigem Feuer (Herdplatte geschlossen) zugedeckt langsam weich werden zu lassen. Ist die Flüssigkeit eingedämpft, bevor das Fleisch oder Gemüse weich ist, so muß von Zeit zu Zeit warme Flüssigkeit nachgegossen werden.

Dies wird besonders der Fall sein bei Gemüse, das längere Zeit aufbewahrt war und stark ausgetrocknet ist. Ein Verlust des Nährstoffgehaltes findet beim Dämpfen nicht statt. Der Wohlgeschmack der Speisen bleibt erhalten.

Die kürzeste Garzeit erreicht man im Dampfdrucktopf, und hierbei werden alle Nähr-, Wert- und Aromastoffe weitgehend erhalten.

Grillen

Unter Grillen versteht man das Garen von Fleisch, Fisch, Geflügel, Gemüse usw. durch Strahlungshitze. Diese starke Hitze kann entweder in der Grillpfanne auf dem Herd oder unter dem Elektrogrill in der Röhre oder auf dem Holzkohlengrill im Freien entstehen.

Wichtiger Hinweis: Das Grillgut nicht waschen, nur mit feuchtem Tuch abreiben. *Nicht salzen*, damit es nicht Saft zieht! Nur mit der Hand klopfen!

Das vorbereitete Grillgut 1 – 2 Stunden oder länger vor dem Grillen mit Öl bestreichen, Zitronensaft beträufeln und nach Belieben mit folgenden Gewürzen einbeizen: feingeschnittenem oder zerdrücktem Knoblauch, Zwiegelringen, Paprikapulver, frischgemahlenem Pfeffer, frischen oder getrockneten Kräutern.

Das Aroma der Gewürze zieht in das Grillgut. Vor Auflegen des Fleisches auf den Grillrost entfernt man am besten mit dem Ölpinsel die gehackten Gewürze, damit sie nicht durch den Rost ins Feuer fallen oder zu stark verbrennen.

Kochen

Unter Kochen versteht man, Speisen mit *reichlich* Wasser zugedeckt weich bzw. fertig zu machen. Beim Kochen werden den Nahrungsmitteln lösliche Stoffe entzogen. Sie verlieren dadurch an Wert, während die Kochbrühe gewinnt. Das Kochen ist also besonders da am Platze, wo die Kochbrühe Verwendung findet.

Darum Gemüse-Kochbrühe *niemals* weggießen, sondern zum Aufgießen von Suppen und Soßen verwenden, oder einfach in Tassen füllen und vor dem Essen als Gemüse-Bouillon reichen!

Ein Zusetzen in kalter Flüssigkeit erhöht die auslaugende Wirkung, das Zusetzen in kochender Flüssigkeit mindert sie herab.

Schmoren

Unter Schmoren versteht man kräftiges Anbräunen des Fleisches in heißem Fett und offenem Geschirr, dann mit heißem Wasser aufgießen und zugedeckt garschmoren. Es muß immer etwas Flüssigkeit auf dem Topfboden sein.

Ziehen

Fertiggekochte Speisen gewinnen an Geschmack, wenn sie noch kurze Zeit (einige Minuten) zugedeckt heißgestellt werden.

Allgemeines

Die Speisen sind für vier Personen berechnet. Will man mehr oder weniger kochen, so verändere man die angegebenen Mengen der Zutaten im gleichen Verhältnis.

Wichtig: Man halte sich genau an die in den Kochvorschriften angegebene *Reihenfolge* und *Zeitdauer* der einzelnen Arbeitsgänge. Das Gelingen der Speisen ist davon sehr abhängig. Auch halte man die Mengen der Zutaten genau ein (*Küchenwaage!*) und verlasse sich nicht auf das „Gefühl". Besonders Anfängerinnen sei dies dringend empfohlen.

Soll man Suppen herstellen, ohne gleichzeitig Rindfleisch zu kochen, so kann man Suppenknochen, Bratensoße oder Suppenwürfel verwenden.

Ochsenfleisch hat glänzend rote Farbe. Es ist mit weißem Fett gut durchwachsen und hat keine starken Muskeln.

Kuhfleisch dagegen hat gelbes Fett, während *Jungtiere* blasses Fleisch haben.

Junge Gänse haben weiße Haut und kurze Füße.

Junge Tauben haben Flaum unter den Flügeln.

Fleisch soll man stets vor Verwendung mit kaltem Wasser waschen, aber *nicht im Wasser liegen lassen.*

Zum Fertigkochen von Fleischspeisen, Gemüsen und Soßen verwendet man am besten Fleischbrühe oder Bratenstoße; wenn nicht vorhanden, heißes Wasser.

Beim Klopfen von Fleisch soll stets ein gerippter Holzhammer verwendet werden, falls nicht in den Kochvorschriften „*flacher Hammer*“ angegeben ist.

Beim Kochen von Suppenklößchen oder Knödeln ist es für Anfängerinnen vorteilhaft, zunächst einen *Probierknödel* einzulegen, ihn nach der vorgeschriebenen Kochzeit herauszunehmen und auseinanderzureißen. Ist das Probierknödel innen noch teigig, so muß er noch weiterkochen und man kann dementsprechend die richtige Kochzeit für die übrigen Knödel bemessen.

Speisen, für die eine bestimmte Menge Salz nicht angegeben ist, salzt man anfangs nur *wenig*. Je nach Geschmack gibt man nach dem Fertigkochen noch Salz hinzu.

Unter *Spicken* versteht man:

1. Feingeschnittenes, 4 Zentimeter lange, geräucherte Speckstreifen mit Spicknadel unter der Haut des Fleischstückes hindurchziehen, oder
2. mit langem, dünnem, sogenannten Spickmesser tief in das Fleisch einstechen, das Messer darin umdrehen, herausziehen und den Speckstreifen so weit einschieben, daß er noch ungefähr 1 Zentimeter heraussteht.

Um *Butter* leicht schaumig rühren zu können, erwärme man das Gefäß.

Es ist eine große Annehmlichkeit, stets *Semmelmehl (Brösel)* vorrätig zu haben. Man trocknet eine größere Anzahl Semmeln, reibt sie mit der Reibmaschine, gibt sie durch großes Sieb und bewahrt sie in Blechbüchse (oder Glas) trocken auf. Man spart dadurch Zeit und hat stets die benötigte Menge Semmelmehl zur Hand.

Geräuchertes Fleisch bleibt beim Kochen am saftigsten, wenn man es in *kochendes* Wasser einlegt, dann aber auf der Seite des Herdes *ziehen* läßt (*nicht kochen*). Wird dasselbe nicht warm verwendet, so läßt man es in der Brühe erkalten.

Geräucherte Rindszunge legt man tags vorher in kaltes Wasser und behandelt sie am nächsten Tage wie geräuchertes Fleisch.

Aluminium-Haushaltsfolie

Diese Metallfolie ist zum Garen von Nahrungsmitteln durch Kochen, Dünsten, Braten, Grillen und Backen bestens geeignet. Die Folie ist undurchlässig für Wasser, Wasserdampf und Fett und schützt somit das Füllgut vor dem Austrocknen. Es ist dadurch ein Garen mit *wenig Fett* oder sogar ohne Fett im eigenen Saft möglich. Wichtig ist, daß das Füllgut *locker* in der Folie eingeschlagen wird, damit es sich beim Erhitzen ausdehnen kann. Das Füllgut muß mit einem *doppelten* Falz auf allen Seiten gut verschlossen werden. Gebrauchsanweisungen von Aluminium-Haushaltsfolien beachten!

Aluminium-Haushaltsfolie eignet sich vorzüglich zum *Abdecken* von Pfannen, Backformen und Töpfen, zum Beispiel um das Austrocknen von *mageren* Fleisch- oder Wildgerichten zu verhindern. Das Fleisch kann dadurch im eigenen Saft garen, und erst in der zweiten Hälfte der Bratzeit wird die Alufolie weggenommen, so daß eine Bräunung – je nach Belieben stark – erfolgen kann.

Fett

Ist in den Kochvorschriften allgemein „Fett" angegeben, so kann jede beliebige Art Fett verwendet werden. Ist eine besondere Art von Fett angegeben, z.B. Butter oder Schweinefett, so soll, wenn man einen möglichst hochwertigen Geschmack der Speisen erzielen will, nur diese Fettart verwendet werden. Dies gilt vor allem bei sämtlichem Backwerk!

Zum Braten und Grillen von Fleisch und Fisch sowie zum Dünsten von Gemüsen eignet sich sehr gut *Öl* (Olivenöl, Erdnußöl, Maisöl,

Sonnenblumenöl). Öl ist ein sehr gut verträgliches Fett, vor allem für Kinder und Kranke.

Rahm

Um immer sauren Rahm zu haben, ist es sehr zweckmäßig, von der täglichen Milch einen Löffel Rahm abzuschöpfen und in ein besonders hierfür bestimmtes Gefäß zu geben. Dies ist nur möglich, wenn noch Milch direkt vom Bauern zur Verfügung steht. Von der bereits pasteurisierten Milch kann man kaum Rahm gewinnen. Es gibt aber sauren und süßen Rahm in verschiedenen Mengen zu kaufen.

Ist in den Rezepten *süßer* Rahm angegeben, so ist dieser auch durch Kondensmilch (10 – 15 %ig) zu ersetzen. Ist *saurer* Rahm angegeben, so kann dieser auch, wenn keiner vorhanden ist, durch süßen Rahm, vermischt mit 1 – 2 Teelöffel Zitronensaft, ersetzt werden.

Ist in den Rezepten nur *Rahm* angegeben, so kann entweder *süßer* oder *saurer* je nach Belieben verwendet werden.

Würzen

Beim Würzen von Fleischstücken vermische man stets vorher die angegebenen Mengen von Salz und Pfeffer.

Die Gewürze sind stets in mittleren Mengen angegeben. Selbstverständlich kann man dieselben je nach Geschmack noch mengenmäßig ergänzen.

Fleischspeisen kann man im allgemeinen durch Zugabe von 1 bis 2 Eßlöffeln Weißwein (auch Apfelwein) im Geschmack verbessern.

Weißer Pfeffer kann natürlich stets durch schwarzen ersetzt werden. Für Suppen, Soßen ist jedoch weißer Pfeffer, der unsichtbar bleibt, empfehlenswerter.

Muskatnuß wird stets fein gerieben verwendet. In den Kochvorschriften ist dies nicht einzeln vermerkt. Das gleiche gilt für Zitronenschale, falls nicht anders vorgeschrieben ist.

Wichtige Vorbemerkungen für Bäckereien

1. Bei feinem Backwerk nur feinstes Mehl und feinen Zucker verwenden, Mehl – wenn nötig – stets sieben.
2. Beim Rühren von Backwerk die angegebenen Rührzeiten genau einhalten! Vom richtigen Rühren hängt das Gelingen des Backwerks in erster Linie ab. Man scheue daher diese geringe Mehrarbeit nicht.
3. Butter rührt man in angewärmter Schüssel schaumig. *Vor allen anderen Zutaten* stets den Zucker hinzugeben, damit sich derselbe rasch verrührt.
4. Waschen von Weinbeeren, Rosinen, Sultaninen: Stiele entfernen. Beeren in Sieb legen, einigemal mit heißem Wasser überschütten, Sieb dabei schütteln, gut ablaufen lassen.
5. Abschälen von Mandeln: Die Mandeln in kochend heißes Wasser legen, bis sich die Schalen mit den Fingern leicht abdrücken lassen.
6. Beim Backen von Backpulverteig, Torten und Kleinbackwerk darf die Röhre auf keinen Fall vor Ablauf der halben Backzeit geöffnet werden, da das Backwerk sonst zusammenfällt. Man sieht am besten erst kurz vor Ablauf der angegebenen Backzeit nach.
7. Ein Kuchen ist fertiggebacken, wenn die Kruste hart ist und er beim Klopfen mit dem Finger hohl klingt. Ist man trotzdem im Zweifel, ob ein Kuchen fertiggebacken ist, so sticht man mit dünnem Hölzchen tief ein. Bleibt kein Teig hängen, so ist der Kuchen fertig.
8. Einen Auflauf gibt man erst kurz vor dem Anrichten in die Röhre, so daß er nach dem Fertigbacken sofort auf den Tisch gebracht werden kann. Er verliert durch längeres Stehen an Form und fällt zusammen.
9. Beim Herausnehmen einer Torte oder eines Auflaufs öffne man die Springform und löse das Backwerk mit einem flachen Messer vom Boden der Form (nicht stürzen).

10. Puddings und Kuchen, die in Formen gebacken sind, nach Herausnehmen aus der Röhre einige Minuten stehenlassen, dann erst stürzen. Sollten sich dieselben nicht von der Form lösen, so bedeckt man die gestürzte Form mit feuchtem, kaltem Tuche und wiederholt dies öfters.

11. Röhre ist *mäßig heiß*, wenn eingelegtes weißes Papier *langsam gelb* wird.
    Röhre ist *heiß*, wenn Papier *rasch gelb* wird.
    Röhre ist für alle Bäckereien *zu heiß*, wenn Papier *dunkelbraun* wird.

Suppen

1. Fleischsuppe *(Fleischbrühe)*

500 g Ochsenfleisch; Suppengrün: Stückchen Sellerie, Lauch, gelbe Rübe, Zwiebel, Petersiliengrün mit Wurzel, wenn vorhanden einige Tomaten, Salz

Die beste Fleischsuppe ist aus Ochsenfleisch zu erzielen. Legt man Wert darauf, eine *gute, klare* Suppe zu erhalten, setzt man das Fleisch mit *kaltem* Wasser und dem Suppengrün zu; will man das Fleisch möglichst saftig erhalten, gibt man dasselbe in *kochendes* Wasser mit dem Suppengrün. Das gutgewaschene Fleisch wird gekocht, bis es weich ist; muß man Wasser zugießen, stets heißes Wasser nehmen. Nach Fertigkochen die Suppe durch Sieb seihen. Man kann auch von Schweinefleisch gute Suppe erhalten. Kleine Fleischstücke bleiben saftiger, wenn dieselben nach halbstündigem Kochen auf heißer Herdplatte nur noch ziehen.

2. Markklößchensuppe

50 – 70 g Mark, 2 Eier, Semmelmehl, Salz, kleine Messerspitze geriebene Muskatnuß, Teelöffel gehacktes Petersiliengrün, Messerspitze kleingehackte Zitronenschale

Mark heiß werden und durch feines Sieb laufen lassen (damit Knochensplitter zurückbleiben). Mark mit Eiern und Zutaten gut verrühren, dann das Semmelmehl darunterrühren. Kleine Klößchen formen und 15 Minuten langsam in Fleischbrühe kochen lassen. Hat man nicht genügend Mark, nimmt man etwas Butter dazu. Gibt ca. 8 – 10 Stück.

3. Leberklößchensuppe

150 – 200 g Leber, 50 – 70 g Mark oder Rinderfett, nach Geschmack Salz und Pfeffer, Zitronenschale, 1 Messerspitze Majoran, etwas Petersiliengrün, 2 Eier, 150 g Semmelbrösel

Das Ganze durch Fleischhackmaschine treiben, besser noch Leber fein schaben, dann 2 Eier und die Semmelbrösel daruntermengen. Einige Zeit stehenlassen. Kleine Klößchen formen und 15 Minuten in Fleischbrühe kochen. Gibt ca. 8 – 10 Stück.

4. Gebrühte Klößchen

Das Mehl mit der *heißen* Milch verrühren. Nach dem *Erkalten* die Zutaten dazurühren. Mit Teelöffel kleine Klößchen ausstechen und in dem heißen Fett hellgelb backen. Zur Fertigstellung der Suppe mit heißer Fleischbrühe übergießen. Ist sehr ergiebig und sehr gut. Gibt etwa 28 Stück.

75 g Mehl, 1/8 Liter Milch, 1 Ei, Schnittlauch oder Petersiliengrün, 1 gute Messerspitze Salz, etwas Muskatnuß, beliebiges Fett zum Backen

5. Grießnockerlsuppe

Erwärmte Butter mit Ei gut verrühren. Grieß darunterrühren und drei Minuten stehenlassen. Mit Kaffeelöffel in kochende Fleischbrühe einlegen. Gibt 9 Stück. Man läßt sie zugedeckt kochen, bis sie groß und schwammig sind.

28 g Butter, 1 Ei, 65 g grober Grieß; Fleischbrühe nach Nr. 1

6. Grießnockerl ohne Fett

Ei fest verrühren und Grieß darunterrühren. Drei Minuten stehenlassen. Mit Teelöffel Nockerl in die kochende Brühe einlegen. 20 Minuten kochen lassen, werden groß und schwammig. Ergibt 9 Stück.

3 Eßlöffel Grieß, 1 Ei; Fleischbrühe nach Rezept Nr. 1

7. Lebersuppe

Leber mit Zwiebel durch Fleischhackmaschine treiben. Mehl mit Fett hellgelb rösten und die durchgetriebene Leber fest darunterrühren. Langsam mit *warmer* Fleischbrühe anrühren, Salz und Pfeffer zugeben und gut aufkochen lassen. Dann so viel Fleischbrühe zugießen, als Suppe benötigt wird. Das mit etwas Rahm verrührte Ei an die Suppe geben. Semmeln in Würfel schneiden, mit etwas Fett rösten und in die Suppenschüssel legen. Die fertige Suppe darübergießen.

250 g Rinds- oder Kalbsleber, 1 kleine Zwiebel, 2 gehäufte Eßlöffel Mehl, 1 Ei, 2 Semmeln, süßer Rahm, 1 Eßlöffel Fett, Salz und Pfeffer nach Geschmack; Fleischbrühe nach Nr. 1 oder Suppenwürfel

8. Milzsuppe

Die Milz schaben. Weiterbehandlung wie Lebersuppe Nr. 7.

250 g Milz, weitere Zutaten wie zu Lebersuppe Nr. 7; Fleischbrühe nach Nr. 1 oder Suppenwürfel

1 Eßlöffel Mehl, 1 Teelöffel Zucker, 1/4 Liter Wein oder Apfelwein, 1/4 Liter Wasser, etwas ganzer Zimt, Saft und Schale einer halben Zitrone, 1 – 2 Eidotter

9. Weinsuppe *(Besonders geeignet für Kranke)*

Mehl und Zucker *ohne Fett* hellgelb rösten. Nun mit dem kalten Wasser anrühren und aufkochen. Wein, Zimt, Saft und Schale der Zitrone werden mit weiterem Zucker (nach Geschmack) dazugegeben. Nochmals gut heiß werden lassen und die verrührten 2 Eidotter dazugeben.

2 gehäufte Eßlöffel Mehl, 1 – 2 Eier, 1 Eßlöffel saurer Rahm, etwas Muskatnuß, Schnittlauch; Fleischbrühe nach Nr. 1

10. Einlaufsuppe

Das Mehl mit *kaltem* Wasser zu dicklichem Teig rühren und dann die Eier gut darunterrühren. Die Masse unter ständigem Rühren in kochende Fleischbrühe einlaufen und einigemal aufkochen lassen. Die fertige Suppe mit Muskatnuß, Schnittlauch und Rahm würzen.

3 größere Kartoffeln, 2 Eßlöffel Mehl, 1 Eßlöffel Fett, eine kleine Zwiebel, Muskatnuß (Majoran, Petersiliengrün, 1 kleine gelbe Rübe, 1 Stück Lauch, Sellerie), 1 Eßlöffel saurer Rahm, Salz. In Klammern gesetzte Zutaten sind nicht unbedingt nötig.

11. Kartoffelsuppe

Rohe Kartoffeln schälen und in Scheiben schneiden, die grünen Zutaten (Gemüsezutaten) ebenfalls kleinschneiden, alles gut waschen. In Suppentopf geben und mit Wasser *gut* bedecken, feingeschnittene Zwiebeln und Salz dazugeben und weich kochen lassen. Unterdessen Mehl und Fett hell rösten, mit *kaltem* Wasser gut verrühren und unter Rühren in die Suppe geben. Das Ganze noch 1/4 Stunde gut kochen lassen und durch Sieb treiben. Zur Verbesserung der Suppe gibt man Rahm und vor dem Anrichten geröstete Semmelwürfel darüber.

750 g frischen Blattspinat oder 450 – 500 g tiefgekühlten, fertigen Spinat, 3 Eßlöffel Mehl, 2 Eßlöffel Fett, Salz, Muskatnuß, 1 kleiner Suppenwürfel

12. Spinatsuppe

Spinat sauber verlesen, drei- bis viermal gut waschen und in Tiegel mit wenig Wasser weich dämpfen. Beim tiefgekühlten fällt dies natürlich weg, da er bereits fertig ist. Mehl mit Fett hell rösten und mit kaltem Wasser aufgießen. Nun den durch die Fleischmaschine gedrehten, gekochten Spinat hinzufügen. Der tiefgekühlte Spinat wird von der Verpackung befreit und unaufgetaut in die Suppe gelegt. Das Ganze ca. 5 Minuten aufkochen lassen und mit Salz und geriebener Muskatnuß und dem Suppenwürfel würzen. Noch etwas ziehen lassen.

Gerade Kinder, die Spinat sonst ungern essen, lieben diese Suppe.

13. Blumenkohlsuppe

Vom Stiel der einzelnen Röschen des Blumenkohls äußere Haut und alles Dunkle abziehen und $^{1}/_{2}$ Stunde in kaltes Wasser legen. 1 Liter Wasser mit Salz zum Kochen bringen. Die Röschen (halbiert) mit dem kleingeschnittenen Stengel *nicht zu weich* kochen und in Sieb ablaufen lassen. Mehl und Fett hell rösten, mit kaltem Wasser verrühren und unter Rühren die Kochbrühe vom Blumenkohl dazugeben. *Gut* verkochen lassen und durch Sieb in Kochtopf rühren. Den Blumenkohl dazugeben und heiß werden lassen. Nun wird Eidotter mit Rahm verrührt und in die Suppe gegeben. Zum Würzen kann man Muskatnuß und Schnittlauch oder Petersiliengrün verwenden.

1 mittlerer Kopf Blumenkohl, 1 – 2 Eßlöffel Fett, 2 gehäufte Eßlöffel Mehl, 1 Eßlöffel saurer Rahm, 1 Eidotter, Petersiliengrün oder Schnittlauch, Salz und etwas Pfeffer, Muskatnuß

14. Gemüsesuppe

Sämtliche Gemüsezutaten fein schneiden, waschen und im Kochtopf mit $^{1}/_{2}$ Liter Wasser, Salz und Pfeffer weich dämpfen. Während des Dämpfens Mehl und Fett ganz hell rösten, mit kaltem Wasser verrühren und in das fertig gekochte Gemüse rühren. Nun so viel warme Fleischbrühe oder Wasser hinzugeben, als Suppe benötigt wird. Verbessert wird Geschmack durch Hinzugabe einiger weichgekochter und durch Haarsieb getriebener Tomaten und sauren Rahm. Die Suppe nochmals gut aufkochen lassen.

1 kleiner Kopf Wirsing, 3 mittlere gelbe Rüben, 2 größere Kartoffeln, 2 Kohlrabiköpfe, grüne Erbsen, Bohnen, kleine Staude Blumenkohl, Sellerie, Petersiliengrün mit Wurzel, Lauch, 1 kleine Zwiebel, 2 gehäufte Eßlöffel Mehl, 1 – 2 Eßlöffel Fett, Salz und Pfeffer; Fleischbrühe nach Nr. 1 oder Suppenwürfel. Gute Suppe gibt auch Wirsing allein.

15. Gemüsesuppe auf italienische Art *(Minestrone)*

3 mittelgroße gelbe Rüben, 3 Kartoffeln, 1 Tasse grüne Erbsen, 1 Handvoll grüne Bohnen, 1 kleine Staude Blumenkohl, 4 sehr reife Tomaten, 1 Lauch, 1 Zwiebel, 1 Stückchen Sellerie, 2 Eßlöffel Fett, Salz, Pfeffer, 1 Teelöffel süßen Paprika, etwas Majoran oder gehackte Petersilie, etwas Maggiwürze, 1 Eßlöffel Tomaten-Ketchup oder Tomatenmark, 3 Teelöffel geriebenen Schweizer Käse oder Parmesan; Fleischbrühe nach Nr. 1 oder Suppenwürfel. Je nach Jahreszeit kann man verschiedene Gemüse weglassen, andere dazunehmen.

Zwiebel kleinschneiden und im Fett hellbraun rösten. Gelbe Rüben, Kartoffeln und Sellerie auf großem Brett in kleine Würfel schneiden, Bohnen, Tomaten, Lauch und Blumenkohl in kleine Stücke schneiden und alle Gemüsesorten zu den gebräunten Zwiebeln schütten. Mit 1 Liter Wasser oder Fleischbrühe aufgießen und auf kleiner Flamme gar kochen lassen. Zum Schluß die angegebenen Gewürze und, wenn nötig, noch etwas Wasser hinzugeben. Beim Anrichten über die Suppe geriebenen Schweizer Käse oder Parmesan streuen.

16. Lauchsuppe

2 ganze Lauchstengel oder nur die langen grünen Enden, die bei Lauchsalat Nr. 284 abfallen, ca. 2 Eßlöffel Mehl, Salz, evtl. 1 Eidotter und 1 Eßlöffel Rahm

Den Lauch in kleine Stückchen schneiden, gut waschen und in leichtem Salzwasser weich kochen. Mehl mit kaltem Wasser dünn verrühren und langsam in die Lauchbrühe einlaufen lassen. Nochmals aufkochen. Wenn nötig, noch mit heißem Wasser verdünnen, nachsalzen. Mit verrührtem Eidotter und Rahm kann man die Suppe noch verbessern.

17. Bohnensuppe

500 g grüne Bohnen, etwas frisches oder getrocknetes Bohnenkraut, 2 Eßlöffel Mehl, 2 Eßlöffel Fett, Salz, Pfeffer, 2 Semmel

Von den Bohnen die Fäden entfernen und Bohnen schneiden. Die feingeschnittenen Bohnen und Bohnenkraut mit 1 Eßlöffel Fett und etwas Wasser weich dämpfen. Mehl mit restlichem Fett hellgelb rösten, mit kaltem Wasser verrühren und in die fertig gedämpften Bohnen rühren. Salz, Pfeffer und so viel Brühe dazugeben, als Suppe benötigt wird. Das Ganze nochmals gut aufkochen lassen, über gerösteten Semmelwürfeln anrichten.

18. Weiße Bohnensuppe

250 g weiße Bohnen, 2 Eßlöffel Mehl, 1 Eßlöffel Fett, Suppengrün, Salz, etwas frisches oder getrocknetes Bohnenkraut, 1 Teelöffel Essig

Zubereitung genau wie Erbsensuppe (Nr. 30); nach Fertigstellung feingeschnittenes Bohnenkraut und Essig dazugeben.

19. Spargelsuppe

500 g Suppenspargel, 3 Eßlöffel Mehl, 2 Eßlöffel Fett, 1 Ei, 3 Eßlöffel süßer Rahm, Muskatnuß und Salz

Vom Spargel die äußere Haut abschaben, in kleine Stücke schneiden und in kaltes Wasser legen. In leicht gesalzenem, kochendem Wasser die Spargelstücke weich kochen und in Schüssel abseihen. Mehl und Fett in einem Tiegel hell rösten und mit kaltem Wasser verrühren. Die Spargelbrühe und, wenn nötig, noch etwas Wasser dazugeben, $^{1}/_{4}$ Stunde gut aufkochen lassen und durch Sieb rühren. Nun die Spargelstücke dazugeben und nochmals heiß werden lassen. Verbessert wird die Suppe durch Zugabe eines mit Rahm verrührten Eies und Muskatnuß.

20. Tomatensuppe

Aus rohen, frischen Tomaten:

5 – 6 mittelgroße Tomaten, 50 g Butter oder Fett, 3 Eßlöffel Mehl, 1 Eßlöffel saurer Rahm, Salz und Pfeffer, 2 Semmeln

Tomaten waschen, in Stücke schneiden und in Tiegel mit Butter und etwas Wasser weich dämpfen, Mehl mit kaltem Wasser in kleiner Schüssel zu ganz dünnem Teig rühren. In den Tiegel über die Tomaten schütten, fest verrühren, benötigte Brühe aufgießen, mit Salz und Pfeffer würzen, gut aufkochen lassen. Nun durch feines Sieb treiben, Rahm beigeben und über gerösteten Semmelwürfeln anrichten.

2 kleine Dosen Tomatenmark, 3 Eßlöffel Mehl, 2 Eßlöffel Fett, 1 Eßlöffel saurer Rahm, Salz, Pfeffer, Muskatnuß, 1 Teelöffel Zucker, 2 Semmeln

Aus Tomatenmark:
Mehl und Fett in Tiegel hell rösten und mit kaltem Wasser mittels Schneebesen fest verrühren und so viel Wasser zugeben, daß es nicht zu dicke Suppe gibt. Einige Male gut aufkochen lassen. Das Tomatenmark fest darunterschlagen und die Suppe mit Salz, Pfeffer, saurem Rahm, Muskatnuß und Zucker würzen. Über gerösteten Semmelwürfeln anrichten.

21. Reissuppe

Je Person 1 Eßlöffel Reis, Fleischbrühe (Nr. 1) oder Suppenwürfel, evtl. 1 Ei, Schnittlauch

Reis mit kaltem Wasser zusetzen und nach Aufkochen das Wasser abgießen. Nun den Reis in der Fleischbrühe weich kochen. Vor dem Anrichten kann man verrührtes Ei und Schnittlauch dazugeben.

22. Grießsuppe

Je Person 1 Eßlöffel feiner Grieß, Fleischbrühe (Nr. 1), evtl. 1 Ei, Schnittlauch

In *kochende* Fleischbrühe unter *beständigem Rühren* den Grieß *langsam* einlaufen lassen und etwa 10 Minuten kochen. Verbessern kann man die Suppe durch Beigabe eines verrührten Eies und Schnittlauchs.

23. Geröstete Grießsuppe

Je Person 1 Eßlöffel Grieß, 1 Eßlöffel Butter oder Fett, evtl. feingeschnittene Petersilie oder Schnittlauch, Muskatnuß

Grieß mit Fett unter beständigem Rühren gelb rösten. *Langsam*, unter Rühren, die zur Suppe benötigte Menge warmen Wassers dazugeben und 10 Minuten kochen lassen, salzen. Mit Petersiliengrün oder Schnittlauch und Muskatnuß verbessern.

24. Rahmsuppe

Schwarzbrot, 1 kleine Zwiebel, 2 – 3 Eßlöffel saurer Rahm, 1 Eßlöffel Fett, Schnittlauch, evtl. einige Tomaten, Salz, Pfeffer, wenn vorhanden Bratensoße

Brot in eine Schüssel fein schneiden. Die feingeschnittene Zwiebel in Fett gelb rösten und dem Brot beimengen, Salz, Pfeffer und Rahm dazugeben und mit soviel kochendem Wasser unter Umrühren übergießen, als Suppe benötigt wird. Verbessert wird Geschmack durch Hinzugabe einiger weich gekochter und durch Haarsieb gerührter Tomaten und von Schnittlauch.

25. Buttersuppe

70 – 80 g Butter, 3 Eßlöffel Mehl, 1 Ei, Muskatnuß, Schnittlauch oder Petersiliengrün, Salz, 2 Semmeln

Butter in Tiegel gut heiß werden lassen. Unter ständigem Rühren das Mehl hinzugeben. Kaltes Wasser darunterrühren und einigemal aufkochen lassen. Dann die benötigte Menge Brühe dazugießen, nochmals aufkochen und durch feines Sieb rühren. Das verrührte Ei und etwas Muskatnuß dazugeben, darüber Schnittlauch oder Petersiliengrün. Die fertige Suppe über gerösteten Semmelwürfeln anrichten.

26. Hirnsuppe

500 g Hirn (jede Art verwendbar), 70 – 80 g Butter, 3 Eßlöffel Mehl, 1 Ei, Muskatnuß, Schnittlauch oder Petersilie, Salz, 2 Semmeln

Zubereitung wie Buttersuppe (Nr. 25). Das Hirn in lauwarmes Wasser legen, alles Hautige und Blutige abziehen. Danach das Hirn in ziemlich kleine Stücke schneiden und in Suppe beim zweiten Aufkochen geben.

27. Hühnersuppe

Teile eines Huhnes, Kopf, Magen, Leber, Herz und Füße. Weitere Zutaten zu Buttersuppe Nr. 25

Teile eines Huhns werden in Salzwasser weich gekocht. Das Ganze entbeinen, fein schneiden oder durch Fleischhackmaschine treiben. Mit der Kochbrühe bereitet man Buttersuppe (Nr. 25), gibt der fertigen Suppe das geschnittene Fleisch bei und läßt das Ganze nochmals heiß werden.

Hinweis: Siehe auch Nr. 205 (Huhn für Suppe).

28. Ochsenschwanzsuppe

1 kleiner Ochsenschweif, 1 Eßlöffel Fett, 3 Eßlöffel Mehl, 1 Ei, 1 Glas Wein oder Apfelwein, 1 kleine Zwiebel, Suppengrün, Salz und Pfeffer

Zur Herstellung einer sehr guten Suppe genügt auch ein *kleines* Stück Ochsenschweif; Wein und Ei kann man auch weglassen.

Den Ochsenschweif waschen, in Stücke schneiden und mit reichlich Suppengrün, Zwiebel, Salz weich kochen. Mehl mit Fett dunkel rösten, mit kaltem Wasser verrühren, unter weiterem Rühren die Kochbrühe vom Ochsenschweif aufgießen, gut verkochen lassen. Danach durch feines Sieb rühren. Unterdessen löst man das Fleisch ab und gibt es mit Pfeffer, dem verrührten Eidotter, Wein oder Apfelwein in die Suppe.

29. Grünkernsuppe

250 g gemahlener Grünkern, 2 Eßlöffel Fett, 2 Eßlöffel Mehl, 1 Ei, 2–3 Eßlöffel süßer oder saurer Rahm, etwas Petersiliengrün, Muskatnuß und Salz, 2 Semmeln

Grünkern in Tiegel mit Mehl und Fett abrösten. Warme Brühe aufgießen, feingeschnittenes Petersiliengrün dazugeben und weich kochen (etwa 2 Stunden). Nach Fertigkochen durch feines Sieb treiben, so viel Brühe, als Suppe benötigt, dazugießen und mit Salz und etwas Muskatnuß würzen. Verbessert kann die Suppe durch Zugabe eines mit Rahm verrührten Eies und gerösteter Semmelwürfel werden.

30. Erbsensuppe

250 g Erbsen, 2 Eßlöffel Mehl, 1 Eßlöffel Fett, Suppengrün und Salz, 2 Semmeln

Erbsen waschen. Am besten die Erbsen am Abend *vorher* einweichen. Die Erbsen mit Salz und Suppengrün weich kochen. Mehl und Fett hell rösten, mit kaltem Wasser verrühren, an die Erbsen geben, gut verrühren und so viel Brühe zugeben, als Suppe benötigt. Etwas kochen lassen, dann durch feines Sieb treiben und über gerösteten Semmelwürfeln anrichten.

31. Linsensuppe

250 g Linsen, 2 Eßlöffel Mehl, 1 Eßlöffel Fett, Suppengrün, Salz, 1 Teelöffel Essig, 2 Semmeln

Zubereitung wie Erbsensuppe (Nr. 30). Nach Fertigstellung den Essig dazugeben.

32. Biskuitsuppe

50 g Butter oder Schmalz, 3 Eier, 3 Eßlöffel Mehl, etwas Petersiliengrün oder Schnittlauch, etwas Salz; Fleischbrühe nach Nr. 1

Butter schaumig rühren, nach und nach je 1 Eidotter mit 1 Eßlöffel Mehl dazuschlagen und Zutaten daruntermengen. Nun die 3 Eiweiß zu steifen Schnee schlagen und darunterheben. Form mit Fett bestreichen und die Masse 1 Zentimeter hoch einlegen und in heißer Röhre hellgelb backen. Danach in kleine Würfel schneiden und bei Bedarf mit heißer Fleischbrühe übergießen.

33. Gebackenes für Weinsuppe

50 g Butter oder Schmalz, 3 Eier, 3 Eßlöffel Mehl, 2 Eßlöffel Zucker, etwas Zitronenschale, evtl. Petersilie oder Schnittlauch

Zubereitung wie Biskuitsuppe (Nr. 32). Statt Petersilie oder Schnittlauch etwas Zitronenschale und Zucker.

34. Nudelsuppe

Eier fest verrühren und mit so viel Mehl tüchtig durchkneten, bis es einen *glatten, festen* Teig gibt. Dieser wird in 2 Teile geteilt und auf Nudelbrett oder Tuch ganz dünn mit Nudelholz ausgewalkt. Damit nichts anklebt, Brett und Teig etwas mit Mehl bestreuen. Die ausgerollten Flecke läßt man auf Tuch trocknen, bis sie zähe sind, rollt sie zusammen und schneidet ganz feine Streifen ab. Die entrollten Nudelstreifen in kochender Fleischbrühe 5 Minuten kochen.

1 – 2 Eier, Mehl; Fleischbrühe nach Nr. 1

35. Geriebene Teigsuppe

Eier fest verrühren und mit Mehl *zu ganz festem* Teig kneten. Derselbe wird auf gröberem Reibeisen fein abgerieben, auf Nudelbrett ausgestreut und getrocknet. In siedender Fleischbrühe 5 Minuten kochen.

1 – 2 Eier, Mehl; Fleischbrühe nach Nr. 1

36. Pfannkuchensuppe

Mehl, Eier, Milch und Salz zu *dünnem* glattem Teig rühren. Darf keine Klumpen haben. In eiserner Pfanne etwas Fett heiß werden lassen und soviel Teig eingießen, daß die Pfanne gut bedeckt ist. Auf beiden Seiten unter öfterem Schütteln backen. Nach dem Erkalten die Pfannkuchen einzeln rollen und in $^1/_2$ Zentimeter breite Streifen schneiden. In die Suppenschüssel legen und mit heißer Fleischbrühe übergießen.

1 – 2 Eier, 125 g Mehl, $^1/_4$ Liter Milch, Salz, Fett; Fleischbrühe nach Nr. 1 oder Suppenwürfel

37. Gebackene Spätzchensuppe

Pfannkuchenteig, nur dicker als Nr. 36, wird durch Spatzenseiher in siedendes Fett getrieben, herausgebacken und mit heißer Fleischbrühe übergossen. Man kann in den Teig feingewiegtes Petersiliengrün oder Schnittlauch mengen. Immer nur *wenig Teig* durch Seiher in das Fett treiben.

125 g Mehl, 1 Ei, $^1/_8$ Liter Milch, Petersilie oder Schnittlauch, Salz; Fleischbrühe nach Nr. 1

38. Goldwürfelsuppe

3 Semmel, 1 – 2 Eier, 1/8 Liter Milch, 50 g Fett; Fleischbrühe nach Nr. 1

Die Semmeln in schöne, viereckige, nicht zu kleine Würfel schneiden und die mit der Milch verrührten Eier darübergießen. Die Semmelwürfel müssen gut ansaugen, dürfen aber nicht zerfallen. In dem in einer Pfanne heiß gewordenen Fett werden die Würfel unter Schütteln der Pfanne hell gebacken. Bei Verwendung mit heißer Fleischbrühe übergießen.

39. Schwammerlsuppe *(Pilzsuppe)*

500 g Steinpilze, ebenso alle eßbaren Pilze, 1 Eßlöffel Butter, Salz, Pfeffer, 1 Bund Petersilie, 1 Zwiebel, etwas Fleischbrühe (Suppenwürfel), 2 Eßlöffel Mehl, 1 Eßlöffel sauren Rahm, Essig oder Zitronensaft, 1 Ei, 2 Semmeln

Die Pilze werden geputzt, in feinen Scheiben geschnitten und einige Male gewaschen. Butter in Tiegel heiß werden lassen, die geschnittenen Pilze einlegen unter Beigabe von Salz, Pfeffer, feingeschnittenem Petersiliengrün und feingeschnittener Zwiebel. Etwas Fleischbrühe oder warmes Wasser zugeben. Das Ganze weich dämpfen. Mehl in Tasse mit kaltem Wasser verrühren und unter Rühren zugießen. Noch soviel Fleischbrühe zugeben, als Suppe benötigt wird. Die Suppe gut kochen lassen. Zum Schluß sauren Rahm, Essig oder Zitronensaft zugeben. Mit verrührtem Ei über gerösteten Semmelwürfeln anrichten.

40. Brennsuppe

2 Eßlöffel Fett, 4 Eßlöffel Mehl, Salz, Pfeffer, Muskatnuß, 1 Eßlöffel saurer Rahm, 1 Ei, Schnittlauch, Essig, 2 Semmeln

Fett und Mehl *braun* rösten und mit *kaltem* Wasser verrühren. Unter Beigabe von Salz, Pfeffer, Muskatnuß und etwas Essig so viel warmes Wasser zugießen, als Suppe benötigt wird. Unter öfterem Rühren gut kochen. Zum Schluß sauren Rahm, ein verrührtes Ei und feingeschnittenen Schnittlauch dazugeben. Über gerösteten Semmelwürfeln anrichten.

41. Butternockensuppe

1 Ei, 50 g Butter, 50 g Mehl, 1 Messerspitze Salz; Fleischbrühe nach Nr. 1

Butter schaumig rühren, Ei, Mehl und Salz dazurühren. Mit Teelöffel kleine Klößchen in kochende Fleischbrühe einlegen. Etwa 10 Minuten kochen. Gibt ca. 9 Stück.

42. Semmelklößchensuppe

Butter schaumig rühren. Das Ei, Petersiliengrün, Salz und so viel Semmelmehl dazurühren, daß es nicht zu weichen Teig gibt. Dann das Mehl dazurühren. Kleine Klößchen formen und in kochender Fleischbrühe etwa 10 Minuten kochen. Beim Klößchenformen Hände anfeuchten. Gibt ca. 8 Stück.

1 Ei, 50 g Butter, kleingehacktes Petersiliengrün, Semmelmehl, Salz, 1 Teelöffel Mehl; Fleischbrühe nach Nr. 1

43. Champignonsuppe

Champignons putzen, waschen und fein schneiden. Fett in Tiegel heiß werden lassen, Champignons einlegen, Salz, Pfeffer und feingehacktes Petersiliengrün darüberstreuen, zugedeckt weich dämpfen lassen. Mehl in Tasse mit kaltem Wasser dünn verrühren und unter Rühren den Champignons beigeben. Soviel Fleischbrühe oder warmes Wasser zugießen, als Suppe benötigt wird. Gut kochen lassen. Nach Fertigkochen den Wein, ferner sauren Rahm oder verrührtes Ei zugeben. Über gerösteten Semmelwürfeln anrichten.

250 g Champignons, 1 kleine Zwiebel, 2 Eßlöffel Butter, 1 – 2 Eßlöffel Mehl, Salz, Pfeffer, 1 Ei oder 1 – 2 Eßlöffel sauren Rahm, 2 Eßlöffel Weißwein, 1 Bund Petersilie, 2 Semmeln; Fleischbrühe nach Nr. 1 oder Wasser

44. Leberspätzchensuppe

Leber von der Haut abschaben, Zwiebel fein schneiden oder beides zusammen durch Fleischhackmaschine treiben. Semmelmehl mit der Milch befeuchten und etwas stehenlassen. Nun Leber, zerlassene Butter und sämtliche andere Zutaten mit dem Semmelmehl vermischen. Mit Teelöffel längliche Spätzchen in kochende Fleischbrühe einlegen und ungefähr 10 bis 15 Minuten kochen lassen. Sollte der Teig zu fest sein, noch *etwas* Milch zugeben. Teig muß sich gut mit Teelöffel abstechen lassen.

125 g Rindsleber, 25 g Butter, 1 Ei, 60 – 70 g Semmelmehl, 1 Teelöffel Mehl, Salz, Pfeffer, kleine Zwiebel, etwas Zitronenschale, Schnittlauch oder Petersiliengrün, etwas geriebene Muskatnuß, 2 Eßlöffel Milch; Fleischbrühe nach Nr. 1

45. Leberreis-Suppe

125 g Rindsleber, 70 g Semmelmehl, 30 g Fett, 1 Teelöffel Mehl, 1 Ei, 1/2 Teelöffel Salz, 1 große Messerspitze Majoran, 1 große Messerspitze Pfeffer, 1 große Messerspitze Muskatnuß, etwas feingehackte Petersilie; Fleischbrühe nach Nr. 1

Leber mit Zwiebel durch Fleischmaschine (Leber nach Wunsch evtl. schaben). Petersilie, Ei, Gewürz und *zerlassenes* Fett dazugeben, gut vermengen. Wenn zu fest, mit *etwas* Milch nachhelfen. Teig durch die innere Seite eines groben Reibeisens in kochende Fleischbrühe drükken, 15 Minuten kochen lassen.

46. Gebackene Suppenklößchen

20 g Butter, 65 g Mehl, 1 Ei, etwas Salz, feingeschnittene Zitronenschale, Schnittlauch oder Petersiliengrün, 1 Messerspitze Backpulver, 60 g Backfett; Fleischbrühe nach Nr.1

Die zerlassene Butter mit dem Ei gut verrühren. Dann das Mehl und die anderen Beigaben dazurühren. Das Backfett heiß werden lassen. Mit Teelöffel Klößchen (gibt 20 Stück) einlegen, auf beiden Seiten hellbraun backen. Bei Verwendung mit kochender Fleischbrühe übergießen und etwa 10 Minuten stehenlassen.

47. Kartoffelreis-Suppe

250 g geriebene, kalte, gekochte Kartoffeln, Mehl, 1 Ei, 1/2 Teelöffel Salz, Schnittlauch, Muskatnuß; Fleischbrühe nach Nr. 1

Kartoffeln, Ei und Salz mit Mehl zu einem ziemlich festen Teig vermengen, gut durcharbeiten und durch die innere Seite eines groben Reibeisens in kochende Fleischbrühe drücken. Vor dem Anrichten der Suppe etwas feingeschnittenen Schnittlauch und geriebene Muskatnuß beifügen.

48. Eierkäs-Suppe

3 Eier, 5 Eßlöffel kalte Milch, 1/2 Teelöffel Salz, 1 Messerspitze Muskatnuß; Fleischbrühe nach Nr. 1

Zutaten gut verrühren. Die Masse in kleinen, gut mit Fett ausgestrichenen Tiegel geben. Dieser Tiegel wird in einen größeren Tiegel mit *kochendem* Wasser gestellt. Wasser darf nur bis zur halben Höhe des kleineren Tiegels ragen. Die zugedeckten Tiegel auf *heißer* Herdplatte, *ohne Kochen*, eine halbe Stunde stehenlassen.

Sobald die Masse fest geworden ist, wird sie auf Brett gestürzt und nach dem Erkalten in kleinere Würfel geschnitten. Diese Würfel werden beim Anrichten mit heißer Fleischbrühe übergossen. Man kann die Würfel auch einige Tage aufbewahren und nach Bedarf anrichten.

49. Feine Semmelsuppe

4 Semmeln, 40 g Mehl, 60 g Butter, 1 Ei, 2 Eßlöffel süßer Rahm, Suppengrün, 1 Teelöffel Salz, 3 Bouillonwürfel, 1 Messerspitze geriebene Muskatnuß, 1 kleine Zwiebel

Semmeln in 4 Teile schneiden, mit Suppengrün und Salz ansetzen und verkochen lassen. Inzwischen Mehl mit kaltem Wasser zu dünnem Brei verrühren, unter Rühren in die Suppe geben, nochmals aufkochen lassen und die ganze Masse durch ein feines Sieb drücken.

Heißes Wasser bis zur gewünschten Verdünnung hinzugeben. Butter, Bouillonwürfel, Muskatnuß und das mit *Rahm verrührte* Ei hinzufügen und die Suppe 1/4 Stunde auf Herdplatte zugedeckt *heißstellen.* Vor dem Anrichten gibt man die feingehackte, in etwas Butter gelb geröstete Zwiebel hinzu.

50. Marksuppe

70 g Rindsmark, 1 Ei (evtl. genügt Eigelb), 2 Eßlöffel süßer Rahm, 2 Eßlöffel gelbe Rübe, 2 Eßlöffel Selleriewurzel, 2 Eßlöffel Petersilie, 1 Teelöffel Salz, 1 große Messerspitze Pfeffer, 1 große Zwiebel, evtl. 2 Semmeln

Mark und Zwiebel fein schneiden und in Tiegel heiß werden lassen; gelbe Rübe, Sellerie und Petersilie feingeschnitten hinzugeben und die Masse mit 1/4 Liter Wasser weich dämpfen. Bis zur gewünschten Menge der Suppe heißes Wasser hinzugießen, Salz, Pfeffer und mit Rahm verrührtes Ei beigeben.

Verfeinern kann man die Suppe noch durch Beigabe von gerösteten Semmelwürfeln oder Semmelklößchen (Nr. 42).

51. Wiener Butternockerlsuppe

50 g Butter, 1 Ei, Mehl, 1 Messerspitze Salz, Schnittlauch; Fleischbrühe nach Nr. 1

Butter schaumig rühren, mit Salz, dem Ei und Mehl zu einem nicht zu festen Teig vermischen. 1/2 Stunde zugedeckt kalt stellen. Dann legt man mit *Teelöffel* in kochende Fleischbrühe längliche Nockerl (Klößchen) ein und läßt sie zugedeckt 10 Minuten kochen. Dabei ist ein breiter Tiegel zu verwenden, damit die Nockerl zum Größerwerden (Aufgehen) genügend Platz haben. Die Suppe wird mit Schnittlauch angerichtet.

52. Jägersuppe

125 g Speck, 4 mittelgroße rohe Kartoffeln, 70 g Leber, gelbe Rüben, 2 Eßlöffel Mehl, 2 – 3 Eßlöffel süßer Rahm, 2 größere Zwiebeln, 2 Eßlöffel Lauch, 2 Eßlöffel Sellerie, Salz und Pfeffer nach Geschmack, evtl. Paprika

Man gibt in einen Tiegel: Zuerst den in Würfel fein geschnittenen Speck, am Boden gleichmäßig verteilt, dann so viel feingeschnittene Zwiebeln, daß die Speckschicht bedeckt ist, dann eine Lage in Würfel feingeschnittene gelbe Rüben, danach zugleich feingeschnittenen Lauch und Sellerie, dann die geschnitzelten Kartoffeln, zuletzt die in Würfeln feingeschnittene Leber, Salz und Pfeffer. Dies alles *vorsichtig braun einbraten* lassen; anschließend bis zu gleicher Höhe der Masse Wasser hinzugießen und *zugedeckt* gut weichkochen lassen. Mehl mit etwas kaltem Wasser glatt verrühren, der Suppe unter Rühren beigeben. Je nachdem man Suppe benötigt, verdünnt man mit heißem Wasser. Diese Suppe kann durch Rahm noch verfeinert werden.

Falls kein Speck im Hause, kann die unterste Schicht auch aus Butter bestehen.

53. Kräftige Pilzsuppe

1 Suppenteller Pilze (am besten Steinpilze), 3 große, rohe Kartoffeln, 70 g Butter, 100 g Reis, 2 Eßlöffel Mehl, 2 – 3 Eßlöffel süßer Rahm, 1 kleine Zwiebel, ca. 1 Messerspitze Pfeffer, ca. 1 Eßlöffel Salz, 2 Bouillonwürfel oder Suppenwürze

Kartoffeln schälen, fein schneiden, waschen und zusammen mit Zwiebel (fein geschnitten), Salz, Pfeffer, der Hälfte der Butter, Reis und reichlich Wasser in Tiegel zusetzen und *nahezu weich* kochen. Aus Mehl und der restlichen Butter eine helle *Einbrenne* fertigen (Nr. 878), dieselbe mit etwas kaltem Wasser verrühren und unter Umrühren an die Suppe geben. Die geputzten, *feingeschnittenen* und gewaschenen Pilze an die Suppe geben und ca. $^1/_2$ Stunde unter öfterem Umrühren zugedeckt kochen lassen. Suppe je nach Bedarf mit heißem Wasser verdünnen, zuletzt Bouillon oder Suppenwürze und Rahm dazugeben.

54. Milzschnittensuppe

Milz aufschneiden und ausschaben. Butter heiß werden lassen, herausgeschabte Milz nebst feingeschnittener Zwiebel darin so lange dämpfen, bis sie nicht mehr blutig ist. Salz, Pfeffer, gehackte Petersilie und evtl. Knoblauchzehe dazugeben. Semmeln in $^1/_2$ Zentimeter dicke Scheiben schneiden, je eine Scheibe mit der Milzmasse ca. 1 Zentimeter dick bestreichen und eine leere Semmelscheibe darüberklappen. Aus Mehl, Ei, Milch und einer Messerspitze Salz einen Teig fertigen, die Milzschnitten ganz eintauchen und in heißem Fett hellbraun backen. Mit heißer Fleischbrühe vor dem Anrichten übergießen; Schnittlauch zugeben.

Milzschnitten können auch als Mittagessen dienen, wenn man nach der Suppe weitere Milzschnitten warm mit grünem Salat serviert.

250 g Milz, 3 Semmeln, 30 g Butter, 125 g Mehl, 1 – 2 Eier, $^1/_8$ Liter Milch, 1 Teelöffel Salz, 1 Messerspitze Pfeffer, 1 kleine Zwiebel, süßen Paprika, Petersilie, Schnittlauch, evtl. 1 Zehe kleingeschnittenen Knoblauch; Fleischbrühe nach Nr. 1

55. Leberschnittensuppe

Wird genauso zubereitet wie die vorhergehende Milzschnittensuppe, nur nimmt man statt Milz *Leber*.

125 g Leber (jede Art von Leber verwendbar); weitere Zutaten genau wie zur Milzschnittensuppe Nr. 54

56. Kaisersuppe

Das Fleisch in kleinere *Würfel*, gelbe Rüben, Petersilienwurzel und Zwiebel in *Scheiben* schneiden, Salz und Pfeffer hinzufügen, das Ganze, gut mit Wasser bedeckt, weich kochen lassen. Zu gleicher Zeit die Gerste mit reichlich Wasser in einem anderen Tiegel weichkochen. Die Fleischbrühe des ersten Topfes läßt man durch ein Sieb in die Gerstensuppe laufen, Fleisch nebst Zutaten auf Brett fein hakken und der Suppe beigeben. Mit Bouillonwürfel würzen und noch $^1/_4$ Stunde heiß stehenlassen.

250 g mageres Fleisch (jede Art verwendbar), 125 g feine Gerste oder Reis, 1 – 2 Eßlöffel süßer Rahm, 1 Ei, 2 größere gelbe Rüben, 1 Petersilienwurzel, 1 kleine Zwiebel, ca. 1 Eßlöffel Salz, 1 Messerspitze Pfeffer oder Paprika, 2 Bouillonwürfel oder Suppenwürze

57. Krebs-Suppe

Ca. 10 Suppenkrebse, 50 g Butter, 2 gehäufte Eßlöffel Mehl, Fleischbrühe, 2 Semmeln, 1/8 Liter Wein oder 2 Eßlöffel saurer Rahm, ca. 1 Eßlöffel Salz, 1 Messerspitze weißer Pfeffer, 1 Messerspitze geriebene Muskatnuß

Krebse in kochendes Wasser (ca. 3 Liter in höheren Topf) geben und kochen, bis sie rot sind. Scheren und Schwänze auslösen und in Schüssel legen, das Restliche der Krebse fein wiegen. Butter heiß werden lassen und Mehl darin *gelblich rösten*, die feingehackten Krebse hinzufügen und etwas mitrösten. Das Ganze in Tiegel geben und langsam mit heißer Fleischbrühe (eventuell genügt heißes Wasser) verrühren, noch einmal aufkochen lassen, Wein und Gewürze hinzufügen und alles noch 1/4 Stunde heiß stellen.

Suppe über ausgelösten Krebs-Scheren und -Schwänzen sowie gerösteten Semmelwürfeln anrichten.

58. Fleischklößchensuppe von rohem Fleisch

250 g Kalbfleisch oder je 125 g Ochsen- und Schweinefleisch, 60 g Semmelbrösel, 1 Ei, 25 g Butter, 2 Eßlöffel Milch, 1 Teelöffel Mehl, 1 Teelöffel Salz, 1 kleine Messerspitze Muskatnuß, 1 kleine Messerspitze weißer Pfeffer, 1/2 Teelöffel geriebene Zitronenschale; Fleischbrühe nach Nr. 1

Rohes Fleisch fein wiegen oder durch Hackmaschine treiben. Semmelbrösel mit Milch verrühren, Butter schaumig rühren, mit Semmelbröseln und sämtlichen Zutaten gut vermengen. Ist der Teig zu fest, dann etwas Milch oder Ei hinzufügen. Aus dem Teig kleine Klößchen formen, in kochende Fleischbrühe geben und ungefähr 15 Minuten kochen lassen.

59. Fleischklößchensuppe von gekochten Fleischresten

Zutaten genau wie bei Nr. 58, nur 250 g gekochtes Fleisch, z. B. Braten- oder Geflügelreste

Ähnliche Fleischklößchen wie unter Nr. 58, lassen sich auch aus gekochten Fleisch-, Braten- und Geflügelresten herstellen, Kochvorschrift genau wie Nr. 58.

60. Biskuiteinlage für gute Suppen *(ohne Fett)* (Biskuitschöberl)

Den Eischnee von 2 Eiern *schnittfest,* schlagen. Die beiden Eidotter und das Mehl mit einer Prise Salz unter den Eischnee rühren. Der Eischnee darf nicht vergehen. In die mit wenig Butter ausgefettete und leicht mit Mehl bestäubte Form fingerhoch einfüllen und in mäßig heißer Röhre hell backen. Gestürzt wird das Biskuit in Würfel oder Rauten geschnitten und als Einlage für gute Fleischsuppen verwendet.

2 Eier, 40 g feines Mehl, etwas Salz, 1 Suppenlöffel feingeschnittene Petersilie, Butter zum Ausstreichen

61. Feine Suppeneinlage

Man fertigt nach Nr. 398a kleine Pfannkuchen, jedoch nur *die halbe Menge.* Nach dem Erkalten in Würfel schneiden und als Einlage bei Suppen aller Art, besonders bei Kartoffel-, Erbsen- und Blumenkohlsuppe, verwenden.

Zutaten zu Pfannkuchen Nr. 398a, jedoch nur halbe Menge

62. Fränkische Suppe *(aus Zwiebeln)*

Zwiebeln in Scheiben schneiden, Butter heiß werden lassen, Zwiebeln darin *hellbraun* rösten, Mehl darüber streuen, mit Zwiebeln gut vermengen und mit kaltem Wasser *langsam unter Rühren* aufgießen. Salz, Pfeffer und Muskatnuß hinzufügen, 1 Stunde kochen lassen, durch feines Sieb drücken und anschließend so viel Wasser, als Suppe benötigt, zugießen. Ei mit Rahm verrühren, mit Petersilie und Suppenwürfeln in die Suppe geben und letztere ca. 10 Minuten zugedeckt heißstellen. Über gerösteten Semmelwürfeln anrichten.

3 große Zwiebeln, 3 gehäufte Eßlöffel Mehl, 80 g Butter, 1 Ei, 2 Eßlöffel süßer Rahm, 1 Eßlöffel Salz, 1 Messerspitze (weißer) Pfeffer, 1 Messerspitze Muskatnuß, Schnittlauch oder gehackte Petersilie, 2 Suppenwürfel, 2 Semmeln

Fleischspeisen warm und kalt Sulzen und Pasteten

Vorbemerkung

Die folgenden Kochvorschriften sind jeweils auf *500 Gramm Fleisch ohne Knochen* abgestimmt. Bei Verwendung von *Fleisch mit Knochen* also entsprechend *mehr* berechnen.

Wird eine größere oder kleinere Menge Fleisch verwendet, so muß man die Zutaten stets *genau im gleichen Verhältnis* vermehren oder vermindern. Dabei versteht es sich, daß die geschickte Hausfrau trotzdem bei Verwendung von ganz großen Fleischmengen Ersparnisse an teuren Zutaten wie Butter etc. erzielen kann.

Das Fleisch muß, wenn nicht anders vermerkt, stets gewaschen werden.

Soll der Braten im *Backrohr* gebraten werden, so ist es ratsam, eine größere Menge Fleisch zu verwenden. Kleinere Mengen Fleisch gelingen besser in einer Bratpfanne mit gut schließendem Deckel auf der *Herdplatte.*

Bei *magerem Fleisch* ist es ratsam, die erste Hälfte der Bratzeit die Bratpfanne im Backrohr mit Haushaltsfolie zuzudecken, damit das Fleisch nicht austrocknet.

Rindfleisch (Ochsenfleisch)

63. Rindsbraten

500 g mageres Fleisch, am besten Schwanzstück, Rose oder Schulter, Salz, Pfeffer, 60 g geräucherten Speck, Stückchen gelbe Rübe, Sellerie, Petersilienwurzel, 2 Eßlöffel saurer Rahm, 30 g Butter, 1 – 2 Eßlöffel Mehl, Saft von 1/2 Zitrone

Das Fleisch wird mit Salz und Pfeffer *fest eingerieben* und mit in kleine Streifen geschnittenem, geräuchertem Speck gespickt. In Bratpfanne Fett erhitzen und Fleisch mit Stückchen gelber Rübe, Sellerie und Petersilienwurzel einlegen. Durch Drehen an allen Seiten rasch anbraten lassen. Nun wird das Fleisch mit Rahm oder zerlassener Butter bestrichen, 3 Eßlöffel Wasser zugegossen, in heiße Röhre gegeben und mit dem eigenen Saft *öfters* übergossen, bis es schön braun ist.

In einer Tasse Mehl mit kaltem Wasser dünn anrühren. Nach Entnahme des Bratens aus der Pfanne gießt man in die darin *eingebratene*

Soße etwas heißes Wasser, rührt den Inhalt der Tasse darunter und gibt soviel heißes Wasser dazu, als man Soße benötigt. Das Ganze einigemal aufkochen lassen, den Braten nochmals einlegen und in der Röhre noch etwas braten lassen. Der fertigen Soße kann etwas Zitronensaft beigegeben werden. Über den angerichteten Braten die Soße seihen.

Beilage: Gemüse und alle Arten Kartoffelspeisen

64. Roastbeef

500 g abgehängtes Fleisch von der Lende, 40 g Butter, Salz, Pfeffer, 2 Eßlöffel sauren Rahm

Das gut abgehängte Fleisch wird vom Hautigen befreit, auf allen Seiten mit flachem Hammer fest geklopft, mit Salz und Pfeffer eingerieben und einige Minuten liegengelassen. Butter in Tiegel *gut* heiß werden lassen, das Fleisch einlegen und unter fortwährendem Begießen mit dem Saft auf allen Seiten dunkel braten (ungefähr 1 Stunde). Nach Fertigbraten sauren Rahm und die benötigte Menge Wasser beigeben.

Beilage: Salat und Kartoffeln

65. Gedämpftes Rumpsteak

500 g abgehängtes Fleisch am besten von der Lende (Roastbeef), 40 g Butter, 1 Teelöffel Mehl, 4 Zitronenscheiben

Von der Lende (Roastbeef) fingerdicke Scheiben abschneiden, mit flachem Hammer beiderseits klopfen, salzen und pfeffern, Stückchen Butter in Tiegel gut heiß werden lassen, die Scheiben einlegen und Zwiebelscheiben darauflegen. Nach dem Anbraten wenden und die andere Seite anbraten. Herausnehmen, auf Teller legen. Mehl mit kaltem Wasser verrühren (je 500 g Fleisch 1 Teelöffel Mehl) und der Soße beirühren. Einmal aufkochen, Fleisch wieder einlegen. Nach Geschmack noch etwas Salz zugeben. Das Ganze zugedeckt auf heißer Herdplatte noch etwas ziehen lassen. Vor Anrichten Soße durchseihen. Die Fleischstücke mit Zitronenscheiben belegen.

66. Filetbraten vom Rind

Gut abgehängtes Filetstück abhäuten, salzen und pfeffern. Geräucherten Speck in schmale, 2 – 3 Zentimeter lange Streifen schneiden und die obere Seite des Bratens spicken. Kurze Zeit liegenlassen. Butter in Pfanne sehr heiß werden lassen, das Filet einlegen, sofort mit der heißen Butter übergießen. In heißer Röhre unter öfterem Begießen mit der Butter, saurem Rahm und Zitronensaft rasch braten. Zur Erzielung der benötigten Soße am Schluß Fleischbrühe, evtl. auch Wein oder Apfelwein, zugeben.

Beigabe: Gemüse und Kartoffeln

500 g gut abgehängtes Filet, 60 g geräucherten Speck, 40 g Butter, 3 Eßlöffel saurer Rahm, Saft von $^1/_2$ Zitrone, Fleischbrühe, Wein oder Apfelwein

67. Rindsgulasch

Die in dünne Scheiben geschnittene Zwiebel in dem Fett bräunlich rösten und das würfelförmig geschnittene Fleisch dazugeben. Unter Umrühren mitrösten. Nun gießt man $^1/_2$ Tasse heißes Wasser darüber und gibt die Zitronenschale, das Salz, Pfeffer und Paprika dazu, läßt es zugedeckt weich dämpfen. Ist das Fleisch ziemlich weich, stäubt man das Mehl darüber, rührt es fest durcheinander und gießt mit lauwarmem Wasser langsam auf, bis man die benötigte Soße hat. Gar kochen lassen. Zum Schluß gibt man Essig oder Zitronensaft nach Geschmack dazu. 1 – 2 gedämpfte, durchgetriebene Tomaten nach Fertigkochen verbessern den Geschmack.

Beilagen: Kartoffeln, Spätzchen oder Knödel

500 g saftiges Fleisch, am besten Lende, Rose oder Wade, 1 mittelgroße Zwiebel, 1 Eßlöffel Fett, besonders geeignet zerlassenes Mark, 2 Eßlöffel (gehäufte) Mehl, Essig, Salz, Pfeffer, Stückchen Zitronenschale, süßes oder scharfes Paprikapulver (ca. 1 Teelöffel), 1 – 2 Tomaten

68. Gedämpftes Rindfleisch

Zubereitung wie gedämpftes Schweinefleisch (Nr. 137).

500 g Rindfleisch, Zutaten wie zu gedämpften Schweinefleisch Nr. 137

69. Rindsrouladen

3–4 Scheiben abgehängtes Fleisch vom Rouladenstück, 80 g geräucherter, fetter Speck, 2 Essiggurken, falls vorhanden
1 Schote grüner oder roter Paprika, 1 Zwiebel, Semmelbrösel, Salz, Pfeffer und süßer Paprika, 60 g Butter oder 2 Eßlöffel Öl, 1 Eßlöffel süßer oder saurer Rahm oder Kondensmilch

Die Fleischscheiben mit flachem Hammer breit klopfen und mit Salz, Pfeffer und dem süßen Paprika einreiben. Speck in kleine Würfel schneiden und mit der kleingehackten Zwiebel hell rösten. Nun belegt man jedes Fleischstück mit einem Teil des Speckes und der Zwiebel, legt eine halbe Essiggurke und ein Viertel der geputzten Paprikaschote darauf, bestreut das Ganze mit einem Teelöffel Semmelbrösel und rollt die Roulade zusammen. Roulade mit weißem Faden umwickeln.

Butter oder Öl erhitzen und die Rouladen von allen Seiten gut anbraten lassen. Wasser aufgießen und 20 Minuten mäßig stark kochen lassen. Zuletzt 1 Eßlöffel süßen oder sauren Rahm oder Kondensmilch an die Soße rühren. Wird die Soße noch dicker gewünscht, so verrührt man 1 Teelöffel Mehl mit kaltem Wasser und gibt es an die Soße; nochmals einige Minuten kochen lassen. Rouladen sind besonders zart, wenn sie bereits am Vortage zubereitet werden.

Beilagen: Reis oder breite Eiernudeln, Tomatengemüse oder Salate

70. Große Rindsroulade

500–750 g mageres, breites Stück Fleisch, 1 große Zwiebel, 60 g geräucherten Speck, 250 g Steinpilze, Semmelbrösel,
1 Bund Petersilie, geriebene Schale 1/2 Zitrone,
1 Teelöffel Kapern, Salz, Pfeffer, ca. 100 g Butter,
1–2 Eßlöffel Mehl,
1–2 Eßlöffel saurer Rahm, etwas Weißwein

Ochsen- oder Rindfleisch wird mit flachem Hammer breit geklopft (fingerdick). Mit Salz und Pfeffer einreiben. Eine große feingeschnittene Zwiebel wird mit kleinwürfelig geschnittenem Speck (schmackhafter, geräucherter) hell geröstet. Das Fleisch wird nun mit folgendem belegt: Semmelmehl (dünn streuen), Speck mit Zwiebel, gehacktes Petersiliengrün, geriebene Zitronenschale, wenn vorhanden, Kapern und angedämpfte Steinpilze. Nun fest rollen und binden. Butter in Tiegel *sehr heiß* werden lassen. Die Roulade einlegen und auf allen Seiten braten. Die Roulade herausnehmen; in Tasse Mehl mit kaltem Wasser verrühren, unter Rühren dem Fett zugießen und aufkochen lassen. Nun gibt man sauren Rahm dazu und läßt die wieder eingelegte Roulade darin fertig dämpfen. Man kann am Schluß etwas Wein dazugeben.

Beilagen: Gemüse, Kartoffeln, Spätzchen, Nudeln, Salat

71. Gespicktes Ochsenherz

Herz sauber waschen und einige Tage in Essig (Nr. 880) legen. Bei Zubereitung gut mit Speckstreifen spicken und in der Hälfte der Essigbrühe unter Zugabe von Wurzelwerk und Stückchen Zwiebel weich kochen. Mehl, Fett, Zucker braun rösten und mit kaltem Wasser verrühren. Nach Herausnahme des Herzens in die Kochbrühe rühren. Unter öfterem Umrühren $^1/_4$ Stunde kochen lassen. Nun schneidet man das Herz in Scheiben, seiht die Brühe darüber und läßt das Ganze nochmals gut aufkochen. Wenn vorhanden, zum Schluß sauren Rahm an die Soße geben.

Beilagen: Kartoffeln, Nudeln, Spätzchen oder Knödel

500 g Ochsenherz, Zutaten zu Essigbeize Nr. 880, 60 g geräucherten Speck, 2 Eßlöffel Mehl, 1 Eßlöffel Fett, 1 Teelöffel Zucker, 1 Eßlöffel saurer Rahm

72. Zungen-Ragout vom Rind

Rindszunge, ebenso jede andere Art Zunge. Sauber waschen und in leichtem Salzwasser mit etwas Suppengrün weich kochen. Nun zieht man die Haut ab und schneidet die Zunge in fingerdicke Scheiben. In Buttersoße (Nr. 261) einlegen und einige Male aufkochen lassen. Vor dem Anrichten die Soße durchseihen.

Beilagen: Kartoffeln

500 g Rindszunge, ebenso jede andere Art von Zunge, Suppengrün, Salz, Zutaten zu Buttersoße Nr. 261

73. Gebackene Rindszunge

Zunge kochen, abhäuten und in Scheiben schneiden (fingerdick), leicht salzen und pfeffern. Panieren, backen wie Koteletts (Nr. 141).

500 g Rindszunge, Salz, Pfeffer, Zutaten zum Panieren wie Koteletts Nr. 141

74. Abgebräunte Rindszunge

Zunge kochen, abhäuten und in Scheiben schneiden wie Nr. 72, leicht salzen und pfeffern. Die Scheiben in Mehl wenden, in heißer Butter beiderseitig anbräunen, etwas Kochbrühe dazugießen und zugedeckt einige Minuten ziehen lassen.

Beilagen: Gemüse, Salate, geröstete Kartoffeln

500 g Zunge, Salz, Pfeffer, Mehl, 40 g Butter

75. Rinder-Beefsteak

500 g zartes, mageres Fleisch, am besten Lende, Salz, Pfeffer, 40 g Butter, 1 Zwiebel, kleiner Eßlöffel Mehl, Zitronensaft oder -scheiben

Handflächengroße fingerdicke Scheiben schneiden, beiderseitig gut klopfen, salzen und pfeffern. Ganz fein gehackte Zwiebel auf einer Seite der Beefsteaks mit Messer *eindrücken.* Butter in Pfanne *sehr heiß* werden lassen und die Beefsteaks unter ständigem Begießen mit dem Fett beiderseitig sehr *rasch* braun braten. Wenn beim Eindrükken (nicht stechen) mit Gabel noch roter Saft herausfließt, herauslegen auf erwärmte Platte. Mehl wird mit kaltem Wasser dünn verrührt und unter Rühren mit der Soße vermengt. Nach nochmaligem Aufkochen Beefsteaks hineinlegen und zugedeckt einige Minuten *ziehen,* nicht kochen lassen. Vor dem Anrichten mit Zitronensaft beträufeln oder mit Zitronenscheibe belegen.

Beilage: Kopfsalat oder Bratkartoffeln

76. Deutsche Beefsteaks vom Rind

500 g mageres Fleisch oder bereits Hackfleisch, Salz, Pfeffer, 40 g Butter, 1 Zwiebel. Wenn Soße erwünscht: 1 kleinen Eßlöffel Mehl, Zitronensaft oder -scheiben.

Rindfleisch durch Fleischhackmaschine treiben. 4 Steaks formen, salzen und pfeffern. Ganz feingehackte Zwiebel auf einer Seite der Steaks mit Messer *eindrücken.* Weiterbehandeln wie Beefsteak Nr. 75.

77. Sauerbraten

500 g Rindfleisch, Rose oder Blume, Zutaten wie zu Saurer Rahmschlegel Nr. 95

Fleisch in Essigbeize Nr. 880 legen, und zwar mindestens 3 Tage. Zubereitung genau wie Saurer Rahmschlegel Nr. 95, jedoch Sauerbraten von allen Seiten anbraten lassen.

Beilage: Nudeln, Knödel, Kartoffeln

78. Paniertes Rindfleisch (Wiener Backfleisch)

500 g abgekochtes Fleisch, Salz, Pfeffer, 1 Ei, Milch, Semmelbrösel, Fett zum Backen

Abgekochtes Rindfleisch wird in dünne Scheiben geschnitten, gesalzen und gepfeffert, in mit Milch verrührtes Ei eingetaucht, in Semmelmehl gewendet und in heißem Fett gebacken.

Beilage: Kartoffelsalat, Kopfsalat

79. Zwiebelfleisch

Abgekochtes Rindfleisch wird in Scheiben geschnitten und in heißem Fett auf einer Seite angebräunt. Nach dem Wenden der Schnitten gibt man in Scheiben geschnittene Zwiebel, Salz, Pfeffer und etwas Fleischbrühe (Wasser) darüber und läßt das Ganze zugedeckt einige Male aufdämpfen. Durchgetriebene Tomaten verbessern den Geschmack. *Beilage:* Salate und Kartoffeln

500 g abgekochtes Fleisch, 1 Zwiebel, Salz, Pfeffer, etwas Fleischbrühe, Tomaten

80. Gekochtes Rindfleisch auf franz. Art *(Mironton)*

Das Suppenfleisch in feine Scheiben schneiden, Zwiebeln abschälen und waschen. Fett in Tiegel oder feuerfester Form zergehen lassen, Zwiebel nebeneinander in den Tiegel einlegen und leicht mit Zucker überstreuen, in heißer Röhre braten und, wenn sie Farbe bekommen haben, mit $^1/_2$ Tasse Wasser übergießen. Die gewaschenen, ganzen Tomaten über die Zwiebeln verteilen, Suppengrün fein hacken, gelbe Rüben und Sellerie reiben und alles zu den Zwiebeln geben. Salzen, pfeffern und Muskatnuß dazureiben, ebenso die Bratensoße darübergießen. 1 Kaffeelöffel voll Mehl mit kaltem Wasser glatt verrühren und in die Soße geben. Bei Verarbeitung von Pilzen: Pilze putzen, fein schneiden, gründlich waschen und mitdünsten. Das Ganze $^1/_2$ Stunde in heißer Röhre braten lassen. Die Fleischscheiben oben auflegen und noch einige Minuten heiß werden lassen.

Beilage: Kartoffeln oder Reis

500 g gekochtes Fleisch (Suppenfleisch) – die Suppe kann anderweitig verwendet werden –, 12 kleine Zwiebeln, 10 reife Tomaten, $^1/_2$ Tasse restliche Bratensoße oder Soße aus einem Soßenwürfel, Suppengrün (Sellerie, gelbe Rübe, Petersilie, Lauch), 125 g Champignons (frische oder aus der Dose), Muskatnuß, Salz, Pfeffer

81. Lendenschnitten vom Rind

Von der Lende (Roastbeef) fingerdicke Scheiben abschneiden. Beiderseits gut klopfen, salzen und pfeffern. Aufeinanderlegen und kurze Zeit liegenlassen. Das Fleisch bleibt dadurch zarter. Die Scheiben in Mehl wenden und in heißer Butter oder Fett braun braten. Auf Platte legen und mit Zitronensaft beträufeln. Der Soße kleinen Schöpflöffel Fleischbrühe oder etwas warmes Wasser zugießen, einmal aufkochen lassen. Nach Geschmack noch etwas Salz zugeben. Schnitzel wieder einlegen und einige Minuten zugedeckt heiß stehenlassen. *Beilage:* Bratkartoffeln, Salate

500 g Lende (Roastbeef), Salz, Pfeffer, Mehl, 40 g Butter oder Fett, Zitronensaft, 1 kleinen Schöpflöffel Fleischbrühe

82. Gedämpftes Rindsfilet

500 g abgehängtes Filet, 50 g Butter, 1 gehäufter Teelöffel Mehl, 1 – 2 Eßlöffel Weißwein, eine mittelgroße Zwiebel (fein geschnitten), 1 Teelöffel Salz, eine Messerspitze Pfeffer, 1 Stückchen Knoblauch (je nach Geschmack)

Filet in fingerdicke Scheiben schneiden, mit glattem Holzhammer *etwas* klopfen. Butter heiß werden lassen, Filet-Scheiben einlegen, Salz, Pfeffer, feingeschnittenen Knoblauch und Zwiebel darüber streuen, zugedeckt im eigenen *Saft langsam* weich dämpfen lassen (ca. 20 Minuten). Filetstücke herausnehmen, das Mehl mit Wasser glatt rühren und unter Rühren dem im Tiegel verbliebenen Saft hinzufügen. Wein und so viel Wasser, als Soße benötigt, hinzugießen, Filet wieder einlegen und nur 5 Minuten ziehen lassen. *Bei längerem Stehen* würde das Filet *trocken werden.*

Beilagen: Kartoffelbrei oder Pommes frites mit feinem Gemüse

83. Gedämpfte Rindslende

500 g ausgebeinte Lende, gut abgehängt, Zutaten wie zu Gedämpftes Filet Nr. 82

Zubereitung wie Nr. 82, nur nimmt man statt Filet *ausgebeinte* Lende.

84. Wiener Lendenbraten

500 g abgehängtes Ochsenfleisch, Lende oder Rose, 50 g geräucherter Speck, 50 g Schweizer Käse, 1 Eßlöffel Mehl, 30 g Butter, 1 Teelöffel Salz, 1 Messerspitze Pfeffer oder Paprika, 1 – 2 Tomaten, 1 Stückchen ganze Zitronenschale, $^{1}/_{2}$ Teelöffel Zitronensaft

Speck und Schweizer Käse in $^{1}/_{2}$ Zentimeter breite und 2 Zentimeter lange Streifen schneiden, Fleisch mit Salz und Pfeffer (Paprika) einreiben und mit Speck- und *Käsestreifen* spicken. Butter heiß werden lassen und Fleisch darin von allen Seiten braun anbraten. Etwas heißes Wasser zugießen (damit Anbrennen vermieden wird) und zugedeckt weich dämpfen lassen. Fleisch herauslegen, Mehl mit Wasser glatt verrühren und unter Rühren dem im Tiegel verbliebenen Saft hinzufügen. So viel heißes Wasser, als Soße benötigt, hinzugießen, etwas aufkochen lassen, Fleisch wieder einlegen und ca. 20 Minuten *ziehen* lassen.

Beilagen: Jede Art Kartoffeln und Gemüse, Pommes frites, Kartoffelcroquettes

85. Ochsen-Brustkern mit Meerrettich *(Kren)*

500 g Ochsen-Brustkern, 1 Ei, 2 Eßlöffel Semmelbrösel, 30 g Butter, 1/2 Teelöffel Salz, 1/2 Stange Meerrettich (Kren); hierzu folgende Zutaten: 1 Eßlöffel Butter, 1 Eßlöffel Mehl, 1 Teelöffel Salz, 1 Teelöffel Zucker, 1/2 Teelöffel Essig

Fleisch weich kochen, abtropfen lassen und mit Salz bestreuen. Inzwischen wird nach Nr. 323 *dickes* Meerrettichgemüse zubereitet. Ei verrühren, dem Meerrettich beigeben und Fleisch (das ganze Stück) mit dieser Masse fingerdick bestreichen. Zerlassene Butter darübergießen, mit Semmelmehl bestreuen und 1/2 Stunde in Tiegel, der etwas Fett enthält, in heißer Röhre backen.

Beilagen: Garnierung mit Erbsen, Karotten, kleinen Kartoffeln

86. Ochsenschweif, braun gedünstet

1 ganzer Ochsenschweif, 50 g Butter, 2 Eßlöffel Mehl, 1 Teelöffel Zucker, 1 größere Zwiebel, 1 Eßlöffel Salz, 2 Messerspitzen Pfeffer (oder Paprika), 1 Stückchen Petersilie- und Selleriewurzel, ca. 1 Eßlöffel Essig, 2 Stückchen Zitronenschale

Ochsenschweif in ca. 10 Zentimeter lange Stücke hacken. Zwiebel in Scheiben schneiden, den Boden eines breiten Tiegels damit belegen. Gehackten Ochsenschweif einlegen, Salz, Pfeffer, die fein geschnittenen Petersilien- und Selleriewurzeln, Zitronenschale, Essig und Wasser bis zu halben Höhe der Schweifstücke hinzugeben. Zugedeckt nahezu weichkochen lassen. Inzwischen braune Einbrenne aus Mehl, Butter und Zucker wie Nr. 878 herstellen. Den nahezu fertigen Ochsenschweif aus Tiegel nehmen, Einbrenne mit kaltem Wasser verrühren und an die im Tiegel verbliebene Brühe geben. Diese Soße ca. 1/4 Stunde kochen lassen, dann durch feineres Sieb rühren. Ochsenschweif wieder einlegen, bis zum endgültigen Weichwerden noch ca. 20 Minuten ziehen lassen. Je nach Geschmack noch nachwürzen.

Beilagen: Kartoffeln oder Klöße

87. Gebackener Ochsenschweif

1 ganzer Ochsenschweif, Semmelbrösel, Butter, 1 Ei, 2 Eßlöffel Milch, Salz, Pfeffer, Zitronensaft

Ochsenschweif in 10 Zentimeter lange Stücke hacken und im leichten Salzwasser weich sieden. Schweifstücke herausnehmen, auf Brett oder Teller von allen Seiten mit etwas Salz und Pfeffer bestreuen. Ei mit Milch verrühren, die Ochsenschweifstücke eintauchen, in Semmelbröseln wenden und in reichlich Butter auf allen Seiten braun braten. Zuletzt Ochsenschweif mit Zitronensaft beträufeln.

Die Kochbrühe des Ochsenschweifes kann als *gute Suppe* verwendet werden. *Beilagen:* Jede Art Salat

88. Abgebräunter Ochsenschweif

1 ganzer Ochsenschweif, ca. 3 Eßlöffel Mehl, Butter, Salz, Pfeffer, Zitronensaft

Ochsenschweif in 10 Zentimeter lange Stücke hacken und in leichtem Salzwasser weich sieden. Schweifstücke herausnehmen, auf Brett oder Teller von allen Seiten mit etwas Salz und Pfeffer bestreuen. In Mehl leicht wenden und in reichlich Butter auf allen Seiten abbräunen. Etwas heiße Kochbrühe in die Pfanne geben, würzen und das Ganze zugedeckt ca. 10 Minuten ziehen lassen. Zuletzt mit Zitronensaft beträufeln.

Die Kochbrühe kann als gute Suppe verwendet werden.

Beilagen: Gemüse oder Salat

89. Wiener Gulasch vom Rind (Frühstücksgulasch)

500 g zartes Fleisch, 50 g Butter, 1 große Zwiebel, 1 Teelöffel Salz, 1 Messerspitze Paprika

Fleisch in Würfel schneiden. Butter in Tiegel sehr heiß werden lassen, Zwiebel in Scheiben schneiden, zusammen mit Fleischwürfeln und Paprika in die heiße Butter legen, auf offenem Feuer so lange rösten, bis Saft eingebraten ist. Dann erst salzen und mit wenig heißem Wasser aufgießen. Zugedeckt weich dämpfen lassen.

Diese Art Gulasch ergibt *nur wenig Soße* und ist daher als Frühstücksgulasch geeignet. Wünscht man mehr Soße, so ist das folgende Rezept vorzuziehen oder Nr. 67.

90. Rindsgulasch mit Tomaten

500 g zartes Fleisch, 50 g Fett, 2 große Zwiebeln, 1 große Messerspitze Salz, 4 – 5 große, reife, geschälte Tomaten, Pfeffer oder Paprika

Fett heiß werden lassen. Zwiebeln in Scheiben schneiden, zusammen mit den Fleischwürfeln abrösten, bis Zwiebeln gelb sind. Tomaten in Scheiben schneiden und mit $^1/_2$ Liter warmem Wasser an das Fleisch geben. 1 Eßlöffel Mehl mit kaltem Wasser glatt verrühren und an das Fleisch rühren. Alles zusammen zugedeckt weich dünsten. Nach Geschmack noch Pfeffer oder Paprika und etwas Essig oder Zitronensaft darangeben. Ist die Soße zu sehr eingekocht, gießt man nach Bedarf heißes Wasser nach.

91. Beefsteak tatar

500 g Ochsenfleisch, sehr zart und mager (Rose oder Schlegel), 2 Eidotter, 1 feingehackte Zwiebel, feingehackte Gurke, Salz, Paprika, weißer Pfeffer, Kapern, geriebener Meerrettich, einige Sardellen

Fleisch zweimal durch Hackmaschine geben oder beim Metzger durchdrehen lassen. Man kann es auch *schaben.* Danach formt man aus der Fleischmasse zwei Kugeln, drückt sie flach und legt die rohen Eidotter obenauf in eine Vertiefung. Dann garniert man die Zutaten in kleinen Häufchen um die Beefsteaks.

92. Rumpsteak (Rindskotelett)

500 g abgehängtes Fleisch (Lende, Filet), 60 g Fett, 1 Eßlöffel Mehl, 1 kleine Zwiebel, 1 gehäufter Teelöffel Salz, 1 Messerspitze Pfeffer

Fleisch am besten in zwei Scheiben teilen und mit glattem Holzhammer auf beiden Seiten gut klopfen. Die auseinandergeklopften Fleischscheiben etwas zusammenschieben, damit sie die alte Form wiedererhalten. Mit Salz und Pfeffer bestreuen und in Mehl wenden. Fett in Pfanne heiß werden lassen, Fleisch mit der ganzen Zwiebel einlegen und bei *starker* Hitze unter öfterem Wenden braun braten (ca. 10 Minuten). Während des Bratens mit eigenem Saft begießen. Nach Wunsch mit einigen Eßlöffeln Wasser etwas Soße herstellen.

Beilagen: Pommes frites, geschabter, roher Meerrettich, Gurken, Bratkartoffeln

93. Gebratene Rindsmilz

1 Milz, 2 – 3 Semmeln, 1 kleine Zwiebel, 1 – 2 Eier, 1 Teelöffel Mehl, $^1/_8$ Liter Milch, 80 g Fett, 1 gehäufter Teelöffel Salz, 1 Messerspitze Majoran, 1 Messerspitze Pfeffer, 1 Messerspitze geriebene Zitronenschale

Milz waschen, dann vorsichtig mit scharfem Messer an der Längsseite aufschneiden und den größten Teil des Fleisches herausschaben. Semmelkruste mit Reibeisen abreiben, die abgeriebenen Semmeln dann in Milch einweichen, ca. $^1/_4$ Stunde stehenlassen und gut ausdrücken. Das herausgeschabte Fleisch mit Zwiebel durch Hackmaschine treiben und mit Salz, Pfeffer, Majoran, Zitronenschale, Mehl und Semmeln vermengen. Milz mit dieser Masse füllen und zunähen. In leichtem Salzwasser (ca. 2 Liter) *langsam* fertigkochen (ca. 30 Minuten). Milz ist fertig, wenn beim Hineinstechen mit dicker Nadel kein blutiger Saft mehr herausfließt. *Vorsichtig* herausnehmen und auf Sieb abtropfen lassen. Anschließend Milz in heißem Fett von allen Seiten anbraten. Die Kochbrühe ist als Suppe verwendbar!

Beilagen: Kartoffelsalat, sonstige Salate

Kalbfleisch

94. Kalbsbraten

500 g Fleisch, bestgeeignet Schlegel, Salz, Pfeffer, Schweinefett, Zitronensaft

Fleisch waschen, mit Salz und Pfeffer einreiben, einige Zeit stehenlassen. In Pfanne legen und *Boden* mit Wasser bedecken. Auf den Braten werden oben einige Stückchen *Schweinefett* (gibt sehr guten Geschmack) gelegt und derselbe in die heiße Röhre gebracht. Während des Bratens öfter mit weiterem zerlassenem Schweinefett übergießen. Ist die Soße zu schöner brauner Farbe eingebraten, wird soviel heißes Wasser nachgegossen, als Soße benötigt wird. Während des Fertigbratens öfters mit der Soße übergießen und mit Zitronensaft beträufeln. Auf diese Weise zubereitet, bleibt jeder Braten saftig, bekommt schöne Farbe und sehr schmackhafte Soße. Fertig ist der Braten, wenn beim Einstechen mit Gabel keine rote Brühe mehr herausdringt. Wenn man fettes Schweinefleisch mitbrät, wird nur mit der Soße öfters übergossen.

Beilagen: Salate, Kartoffeln, breite Nudeln, Semmelknödel

95. Saurer Kalbsrahmschlegel

500 g Kalbsschlegel – auch Hammelschlegel geeignet –, Zutaten zu Essigbeize Nr. 880, 60 g geräucherten Speck, Zwiebel, etwas Sellerie, gelbe Rübe und Petersilienwurzel, Stückchen Schwarzbrotrinde, 1/8 Liter saurer Rahm, 1 Eßlöffel Mehl, 1 Eßlöffel Fett, 2 Teelöffel Zucker, Wein oder Zitronensaft

Das mit rohem, geräuchertem Speck gespickte Fleisch wird in der *Hälfte* der Beize, der noch 1/2 Zwiebel, etwas Sellerie, gelbe Rübe und Petersilienwurzel und ein Stück Schwarzbrotrinde beigegeben werden, unter öfterem Übergießen mit saurem Rahm 1 1/2 bis 2 Stunden in heißer Röhre gebraten. Unterdessen Mehl, Fett und Zucker braun rösten, mit kaltem Wasser verrühren und in die Brühe schütten. Fleisch herausnehmen, in Scheiben schneiden. Soße durchpassieren und evtl. mit Wein oder Rahm und Zitrone abschmecken. In die fertige Soße werden nunmehr die Fleischscheiben eingelegt und müssen noch 10 bis 15 Minuten bei ganz kleiner Hitze durchziehen.

Beilage: Knödel

96. Kalbsnierenbraten, gerollt

Innere (Nieren-)Seite mit zerlassenem *Schweinefett* bestreichen und mit etwas Salz, Pfeffer, Muskatnuß, gehacktem Petersiliengrün, evtl. auch abgeriebener Zitronenschale bestreuen. Rollen und verschnüren. Die weitere Behandlung wie Kalbsbraten Nr. 94.

500 g Nierenbraten ohne Knochen, Schweinefett, Salz, Pfeffer, Muskatnuß, 1 Bund Petersilie, abgeriebene Zitronenschale, Zitronensaft

97. Kalbsvögel

Schnitzel beiderseits mit flachem Hammer gut klopfen, salzen und pfeffern. Zwiebel fein schneiden und in Butter gelb dämpfen. Fein geschnittener Speck wird angeröstet. Die eine Seite der Schnitzel wird mit dem Speck, Zwiebel, Petersiliengrün, geriebener Zitronenschale und etwas Muskatnuß belegt, gerollt und mit Faden gebunden. Man kann auch in jeden der Kalbsvögel ein hartgekochtes Ei mit einrollen. In Pfanne wird Fett (*am besten Butter*) gut heiß gemacht und die Kalbsvögel auf zwei Seiten gut angebräunt. Kalbsvögel herausnehmen. Die Soße, wird mit saurem Rahm und etwas Wasser verrührt, aufgekocht, die Kalbsvögel in der Soße zugedeckt, langsam 1/4 Stunde gedämpft. Vor Anrichten Faden entfernen und, wenn hartgekochtes Ei mit eingerollt wurde, Kalbsvögel in der Mitte durchschneiden und mit der Schnittfläche nach oben anrichten. Sieht sehr festlich aus.

Beilage: Geröstete Kartoffeln

500 g handbreite Schnitzel, Salz, Pfeffer; 60 g Speck, 1 Zwiebel, 40 g Butter, 1 Bund Petersilie, geriebene Zitronenschale, etwas Muskatnuß, evtl. 4 Eier (hartgekocht), 2 Eßlöffel Fett, am besten Butter, 1 – 2 Eßlöffel saurer Rahm

98. Kalbsgulasch

Zubereitung wie Nr. 67 (Rindsgulasch).

500 g Fleisch, Zutaten wie zu Rindsgulasch Nr. 67

99. Gedämpftes Kalbfleisch

Zubereitung wie Gedämpftes Schweinefleisch (Nr. 137).

500 g Fleisch, Zutaten wie zu Gedämpftes Schweinefleisch Nr. 137

100. Gebackener Kalbskopf

1 Kalbskopf, Suppengrün, Salz, Pfeffer, 40 g Fett, 1 Ei, Semmelbrösel, Zitronensaft oder -scheiben

Vom Kalbskopf Zähne heraushauen. Augen herausnehmen, sauber waschen. Man kocht denselben in Topf, *halb* mit kaltem Wasser gefüllt, unter Beigabe von Salz und Suppengrün so lange, bis das Fleisch sich gut von den Knochen lösen läßt. Nun löst man das Fleisch in möglichst großen Stücken ab, enthäutet die Zunge, schneidet sie der Länge nach in zwei Teile. Die einzelnen Stücke salzen und pfeffern und in mit Milch verrührtes Ei tauchen. In Semmelmehl wenden und in heißem Fett braun backen. Vor Anrichten mit Zitronensaft beträufeln oder mit Zitronenscheiben belegen.

Die Kochbrühe eignet sich bestens für Kartoffelsuppe (Nr. 11).

Beilage: Alle Arten Salate

101. Abgebräunter Kalbskopf

1 Kalbskopf, Suppengrün, Salz, Pfeffer, 40 g Butter

Zubereitung wie Nr. 100. Nach Salzen und Pfeffern in heißer Butter beiderseitig bräunen, etwas Kochbrühe darangießen und einige Minuten zugedeckt heiß ziehen lassen.

Beilagen: Salate oder Gemüse

102. Eingemachter Kalbskopf

1 Kalbskopf, Zutaten wie zu Nr. 100 Gebackener Kalbskopf, Zutaten zu Buttersoße Nr. 261

Zubereitung wie Nr. 100, jedoch nicht salzen und pfeffern, sondern nach Auslösen in Buttersoße (Nr. 261) einige Minuten aufkochen lassen.

103. Kalbshaxe, gebacken

1 große Kalbshaxe, Salz, Pfeffer, Semmelbrösel, Fett

Haxe in Salzwasser weichkochen, herausnehmen, salzen und pfeffern. Etwas erkalten lassen. In heißem Fett herausbacken oder in Semmelmehl wenden und in Fett herausbacken.

104. Saure Kalbshaxe

Haxe *halb* bedeckt mit kaltem Wasser unter Zugabe von Salz, Pfefferkörnern, Lorbeerblatt, Nelken, in Scheiben geschnittener Zwiebel, Stückchen Zitronenschale und Essig weichkochen. Wird in der Brühe angerichtet.

1 große Kalbshaxe, Salz, 5 – 6 Pfefferkörner, 1 Lorbeerblatt, 3 – 4 Nelken, 1 kleine Zwiebel, Stückchen Zitronenschale, 1 – 2 Eßlöffel Essig

105. Eingemachtes Kalbfleisch

Fleisch nach dem Waschen salzen und pfeffern. Kleine, in Scheiben geschnittene Zwiebel mit Fett in Tiegel goldgelb rösten. Fleisch einlegen. Zugabe: 2 Tassen Wasser, Nelken, Lorbeerblatt, Essig oder Zitronensaft, Zitronenschale. Das Fleisch *nicht ganz weichdämpfen.* Herausnehmen. 1 gehäufter Eßlöffel Mehl wird mit kaltem Wasser dünn verrührt und unter Rühren in die Brühe gegeben. Fleisch wieder einlegen und fertigkochen. Wenn Soße zu dick, mit heißem Wasser verdünnen. Zum Schluß Wein, Apfelwein oder Essig dazugeben.

500 g Fleisch, am besten Brust, Salz, Pfeffer, 1 kleine Zwiebel, 1 Eßlöffel Fett, 1 Eßlöffel Mehl, 2 – 3 Nelken, 1 Lorbeerblatt, 1 Eßlöffel Essig oder Zitronensaft, 1 Stückchen Zitronenschale, etwas Wein oder Apfelwein

106. Eingemachtes Kalbfleisch auf andere Art

Fleisch in leicht gesalzenem Wasser zusetzen und nicht ganz weich kochen. Herausnehmen. Mit der Kochbrühe Buttersoße (Nr. 261) machen. Fleisch wieder einlegen und darin fertigkochen.

500 g Fleisch, am besten Brust, Salz, Zutaten zu Buttersoße Nr. 261

107. Gefüllte Kalbsbrust

Von der Kalbsbrust werden die harten Knochen unter den Knorpeln entfernt. Senkrecht (entgegengesetzt) zu den Rippen zwischen Haut und Fleisch Einschnitt machen und denselben mit der Hand zu einer Höhlung erweitern. Nun etwa 15 Minuten in warmes Wasser legen, damit sie weiß bleibt. Nach dem Herausnehmen mit Salz und Pfeffer außen einreiben. Die mit wenig Milch verrührten Eier werden über die feingeschnittenen Semmeln gegossen. Das Ganze weichen lassen. Zerlassene Butter, feingewiegtes Petersiliengrün, etwas Muskatnuß, Salz, Pfeffer und Mehl werden daruntergemengt. Wenn vorhanden,

1500 – 1750 g Kalbsbrust für 4 Personen, 6 Semmeln, 3 Eier, Milch, Salz, Pfeffer, 50 g Butter, 1 Bund Petersilie, Muskatnuß, 1 Teelöffel Mehl, etwas geschabte Leber, 1 – 2 Eßlöffel Fett

kann auch etwas geschabte Leber dazugegeben werden. Die Masse füllt man in die obige Höhlung und näht die Öffnung mit starkem Faden zu. In Tiegel Fett heiß werden lassen und die Brust beiderseits etwas anbraten. Einige Eßlöffel heißes Wasser zugießen und in der Röhre unter fleißigem Begießen mit dem eigenen Saft fertigbraten. Vor Anrichten Faden entfernen.

Beilage: Alle Arten Salate

108. Panierte Kalbskoteletts

4 Koteletts (Rippenstück), Zutaten wie zu Panierte Schweinekoteletts Nr. 141

Zubereitung wie panierte Schweinekoteletts (Nr. 141).

109. Gebratene Kalbskoteletts

4 Kalbsrippchen, 2 Eßlöffel Mehl, 80 g Fett, 1 Eßlöffel Salz, 2 Messerspitzen Pfeffer, Saft von $^1/_4$ Zitrone

Zubereitung wie Gebratene Schweinekoteletts (Nr. 142).

Beilage: Salat

110. Gedämpfte Kalbskoteletts (Rippchen)

4 Rippchen (ca. 500 g), 50 g Butter, 1 größere Zwiebel, 2 Eßlöffel Wein, 1 Eßlöffel Salz, 2 Messerspitzen Pfeffer oder eine Messerspitze Paprika, 1 Stück Zitronenschale, 2 Tomaten oder $^1/_2$ Teelöffel Kapern

Rippchen leicht klopfen, salzen, pfeffern und *aufeinanderlegen* (bleiben dadurch saftiger).

Zwiebel in Scheiben schneiden, Butter in Tiegel heiß werden lassen, zuunterst Zwiebelscheiben und Zitronenschale, dann Rippchen einlegen. $^1/_8$ Liter Wasser zugießen und zugedeckt ca. 30 Minuten (nicht ganz weich) dämpfen lassen. Dann die in Scheiben geschnittenen Tomaten oder Kapern auf die Rippchen legen, Wein hinzugießen und zugedeckt fertig dämpfen lassen. Einige mitgedämpfte Pilze erhöhen den Wohlgeschmack. Rippchen am besten mit Zutaten servieren.

Beilagen: Kartoffelcroquettes, Bratkartoffeln

111. Kalbsschnitzel (Wiener Schnitzel)

4 Schnitzel vom Schlegel, 1 – 2 Eier, Mehl, Semmelbrösel, Fett, Salz und Pfeffer

Vom Schlegel fingerdicke Schnitzel schneiden. Mit flachem Hammer beiderseitig klopfen, salzen, pfeffern und aufeinanderlegen. Etwas stehenlassen. Dadurch wird das Fleisch zarter. Eier mit etwas Milch fest verrühren. Die Schnitzel zuerst in Mehl wenden, dann in das verrührte Ei eintauchen, in Semmelbrösel wenden und in heißem Fett auf beiden Seiten goldbraun backen. 5 Minuten zugedeckt ziehen lassen, werden dadurch saftiger. Vor dem Anrichten mit Zitronensaft beträufeln oder Zitronenscheiben auflegen.

112. Kalbsrahmschnitzel

4 Kalbsschnitzel vom Schlegel, Salz, Pfeffer, Mehl, 40 g Butter, 1 – 2 Eßlöffel sauren Rahm, Zitronensaft, Wein oder Apfelwein

Fleisch mit flachem Hammer beiderseitig klopfen, salzen, pfeffern. Aufeinandergelegt etwas stehen lassen. Die Schnitzel werden nun in Mehl gewendet und in heißer Butter rasch auf beiden Seiten braun gebraten. Herausnehmen und auf heiße Platte legen. Dem heißen Fett werden unter ständigem Rühren der saure Rahm und wenig Wasser beigegeben. Die Soße wird einmal aufgekocht. Die Schnitzel einlegen, mit Zitronensaft beträufeln, etwas Wein oder Apfelwein dazugeben und zugedeckt heiß werden lassen. Wird das Fleisch *sehr* weich gewünscht, auf kleiner Hitze 15 – 20 Minuten zugedeckt dämpfen lassen.

Beilage: Bratkartoffeln, geröstete Kartoffeln

113. Holsteiner Schnitzel vom Kalb

Pro Person 1 großes Kalbsschnitzel sowie 1 Ei (Spiegelei); 2 Eßlöffel Semmelbrösel, 1 Ei, 50 g Fett, 1 Teelöffel Mehl, 1/2 Teelöffel Salz, 1 Messerspitze Pfeffer, 1 Essiggurke, 1/2 Teelöffel Kapern. 2 Sardellen, grüne Erbsen und nach Möglichkeit weitere Gemüse

Schnitzel klopfen, salzen, pfeffern. Mehl mit Semmelbröseln vermischen, Schnitzel in verrührtes Ei eintauchen, in Semmelbröseln wenden und in heißem Fett auf beiden Seiten hellbraun backen. Die fertigen Schnitzel auf erwärmte Platte legen, je ein Ei als Spiegelei daraufgeben, die in Streifen geschnittene Gurke, die Sardellen und Kapern auf Schnitzel und Ei garnieren. Erbsen sowie das übrige Gemüse nach Nr. 325 in Butter dämpfen und um das Schnitzel herumlegen.

114. Kalbsschnitzel im Pfannkuchenteig

4 Schnitzel vom Schlegel, 100 g Mehl, 1 Ei, Fett, 4 Eßlöffel Milch, 1 Teelöffel Salatöl, 1 gehäufter Eßlöffel Salz, 2 Messerspitzen Pfeffer

Schnitzel klopfen, salzen, pfeffern und aufeinanderlegen (damit sie saftig bleiben). Mehl mit Ei, Salatöl, Milch, 2 Eßlöffeln Wasser und dem restlichen Salz zu Teig verrühren. Schnitzel ganz in diesen Teig tauchen und in reichlich heißem Fett beiderseits braun backen.

Beilagen: Salat oder feines Gemüse

115. Kalbsbries

500 g Kalbsbries, Zutaten zu Buttersoße Nr. 261

Das Bries wird in *kochendes* Salzwasser gelegt und muß $^1/_4$ Stunde ziehen (nicht kochen). In Buttersoße (Nr. 261) weichkochen.

Beilage: Salzkartoffeln

116. Paprikakalbfleisch

500 g Kalbsbrust, 1 gehäufter Eßlöffel Mehl, Fett, eine kleine Messerspitze Paprika, Salz, je ein kleines Stück Petersilien- und Selleriewurzel

Fleisch mit Wurzelwerk in *leichtem* Salzwasser (nicht zuviel Wasser) *nahezu* weich kochen, dann auf Sieb legen und abtropfen lassen. In Stücke schneiden und *etwas* salzen. In Teller Mehl mit Paprika mischen, die Fleischstücke eintauchen und in heißem Fett auf allen Seiten backen. Durch Zugießen von Kochbrühe gewinnt man etwas Soße.

Beilagen: Salat und Kartoffeln

117. Saure Kalbsleber

4 Scheiben Leber, Milch, 1 kleine Zwiebel, Fett, 2 gestrichene Eßlöffel Mehl, Salz, Pfeffer, etwas Essig

Von aller Haut befreite Kalbsleber wird einige Stunden in kalte Milch gelegt. *Bleibt dadurch zart.* Nach Abtrocknen in feine Stücke schneiden. Kleine Zwiebel in Scheiben schneiden und in heißem Fett goldbraun rösten. Die dazugegebene Leber unter Rühren mit der Zwiebel anrösten. 2 gestrichene Eßlöffel Mehl darüberstäuben und mit warmem Wasser aufrühren. *Nun erst* Salz, Pfeffer und etwas Essig dazugeben. Das Ganze einigemal aufkochen lassen. Muß *rasch* bereitet und angerichtet werden, da sie sonst *hart* wird.

118. Gedämpfte Kalbsleber

Kalbsleber einige Zeit in Milch legen. Die in Mehl gewendeten Scheiben werden mit etwas feingeschnittener Zwiebel in heißem Fett beiderseitig *leicht* angebraten und aus der Pfanne genommen. Kleinen Eßlöffel Mehl mit kaltem Wasser dünn verrühren und unter weiterem Rühren an das Fett geben. Noch soviel Wasser zugießen, als Soße benötigt wird, und aufkochen lassen. Die wieder eingelegte Leber wird *jetzt erst gesalzen*, gepfeffert und mit Zitronensaft beträufelt. Das Ganze zugedeckt auf heißer Herdplatte noch einige Minuten *ziehen* (nicht kochen) lassen. Beim Anrichten Soße über die Leber durchseihen und sofort zu Tisch geben, da sie sonst hart wird.

Beilagen: Gebackene Kartoffelspeisen

4 Scheiben Leber (1 Zentimeter dick), Milch, Mehl, 1 Zwiebel, 2 Eßlöffel Fett oder Butter, 1 gestrichenen Eßlöffel Mehl, Salz, Pfeffer, Zitronensaft

119. Gebackene Kalbsleber

Die in Scheiben geschnittene und einige Zeit in Milch gelegte Leber wird leicht gesalzen und gepfeffert. Die Scheiben zuerst in Mehl wenden, dann in Milch eintauchen, in Semmelbröseln wenden und in heißem Fett sehr rasch braun backen. Mit Zitronenscheiben belegt zu Tisch geben.

Beilage: Salat

4 Scheiben Leber (1 Zentimeter dick), Milch, Salz, Pfeffer, Mehl, Semmelbrösel, 40 g Fett oder Butter, 4 Zitronenscheiben

120. Kalbsleber-Rouladen

Leber in ca. 10 Zentimeter breite und $^1/_2$ Zentimeter dicke Streifen schneiden und $^1/_2$ Stunde in Milch legen. Speck in Streifen schneiden, Leberstreifen einrollen, Speckstreifen darüber wickeln und mit Faden festbinden. In Tiegel Butter heiß werden lassen, Rouladen einlegen und von allen Seiten braun braten. *Dann erst Salz und Pfeffer (oder Paprika) darüberstreuen.* Rouladen herausnehmen. Mehl mit kaltem Wasser dünn anrühren und dem im Tiegel verbliebenen Saft hinzufügen, ca. $^1/_8$ Liter Wasser dazugießen und die so entstandene Soße einige Minuten aufkochen lassen. Rouladen wieder einlegen, mit Zitronensaft beträufeln, Wein in die Soße geben und das Ganze zugedeckt wieder heiß werden lassen.

Beilagen: Salat, Gemüse, Kartoffeln

500 g Kalbsleber, 70 g geräucherter Speck, 50 g Butter, 1 Eßlöffel Mehl, $^1/_8$ Liter Milch, 2 Eßlöffel Weißwein, Saft von $^1/_4$ Zitrone, 1 Teelöffel Salz, 1 Messerspitze Pfeffer oder Paprika

121. Gespickte Kalbsleber

500 g Kalbsleber, 40 g geräucherter Speck, 2 Eßlöffel Mehl, 50 g Fett, $^1/_8$ Liter Milch, 1 kleine Zwiebel, 1 Teelöffel Salz, 2 Eßlöffel Weißwein oder 1 Eßlöffel saurer Rahm

Leber $^1/_2$ Stunde in kalte Milch legen *(Leber bleibt dadurch zart).* Leber spicken. Fett in Tiegel heiß werden lassen, Leber von allen Seiten mit Mehl bestreuen (ca. 1 gehäufter Eßlöffel). Zwiebel in Scheiben schneiden und mit Leber ins heiße Fett einlegen. Leber von allen Seiten anbraten lassen, ca. $^1/_4$ Liter warmes Wasser hinzugießen, das Ganze ca. 30 Minuten zugedeckt dämpfen lassen. Das restliche Mehl mit kaltem Wasser verrühren, nebst Wein an die Leber geben, noch einmal kurz aufkochen lassen. Vor dem Anrichten Leber in Scheiben schneiden und Soße darübergeben.

Beilagen: Kartoffelsalat, Kartoffelbrei

122. Italienische Leber vom Kalb

500 g Kalbsleber, 50 g Butter, 2 Eßlöffel feingeschnittene Pilze, 1 Teelöffel feingeschnittene Petersilie, $^1/_8$ Liter kalte Milch, 2 Eßlöffel Tomatenmark, 1 Teelöffel feingeschnittene Zwiebel, 1 Teelöffel Salz, 1 Messerspitze Pfeffer, besser Paprika, $^1/_2$ Teelöffel Zitronensaft, 2 Eßlöffel Wein (möglichst Rotwein), 1 Eßlöffel geriebener Parmesan- oder Schweizer Käse

Leber in 1 Zentimeter dicke Scheiben schneiden und ca. 30 Minuten in kalte Milch legen. *(Leber bleibt dadurch zart).* Butter in Tiegel heiß werden lassen, Leber mit Pilzen, Zwiebeln und Petersilie einlegen und zugedeckt 15 Minuten dämpfen lassen. Dann erst Salz, Pfeffer, Zitronensaft, Tomatenmark, Wein sowie $^1/_8$ Liter warmes Wasser hinzugeben. Das Ganze noch zugedeckt 5 Minuten heißstellen. Vor Anrichten geriebenen Käse auf die Leberscheiben streuen.

Beilage: Kleine, gebratene Kartoffeln, Reis mit Curry gekocht

123. Wiener Kalbsleber

Leber in 1 Zentimeter dicke Scheiben schneiden und $1/4$ Stunde in kalte Milch legen *(bleibt dadurch zart).* Butter in Pfanne heiß werden lassen, Leber in Mehl wenden und mit Zwiebel in der heißen Butter abrösten, bis sie an der *Oberfläche* nicht mehr blutig ist. Anschließend Leber herausnehmen. 1 Eßlöffel Mehl mit kaltem Wasser glatt verrühren, in die Pfanne geben, aufkochen lassen. Leber wieder einlegen. *Dann erst* Salz und Zitronensaft über die Leber geben. Evtl. noch mit heißem Wasser aufgießen.

Beilagen: Kartoffeln in jeder Form

500 g Leber, 2 Eßlöffel Mehl, $1/8$ Liter kalte Milch, 70 g Butter, 1 Teelöffel Salz, 1 Eßlöffel Zwiebel, feingehackt, 1 große Messerspitze Paprika, $1/2$ Teelöffel Zitronensaft

124. Gebratene Kalbsleber, ungarische Art

Leber in 1 Zentimeter dicke, nicht zu kleine Scheiben schneiden und $1/4$ Stunde in kalte Milch legen. *(Leber bleibt dadurch zart.)* Butter in Pfanne heiß werden lassen. Leber in Mehl wenden und auf beiden Seiten rasch braun braten. Leber herausnehmen. 1 Eßlöffel Mehl mit $1/8$ Liter kaltem Wasser anrühren, unter Rühren in die Pfanne geben und ca 5 Minuten aufkochen lassen. Leber wieder einlegen, Salz und Zitronensaft darübergeben und einige Minuten zugedeckt heiß stellen.

Beilagen: Kartoffeln, Salat

500 g Kalbsleber, 2 Eßlöffel Mehl, 100 g Butter, $1/8$ Liter Milch, 1 Teelöffel Salz, $1/2$ Teelöffel Zitronensaft

125. Kalbsleber auf österreichische Art *(geröstet)*

Kalbsleber in feine, dünne Fetzen schneiden, salzen, pfeffern und in Mehl wenden; in Pfanne Olivenöl erhitzen und die Leber beiderseitig kurz rösten. Auf *heißer* Platte anrichten.

Beilage: Reis oder Kartoffelbrei

500 g Leber, Salz, Pfeffer, Mehl, Olivenöl oder Fett

126. Saure Nieren

Nieren einige Minuten in heißes Wasser legen, damit der Nierengeschmack herauszieht. In feine Scheiben schneiden und zubereiten wie Saure Leber (Nr. 117).

500 g Nieren (jede Art Nieren verwendbar), Zutaten wie zu Nr. 117

127. Saure Lunge

500 g Kalbs-, Schweins- oder Rinderlunge, evtl. ein Stück Herz dazu, Salz, Suppengrün, 2–3 Lorbeerblätter, 2 Zwiebeln, 4 Pfefferkörner, 2 Nelken, 1/8 Liter Essig, 2 Eßlöffel Mehl, 1 Eßlöffel Fett, 1 Teelöffel Zucker, 1 geschnittene Zwiebel, 1 Stückchen Zitronenschale, 2–3 Eßlöffel Rahm, etwas Weißwein

Lunge allein oder Lunge und Herz sauber waschen und in Topf mit kaltem Wasser zusetzen. Unter Beigabe von wenig Salz und Suppengrün und Gewürzen weichkochen. Nach Fertigkochen herausnehmen, etwas erkalten lassen und in feine Streifen schneiden. Lunge, evtl. auch Herz, Mehl, Fett, Zucker und geschnittene Zwiebel braun rösten und mit kaltem Wasser verrühren. Nun gibt man soviel von der Kochbrühe dazu, daß es eine dickliche Soße gibt. Man läßt dieselbe unter Zugabe von etwas Salz, Pfeffer, Lorbeerblatt, Nelken, feingeschnittener Zitronenschale, Essig nach Geschmack gut kochen. Dann durchseihen und die geschnittene Lunge dazugeben. Nochmals aufkochen, mit Rahm und Weißwein abschmecken.

Beilage: Knödel, Kartoffeln

128. Gebackenes Kalbshirn

500 g Hirn, Salz, Pfeffer, 1 Ei, Milch, Semmelbrösel, 2 Eßlöffel Fett, Zitronensaft oder -scheiben

Hirn in lauwarmes Wasser legen, Spülen. Das Hautige und Blutige entfernen. Hirn salzen und pfeffern. Ei mit Milch verrühren, Hirn gut darin eintauchen, dann in Semmelbröseln wenden und in heißem Fett braun backen. Vor Anrichten mit Zitronensaft beträufeln oder mit Zitronenscheiben belegen.

129. Eingemachtes Kalbshirn

500 g Kalbshirn, Zutaten zu Buttersoße Nr. 261

Hirn in lauwarmes Wasser legen. Spülen. Das Hautige und Blutige entfernen. Nicht salzen und pfeffern, sondern in die fertige Buttersoße (Nr. 261) einlegen und einige Male aufkochen lassen.

130. Kalbshirn auf französische Art

500 g Hirn, Salz, Pfeffer, 40 g Butter, 1 Bund Petersilie

Hirn in lauwarmes Wasser legen. Das Hautige und Blutige entfernen. Spülen. Hirn in kochendes Salzwasser einlegen und 10 Minuten langsam kochen. Abseihen. Auf Platte legen, pfeffern, mit brauner Butter übergießen und mit Petersilie bestreuen.

Beilage: Kartoffeln, Spinat

131. Kalbshirn mit Ei

Hirn in lauwarmes Wasser legen. Spülen. Haut und alle blutigen Teile abziehen. Hirn auf Brett kleinhacken und mit den verrührten Eiern, Salz und Pfeffer vermischen. Die Masse in heiße Butter geben und auf beiden Seiten rasch durchbraten. Das Hirn ist fertig, wenn es nicht mehr blutig ist. Mit Schnittlauch und Zitronenscheiben garnieren.

Beilage: Salat

1 Kalbshirn, 2 Eier, 50 g Butter, 2 Zitronenscheiben, 1 Teelöffel Salz, 1 Messerspitze Pfeffer, 1 Teelöffel feingeschnittener Schnittlauch

132. Kalbshirnschnitten

Hirn in lauwarmes Wasser legen. Spülen. Abhäuten und kleinhacken. Semmeln in 1 Zentimeter dicke Scheiben schneiden. Ei mit Milch verrühren und über Semmelscheiben gießen. Semmelscheiben in Milch so wenden, daß sie vollkommen durchweicht sind, aber nicht zerfallen. Hirn mit Salz, Pfeffer, Muskatnuß und Suppenwürze in heißer Butter 5 Minuten dämpfen. Je eine Semmelschnitte mit Hirnmasse bestreichen, eine zweite darüberklappen, das Ganze in Semmelbröseln wälzen und in heißem Fett auf beiden Seiten hellbraun backen.

Beilage: Salat

1 Kalbs- oder Schweinshirn, 2 – 3 trockene Semmeln, 1 Ei, $^1/_8$ Liter Milch, 1 Teelöffel Salz, 1 Messerspitze Pfeffer, 1 Messerspitze Muskatnuß, einige Tropfen Suppenwürze, Semmelbrösel, Fett, 30 g Butter

133. Gespicktes Kalbsherz

Das Herz aufschneiden, Blut herausnehmen, waschen. Mit Salz und Pfeffer einreiben. Speck in ca. 3 Zentimeter lange und $^1/_2$ Zentimeter dicke Streifen schneiden, Herz damit spicken. Herz mit Zitronenschale, der feingeschnittenen Zwiebel, dem kleingehackten Suppengrün und $^1/_2$ Liter Wasser in Tiegel geben und zugedeckt *weichdämpfen.* Herz herausnehmen, Mehl mit Wasser dünn verrühren und zur Brühe geben, gut aufkochen lassen und durch feines Sieb rühren. Herz wieder in die Brühe geben und durch Zugießen von heißem Wasser eine nicht zu dünne Soße herstellen. Zum Schluß Rahm oder Wein hinzugeben.

Beilagen: Alle Arten Kartoffel

1 Kalbsherz, 50 g geräucherter Speck, 1 Eßlöffel Mehl, 1 Eßlöffel Rahm oder Weißwein, 1 Stückchen Zitronenschale, 1 gehäufter Teelöffel Salz, 1 große Messerspitze Pfeffer, 1 kleine Zwiebel, etwas Suppengrün

134. Gebratenes Kalbsherz

1 Kalbsherz, 1 Eßlöffel Mehl, 50 g Butter, 1 Teelöffel Zitronensaft, 1 kleine Zwiebel, 1 gehäufter Teelöffel Salz, 1 Messerspitze Pfeffer

Herz aufschneiden und Blut herausnehmen. Waschen und auf Seiher abtropfen lassen. Mit Salz und Pfeffer einreiben. Herz mit der *ganzen* Zwiebel in sehr heiße Butter geben und von allen Seiten *nicht zu rasch anbraten.* Ca. $^{1}/_{8}$ Liter Wasser darangießen und zugedeckt weich braten lassen. Ist die Soße eingebraten, heißes Wasser nachgießen. Vor dem Anrichten Zitronensaft und 1 Eßlöffel Weißwein darübergeben.

Beilagen: Kartoffeln, Salat

135. Feines Kalbsragout (Ragout fin)

1 Kalbsbries, 1 Kalbshirn, 1 Kalbszunge, $^{1}/_{2}$ Kalbskopf, 60 g Fett, 4 Eßlöffel Mehl, 1 Eßlöffel Salz, Schale und Saft von $^{1}/_{2}$ Zitrone, 1 Messerspitze weißer Pfeffer oder Paprika, 1 Teelöffel Kapern, 2 Eßlöffel Wein, ca. 100 g Pilze

Fleischzutaten in Salzwasser (ca. 2 Liter Wasser) weichkochen, dabei Bries und Hirn früher herausnehmen, da sie sonst zerfallen würden. Zunge abhäuten und in feine Streifen, Bries, Hirn und das vom Kalbskopf gelöste Fleisch in Würfel schneiden. Aus Mehl und Fett helle Einbrenne fertigen. Mit einem Teil der Kochbrühe unter Rühren aufgießen und ca. 15 Minuten kochen lassen. Dann Soße durch ein feines Sieb laufen lassen, die geschnittenen Pilze, Zitronenschale und Saft, Kapern und Pfeffer hinzugeben und nochmals 15 Minuten kochen lassen. Dabei von der Kochbrühe stets so viel nachgießen, daß die Soße nicht zu dick wird. Fleisch und Wein hinzufügen und nach Bedarf nachsalzen. Verfeinern läßt sich das Gericht noch durch Zugabe eines verrührten Eigelbes.

Beilagen: Salzkartoffeln, Spätzchen, Makkaroni

Kalbszunge (siehe Nr. 72 – 74)

Schweinefleisch

136. Schweinebraten

500 g Fleisch, am besten Schlegel oder Hals, Salz, Pfeffer, 1 kleine Zwiebel

Fleisch mit Salz und Pfeffer fest einreiben und, wenn möglich, etwa $^1/_2$ Stunde stehenlassen. Die Schwarte wird dann quer über den Braten in lange, schmale Streifen eingeschnitten, diese nochmals durchgeschnitten, so daß die Schwarte in längliche Vierecke geteilt ist. Das Fleisch gibt man mit kleiner Zwiebel *ohne sonstiges Gewürz* in die Pfanne und gießt so viel Wasser dazu, daß nur der Boden bedeckt ist. Ins heiße Rohr geben. Nach dem Einbraten des Wassers wird so viel heißes Wasser zugegossen, als Soße benötigt wird. Darin fertigbraten. Braten ist fertig, wenn beim Einstechen mit Gabel keine rote Brühe mehr herausdringt.

Beilagen: Bohnensalat, Kopfsalat, Kartoffelsalat, Kartoffelknödel, rohe oder gekochte

137. Gedämpftes Schweinefleisch

500 g nicht zu fettes Fleisch, Salz, Pfeffer, 1 kleine Zwiebel, 1 – 2 Lorbeerblätter, 3 Nelken, 1 Stückchen Zitronenschale, Sellerie, Petersilienwurzel, etwas gelbe Rübe, etwas Kümmel, einige Kapern oder Tomaten, $^1/_2$ Gläschen Wein oder Apfelwein

Schweinefleisch wird gesalzen, gepfeffert und in Tiegel gelegt. So viel Wasser eingegossen, daß der Boden etwa 1 Zentimeter hoch bedeckt ist. Beigegeben wird jetzt: ganze Zwiebel, Lorbeerblätter, Nelken, Stückchen Zitronenschale, Sellerie, Petersilienwurzel, etwas gelbe Rübe, etwas Kümmel. Das Fleisch wird nun zugedeckt langsam weich gedämpft. Um den guten Geschmack zu erhalten und damit die Soße hell bleibt, darf letztere *nicht einbraten*, rechtzeitig warmes Wasser nachgießen. Durch Hinzugabe einiger Kapern oder Tomaten wird Geschmack verfeinert. Eventuell $^1/_2$ Gläschen Wein oder Apfelwein dazugeben. Beim Anrichten Soße über das Fleisch seihen.

Beigaben: Gemüse und alle Arten Kartoffelspeisen

138. Schweinefleisch mit Sauerkraut

500 g frisches oder geräuchertes Fleisch, 500 g Sauerkraut, etwas Kümmel, 1 Apfel, Stückchen Zwiebel, etwas Apfelwein

Man gibt das Sauerkraut in einen Topf, dem man so viel kaltes Wasser zugießt, daß dasselbe über das Kraut geht. Beigabe: etwas Kümmel. Stückchen Zwiebel, geschälter Apfel. Fleisch einlegen und so lange kochen, bis das Ganze weich ist. Sollte das Fleisch früher als das Kraut weich sein, ersteres herausnehmen und das Kraut allein fertigkochen. Fleisch in Tiegel oder Schüssel mit Krautbrühe zugedeckt heiß stellen. Verbessert wird der Geschmack des Krautes durch Zugabe von etwas Apfelwein.

Beigabe: Erbsenbrei oder Kartoffelbrei

139. Schweinshaxe gebacken

Zutaten wie zu Kalbshaxe gebacken Nr. 103

Zubereitung wie Kalbshaxe gebacken Nr. 103.

140. Gedämpfte Schweinekoteletts (Rippchen)

4 Koteletts, Zutaten zu Gedämpftes Schweinefleisch Nr. 137

Die beiderseitig geklopften Koteletts behandeln wie Gedämpftes Schweinefleisch Nr. 137.

141. Schweinekoteletts, paniert

4 Koteletts (Rippenstück), 50 – 60 g Fett oder Öl zum Braten, 2 Eßlöffel Mehl, Salz, Pfeffer, Semmelbrösel, Saft von 1/4 Zitrone oder 4 Scheiben Zitrone

Obere Rippe vom Fleisch loslösen oder Knochen ganz auslösen. In letzterem Falle können die Knochen zur Suppe verwendet werden. Das Fleisch beiderseitig klopfen, salzen, und etwas rund formen. Aufeinanderlegen und kurze Zeit stehenlassen. Die Koteletts zuerst in Mehl wenden, dann in das verrührte Ei eintauchen, in Semmelbröseln wenden und in nicht zu heißem Fett oder Öl braun braten. Auf sehr kleiner Hitze noch 5 Minuten zugedeckt ziehen lassen. Beim Anrichten entweder mit Zitronensaft beträufeln oder mit Zitronenscheiben belegen.

Beilage: Blumenkohlgemüse, Salate

142. Gebratene Schweinekoteletts

Oberen Teil des Rippenknochens vom Fleisch lösen oder Knochen ganz auslösen. *Im letzteren Fall können Knochen zur Suppe verwendet werden.* Fleisch beiderseitig klopfen, salzen, pfeffern und *etwas rund formen.* Fett sehr heiß werden lassen und Rippchen, die vorher in Mehl leicht eingetaucht werden, darin rasch auf beiden Seiten braun braten. Vor dem Anrichten Zitronensaft und restliches Fett darübergießen.

Beilagen: Salat, Gemüse, Kartoffeln

4 fingerdicke Rippchen, 2 Eßlöffel Mehl, 50 g Fett, 1 Eßlöffel Salz, 2 Messerspitzen Pfeffer, Saft von 1/4 Zitrone

143. Schweineschnitzel

Zubereitung wie Kalbsschnitzel Nr. 111.

4 Schnitzel, 1 – 2 Eier, Mehl, Semmelbrösel, Fett, Salz und Pfeffer, Zitronensaft oder -scheiben

144. Rahmschnitzel vom Schwein

Zubereitung wie Kalbsrahmschnitzel Nr. 112.

4 Schnitzel vom Schlegel, Salz, Pfeffer, Mehl, 40 g Butter oder Fett, 1 – 2 Eßlöffel sauren Rahm, Zitronensaft, etwas Wein oder Apfelwein

145. Schweinsfilet

Filet vom Fett befreien, mit Salz und Pfeffer einreiben, mit Speckstreifen spicken und mit der *ganzen* Zwiebel in heißer Butter auf beiden Seiten anbraten. 1/8 Liter warmes Wasser und die Zitronenschale hinzugeben und zugedeckt weich dämpfen lassen. Mehl mit Wasser dünn verrühren und der Soße unter Rühren hinzufügen. Vor dem Anrichten Rahm und Wein zugeben.

Beilagen: Gemüse, Salat, Kartoffeln

1 Schweinsfilet, 50 g geräucherter Speck, 1 Teelöffel Mehl, 2 Eßlöffel Rahm, 40 g Butter, 1 Teelöffel Salz, 1 Messerspitze Pfeffer, 1 Stückchen Zitronenschale, 2 Eßlöffel Weißwein, 1 kleine Zwiebel

146. Schweineschlegel auf Wildart

1 kg Schlegel, 3 Eßlöffel Mehl, 1 Teelöffel Zucker, 2 Eßlöffel Rahm, 1/4 Liter verdünnter Essig, 50 g Fett, 1 gehäufter Eßlöffel Salz, 2 Messerspitzen Pfeffer, 1 größeres Stück Zitronenschale, 2 Lorbeerblätter, 3 Nelken, 1 Stück Selleriewurzel, 1 kleine Zwiebel

Essig mit Salz, Pfeffer, Zitronenschale, Lorbeer und Nelken aufkochen lassen, *kochend* über das Fleisch geben. 3 – 4 Tage unter öfterem Umwenden stehenlassen. Bei der Fertigstellung Fleisch und Beize sowie Zwiebel, Sellerie und 1/8 Liter Wasser in die Bratpfanne geben und Fleisch unter öfterem Begießen mit Rahm *fast* weichbraten. Unterdessen aus Fett, Mehl und Zucker braune Einbrenne (nicht zu dunkel) herstellen, mit kaltem Wasser verrühren und der Brühe hinzufügen, nachdem das Fleisch herausgenommen ist. Soße ca. 5 Minuten kochen lassen und anschließend durch ein feines Sieb treiben. Fleisch wieder einlegen und in der Röhre fertigbraten. Falls Soße zu dick, heißes Wasser nachgießen.

Beilagen: Böhmische Mehlknödel, Spätzchen, Eiernudeln (breite Nudeln)

147. Gefüllte Schweinsbrust

1 kg Brust (Mindestmenge), 3 trockene Semmeln, 2 Eier, 60 g Fett, 1 Teelöffel Mehl, ca 3 Eßlöffel Milch, 1 kleine Zwiebel, 1 Eßlöffel Salz für Fleisch, 1/2 Teelöffel Salz für Fülle, 1 Messerspitze Pfeffer, 1 Teelöffel gehackte Petersilie, 1 Messerspitze geriebene Muskatnuß

Fleisch nach Möglichkeit von den Knochen befreien. Dann wird das Bruststück an der einen Stirnseite (nicht am Umfang, sondern in der Längsrichtung senkrecht zu den Rippen) tief bis *nahezu* zur anderen Stirnseite eingeschnitten. Dieser Einschnitt wird anschließend mit der Hand stark zu einer Höhlung erweitert. Salz und Pfeffer mischen und Fleisch damit außen und innen einreiben. Semmeln fein in Scheiben schneiden. Eier mit Milch verrühren, über die Semmeln geben und das Ganze stehenlassen, bis Semmeln weich sind. Die Hälfte des Fettes zergehen lassen, mit Petersilie, 1/2 Teelöffel Salz, Mehl und Muskatnuß an die Semmeln geben und alles fest vermischen. Diese Masse in die Fleischhöhlung füllen und den Einschnitt mit weißem Faden zunähen. Gefüllte Brust mit der ganzen Zwiebel und 1/8 Liter heißem Wasser in Bratpfanne geben und Fett in Stückchen verteilt auf das Fleisch legen. Ca. 2 Stunden in der Röhre bei guter Hitze fertigbraten. Während des Bratens Brust öfter mit dem eigenen Saft begießen. Ist die Soße eingebraten, heißes Wasser nach Bedarf zugeben. Vor dem Anrichten Faden herausnehmen.

148. Schweinsgulasch

Zubereitung wie Rindsgulasch Nr. 67.

500 g mageres Fleisch vom Schlegel, weitere Zutaten wie zu Nr. 67

149. Schweinsgulasch (Bauerngulasch)

Fleisch in große Würfel schneiden. Butter sehr heiß werden lassen, Fleisch mit der fein geschnittenen Zwiebel, mit Paprika, Salz und Kümmel braun rösten. Kartoffeln in kleine Würfel schneiden, mit Fleisch noch etwas mitrösten, 1 Eßlöffel Mehl in $^1/_4$ Liter kaltem Wasser anrühren, an das Fleisch geben und zugedeckt weich dämpfen lassen. Öfter Wasser nachgießen, um ein Anbrennen zu vermeiden.

500 g mageres Fleisch (Schlegel), 50 g Fett, 3 mittelgroße Kartoffeln, 1 Zwiebel, 1 Eßlöffel Salz, 1 Teelöffel Kümmel, 1 große Messerspitze Paprika oder Pfeffer

150. Schweinsgulasch auf ungarische Art

Zubereitung wie Rindsgulasch Nr. 90.

500 g Fleisch, 50 g Fett, 2 große Zwiebeln (man kann auch je 500 g Fleisch, 500 g Zwiebeln verwenden), 1 große Messerspitze Salz, 4 – 5 große, reife Tomaten, Pfeffer, 1 Teelöffel süßes oder scharfes Paprikapulver

151. Gedämpftes Schweinsherz

Zubereitung genau wie Gespicktes Kalbsherz Nr. 133, jedoch das Spicken weglassen.

2 Schweineherzen, 1 gehäufter Teelöffel Salz, 1 große Messerspitze Pfeffer, 1 Eßlöffel Mehl, 1 Eßlöffel Rahm oder Weißwein, 1 Stückchen Zitronenschale, 1 kleine Zwiebel, etwas Suppengrün

152. Gespicktes Schweinsherz

Zubereitung wie Gespicktes Kalbsherz Nr. 133.

2 Schweinsherzen, weitere Zutaten wie Nr. 133

153. Gebratenes Schweinsherz

2 Schweinsherzen, weitere Zutaten wie Nr. 134

Zubereitung wie Gebratenes Kalbsherz Nr. 134.

154. Schweinshirn mit Ei

2 Schweinshirne, weitere Zutaten wie Nr. 131

Zubereitung wie Kalbshirn mit Ei Nr. 131.

Vom Schwein:

Saure Lunge *(siehe Nr. 127)*
Saure Nieren *(siehe Nr. 126)*
Saure Leber *(siehe Nr. 117)*
Gedämpfte Leber *(siehe Nr. 118)*
Gebackene Leber *(siehe Nr. 119)*
Zunge *(siehe Nr. 72 – 74)*

Hammelfleisch

Vorbemerkung

Frischer *Knoblauch* sollte beim Würzen von *Hammelfleisch* nicht fehlen. Man kann je nach Belieben 1 – 2 Zehen frischen Knoblauch feinhacken oder zerdrücken und damit das Hammelfleisch nach dem Salzen und Pfeffern einreiben. Als Ersatz für frischen Knoblauch kann auch Knoblauchpulver genommen werden.

155. Hammelbraten

500 g Hammelfleisch vom Schlegel oder Rücken, 1 kleine Zwiebel, Fett, Salz, Pfeffer, Zitronensaft, 2 Eßlöffel sauren Rahm, etwas Rotwein, 1 – 2 Zehen frischen Knoblauch

Zubereitung wie Kalbsbraten, Nr. 94.
Beilage: Blaukraut, Bohnengemüse

156. Hammelgulasch

Zubereitung wie Rindsgulasch Nr. 67.

500 g mageres Fleisch, am besten vom Schlegel, 1 – 2 Zehen Knoblauch, weitere Zutaten wie Rindsgulasch Nr. 67

157. Gedämpftes Hammelfleisch

Zubereitung wie Gedämpftes Schweinefleisch, Nr. 137
Beilage: Blaukraut, Bohnengemüse

500 g Fleisch, vom Schlegel oder Rücken, 1 – 2 Zehen Knoblauch, 1 kleine Zwiebel, weitere Zutaten wie Nr. 137

158. Rahmschlegel sauer

Zubereitung wie Saurer Kalbsrahmschlegel Nr. 95.

500 g Fleisch vom Schlegel, 1 – 2 Zehen Knoblauch, weitere Zutaten wie zu Nr. 95

159. Hammelfleisch auf Wildart

Zubereitung wie Schweineschlegel auf Wildart Nr. 146.

1 kg Schlegel mit Knochen, weitere Zutaten wie zu Nr. 146

160. Gedämpfte Hammelrippchen

Zubereitung wie Gedämpfte Kalbskoteletts Nr. 110.

2 fingerdicke Hammelrippchen pro Person, 1 – 2 Zehen Knoblauch, weitere Zutaten wie zu Nr. 110

161. Gebratene Hammelkoteletts

Zubereitung wie Gebratene Schweinekoteletts Nr. 142.
Beilagen: Grüne Bohnen, Blaukraut (Rotkohl), Kartoffeln

6 fingerdicke Rippchen, 2 Eßlöffel Mehl, 80 g Fett, 1 Eßlöffel Salz, 2 Messerspitzen Pfeffer, Saft von $^1/_2$ Zitrone, 1 – 2 Zehen Knoblauch

161 a. Hammelkotellets, gedämpft oder gebacken (paniert)

6 – 8 fingerdicke Hammelkoteletts, weitere Zutaten wie zu Nr. 137 oder zu Nr. 141

Die beiderseits geklopften Koteletts behandeln wie gedämpftes Schweinefleisch Nr. 137 oder Schweinekoteletts, paniert, Nr. 141.

162. Lammbraten

500 g Lammfleisch, 1 – 2 Knoblauchzehen, weitere Zutaten wie zu Nr. 94

Zubereitung wie Kalbsbraten Nr. 94.

163. Eingemachtes Lammfleisch

500 g Lammfleisch, weitere Zutaten wie zu Nr. 105

Zubereitung wie Eingemachtes Kalbfleisch Nr. 105.

164. Kitz *(junge Ziege)*

500 g Kitzfleisch, weitere Zutaten wie zu Nr. 94

Zubereitung wie Kalbsbraten Nr. 94.

165. Kitzjung oder Lammjung

Ca. 500 g Kitzjung oder Lammjung (Kopf, Leber, Herz, Lunge), Stückchen Zwiebel, Petersiliengrün, Salz, 1 Eßlöffel Fett, 2 Eßlöffel Mehl, 1 Messerspitze Zucker, 1 Stückchen Zwiebel, 1 Lorbeerblatt, 3 – 4 Nelken, Stückchen Zitronenschale, 1 Eßlöffel Essig, Salz, Pfeffer

Kopf, Leber, Herz, Lunge sauber waschen und unter Zugabe von Stückchen Zwiebel, Petersiliengrün in wenig, leicht gesalzenem Wasser weich kochen. Leber etwas später einlegen. Nach Weichkochen Kopffleisch ablösen, Zunge und Hirn abhäuten und alles zusammen mit Lunge, Herz und Leber fein schneiden, Fett, Mehl, Zucker und feingeschnittene Zwiebel hellbraun rösten, mit kaltem Wasser verrühren und unter Rühren in Kochbrühe geben. Unter Beigabe von Lorbeerblatt, Nelken, Zitronenschale und Essig $^1/_4$ Stunde gut kochen lassen. Wenn zu dick, heißes Wasser nachgießen. Die fertige Brühe über das geschnittene Fleisch seihen und nochmals aufkochen lassen. Wenn nötig, noch etwas Essig, Salz und Pfeffer dazugeben.

Beilage: Salzkartoffeln oder Knödel

Verschiedene Fleischgerichte

166. Fleischreste-Haschee

Fleischreste jeder Art durch Fleischhackmaschine treiben und wie Haschee von altem Huhn Nr. 208 behandeln. Statt Hühnerbrühe nimmt man Fleischbrühe.

Fleischreste jeder Art, ca. 500 g, Fleischbrühe, weitere Zutaten wie Haschee von altem Huhn Nr. 208

167. Fleischküchlein (Buletten oder Fleischpflanzerl)

Semmeln in Milch oder Wasser einweichen. Fleisch mit den gut ausgedrückten Semmeln, Zitronenschale und Zwiebel durch Fleischmaschine treiben. Dann die Eier, Salz, Pfeffer und Muskatnuß daruntermengen. Man formt runde, flache Küchlein und bäckt sie in heißem Fett auf beiden Seiten braun. Sollte Teig zu weich sein, noch Semmelbrösel dazumengen. Man kann auch bei 500 g Fleisch mehr Semmeln nehmen.

500 g gekochtes oder rohes Fleisch oder Fleischreste oder Hackfleisch, 2 – 4 Semmeln, 1 – 2 Eier, kleine Zwiebel, etwas Pfeffer, nach Belieben etwas Knoblauch

168. Hackbraten

Semmeln in Scheiben schneiden und mit Wasser, Fleischbrühe oder Milch anfeuchten. Fleisch, Zwiebel, feingeschnittene Petersilie, Zitronenschale und die etwas geweichten Semmeln durch die Fleischmaschine drehen. Ei, Salz, Pfeffer unter die Masse mischen. Alles gut durcharbeiten und längliche Stollen formen. Ist die Masse noch zu weich, kann man Semmelbrösel darangeben. Stollen in Pfanne mit etwas zerlassenem Fett einlegen. Oben darüber einige Speckstreifen oder Fettstückchen legen und in heißer Röhre zu schöner Farbe braten. Muß der Braten auf der Herdplatte gemacht werden, wird derselbe mit etwas mehr Fett möglichst auf allen Seiten gebraten. Sollte das Fett vollständig einbraten, gießt man warmes Wasser dazu.

Je 500 g gehacktes Fleisch (am besten Rind-, Schweine- und Kalbfleisch, doch geht Rind- oder mageres Schweinefleisch auch allein), 4 Semmeln, 1 Ei, 1 mittlere Zwiebel, etwas Zitronenschale, Salz, Pfeffer, 1 Bund Petersilie, Speck, Fett

169. Krautwickel

Krautkopf vorsichtig entblättern, Mittelrippe ausschneiden, Blätter in Schüssel legen, mit leicht gesalzenem, *kochendem* Wasser überbrühen

1 mittelgroßer Weißkrautkopf (sehr geeignet junges Kraut mit locker sitzenden Blättern), 500 g gehacktes Fleisch (möglichst verschiedene Fleischsorten: Rind, Schwein, Kalb), 1 Zwiebel, 1 Bund Petersilie oder Schnittlauch, Salz, Pfeffer, 1 – 2 Eßlöffel Fett, Fleischbrühe, 1 – 2Eßlöffel saurer Rahm

und 5 Minuten stehenlassen. Dem Hackfleisch werden die Zutaten beigemengt. Zwiebel muß fein geschnitten und hell geröstet sein. Das Ganze gut durcheinandermachen. In jedes Blatt wird gehäufter Eßlöffel der Menge gelegt, gerollt, die beiden Enden umgeschlagen (damit kein Saft herausdringt) und mit Faden zugebunden. In Bratpfanne Fett heiß werden lassen, die Wickel nebeneinander einlegen, die obere Seite mit zerlassenem Fett bestreichen, noch etwas Salz und Pfeffer darüberstreuen und auf beiden Seiten braten. (Sowohl Röhre als Herdplatte verwendbar.) Ist nach dem Braten nicht genügend Soße vorhanden, wird Fleischbrühe oder warmes Wasser zugegossen. Zugedeckt noch $^1/_4$ Stunde weiterbraten lassen. Den sauren Rahm über die Krautwickel verteilen. Vor dem Anrichten Fäden entfernen. Bei Verwendung von großen Krautblättern kann man den Faden weglassen.

Beilage: Kartoffelsalat, geröstete Kartoffeln

170. Königsberger Klops

500 g Fleisch, am besten gemischte Fleischsorten oder Hackfleisch, 2 – 4 Semmeln, 1 – 2 Eier, 1 kleine Zwiebel, 1 Eßlöffel Mehl, etwas Zitronenschale, Salz, Pfeffer, 1 Bund Petersilie, Muskatnuß gerieben, 2 Eßlöffel saurer Rahm, 1 Teelöffel Kapern, etwas Zitronensaft

Fleisch und Zwiebel, Zitronenschale und die mit Milch angefeuchteten und gut ausgedrückten Semmeln durch Fleischmaschine treiben. Verwendet man fertiges Hackfleisch, nur die Zutaten durch die Fleischmaschine oder fein wiegen. Nun gibt man Eier, Salz, Pfeffer, die geriebene Muskatnuß, feingehackte Petersilie dazu, mengt das Ganze gut durcheinander, formt fingerlange, 2 Finger hohe Klopse und bäckt diese in nicht zu heißem Fett beiderseitig etwas an. Die Klopse auf erwärmte Platte legen. In Tasse mit kaltem Wasser das Mehl glatt verrühren und dem Fett unter Beigabe von wenig Salz und Pfeffer zugießen. *Rasch* verrühren und so viel warmes Wasser zugeben, als Soße benötigt wird. Aufkochen lassen. Wenn nötig die Soße durch ein Sieb laufen lassen. Klopse wieder hineinlegen, zugedeckt einmal aufkochen lassen und einige Minuten heiß stellen. Verbessert wird der Geschmack der Soße durch Beigabe von Kapern, Zitronensaft und den über die Klopse verteilten sauren Rahm.

Beilage: Reis, Kartoffelbrei, Bratkartoffeln, Salate

171. Pichelsteiner Fleisch

750 g Fleisch, am besten dreierlei Sorten, 6 – 8 große, rohe Kartoffeln, 2 große gelbe Rüben, 1 größere Zwiebel, Sellerieblatt mit Wurzel, Petersiliengrün mit Wurzel, 1 Stück Lauch, 250 g zarte Bohnen, 250 g Wirsing, 1 kleiner Kopf Blumenkohl, 250 g Weißkraut, 250 g grüne Erbsen

Fleisch in nicht zu kleine Würfel schneiden, Kartoffeln in große Stücke schneiden, gelbe Rüben putzen und feine Streifen schneiden. Zwiebeln in Scheiben schneiden. Alles übrige sauber waschen und fein schneiden. Röschen vom Blumenkohl bleiben ganz. In gut verschließbaren Topf 2 Eßlöffel Fett oder Stück *Rindermark* einlegen. Nun eine Lage Kartoffeln, eine Lage Fleisch, Zwiebel, etwas Salz und Pfeffer oder Paprika, eine Lage Gemüse. Mit Kartoffeln wieder beginnend, in derselben Reihenfolge weiter einlegen. Zum Schluß nochmals etwas Salz, Pfeffer und zerschnittenes Mark oder Fett darauf. Das Ganze mit $^3/_8$ Liter Wasser übergießen, fest verschließen und *langsam* dämpfen lassen. Etwa 1 Stunde. Vor Anrichten kann man Wein oder Apfelwein darübergießen.

Pichelsteiner läßt sich auch mit weniger Gemüsesorten herstellen.

172. Schinkennudeln

250 – 300 g Eiernudeln oder von 4 Eiern Nudelteig bereiten wie zu Nudelsuppe Nr. 34, Salz, Stück Butter, 250 g gekochter Schinken, 1 – 2 Eier, Rahm, 1 Bund Schnittlauch

Nudelteig wie zu Nr. 34 bereiten, aber in 1 cm breite Streifen schneiden. Nudeln in kochendem Salzwasser einige Male aufkochen. Abseihen, mit kaltem Wasser übergießen und gut abtropfen lassen. In Bratpfanne Stück Butter zergehen lassen und abwechselnd je eine Lage Nudeln, je eine Lage feingehackten Schinken einlegen. Eier mit etwas Rahm verrühren und über die Nudeln gießen, dann feingeschnittenen Schnittlauch darüberstreuen. In heißer Röhre aufziehen lassen, bis Rahm mit Ei fest wird.

173. Leberauflauf

150 g Kalbs- oder Rindsleber, 4 Semmeln, 30 g Butter, 1 Eßlöffel Mehl, 1 Eßlöffel gehackte Petersilie, 1 kleine Zwiebel, 1 Eßlöffel Salz, 1 große Messerspitze Pfeffer, 1 Teelöffel Zitronenschale, 2 – 3 Eier, $^1/_8$ Liter Milch

Leber durch Fleischmaschine geben, mit Butter, Mehl und Petersilie so lange dämpfen, bis sie nicht mehr rot ist. Semmeln fein schneiden, in Schüssel Milch darübergeben, weichen lassen und wieder ausdrücken. Leber mit Semmeln, Salz, Pfeffer, der feingeschnittenen Zwiebel, Zitronenschale und Eiern vermischen. Die Masse in gut gefettete Auflaufform oder kleine Förmchen füllen und $^1/_2$ Stunde bei guter Hitze backen.

Beilagen: Salat, Tomatensoße nach Nr. 274

174. Serbisches Reisfleisch

500 g Fleisch (am besten verschiedene Sorten, Rind, Schwein, Kalb), 5 reife Tomaten, 3 grüne oder rote Paprikaschoten, 2 mittelgroße Zwiebeln, 250 g grüne Erbsen, 3 – 5 zarte Karotten, 1 Stück Sellerie, Salz, Pfeffer

Fleisch in kleine Stücke schneiden und mit den grobgeschnittenen Zwiebeln in etwas Fett braun anbraten lassen. Nun die geviertelten Tomaten und die in Stücke geschnittenen Paprikaschoten zum Fleisch geben und noch etwas weiter anbraten lassen, $^1/_2$ Tasse Wasser zugießen und die Erbsen, halbierten Karotten und geschnittenen Sellerie beifügen. Das Ganze $^1/_2$ Stunde langsam dämpfen lassen. Inzwischen Reis nach Nr. 381 bereiten.
Zum Anrichten nimmt man eine vorgewärmte Platte, türmt den Reis auf und verteilt darüber das Fleisch mit den Gemüsen. Man kann den Reis auch vorher in Tassen drücken und auf die Platte stürzen.

Kalte Fleischspeisen und Sulzen

175. Sulze

500 g Schweinefleisch mit Kalbfleisch oder Schweinefleisch allein, auch einige Teile wie Knöchel, Füße, Kopf, 2 Eiweiß, 1 hartgekochtes Ei, 1 Essiggurke; Kochzutaten: 1 Eßlöffel Salz, 10 Pfefferkörner, 5 Nelken, 2 Lorbeerblätter, 1 große halbierte Zwiebel, 1 Stückchen Zitronenschale, etwas gelbe Rübe, Sellerie und Petersilienwurzel, 2 Eßlöffel Essig

Fleisch halb mit kaltem Wasser bedeckt in hohem Topf zugedeckt zusetzen, unter Beigabe der angegebenen Gewürze und Gemüse zum Kochen. Nach dem Weichkochen (Kalbfleisch wird etwas früher weich; früher herausnehmen oder später einlegen) das Fleisch von den Knochen ablösen. Nach Abschöpfen des Fettes gießt man soviel heißes Wasser nach, als man Brühe benötigt, und gibt noch Salz und Essig nach Geschmack dazu. Kochbrühe durch Tuch in einen anderen Topf laufen lassen. Zwei verrührte Eiweiß werden unter Rühren in die kochende Brühe gegeben. Noch einigemal aufkochen lassen (dient dazu, daß die Brühe hell wird). Fleisch in Scheiben schneiden und in nicht zu tiefer Schüssel mit dem in Scheiben geschnittenen Ei, der Essiggurke und gelben Rüben verzieren. Fertige Kochbrühe durch Tuch über das Fleisch laufen lassen.

Die Sulze kann bei kühler Witterung lange aufgehoben werden.

176. Rasche und gute Sulze für Fleisch und Fisch

$^3/_4$ Liter Wasser mit Bouillonwürfel, Sellerie, Zitronenschale, Salz, Pfefferkörnern, Essig oder Zitronensaft zusetzen und 15 Minuten kochen lassen. Gelatine in ca. 4 Eßlöffel warmem Wasser auflösen, an die Brühe geben und das Ganze durch ein Tuch laufen lassen. Diese Brühe wird, wie in den folgenden Nummern angegeben, zur Herstellung verschiedener Fleisch- und Fischsulzen verwendet. Die Brühe muß säuerlich-pikant schmecken, evtl. ist noch Essig oder Zitronensaft hinzuzugeben.

3 Bouillonwürfel, 1 Eßlöffel feingehackte Selleriewurzel, 1 Stückchen Zitronenschale, 16 Blatt weiße Gelatine, 1 Eßlöffel Salz, $^1/_2$ Teelöffel Pfefferkörner, $^1/_2$ Eßlöffel Essig oder 1 Teelöffel Zitronensaft

177. Rindszunge in Sulze

Zunge, wenn möglich, am Abend vorher in kaltes Wasser legen. Am nächsten Tag Wasser abgießen, Zunge mit reichlich Wasser, Salz, gelber Rübe, Petersilie und Selleriewurzel zusetzen und weich kochen lassen (ca. 2 bis 3 Stunden). *Zunge ist fertig, wenn man die Haut leicht abziehen kann.* Haut abziehen. Zunge etwas erkalten lassen und in Scheiben schneiden.

Unterdessen Sulzbrühe nach Nr. 176 bereiten. Zungenscheiben in die Mitte einer großen, tiefen oder mehrerer kleiner Platten legen, mit der in Scheiben geschnittenen Tomate, Gurke, gelben Rübe und Eiern sowie Kapern umlegen, so viel Sulzbrühe zugießen, daß die Zungenscheiben gerade noch aus der Flüssigkeit herausragen.

In einigen Stunden ist die Sulze fest. Vor dem Anrichten noch mit ganzer Petersilie garnieren.

Die Zungenkochbrühe zu Suppe verwenden!

1 Rindszunge, 2 Eßlöffel Salz, 1 kleine gelbe Rübe, 1 Stück Selleriewurzel, grüne Petersilie, Kochzutaten wie für Sulze Nr. 176 sowie 1 – 2 hartgekochte Eier, 1 Salz- oder Essiggurke, 1 gelbe Rübe, 1 größere Tomate, $^1/_2$ Teelöffel Kapern

178. Schweinszunge in Sulze

Zunge mit reichlich Wasser, Salz, Sellerie, gelber Rübe zusetzen und weichkochen lassen (ca. 1 Stunde). *Zunge ist fertig, wenn sich die Haut leicht abziehen läßt.* Haut abziehen und Zunge der Länge nach in zwei Teile schneiden. Sulzbrühe nach Nr. 176, *jedoch nur die Hälfte* herstellen und Zunge garnieren wie Nr. 177.

1 Schweinszunge, 1 Eßlöffel Salz, 1 Stückchen Selleriewurzel, 1 kleine gelbe Rübe, die Hälfte der Kochzutaten für Sulze Nr. 176 sowie 1 hartes Ei, 1 Salz- oder Essiggurke, 1 kleine gelbe Rübe, 1 Tomate, einige Kapern

179. Schweinsrippchen in Sulze

4 Rippchen, 1 Eßlöffel Salz, 1/2 Teelöffel Pfefferkörner, 1 Lorbeerblatt, 1 Stückchen Zitronenschale, die Hälfte der Zutaten für Sulze Nr. 176, Zutaten zum Garnieren wie Nr. 177

Rippchen leicht klopfen. Mit 1/4 Liter Wasser, Pfefferkörner, Lorbeerblatt und Zitronenschale zugedeckt weichdämpfen. Inzwischen Sulze nach Nr. 176, jedoch nur die Hälfte, zubereiten und nach Nr. 177 anrichten.

180. Sulze aus Fleischresten

500 g gekochte oder gebratene Fleischreste jeder Art, Kochzutaten wie zu Sulze Nr. 176, 1 größere Gurke, 1 – 2 gekochte Eier, einige Kapern

Fleisch und Gurke in kleinere Würfel, Eier in Scheiben schneiden. Sulzbrühe nach Nr. 176 bereiten. Gleichgroße Kaffeetassen mit *kaltem Wasser ausspülen (nicht abtrocknen),* je 1 Eischeibe auf den Grund der Tasse legen; Fleisch und Gurkenwürfel sowie Kapern gut halbvoll einfüllen und Sulzbrühe darübergießen.

Ist Sulze nach einigen Stunden fest, so stürzt man den Inhalt der Tassen auf Teller und garniert sie mit gerösteten Kartoffeln oder Salat.

181. Fischsulze

750 g Fisch (jede Art verwendbar), 1 Eßlöffel Salz, Saft von 1/2 Zitrone, etwas Suppenwürze, 1/3 der Kochzutaten für Sulze Nr. 176, Zutaten zum Garnieren wie Nr. 177

Fisch abziehen, waschen und in Salzwasser mit Zitrone und Suppenwürze (ca. 10 Minuten) zugedeckt weich kochen. Auf Sieb geben und ablaufen lassen. Unterdessen Sulzbrühe nach Nr. 176 bereiten, *jedoch nur ein Drittel!* Fisch in Stücke teilen, auf Platte geben, garnieren wie Nr. 177, Sulzbrühe darübergießen.

182. Hackbraten zum kalten Aufschnitt

Schweine- und Kalbfleisch (nicht die Zunge) durch Hackmaschine treiben. Die rohen Eier, Zwiebel, Salz, Pfeffer, Muskatnuß, Zitronenschale und Semmelbrösel mit Fleisch gut vermengen, Teig fest zusammenkneten. Auf Brett etwas Semmelbrösel streuen, Teig zu einer fingerdicken, runden Scheibe auswalken. Zunge oder Bratenstücke, den in Streifen geschnittenen Speck, Gurke, Sardellen, die abgeschälten, *ganzen Eier gut verteilt* in die Teigscheibe einrollen. Zunge muß sich dabei in der Mitte der Bratenrolle befinden. Bratenrolle mit Faden *leicht* umbinden und in heißem Fett in *Röhre* ca. 1 Stunde braten lassen. Erkalten lassen, Faden entfernen und in Scheiben schneiden. Anstatt Zunge oder Braten kann der Hackbraten auch mit Bratwürsten oder ähnlichen Würsten gefüllt werden.

500 g Schweinefleisch, 500 g Kalbfleisch, 120 g Semmelbrösel, 2 Eier, 1 kleine Zwiebel, 50 g geräucherter Speck, 1 – 2 hartgekochte Eier, einige Salz- oder Essiggurken, einige Sardellen, eine abgekochte Schweinszunge (abgekocht wie Nr. 178 angegeben) oder einige größere Bratenstücke, 1 Eßlöffel Salz, 1 große Messerspitze Pfeffer, 1 Messerspitze geriebene Muskatnuß, 1 Teelöffel geriebene Zitronenschale, 50 g Fett

Pasteten

183. Leberpastete für kalte Platten

(Am Tage vorher zubereiten)

Semmeln in Scheiben schneiden und in Milch einweichen. Leber, Schweinefleisch, ausgedrückte Semmeln und Zwiebel *zweimal* durch die Hackmaschine treiben. Speck in Würfel schneiden und in Pfanne heiß werden lassen. Die durch die Maschine getriebene Masse mit Speckwürfeln, den Eiern, Salz, Pfeffer, Nelken, Mehl, Zitronenschale und 2 Eßlöffeln Fleischbrühe (oder Wein oder Wasser) gut vermengen. Sollte der Teig zu weich sein, noch etwas Semmelbrösel dazugeben. Tiegel oder Kastenform mit Fett ausstreichen, obige Masse einfüllen. Diesen Tiegel (bis zur halben Höhe) in anderen Topf mit kochendem Wasser stellen und zugedeckt 2 Stunden langsam kochen lassen. Einen Tag stehenlassen, aus dem Tiegel stürzen und in Scheiben schneiden.

Dieses Gericht ist ein guter Ersatz für Wurst!

500 g Kalbsleber, 70 g frischer Speck, 250 g mageres Schweinefleisch, 1 mittelgroße Zwiebel, 3 trockene Semmeln, 2 Eier, $^1/_8$ Liter Milch, 1 Teelöffel Mehl, 1 Eßlöffel Salz, 2 Messerspitzen Pfeffer, 1 kleine Messerspitze Nelken, $^1/_2$ Teelöffel Zitronenschale, 2 Eßlöffel Fleischbrühe oder ebensoviel Weißwein oder Wasser

184. Wildbret-Pastete

1 kg Ragout oder auch 1 Hasenjung, 250 g fettes Schweinefleisch, 3 – 4 trockene (alte) Semmeln, 2 Eier, 2 Eßlöffel Salz, 1 große Messerspitze Pfeffer, 50 g geräucherter Speck, 1 Stückchen Selleriewurzel, 1 Zwiebel, 1 kleinere Petersilienwurzel, 1 mittelgroße gelbe Rübe, 1/2 Teelöffel geriebene Zitronenschale

Ragout oder Hasenjung in reichlich Wasser mit 1 Eßlöffel Salz, Sellerie- sowie Petersilienwurzel und Zwiebel weich kochen. Semmeln in lauwarmem Wasser einweichen, dann fest ausdrücken. Fleisch von Knochen lösen und zusammen mit dem rohen Schweinefleisch *zweimal* durch Hackmaschine treiben. Semmeln mit Eiern, 1 Eßlöffel Salz, Pfeffer und Zitronenschale gut verrühren und mit Fleischmasse kräftig vermengen. Tiegel oder Kastenform gut mit Fett ausstreichen, obige Masse einfüllen, obenauf den in Streifen geschnittenen Speck legen. Diesen Tiegel bis zur halben Höhe in anderen Topf mit kochendem Wasser stellen und zugedeckt zwei Stunden langsam kochen lassen. Dabei muß öfter kochendes Wasser nachgegossen werden, damit es stets bis zur halben Höhe des inneren Tiegels steht. 1 Tag stehenlassen, aus Tiegel stürzen und in Scheiben schneiden.

Ausgezeichneter Ersatz für Wurst!

185. Blätterteig *(Für Fleischpasteten)*

250 g Butter, 250 g Mehl, 1 Ei, 8 – 10 Eßlöffel kaltes Wasser, 1 Eßlöffel Rum oder Cognac, 1 Teelöffel Salz

Verarbeitung dieser Zutaten wie Blätterteig Nr. 598.

186. Schinken-Hörnchen

125 g gekochter Schinken, 1 Eidotter, 1 Teelöffel Schnittlauch, Zutaten für Blätterteig Nr. 185

Blätterteig bereiten nach Nr. 598. Blätterteig 1/2 Zentimeter dick auswalken und in 8 Zentimeter breite Quadrate schneiden (8 Zentimeter lange und 8 Zentimeter breite Stücke). Schinken fein hacken. Auf eine der vier Ecken der Teigstücke je 1 Teelöffel gehackten Schinken und etwas Schnittlauch legen, Teigstück zusammenrollen, zu Hörnchen formen, mit dem verrührten Eidotter bestreichen und auf angefeuchtetem Blech bei *guter Hitze* hellgelb backen.

187. Pasteten mit gedämpften Pilzen

Blätterteig nach Nr. 598 bereiten. Pilze putzen, waschen und fein schneiden. Butter in Tiegel heiß werden lassen und darin Pilze mit Salz und 2 – 3 Eßlöffeln Wasser ca. 20 Minuten dämpfen. Blätterteig $^1/_2$ Zentimeter dick auswalken und in 10 Zentimeter breite Quadrate (10 Zentimeter breit, 10 Zentimeter lang) schneiden. In die Mitte dieser Teigstücke je einen gehäuften Teelöffel Pilze legen, die 4 Ecken so einschlagen, daß sie nicht übereinander zu liegen kommen, sondern zusammenstoßen. Mit Eigelb bestreichen und auf nassem Blech (mit Wasser anfeuchten) bei guter Hitze hellgelb backen.

250 g Pilze (Steinpilze, Champignons), 30 g Butter, $^1/_2$ Teelöffel Salz, 1 Eigelb, Zutaten für Blätterteig Nr. 185

188. Pastetchen mit Fleischfülle

Blätterteig nach Nr. 598 bereiten. Fleisch fein hacken, in heißer Butter mit Salz, Pfeffer, Zitronenschale etwas abrösten. Die weitere Zubereitung wie Nr. 187.

250 g gekochtes Fleisch oder Bratenreste oder gekochter Schinken, 30 g Butter, $^1/_2$ Teelöffel Salz, 1 Messerspitze Pfeffer, $^1/_2$ Teelöffel geriebene Zitronenschale, Zutaten für Blätterteig Nr. 598

189. Fleischpastetchen, andere Art

Blätterteig nach Nr. 598 bereiten. Fleisch mit Zwiebel durch Hackmaschine treiben und in heißer Butter mit Salz, Pfeffer, Muskatnuß und Kapern so lange dämpfen, bis es nicht mehr rot ist. Dann 1 Eidotter daruntermengen. Kleine Stücke des Blätterteiges zu runden Scheiben von 8 Zentimeter Durchmesser und $^1/_2$ Zentimeter Dicke auswalken. Die Hälfte der Teigscheiben 1 Zentimeter dick mit Fleischmasse bestreichen (nicht ganz bis zum Rand), die andere Hälfte so darüberklappen, daß eine geschlossene halbe Scheibe entsteht (Fleischfülle darf nirgends heraussehen). Mit Eigelb bestreichen und auf nassem Blech (mit Wasser anfeuchten) bei guter Hitze hellgelb backen.

250 g rohes Kalb- oder Schweinefleisch, 2 Eidotter, 30 g Butter, 1 Teelöffel Salz, 1 Messerspitze Pfeffer, 1 kleine Messerspitze Muskatnuß, $^1/_2$ Teelöffel Kapern, einige Tropfen Suppenwürze, Zutaten für Blätterteig Nr. 598

190. Lübecker Pastete

Zutaten für Feines Kalbsragout Nr. 135, Zutaten für Tomatensoße Nr. 274, Verlorene Eier Nr. 395, Blätterteig nach Nr. 598

Blätterteig nach Nr. 598 bereiten. Blätterteig 1 Zentimeter dick auswalken und daraus runde Scheiben von *dreierlei Größe*, etwa 8 Zentimeter, 6 Zentimeter und 4 Zentimeter Durchmesser, ausstechen und auf nassem Blech (mit Wasser befeuchtet) bei guter Hitze hellgelb backen. Unterdessen Feines Ragout nach Nr. 135 und Tomatensoße nach Nr. 274 bereiten. Auf die größte Scheibe 1 Eßlöffel Ragout geben, die zweite Scheibe darauflegen. Auf diese gibt man wieder 1 Eßlöffel Ragout und legt die dritte (kleinste) Scheibe darauf. Über die ganze Pastete Tomatensoße gießen. Pasteten einige Minuten auf Blech in heiße Röhre stellen (Pastete soll wieder heiß werden). Inzwischen nach Nr. 395 verlorene Eier bereiten. Vor dem Anrichten noch einen großen Eßlöffel *heißes* Ragout über die Pastete geben, ein verlorenes Ei darauflegen und darauf wieder 1 Teelöffel Tomatensoße gießen.

191. Gekochte Pastetchen

250 g Fleischreste jeder Art, auch Schinken, 3 trockene (alte) Semmeln, 2 Eier, 60 g Butter, 1 Teelöffel Salz, 1 Messerspitze Pfeffer, 1 Messerspitze Muskatnuß, $^1/_2$ Teelöffel geriebene Zitronenschale, 3 Eßlöffel geriebener Schweizer Käse, Tomatensoße nach Nr. 274, 6 Eßlöffel Milch

Semmeln fein schneiden, in Milch einweichen und etwas stehenlassen. $^2/_3$ der Butter schaumig rühren, Eidotter mit Semmeln, Salz, Pfeffer, Muskatnuß, Zitrone und das zu Schnee geschlagene Eiweiß daruntermengen. Fleisch durch Hackmaschine treiben. Kaffeetassen mit der restlichen Butter ausstreichen, lagenweise je 1 Eßlöffel Fleischmasse, dann 1 Eßlöffel Semmelmasse, dann wieder Fleisch und Semmeln einfüllen, zwischen jede Lage etwas geriebenen Käse geben. Die Tassen dürfen insgesamt nur $^3/_4$ voll sein. Tassen in kochendes Wasser stellen (Wasser muß halbhoch zu den Tassen reichen) und zugedeckt $^1/_2$ Stunde kochen lassen. Pastete herausstürzen, etwas Schnittlauch und Käse darüberstreuen und mit Tomatensoße verzieren.

Geflügel und Wildgeflügel

192. Ausnehmen des Geflügels

Am Kragenende kleinen Längsschnitt machen, Kopf und Gurgel vorsichtig entfernen. Augen herausnehmen. Am Bürzel Querschnitt machen, das Eingeweide vorsichtig herausnehmen. Die an der Leber befindliche Galle darf nicht zerdrückt werden. Alles Grünliche wegschneiden. Die gelbe Haut am Schnabel und rauhe Gaumenhaut entfernen. Magen bei dem Knorpel aufschneiden und Magensack herauslösen. Von den Füßen die Krallen und Haut ablösen. Geflügel (gerupft, ausgenommen und gewaschen) muß unbedingt mindestens einen Tag abhängen, da das Fleisch dadurch wesentlich schmackhafter wird.

193. Herrichten einer Gans

Beim Schlachten der Gans wird das aufgefangene Blut mit etwas Essig fest verrührt. Die Gans wird sofort nach dem Schlachten gerupft, danach mit feingestoßenem Pech überall eingerieben, mit *kochendem* Wasser überbrüht und fertig geputzt. Die Füße länger im Wasser lassen, damit man die Haut leicht ablösen kann. Ausnehmen der Gans wie Nr. 192. Sauber waschen, innen und außen, und an den Füßen zum Austropfen aufhängen. Kopf, Kragen, Flügel, Füße, Herz, Leber und Magen werden in Essigbeize (Nr. 880) gelegt, das Blut dazugerührt und 1 – 2 Tage stehengelassen. Der Gansbauch wird wieder aufgehängt.

194. Gebratene Gans

1 bratfertige Gans, Salz, Pfeffer

Den Gansbauch innen und außen mit Salz und Pfeffer einreiben. In Pfanne fingerhoch Wasser geben. Gans einlegen und im Rohr auf beiden Seiten knusprig braun braten lassen. Das herausgebratene Fett abschöpfen und heißes Wasser zugießen. Junge Gans, die man an der weißen Haut und dem weichen Fleisch erkennt, braucht $1^1/_2$ – 2 Stunden, ältere 2 – 3 Stunden.

Beilage: Kartoffelsalat mit Sellerie, Kopfsalat, Knödel.

195. Ganspfeffer

Die in der Essigbeize Nr. 880 gelegenen Teile der Gans werden mit Stückchen Zwiebel und gelber Rübe in der Essigbeize weich gekocht. Herausnehmen. Ausbeinen. Mehl, Fett und Zucker dunkelbraun rösten, mit kaltem Wasser dünn verrühren und unter Rühren an die Brühe geben. Einige Male aufkochen lassen und dann soviel Wasser zugießen, daß es dickliche Soße gibt. Durchseihen, das ausgebeinte Fleisch wieder einlegen und langsam kurze Zeit weiter kochen lassen. Man kann zuletzt noch etwas Wein oder Apfelwein darangeben.

Beilage: Kartoffeln oder Knödel

Teile der Gans, wie Kopf, Kragen, Flügel, Füße, Herz, Leber, Magen, Zutaten zu Essigbeize Nr. 880, Stückchen Zwiebel, gelbe Rübe, 2 Eßlöffel Mehl, 1 Eßlöffel Fett, 1 Teelöffel Zucker, etwas Wein oder Apfelwein

196. Feine Fülle für Gans- und Entenbraten

Eier mit Milch verrühren, über die fein in Scheiben geschnittenen Semmeln geben und weich werden lassen. Zwiebel fein schneiden, in heißer Butter gelb rösten und zu den Semmeln geben. Leber schaben oder durch Hackmaschine treiben, mit Salz, Pfeffer, Muskatnuß und Zitrone den geweichten Semmeln hinzufügen und alles *gut vermengen.* Gans (Ente) damit füllen und zunähen.

1 Gansleber (oder Entenleber), 30 g Fett, 4 trokkene Semmeln, 2 – 3 Eier, $^1/_8$ Liter Milch, 1 Teelöffel Salz, 1 Messerspitze Pfeffer, 1 kleine Messerspitze Muskatnuß, $^1/_2$ Teelöffel geriebene Zitronenschale, 1 kleine Zwiebel

197. Apfelfülle oder Apfel-Edelkastanienfülle für Gans-, Enten- oder Putenbraten

Äpfel waschen, trocken reiben und ungeschält in das Geflügel füllen. Man kann aber auch die Äpfel schälen, vierteln, vom Kernhaus befreien und dann einfüllen.

Will man Äpfel mit Edelkastanien als Fülle mischen, so schneidet man die Kastanien ein, brät sie in der Pfanne oder in der Bratröhre. Noch heiß abschälen und zwar nicht nur die äußere harte Schale, sondern auch die feine innere Schale. Diese Arbeit sollte wenn möglich schon am Vortag gemacht werden. Nun mischt man die ungeschälten oder geschälten Äpfel mit den Kastanien und füllt damit das Geflügel. Geflügel zunähen.

500 – 1000 g Äpfel, je nach Größe des Geflügels, oder 250 – 500 g Edelkastanien (Maroni)

198. Gansleber mit Champignons oder anderen Pilzen

1 Gansleber, 1 Eßlöffel Mehl, 30 g Fett, 125 g Pilze, 1 gelbe Rübe, 1 kleine Zwiebel, 1 Teelöffel Salz, 1 Messerspitze Pfeffer, 2 – 3 Eßlöffel Weißwein

Zwiebel in Scheiben, gelbe Rüben in Stücke schneiden. Leber waschen und mit Zwiebel, der gelben Rübe, den gewaschenen, feingeschnittenen Pilzen und 3 – 4 Eßlöffeln Wasser in heißer Butter zugedeckt dämpfen. Leber herausnehmen und heiß stellen. Mehl mit etwas kaltem Wasser dünn anrühren, an die Soße geben, etwas aufkochen lassen und durchseihen. Leber mit Salz, Pfeffer und Wein wieder in die Soße einlegen und zugedeckt einige Minuten heiß stellen.

199. Gebratene Gansleber

1 Gansleber, 1 Eßlöffel Mehl, 40 g Butter, 1 kleine Zwiebel, 1 Teelöffel Salz, 1 Messerspitze Pfeffer, 1/2 Teelöffel Zitronensaft

Leber waschen, in Mehl tauchen und mit der feingeschnittenen Zwiebel in heißer Butter auf beiden Seiten braun braten (ca. 10 Minuten). Salzen, pfeffern und mit Zitronensaft beträufeln. 2 Eßlöffel heißes Wasser zugießen und zugedeckt einige Minuten heiß stellen.

200. Gebratene Ente

1 bratfertige Ente, Salz, Pfeffer

Zubereitung wie Gans Nr. 192, 193, 194.

201. Entenpfeffer

Zutaten wie Ganspfeffer Nr. 195

Zubereitung wie Ganspfeffer Nr. 195.

202. Gebratener Hahn *(oder Masthuhn-Poularde)*

1 Hahn (entweder bratfertig, oder herrichten wie beschrieben), Salz, Pfeffer, Butter

Nach dem Schlachten Flügelfedern und Schwanzfedern herausrupfen, den Hahn in kochendes Wasser *tauchen*, herausnehmen und rupfen. Ausnehmen wie Nr. 192 und zum Abtropfen aufhängen. Kopf usw. zur Suppe verwenden (Nr. 27).

Hahn innen und außen salzen und pfeffern. Kragen auf Rücken umlegen, Flügel rückwärts über den Kragen biegen. Schlegel nach

unten drücken und an den Körper binden. Boden in der Pfanne *schwach* mit Wasser bedecken, Hahn einlegen und oben mit Butterstückchen belegen. In der heißen Röhre während des Bratens auf beiden Seiten mit weiterem zerlassenem Fett öfter begießen. Ist Soße zu brauner Farbe eingebraten, etwas Fleischbrühe oder heißes Wasser dazugeben.

203. Gefüllter gebratener Hahn *(oder Masthuhn-Poularde)*

Der Hahn wird gefüllt mit Fülle Nr. 877, zugenäht und weiterbehandelt wie Gebratener Hahn Nr. 202. Vor Anrichten Faden entfernen.

1 bratfertiger Hahn, Salz, Pfeffer, Butter, Zutaten zur Fülle wie Nr. 877

204. Eingemachter Hahn

Zubereitung wie Eingemachtes Kalbfleisch Nr. 105 oder 106.

Zutaten wie Nr. 105 oder 106

205. Huhn für Suppe

Das gewaschene Huhn wird unter Beigabe von Suppengrün und einigen Tomaten mit kaltem Wasser zugesetzt und weich gekocht. Huhn herausnehmen. Brühe durchseihen und in der Brühe geschnittene Nudeln aufkochen. Das in kleine Stücke zerlegte Huhn wieder einlegen und als Suppe zu Tisch geben. Huhn soll nicht zu alt sein.

1 Suppenhuhn, küchenfertig oder herrichten nach Nr. 202 und ausnehmen nach Nr. 192, Suppengrün, einige Tomaten, Salz

206. Eingemachtes Huhn *(Frikassee)*

Huhn waschen und mit Suppengrün und Tomaten zusetzen und weichkochen. Buttersoße nach Nr. 261 bereiten und mit der Hühnerkochbrühe aufgießen. Das zerlegte Huhn einlegen und noch etwas auf kleiner Hitze kochen lassen. Mit Salz und Zitronensaft abschmekken und nach Belieben mit feinen Spargelspitzen verfeinern.

1 jüngeres Huhn (Suppenhuhn oder Poularde), Suppengrün, einige Tomaten, Salz, Zitronensaft, Zutaten zu Buttersoße Nr. 261, Spargelspitzen (1 kleine Dose) nach Belieben

207. Gebackenes Huhn

1 Huhn (nicht zu alt), Suppengrün, einige Tomaten, Salz, Pfeffer, 1 Ei, etwas Milch, Semmelbrösel, Fett zum Backen, Zitronensaft oder -scheiben

Huhn waschen und mit Suppengrün und Tomaten zusetzen und weichkochen. Dann zerlegen, etwas salzen und pfeffern, Ei mit etwas Milch verrühren, Stücke eintauchen, dann in Semmelbrösel wenden und in heißem Fett herausbacken. Mit Zitronensaft oder -scheiben anrichten.

208. Haschee von altem Huhn

1 Huhn (auch Innereien können mitverwendet werden), Suppengrün, einige Tomaten, 1 Zwiebel, 1 Eßlöffel Butter oder Fett, 1 gehäuften Eßlöffel Mehl, etwas Zitronenschale, etwas Zitronensaft oder Essig, 1 Bund Petersilie, 1 Teelöffel Kapern, 1 Eßlöffel sauren Rahm, Salz, Pfeffer, Hühnerbrühe

Huhn waschen und mit Suppengrün und Tomaten zusetzen und weichkochen. Fleisch von den Knochen ablösen und durch Fleischmaschine treiben. Feingeschnittene Zwiebel mit Fett in Tiegel hellgelb rösten. Das Fleisch dazugeben, Mehl darüberstäuben und das Ganze mit Kochlöffel verrühren. Auf heißer Herdplatte unter Rühren in 5 Minuten abrösten. Nun 1 Tasse warme Hühnerbrühe unter beständigem Rühren darübergießen. Etwas feingeschnittene Zitronenschale, etwas Zitronensaft oder Essig, feingewiegtes Petersiliengrün, Kapern, sauren Rahm, Salz und Pfeffer dazufügen. Das Ganze unter Rühren einigemal aufkochen. Ist das Haschee zu dick, gießt man etwas Hühnerbrühe oder Wein dazu; wenn zu dünn, etwas Semmelbrösel darunterrühren.

209. Wiener Backhuhn

1 junges Huhn (Hähnchen oder Poularde), 80 g Fett, 1 Ei, 2 Eßlöffel Mehl, 1 Eßlöffel Salz, 1 Messerspitze Pfeffer, 4 Eßlöffel Semmelbrösel

Wenn das Huhn nicht schon bratfertig ist, rupfen und ausnehmen nach Nr. 202, Kopf usw. nach Nr. 27 verwenden. Huhn waschen und zum Abtropfen aufhängen (mindestens 1 Tag hängen lassen). Bratfertiges Huhn in vier Teile zerlegen, jedes Teil salzen und pfeffern, in Mehl, anschließend in das verrührte Ei eintauchen und in Semmelbrösel wälzen. Die Huhnviertel *langsam* in heißem Fett hellbraun backen. *Soll das Backhuhn knusprig sein, muß es nach dem Backen sofort serviert werden.*

Beilagen: Tomaten und andere Salate

210. Huhn mit Reis

Wenn das Huhn nicht schon küchenfertig ist, rupfen nach Nr. 202, ausnehmen, waschen und mindestens 1 Tag aufhängen. Küchenfertiges Huhn mit Wurzelwerk, reichlich Wasser (bis zur Höhe des Huhnes) und Salz in Kochtopf weichkochen lassen (bei zwei- bis dreijähriger Henne 2 – 3 Stunden). Reis verlesen, mit kaltem Wasser waschen, abseihen und zusetzen wie Nr. 381, nur Zwiebel weglassen und an Stelle des Wassers *Hühnerbrühe* verwenden. Ist Huhn weich, in Stücke teilen, auf größerer Platte wieder zusammenlegen und mit Reis garnieren. Entweder streut man über Reis Petersilie und Schnittlauch oder man gibt Tomatensoße darüber.

Restliche Brühe als Nudelsuppe verwenden.

1 Suppenhuhn oder Poularde, 2 Tassen Reis (auch der billige, unglasierte Reis ist verwendbar), 4 – 5 Eßlöffel Tomatensoße nach Nr. 274, 1 gehäufter Eßlöffel Salz, etwas Wurzelwerk für Suppe, 1 Eßlöffel gehackter Schnittlauch, 1 Eßlöffel Petersilie

211. Huhn mit Blumenkohl- oder Spargelgemüse

Huhn mit Wurzelwerk und reichlich Wasser (bis zur Höhe des Huhnes) und Salz in Kochtopf weichkochen lassen, (bei zwei- bis dreijähriger Henne 2 – 3 Stunden). Ist Huhn weich, in Stücke teilen, auf größerer Platte wieder zusammenlegen. Blumenkohl- oder Spargelgemüse nach Nr. 308 oder 306 unter Verwendung der Hühnerkochbrühe herstellen. Nun umlegt man das Huhn mit dem Gemüse.

1 Suppenhuhn (oder Poularde), 1 gehäufter Eßlöffel Salz, etwas Wurzelwerk, 1 Bund Petersilie, Zutaten zu Blumenkohlgemüse Nr. 308 oder Spargelgemüse Nr. 306

212. Huhn in Currysoße

Küchenfertiges Huhn in 4 Teile teilen, in heißer Butter mit geschnittener Zwiebel hell anbräunen, Curry und geschälten, gewürfelten Apfel zugeben, salzen und einige Zeit zugedeckt dünsten lassen. Immer wieder kleine Mengen heißes Wasser zugießen. Ca. 1 Stunde auf kleiner Hitze garen lassen. Mehl mit wenig kaltem Wasser anrühren, Zitronensaft und Zucker beimischen und die Soße damit binden. Flüssigkeit je nach Bedarf zugießen.

Beilage: Reis, grünen Salat

1 junges Huhn, am besten Poularde, 1 Zwiebel, 40 g Butter, 2 Teelöffel Currypulver, 1 Apfel, 1 Teelöffel Mehl, Saft von $^1/_2$ Zitrone, $^1/_2$ Teelöffel Zucker

213. Gebratene Tauben

4 junge Tauben, Salz, Pfeffer, 1 Eßlöffel Butter oder Fett, Zutaten zur Fülle nach Nr. 877

Die geschlachteten, noch warmen Tauben werden trocken gerupft; feine Haare über Spiritusflamme vorsichtig absengen. Ausnehmen und waschen wie Nr. 192. Innen und außen salzen und pfeffern, füllen wie Nr. 877 und zunähen. Kragen auf Rücken umlegen. Flügel rückwärts über den Kragen biegen. Butter oder Fett in Tiegel heiß werden lassen, die Tauben beiderseitig anbraten, etwas Wasser zugießen und zugedeckt auf Herdplatte fertigbraten. Mehrere Tauben in der Röhre braten wie Hahn Nr. 202.

214. Eingemachte Tauben

4 junge Tauben, Salz, Pfeffer, 1 kleine Zwiebel, 1 Eßlöffel Fett, 1 Eßlöffel Mehl, 2 – 3 Nelken, 1 Lorbeerblatt, 1 Eßlöffel Essig oder Zitronensaft, etwas Wein oder Apfelwein

Die ausgenommenen Tauben zubereiten wie eingemachtes Kalbfleisch Nr. 105.

215. Putenbraten (Truthahn), mit Äpfeln und Edelkastanien gefüllt

1 Truthahn, 125 g geräucherter Speck, 80 g Butter, 2 Eßlöffel Salz, 1/2 Teelöffel Pfeffer, Zutaten zur Apfel- oder Apfel-Edelkastanien-(Maroni)-Fülle Nr. 197

Nach dem Schlachten Truthahn sofort trocken rupfen, feine Federn und Flaum vorsichtig über Kerze oder Spiritusflamme absengen (abbrennen), ausnehmen wie Nr. 192, waschen und mindestens *zwei bis drei Tage* hängenlassen. Beim Ausnehmen muß Kropf entfernt werden. Herz, Leber, Magen zur Geflügelsuppe Nr. 27 verwenden, ebenso die Füße, die vor dem Braten abgehauen werden.

Truthahn innen und außen mit Salz und Pfeffer einreiben. Fülle herstellen nach Nr. 197 und die Pute damit füllen und zunähen. Die ganze Brust gleichmäßig mit Speckstreifen, die man festbindet oder mit Zahnstochern feststeckt, belegen. Dann mit ca. 1/4 Liter Wasser ohne Fett in die Pfanne geben und bei guter Hitze 2 – 3 Stunden braten. Die nicht mit Speck belegten Teile während des Bratens mit zerlassener Butter fleißig bestreichen. *Schlegel fest an den Körper binden, damit sie nicht trocken braten.* Falls die Soße einbrät, heißes Wasser nachgießen.

Beilagen: Salat, Kartoffeln, Klöße, Gemüse

216. Gefüllter Putenbraten

1 Truthahn, 125 g geräucherten Speck, 80 g Butter, 2 Eßlöffel Salz, $^1/_2$ Teelöffel Pfeffer, Zutaten zur Semmelfülle nach Nr. 877 und Zutaten zur Fleischfülle: 200 g gehacktes Schweinefleisch, 200 g gehacktes Kalbfleisch, 1 kleine feingeschnittene Zwiebel, 1 Messerspitze Pfeffer, 1 kleiner Teelöffel Salz

Zubereitung der Semmelfülle nach Nr. 877. Fleischfülle aus den angegebenen Zutaten herstellen und beide Füllen zusammenmengen. Dadurch erhält man ausgezeichnete Fülle, die für Truthahn sehr geeignet ist. Zubereitung des Truthahns wie unter Nr. 215 beschrieben, jedoch *vor Braten* Körper und Kropfhöhlung füllen und zunähen.

Vorbemerkung zu Wildgeflügel

Geflügel (gerupft, ausgenommen und gewaschen) muß unbedingt mindestens 1 Tag abhängen, da das Fleisch dadurch wesentlich schmackhafter wird.

217. Rebhuhn

4 junge Rebhühner, 125 g geräucherter Speck, Salz, Pfeffer, 1 Eßlöffel Butter, 1 – 2 Eßlöffel saurer Rahm, etwas Rotwein oder Apfelwein

Trocken rupfen, feine Haare absengen. Ausnehmen (Nr. 192), nicht waschen, sondern mit trockenem Tuche innen und außen sauber abreiben. Innen und außen salzen und pfeffern. Die Hühner werden unter Andrücken der Beine und Flügel mit dünnen breiten Speckstreifen umwickelt und mit Faden festgebunden. Butter in Tiegel heiß werden lassen. Rebhühner einlegen und auf beiden Seiten rasch braten. Nun sauren Rahm mit etwas Wasser in Tiegel geben und zugedeckt noch weich dämpfen. Zuletzt Beigabe von etwas Rotwein oder Apfelwein. Vor dem Anrichten Faden entfernen. Zubereitungszeit $^3/_4$ Stunden. *Beigabe:* Blaukraut

218. Rebhuhn auf andere Art

4 junge Rebhühner, Zutaten zur Essigbeize Nr. 880, 125 g geräucherter Speck, 1 Eßlöffel Butter oder Fett, 1 Eßlöffel Mehl, $^1/_2$ Teelöffel Zucker, 1 Eßlöffel saurer Rahm

Die fertig geputzten Rebhühner 1 – 2 Tage in Essigbeize legen. Dann mit Speckstreifen umwickeln und in der Beize weich dämpfen. Herausnehmen. Mehl, Fett, Zucker bräunlich rösten, mit kaltem Wasser dünn verrühren und unter Rühren der Brühe zugießen. Gut verkochen lassen, durchseihen. Die wieder eingelegten Rebhühner unter Beigabe von saurem Rahm nochmals heiß werden lassen (nicht kochen). Vor dem Anrichten Faden entfernen. *Beigabe:* Gebackene Kartoffelspeise

219. Wildente

1 junge Wildente, 125 g geräucherten Speck, Salz, Pfeffer, 1 – 2 Eßlöffel Fett, 1 Eßlöffel saurer Rahm, 1 kleine Zwiebel, Stückchen Zitronenschale, 1 Eßlöffel Mehl, Zitronensaft, Rotwein oder Apfelwein oder Essig

Trocken rupfen, absengen, ausnehmen (Nr. 192). Mit trockenem Tuche innen und außen sauber abreiben, innen und außen salzen und pfeffern. Mit feinen Speckstreifen spicken. Die Ente wird im Tiegel mit heißem Fett *rasch* auf beiden Seiten angebraten. Nun wird saurer Rahm, Zwiebel und Zitronenschale dazugegeben und in heißer Röhre unter fleißigem Begießen mit dem eigenen Safte die Ente fertiggebraten. Ist die Soße ziemlich eingebraten, wird Mehl mit kaltem Wasser verrührt und unter Zufügung von warmem Wasser dazugegeben. Nun noch etwas aufkochen lassen. Vor dem Anrichten mit Zitronensaft beträufeln. Soße mit etwas Rotwein, Apfelwein oder Essig verbessern.

220. Gebratener Fasan

1 – 2 junge Fasane, 100 g geräucherten Speck, 80 g Butter, 1 Eßlöffel Mehl, 3 Eßlöffel Weißwein, 2 – 3 Eßlöffel saurer Rahm, Salz, Pfeffer

Vorbemerkung: Bei alten Fasanen sind die Sporen spitz und scharf, bei jungen Fasanen sind die Sporen kurz und abgerundet.

Der frisch geschossene Fasan muß vor dem Rupfen 3 – 4 Tage abhängen. Fasan trocken rupfen, feine Federn und Flaum vorsichtig über Kerze oder Spiritusflamme absengen, nach Nr. 192 ausnehmen und waschen. Außen und innen abtrocknen, mit Salz und Pfeffer einreiben, Flügel und Schlegel an den Körper binden (damit sie beim Braten saftig bleiben), Kopf zwischen Flügel stecken und mit festbinden.

Die Brust mit Speckstreifen umwickeln und festbinden. Fasan in heißer Butter von allen Seiten anbraten, $^1/_8$ Liter warmes Wasser zugießen und zugedeckt auf Herdplatte weich dämpfen. *Oder:* Fasan mit $^1/_8$ Liter Wasser in Bratpfanne geben und in der Röhre unter öfterem Bestreichen mit heißer Butter weichbraten. Empfehlenswert ist, den Fasan, wenn er im Backrohr gebraten werden soll, die 1. Hälfte der Bratzeit, ca. 40 Minuten, *zugedeckt* (mit Alufolie oder Deckel) braten, damit er nicht austrocknet. Die Speckstreifen erst abnehmen, wenn der Fasan schon fast weich ist. Ohne Folie oder Deckel weiterbraten lassen, bis der Fasan leicht bräunt. Immer wieder mit Bratensaft und saurem Rahm übergießen. Fasan aus der Pfanne nehmen,

Mehl mit etwas kaltem Wasser dünn anrühren und unter Rühren an die Soße geben. Soße anschließend einige Minuten aufkochen lassen. Fasan mit Rahm und Wein wieder in die Pfanne geben und heiß werden lassen.

Beilage: Blaukraut (Rotkohl), Kartoffeln, Weißkraut

221. Fasan in Sauerkraut

Fasan vorbereiten und mit Speckstreifen umwickeln, wie unter Nr. 220 angegeben. Fasan in heißer Butter von allen Seiten anbraten. $^1/_8$ Liter Wasser zugießen und zugedeckt *nahezu* weichdämpfen (ca. 1 Stunde). Fasan aus Pfanne nehmen, Mehl mit etwas kaltem Wasser dünn anrühren, unter Rühren an die Soße geben und letztere einige Minuten aufkochen lassen, Rahm hinzugeben. Inzwischen Sauerkraut mit Wein und je Pfund Kraut $^1/_8$ Liter Wein und $^1/_8$ Liter Wasser, den feingeschnittenen Äpfeln und Kümmel zugedeckt weichdämpfen (ca. 1 Stunde). *Fasan mitten ins Kraut stecken und darin fertigdämpfen.* Beim Anrichten kann die Soße über Fasan und Kraut oder auch gesondert gegeben werden.

1 Fasan, 50 g geräucherter Speck, 50 g Butter, 1 gehäufter Teelöffel Mehl, 2 Eßlöffel saurer Rahm, 1 gehäufter Teelöffel Salz, 1 Messerspitze Pfeffer; Für Sauerkraut: 500 – 1000 g Sauerkraut, je nach Größe des Fasans, $^1/_8$ Liter Weiß- oder Apfelwein, 2 abgeschälte, feingeschnittene Äpfel, 1 Teelöffel Kümmel

222. Gebratene Wildtauben

Zubereitung wie Gebratene Tauben Nr. 213, jedoch ohne Füllung.

4 Wildtauben, weitere Zutaten wie zu Nr. 213

223. Gebratene Schnepfe

Schnepfe trocken rupfen und ausnehmen nach Nr. 192, jedoch *nicht waschen, sondern mit Tuch innen und außen sauber abreiben.* Mit Salz und Pfeffer einreiben, Flügel und Schlegel mit Kopf an Körper binden. Schnepfe in heißem Fett von allen Seiten anbraten, dann in Röhre unter fleißigem Begießen mit eigenem Saft fertigbraten. Zuletzt Wein und so viel Wasser, als Soße gewünscht, dazugeben.

1 Schnepfe, 100 g Fett, 3 – 4 Eßlöffel Weißwein, 1 große Messerspitze Pfeffer, 1 Eßlöffel Salz

224. Schnepfe auf Wildart

Zubereitung genau wie Rebhuhn Nr. 217.

1 Schnepfe, weitere Zutaten wie Nr. 217

Wildbret
und
Kaninchen

Vorbemerkung:

Man rechnet pro Person im Durchschnitt 200 g Wildbret für Bratgerichte.

225. Hasenbraten, sauer

Die sauber gewaschenen Teile in Essigbeize 1 bis 3 Tage, eventuell auch länger, zugedeckt liegenlassen. Herausnehmen. Mit Tuch abtrocknen. Die oberste Haut jetzt abziehen. Mit feinen Speckstreifen *reichlich* spicken und mit der Hälfte der Beize unter Beigabe von Zwiebel, Sellerie, gelber Rübe, Lauch und Petersilienwurzel in Pfanne legen. Nun gießt man 1 Eßlöffel Rahm über das Fleisch und brät dasselbe, ohne zu wenden, weich. Während des Bratens gibt man, sobald Rahm eingebraten ist, einen weiteren Eßlöffel Rahm darüber. Mehl, Fett, Zucker zu dunkler Farbe rösten und mit kaltem Wasser verrühren. Fleisch herausnehmen. Unter Rühren die Einbrenne in die Brühe geben und gut verkochen lassen. Soviel heißes Wasser zugießen, als Soße benötigt wird. Fleisch wieder einlegen. 1 Eßlöffel Rahm in die Soße geben und mit Essig oder Wein nebst Salz nach Geschmack würzen. Nochmals in der Röhre heiß stellen. Vor Anrichten Soße über den Braten seihen.

Beilagen: Breite Nudeln, gebackene Kartoffeln, Knödel

1 Hasenrücken und 2 Hasenschlegel, evtl. auch die vorderen Läufe, Zutaten zur Essigbeize Nr. 880, 60 g geräucherten Speck, 3 – 4 Eßlöffel süßer oder saurer Rahm, 1 Zwiebel, Sellerie, gelbe Rübe, Lauch oder Petersilienwurzel, 2 gehäufte Eßlöffel Mehl, 1 Eßlöffel Fett, 1 Teelöffel Zucker, Salz, Wein

226. Hasenbraten

Fleisch waschen, salzen, pfeffern und gut spicken. Fett in Tiegel heiß werden lassen. Fleisch mit der gespickten Seite nach unten einlegen. Gut anbraten und dann herausnehmen. Mehl in Tasse mit kaltem Wasser glatt verrühren und dann den Saft in die Pfanne geben. 1 – 2 Eßlöffel sauren Rahm und so viel Wasser beifügen, als man Soße braucht. Einige Male aufkochen lassen. Hasen wieder einlegen, Speckseite oben. Mit Zitronensaft beträufeln. In Röhre oder auf Herdplatte zugedeckt fertigbraten lassen. Vor Anrichten Soße durchseihen.

Beilagen: Kartoffeln, Mehlspätzchen

1 Hasenrücken und 2 Hasenschlegel, evtl. auch die vorderen Läufe, Salz, Pfeffer, 60 g geräucherten Speck, 1 Eßlöffel Fett, 1 kleinen Eßlöffel Mehl, 1 – 2 Eßlöffel saurer Rahm, etwas Zitronensaft

227. Hasenpfeffer

Hasenteile wie Kopf, Hals, Leber, Herz, Lunge, evtl. Vorderläufe, Zutaten zur Essigbeize Nr. 880, 1 Zwiebel, Selleriestückchen, gelbe Rübe, Lauch und Petersilienwurzel, 2 gehäufte Eßlöffel Mehl, 1 Eßlöffel Fett, 1 Teelöffel Zucker, Salz, Pfeffer, Essig

Fleisch waschen und in Essigbeize legen. Kann aber auch in leichter Beize sofort gekocht werden. Das Fleisch muß im Tiegel mit Beize ungefähr zur Hälfte bedeckt sein. Zwiebel, Sellerie, gelbe Rübe, Lauch und Petersilienwurzel mitkochen. Wenn das Fleisch weich ist, herausnehmen und ausbeinen. Mehl, Fett, Zucker dunkel rösten, mit kaltem Wasser dünn verrühren und an die Soße geben. Aufkochen und soviel heißes Wasser zugießen, daß es dickliche Soße gibt. Nach Geschmack mit Essig, Salz, Pfeffer würzen. Soße durchseihen, Fleisch wieder einlegen und heiß werden lassen.

Beilage: Kartoffeln oder Knödel

228. Kaninchen-Braten

1 Kaninchen-Rücken und 2 Kaninchen-Schlegel, beide Vorderläufe, Zutaten zu Essigbeize Nr. 880, 1 Zwiebel, Stückchen gelbe Rübe, Selleriewurzel, Stückchen Brotrinde, etwas Zucker, 2 Eßlöffel Fett, 1 – 2 Eßlöffel Mehl, Salz, Pfeffer, einige Eßlöffel Rahm

Fleisch sauber waschen und in Essigbeize 5 – 6 Tage legen. Zwiebel, gelbe Rübe, Selleriewurzel fein schneiden und mit einer Brotrinde und etwas Zucker in die Bratpfanne geben, den Boden der Pfanne mit etwas Essigbeize bedecken. Nun das Fleisch darauflegen und unter öfterem Begießen mit zerlassenem Fett braten, ohne es zu wenden. Damit die Soße schöne Farbe bekommt, läßt man Sellerie etc. vollständig einbraten. Dann das Fleisch herausnehmen. Heißes Wasser in die Pfanne gießen, soviel man Soße benötigt. Nun Mehl mit kaltem Wasser glatt verrühren, an die Soße geben und aufkochen. Durch Sieb streichen, salzen, pfeffern und eventuell etwas Essig oder von der Beize darangeben. Fleisch wieder einlegen und fertig braten. Gesamte Bratzeit ca. 1 bis $1^{1}/_{2}$ Stunden. Sollte die Soße einbraten, verdünnt man wieder mit Wasser. Will man mehr Soße haben, macht man Einbrennsoße wie für Rebhuhn Nr. 218. Falls Rahm vorrätig, gibt man einige Eßlöffel Rahm an die Soße.

229. Kaninchen-Maultaschen

Haseninnereien mit 1 Zwiebel, Sellerie, gelber Rübe in ca. 1 Liter Wasser weichkochen. Abseihen (die Brühe kann zu einer Suppe verwendet werden), Fleisch ausbeinen und mit dem Suppengrün durch die Fleischmaschine treiben. Diese Fülle salzen und würzen und noch Semmelbrösel darangeben. Die ganze Masse in Tiegel noch etwas abrösten. Wenn vorhanden, noch gehacktes Petersiliengrün dazugeben.

Während das Fleisch kocht, bereitet man nach Rezept Nr. 34 einen Nudelteig unter Beigabe von 1 Eßlöffel Essig, läßt die Flecke aber nur kurz trocknen, damit sie beim Rollen nicht brechen. Die beiden Flecke mit der Fleischmasse bestreichen, fest zusammenrollen und mit einem Tellerrand Stücke in Länge von 5 cm abschneiden. In flachem Tiegel 3 cm hoch leichtes Salzwasser zum Kochen bringen, die Maultaschen einlegen und zugedeckt 15 – 20 Minuten kochen lassen. Auf eine vorgewärmte Platte oder Schüssel geben und die Soße, welche sich gebildet hat, darübergießen und mit 2 gerösteten feingeschnittenen Zwiebeln anrichten.

Innereien wie Herz, Lunge, Leber, Nieren, auch Kopf, Brustkorb, Seitenlappen, 3 Zwiebeln, gelbe Rüben, Sellerie, 2 Eßlöffel Semmelbrösel, Salz, 1 Bund Petersilie, Zutaten zu Nudelteig Nr. 34, 1 Eßlöffel Essig

230. Kaninchen-Pastete

Kaninchen-Teile, Suppengrün und Salz in 1 Liter Wasser weichkochen. Abseihen (die Brühe wird weiterverwendet). Fleisch ausbeinen und mit Suppengrün durch die Fleischmaschine drehen. Semmeln in Scheiben schneiden und mit wenig Milch oder Brühe anfeuchten, damit man sie auch durch die Maschine drehen kann. Nun eine große Zwiebel und eventuell Zitronenschale durch die Maschine drehen. Die ganze Masse muß ein zweites Mal durch die Maschine gedreht werden, damit die Pastete fein wird. Würzen mit Salz, Pfeffer, Paprika, Majoran, eventuell Nelken, dann Ei und Mehl sowie 2 Eßlöffel von der Brühe darangeben. Alles gut vermengen. Sollte der Teig zu weich sein, noch etwas Semmelbrösel dazugeben. Kann noch verbessert werden durch Beigabe von kleingeschnittenen Speckwürfeln oder Fett an die Masse. Tiegel oder Kastenform mit Fett ausstreichen und die Masse einfüllen. Diesen Tiegel bis zur halben Höhe in einen zweiten Topf mit kochendem Wasser stellen und zugedeckt 2 Stunden langsam kochen lassen. 1 Tag stehenlassen, dann aus dem Tiegel stürzen und in Scheiben schneiden.

Innereien wie Herz, Lunge, Leber, Nieren, auch Kopf, Brustkorb, Seitenlappen, 2 Zwiebeln, gelbe Rübe, Sellerie, Salz, 4 Semmeln, Milch, Zitronenschale, Pfeffer, Paprika, Majoran, evtl. Nelken, 1 Ei, 2 Eßlöffel Mehl, evtl. Semmelbrösel, 60 g geräucherter Speck

231. Rehbraten, sauer

1 Rehrücken oder 800 g Schlegelfleisch oder Schulter, Zutaten zu Essigbeize Nr. 880, Zutaten wie zu Hasenbraten Nr. 225

Fleisch mit feuchtem Tuch abreiben. In Essigbeize legen und beim Braten behandeln wie Hasenbraten Nr. 225.

232. Rehragout

Ca. 800 g vom Hals, Brust, Kopf, evtl. Schulter, Zutaten zur Essigbeize Nr. 880, 1 Zwiebel, gelbe Rübe, Sellerie, Stückchen Zitronenschale, 3 gehäufte Eßlöffel Mehl, 2 Eßlöffel Fett, 1 Teelöffel Zucker, Salz, Pfeffer

Fleisch sauber waschen, in Stücke schneiden und mit kochender Essigbeize übergießen. Unter Beigabe von Zwiebel, gelber Rübe, Sellerie, Stückchen Zitronenschale weichkochen. Nun Kopffleisch ablösen. Mehl, Fett und Zucker nicht zu braun rösten, mit kaltem Wasser verrühren und nach Herausnahme des Fleisches unter Rühren der Kochbrühe zugießen. Soviel heißes Wasser zugeben, als Soße benötigt wird. Tüchtig kochen lassen. Wenn nötig, mit Essig, Salz und Pfeffer noch würzen. Soße durchseihen. Fleisch einlegen und nochmals aufkochen lassen. Soße soll dicklich sein.

Beilage: Kartoffeln oder Knödel

233. Rehbraten

1 Rehrücken oder 800 g Schlegel oder Schulter, Salz, Pfeffer, 60 g geräucherten Speck, 1 Eßlöffel Fett, 1 kleinen Eßlöffel Mehl, 1 – 2 Eßlöffel saurer Rahm, etwas Zitronensaft, etwas Weißwein

Fleisch mit feuchtem Tuche abreiben. Weiterbehandeln wie Hasenbraten Nr. 226.

Beilage: Bratkartoffeln, Makkaroni

234. Rehleber

1 Rehleber (ca. 500 g), 50 g geräucherten Speck, Mehl, 100 g Butter, 1 kleine Zwiebel, Salz, Pfeffer, Zitronensaft, 1 Eßlöffel Mehl, etwas Wein oder Essig

Leber mit feuchtem Tuch abreiben, Haut abziehen. Mit Speckstreifen tief spicken. Entweder ganz oder in 1 Zentimeter dicke Scheiben geschnitten in Mehl wenden. Butter in Pfanne heiß werden lassen und kleine, feingeschnittene Zwiebel dazugeben. Die Leber darin auf beiden Seiten *rasch* anbräunen. Nun erst salzen und pfeffern, mit Zitronensaft beträufeln und auf erwärmte Platte herauslegen. Mehl mit kaltem Wasser dünn verrühren und in das Fett rühren, sofort heißes

Wasser nachgießen und rasch aufkochen lassen. Leber wieder einlegen. Etwas Wein oder Essig dazugeben und das Ganze zugedeckt auf heißer Herdplatte 5 Minuten ziehen (nicht kochen) lassen. Vor Anrichten Soße über die Leber seihen. Der ganze Kochvorgang muß sehr rasch vor sich gehen.

Beilage: Salate

235. Gebratener Rehrücken, umlegt mit verschiedenen Gemüsen

1 kg Rehrücken, 50 g geräucherter Speck, 50 g Butter, 2 Eßlöffel Rahm, 1 Eßlöffel Salz, 1 Messerspitze Pfeffer, $^1/_2$ Teelöffel Zitronensaft

Rehrücken waschen, abhäuten, mit Tuch abtrocknen, salzen und pfeffern. Obere Seite des Rehrückens spicken. Butter in Pfanne sehr heiß werden lassen, Rehrücken mit der gespickten Seite einlegen, braun anbraten. Rehrücken umdrehen (gespickte Seite nach oben). $^1/_8$ Liter heißes Wasser zugießen und in heißer Butter unter öfterem Begießen mit Rahm fertigbraten. Zum Schluß Zitronensaft darübergeben. Nicht zuviel Soße herstellen!

Anrichten: Rehrücken vorsichtig in Stücke teilen, die einzelnen Portionen auf Platte wieder zusammenstellen, Soße darübergießen, mit den Gemüsen nach Nr. 325 umlegen.

Beilagen: Pommes frites oder Kartoffelbrei, gedämpftes Weißkraut, Blumenkohl, gelbe Rüben (Karotten), grüne Bohnen oder Erbsen.

236. Schnitzel vom Rehschlegel

4 fingerdicke Schnitzel vom Schlegel, 80 g Fett, 2 Eßlöffel Mehl, 1 kleine Zwiebel, 1 Eßlöffel Salz, 2 Messerspitzen Pfeffer, 1 Teelöffel Zitronensaft

Schnitzel gut klopfen, salzen, pfeffern, in Mehl eintauchen und in heißem Fett auf beiden Seiten rasch braten. Während des Bratens die feingeschnittene Zwiebel und ca. $^1/_8$ Liter heißes Wasser darangeben. Zugedeckt noch einige Minuten auf heißer Herdplatte ziehen lassen und Zitronensaft darauf träufeln.

Beilagen: Kartoffelcroquettes, Pommes frites

237. Feine gespickte Rehleber

1 Rehleber, 1/8 bis 2/8 Liter Milch, je nach Größe der Leber, 50 – 70 g geräucherter Speck, 2 Eßlöffel Mehl, 50 – 70 g Butter, 1 gehäufter Teelöffel Salz, 1 große Messerspitze Pfeffer, 2 Eßlöffel Rahm, 1 Teelöffel Zitronensaft. 2 – 3 Eßlöffel Rotwein

Leber abhäuten, 1/2 Stunde in Milch legen, dann auf Sieb geben, abtropfen lassen, eventuell abtrocknen. Leber spicken, in Mehl leicht wenden und in sehr heißer Butter von allen Seiten anbraten. Das restliche Mehl mit kaltem Wasser dünn verrühren, unter Rühren an die Leber geben, knapp 1/4 Liter heißes Wasser zugießen, Salz, Pfeffer und Zitronensaft hinzufügen. Zugedeckt weichdämpfen lassen. Leber ist fertig, wenn beim Einstechen mit Gabel kein Blut mehr sichtbar wird. Zuletzt Rahm und Wein zugießen.

Beilagen: Blaukraut (Rotkohl), Sauerkraut, Kartoffeln

238. Hirschfilet

500 g Filet vom jungen Hirsch (soll 4 Schnitzel ergeben), 1 Eßlöffel Mehl, 80 g Butter, 1 gehäufter Teelöffel Salz, 1 Messerspitze Pfeffer, 2 Eßlöffel Rahm

Schnitzel gut klopfen, *rasch* waschen (durch Wasser ziehen), abtrocknen, salzen und pfeffern, in Mehl wenden und in heißer Butter unter beständigem Begießen mit dem eigenen Saft beiderseits *rasch braten.* Rahm darangeben und zugedeckt einige Minuten heiß stehen lassen.

Beilage: Bratkartoffeln

239. Hirschbraten, sauer

200 g pro Person vom Schlegel, Rücken oder Schulter, Zutaten zu Essigbeize Nr. 879, Zutaten wie zu Nr. 225

Fleisch waschen und mit Tuch abtrocknen. In *kochende* Essigbeize legen und mehrere Tage darin liegenlassen. Hirschfleisch ist strenger, darum kochende Essigbeize. Weiterbehandeln wie Hasenbraten, sauer Nr. 225.

240. Hirschrücken

1 Hirschrücken, 60 – 100 g geräucherten Speck, Salz, Pfeffer, Essig, 1 kleinen Eßlöffel Mehl, 1 Eßlöffel Fett, 2 Eßlöffel saurer Rahm, etwas Weißwein

Rücken waschen und abtrocknen. Mit gleichen Teilen Essig und Wasser kochend übergießen. 10 Minuten liegenlassen. Herausnehmen und enthäuten. Mit Salz und Pfeffer bestreuen und gut spicken. Weiterbehandeln wie Hasenbraten Nr. 226.

241. Gulasch von Wild (Reh, Hirsch)

Fleisch in mittelgroße, Speck in kleine Würfel schneiden. Butter mit Speck in Tiegel sehr heiß werden lassen und darin Fleisch mit der in Scheiben geschnittenen Zwiebel abrösten. Salz, Paprika und $^{1}/_{8}$ Liter Wasser zugeben, zugedeckt weichdämpfen lassen. Mehl in etwas kaltem Wasser verrühren, an die Soße geben, noch etwas Wasser beimengen, Soße heiß werden lassen und zuletzt den Wein hinzugeben.

Beilagen: Kartoffeln, Teigwaren, Semmelknödel

500 g Schulterfleisch, 30 g geräucherter Speck, 20 g Butter, 1 Teelöffel Mehl, 2 Eßlöffel Rotwein, 1 kleine Zwiebel, 1 Teelöffel Salz, 2 Messerspitzen Paprika

242. Wildbret-Haschee

500 g gekochte oder gebratene Wildreste, 40 g Fett, 50 g Mehl, restliche Wildbret-Bratensoße, $^{1}/_{2}$ Teelöffel Kapern, 1 kleine Zwiebel, 1 Teelöffel Salz, 1 große Messerspitze Pfeffer, 1 Teelöffel Zukker, 1 – 2 Eßlöffel Essig, 2 Lorbeerblätter, 3 – 4 Nelken, 1 Stück Zitronenschale

Aus Fett, Mehl, Zucker und der in Scheiben geschnittenen Zwiebel dunkle Einbrenne Nr. 878 herstellen, mit ca. $^{1}/_{2}$ Liter kalter Fleischbrühe oder Wasser verrühren, Salz, Pfeffer, Essig, Lorbeerblätter, Nelken und Zitronenschale hinzugeben und 30 Minuten unter öfterem Rühren kochen lassen. Diese Soße durch feines Sieb rühren, Wildreste durch Fleischmaschine treiben und mit Kapern und der restlichen Bratensoße zur Brühe geben, einige Minuten aufkochen lassen. Ist die Brühe zu dick, entsprechend Wasser hinzugeben.

Beilage: Salzkartoffeln

243. Wildschweinbraten

Zubereitung genau wie Schweinebraten Nr. 136.

Ca. 800 g Wildschweinfleisch, Zutaten wie zu Schweinebraten Nr. 136

244. Wildschwein, sauer

Zubereitung genau wie Hasenpfeffer Nr. 227.

Ca. 800 g junges, mageres Fleisch, Zutaten wie zu Hasenpfeffer Nr. 227

245. Wildschweinsulze

Fleisch behandeln wie Sulze Nr. 175. Sehr gut, lange haltbar.

Ca. 500 g Kopffleisch, Knöchel, Füße vom Wildschwein, Zutaten wie zu Sulze Nr. 175

Fische

Vorbemerkung

Man rechnet pro Person durchschnittlich mit folgenden Mengen: Fische mit Kopf 250 g; Fische ohne Kopf bzw. Fischstücke 200 g; Fischfilet 150 – 200 g.

Folgende Fische eignen sich zum Blausieden: Karpfen, Forellen, Felchen, Zander, Heilbutt, Tarbutt, Steinbutt und Kabeljau.

In Stücke geschnittene Fische eignen sich nicht zum Blausieden, denn sie laugen zu sehr aus.

246. Fischsud für blau gesottene Fische

Alle Zutaten zum Fischsud 20 Minuten kochen. Die abgeschuppten, ausgenommenen und gewaschenen Fische einlegen, nachdem der Fischsud 20 Minuten gekocht hat, einmal aufkochen. Dann auf der Herdseite fertigziehen lassen. Fertig sind sie, wenn sich das Fleisch leicht von den Gräten ablösen läßt. Angerichtet werden die Fische mit etwas Kochbrühe übergossen. Beilage: zerlassene Butter und Kartoffelstücke. Sollen Fische schöne blaue Farbe bekommen, übergießt man sie vor der Einlage in den Fischsud mit kochendem Essig.

1 Teil Essig, 2 Teile Wasser, 1 – 2 kleine Zwiebeln, 1 gelbe Rübe, Petersiliengrün, Zitronenschale, etwas Sellerie, alles klein geschnitten, ferner 2 Lorbeerblätter, 3 Nelken, 10 Pfefferkörner, ziemlich Salz

247. Gebackene Fische

Fische abschuppen, ausnehmen und waschen. Auf Sieb abtropfen lassen, mit Salz und Pfeffer einreiben und mit Zitronensaft beträufeln. Die Fische aufeinanderlegen und 30 Minuten stehenlassen. In Mehl wenden und in sehr heißem Fett beiderseitig braun backen. Oder auch Ei mit Milch verrühren, Fisch eintauchen und in Semmelbröseln wenden und dann erst in heißem Fett beiderseitig braun backen.

Beilage: Kartoffelsalat oder grüner Salat

Fischmenge siehe Vorbemerkung, Salz, Pfeffer, Zitronensaft, Mehl, 1 – 2 Eier je nach Fischmenge, Semmelbrösel, Fett zum Backen

248. Gedämpfter Schellfisch, Kabeljau oder Stockfisch

Fischmenge sie Vorbemerkung, Salz, Pfeffer, Zitronensaft, 80 – 100 g Butter, 1 Zwiebel, evtl. etwas Weißwein, 1 Bund Petersilie oder Kräuter: Estragon, Melisse, Pimpinelle, Kresse, Maggikraut

Fisch abschuppen und waschen. In 3 Zentimeter dicke Scheiben schneiden. Salzen und pfeffern. Mit Zitronensaft beiderseitig beträufeln, bleibt dadurch schön weiß. Die Scheiben in Sieb aufeinanderlegen zum Ablaufen des Wassers. In größerer Pfanne Butter heiß werden lassen und die Stücke nebeneinander einlegen. Feingeschnittene Zwiebel darüberstreuen. Rasch hell anbraten und umwenden. Dann feingehacktes Petersiliengrün oder feingehackte Kräuter darüberstreuen und zugedeckt fertigdämpfen lassen. Wenn Soße eingebraten ist, etwas heißes Wasser zugießen. Feiner wird Geschmack, wenn man statt Butter feingeschnittenen geräucherten Speck etwas anbräunt und die Fischstücke einlegt. Hier zuletzt etwas Wein beigeben. Kleine Fische können ganz gedämpft werden.

249. Schellfisch, gespickt und gebraten

1 kg Fisch, 1 gehäufter Teelöffel Salz, 1 Messerspitze Pfeffer, Saft einer halben Zitrone, 50 g geräucherter Speck, 2 Eßlöffel Mehl, 50 g Butter

Fisch abschuppen, ausnehmen, waschen, innen und außen salzen und pfeffern, mit Zitronensaft beträufeln und auf Sieb abtropfen lassen. Speck in kurze Streifen schneiden und Fisch auf beiden Seiten spicken. Fisch in Mehl tauchen und *in sehr heißer Butter* in Röhre unter häufigem Begießen mit dem Saft braten.

Beilagen: Kartoffelsalat, Salzkartoffeln

250. Gedämpfter Hecht

Fischmenge siehe Vorbemerkung, Salz, 1 Zwiebel, Zitronensaft, Butter (50 g auf 500 g Fisch), 1 Bund Petersilie, etwas Weißwein

Hecht abschuppen, ausnehmen und gut waschen. Innen und außen salzen, dann etwas stehenlassen. In Tiegel legen, in Scheiben geschnittene Zwiebel zugeben, mit Zitronensaft beträufeln. Kleine Butterstückchen und feingeschnittenes Petersiliengrün auflegen. Zugedeckt langsam dämpfen. Wenn fertig, nach 25 – 30 Minuten, Hecht auf Platte legen, die Soße darüberschütten. Vor Anrichten kann man etwas Wein der Soße beigeben.

Auf diese Weise kann man jeden besseren Fisch zubereiten.

251. Hecht in Soße

Hecht abschuppen, ausnehmen, waschen und in 5 Zentimeter lange Stücke schneiden. In flachem Tiegel Butter heiß werden lassen, Hecht mit Wein oder Weißbier, $^1/_4$ Liter Wasser, Salz, Pfeffer, Nelken, Zitronenschale, Lorbeerblatt und der in Scheiben geschnittenen Zwiebel einlegen und zugedeckt schwach kochen lassen (Siededauer 15 Minuten).

Hecht darf dabei nicht verkochen!

Hecht auf erwärmte Platte legen. Mehl mit etwas kaltem Wasser dünn verrühren, an die Brühe geben und noch einige Minuten kochen lassen. Vor dem Anrichten Soße über den Fisch seihen, mit Petersilie garnieren.

Beilage: Kartoffeln

1 Hecht von ca. 1 kg, 40 g Butter, 1 kleine Zwiebel, 1 Eßlöffel Mehl, 1 Stück Zitronenschale, 1 Lorbeerblatt, 2–3 Nelken, 1 Eßlöffel Salz, 1 Messerspitze Pfeffer, $^1/_4$ Liter Weißwein oder Weißbier

252. Gespickter Hecht

Hecht schuppen, ausnehmen, waschen, salzen, pfeffern. Anschließend spicken. Butter in Bratpfanne heiß werden lassen, Hecht einlegen, mit Zitronensaft beträufeln, 3 Eßlöffel Wasser zugießen, in der Röhre unter öfterem Begießen mit der eigenen Soße fertig braten. Bevor der Hecht fertig ist, streut man die Semmelbrösel darüber und läßt sie noch etwas mitbraten. Rahm in die Soße geben und Hecht mit Zitronenscheiben garnieren.

Beilage: Salzkartoffeln

1 Hecht von ca. 1 kg, 60 g geräucherter Speck, 50 g Butter, 2 Eßlöffel Semmelbrösel, 1 Eßlöffel Salz, 1 Messerspitze Pfeffer, 1 Teelöffel Zitronensaft, 2 Eßlöffel Rahm, einige Zitronenscheiben

253. Rotbarsch auf dem Rost gebraten

Rotbarsch abschuppen, ausnehmen und gut waschen. Innen und außen salzen, pfeffern, mit Paprika bestreuen und den kleingehackten Knoblauch mit einem Messer fest in die Haut des Fisches einreiben. Den Fisch von allen Seiten mit der zerlassenen Butter oder besser mit dem Olivenöl einpinseln, mit Zitronensaft beträufeln und zuletzt mit der feingehackten Petersilie oder den Kräutern bestreuen. Nun läßt man den Rotbarsch ca. 1 Stunde auf dem Bratrost liegen, damit die Gewürze gut durchziehen können. Bei guter Hitze in der Röhre

1–2 Rotbarsche, 40 g Butter oder 2 Eßlöffel Olivenöl, Salz, Pfeffer, süßen Paprika, 2 Zehen Knoblauch, Saft von 1 Zitrone, 2 Eßlöffel gehackte Petersilie oder Kräuter

1 – 1½ Stunden garen. Zu Anfang ca. 30 Minuten zugedeckt (mit Deckel oder Alufolie) braten, damit der Fisch nicht austrocknet. Sodann ohne Deckel oder Folie fertigbraten. Wenn sich vom Fisch die Flosse seitlich herausziehen läßt, ist er fertig. Sollte sich etwas Fischsaft in der Bratpfanne gesammelt haben, kann dieser mit etwas Wasser aufgegossen werden. Beim Anrichten Soße über den Fisch gießen.

Beilagen: Salzkartoffeln, Tomatensalat

254. Zanderfilet in Wein

3 – 4 Filets, 60 g Butter, 1 Teelöffel Mehl, 1 Eigelb, 1 gehäufter Teelöffel Salz, ½ Zitrone, 1 Eßlöffel gehackte Petersilie oder Schnittlauch, ⅛ Liter Weißwein, 1 Messerspitze Pfeffer

Filet waschen, salzen und pfeffern, mit Zitronensaft beträufeln und auf Sieb *zugedeckt* ca. ½ Stunde stehenlassen. Petersilie in Butter einige Minuten dämpfen. Filet nebst 3 Eßlöffeln Wasser und 3 Eßlöffeln Wein einlegen und zugedeckt fertigdämpfen lassen. Filet herausnehmen und auf Platte heiß stellen. Mehl mit kaltem Wasser verrühren, an die Soße geben und einige Male aufkochen lassen. Soße über Fisch geben.

Beilage: Kartoffeln

255. Aal, grün (in Dill-Soße)

1 mittelgroßer Aal, 1 Eßlöffel Salz, 1 kleine Zwiebel, 1 kleine Petersilienwurzel, 1 Stück Zitronenschale, 40 g Butter, 2 Eßlöffel Mehl, 2 Eßlöffel Rahm, 2 Eßlöffel feingeschnittene Petersilie und Schnittlauch, 1 Messerspitze Pfeffer, 1 Teelöffel Dill od. 1 Teelöffel Estragon

Aal abschaben, aufschneiden, ausnehmen und waschen, in 5 Zentimeter lange Stücke schneiden, salzen, pfeffern und auf Sieb abtropfen lassen. Aal mit der in Scheiben geschnittenen Zwiebel, Zitronenschale, Petersilienwurzel in leichtem Salzwasser 10 Minuten schwach kochen lassen. Dann herausnehmen und auf Sieb legen. Aus Butter und Mehl helle Einbrenne Nr. 878 zubereiten, mit Aalbrühe vorsichtig verrühren und ca. 5 Minuten stark kochen lassen. Diese Soße durch feines Sieb geben, Rahm, Dill, Petersilie, Estragon und Schnittlauch hinzufügen. Aalstücke einlegen und alles heiß werden, jedoch nicht mehr kochen lassen.

Beilage: Kartoffeln

256. Fisch-Küchlein (Frikadellen)

Fisch abschuppen, waschen und auf Sieb abtropfen lassen. Mit Zwiebel durch Fleischmaschine treiben. Semmeln fein in Scheiben schneiden, in Milch einweichen und wieder ausdrücken. Fisch mit Semmeln, Eiern, Salz, Pfeffer, Petersilie, Zitronenschale und Suppenwürze gut vermischen, flach-runde Küchlein formen und dieselben in heißem Fett braun backen.

Beilage: Salat

1 kg Fisch (Schellfisch, Kabeljau), 3 Semmeln, 2 Eier, 1 gehäufter Teelöffel Salz, 1 Messerspitze Pfeffer, 1 mittelgroße Zwiebel, 1 Teelöffel gehackte Petersilie, $^1/_2$ Teelöffel gehackte Zitronenschale, etwas Suppenwürze, Fett zum Backen, $^1/_8$ Liter Milch

257. Gebratene grüne Heringe

Heringe abschuppen, ausnehmen, waschen, salzen und auf Sieb abtropfen lassen. Für jeden Hering bestreicht man einen Bogen Papier mit Fett oder taucht ihn in Öl, wickelt darin den Hering ein und brät ihn direkt auf heißer Herdplatte oder in der Röhre. Die Heringe sind dabei zu wenden. Sie sind fertig, sobald sich das Papier bräunt.

1 kg grüne Heringe, einige Bogen Butterbrotpapier, 1 Eßlöffel Salz, Fett oder Öl

258. Gebackene grüne Heringe

Heringe abschuppen, ausnehmen, waschen, salzen und auf Sieb abtropfen lassen. Heringe in Mehl wenden und in heißem Fett auf beiden Seiten braun backen.

Beilage: Kartoffelsalat

1 kg grüne Heringe, 3 Eßlöffel Mehl, 1 Eßlöffel Salz, Fett zum Backen

259. Gebackene Heringe, andere Art

Heringe abschuppen, ausnehmen, waschen, salzen und auf Sieb abtropfen lassen. Heringe in Mehl wenden, *kurz in kaltes Wasser* tauchen, in Semmelbröseln wenden und in heißem Fett auf beiden Seiten braun backen.

Beilage: Salat

1 kg grüne Heringe, 3 Eßlöffel Mehl, Semmelbrösel, 1 Eßlöffel Salz, Fett zum Backen

260. Marinierte Heringe

3 – 4 Heringe (mindestens die Hälfte Milchner), Kondensmilch, Essig, 1 Teelöffel Öl, 4 – 5 Nelken, größere Zwiebel, 1/4 Teelöffel Senf- oder Pfefferkörner, etwas Zitronenschale, 1 Apfel, Essig- oder Salzgurken

Die Heringe einen Tag in kaltes Wasser legen. Mit flachem Messer beiderseits klopfen. Die Haut kann dadurch leich abgezogen werden. Köpfe abschneiden. Heringe vom Schwanzende beginnend auseinanderreißen. Gräten entfernen, in beliebig große Stücke schneiden. Die herausgenommenen Milchen mit Teelöffel Öl fein verrühren, nach und nach verdünnten Essig oder verdünnte Kondensmilch zugeben, so daß es eine nicht zu dünne und nicht zu scharfe Soße gibt. Die Heringe mit den Zutaten (Nelken, in Scheiben geschnittene Zwiebel, Senf- oder Pfefferkörner, Zitronenschale, geschälter feingeschnittener Apfel, Essig- oder Salzgurken) der Soße beigeben, gut vermengen. Heringe müssen in reichlich Soße liegen. Mindestens einen Tag stehenlassen. Bei kühler Witterung lange haltbar.

Falls keine Milchner dabei sind, kann man die Soße mit Rahm machen.

Soßen, Salate
Gemüse und Pilze

Soßen

Vorbemerkung

Bei Zubereitung von Soßen kann man Klümpchen verhindern und das Durchpassieren unnötig machen, indem man das mit Fett angeröstete Mehl beim Aufgießen mit kaltem Wasser oder Brühe fest und lange mit einem *Schneebesen* schlägt, bis es glatten, dicken Brei gibt, und erst dann unter weiterem Schlagen Flüssigkeit zugießt.

Man gebe nach Möglichkeit vor dem Anrichten noch ein kleines Stückchen Butter zur Soße und lasse es darin vergehen.

261. Buttersoße für Fleischspeisen

1 Eßlöffel Butter oder Fett, 2 Eßlöffel Mehl, Salz, Stückchen Zitronenschale oder 1 Messerspitze Muskatnuß, etwas Essig oder Zitronensaft oder Wein bzw. Apfelwein, evtl. Kapern, Fleischbrühe

Butter oder Fett mit Mehl ganz hell rösten und mit etwas kaltem Wasser dünn verrühren. Warme Fleischbrühe oder Wasser aufgießen und unter Beigabe von Salz, Zitronenschale oder Muskatnuß, etwas Essig oder Zitronensaft kurze Zeit kochen. Durchseihen. Statt Essig oder Zitronensaft kann man Wein oder Apfelwein verwenden, den man nach dem Kochen und Durchseihen dazugibt, evtl. mit Kapern.

262. Holländische Soße

3 gehäufte Eßlöffel Mehl, 50 g Butter, 1 Eßlöffel Salz, 1 – 2 Eidotter, 1 Teelöffel Zitronensaft

Aus Mehl und Fett hellgelbe Einbrenne Nr. 878 fertigen und mit etwas kaltem Wasser verrühren. $^1/_2$ Liter warmes Wasser oder besser Fleisch- bzw. Bouillonwürfelbrühe dazurühren, 10 Minuten unter öfterem Rühren kochen lassen. Salz, Zitronensaft und die mit etwas kaltem Wasser verrührten Eidotter dazugeben und das Ganze heiß werden lassen, *jedoch nicht mehr kochen*, da es sonst gerinnt! *Muß dickliche Soße ergeben!*

Verwendung: Zu Fisch, Kalbfleisch

263. Sardellensoße

Man fertigt die Holländische Soße nach Nr. 262, nur gebe man, bevor die Soße gekocht wird, die Sardellen, feingewiegt, Kapern und Zitronenschale hinzu.

3 Sardellen, 1 Teelöffel Kapern, 1/2 Teelöffel feingewiegte Zitronenschale, Zutaten wie für Nr. 262

264. Holländische Soße für Spargel, Blumenkohl und Schwarzwurzel

Aus ca. 50 g Fett und Mehl hellgelbe Einbrenne Nr. 878 fertigen, mit etwas kaltem Wasser verrühren. 1/2 Liter Gemüsekochbrühe dazugeben und 10 Minuten unter öfterem Rühren kochen lassen. Muskatnuß, Rahm, die mit etwas kaltem Wasser verrührten Eidotter und nach Bedarf Salz an die Soße geben und heiß stellen. Einige Minuten vor dem Anrichten restliche Butter an die heiße Soße geben und darin vergehen lassen. Das heiße Gemüse auf Platte legen, einen Teil der Soße darübergeben und die restliche Soße in Soßenschüssel servieren.

3 Eßlöffel Mehl, 70 g Butter, 1 – 2 Eidotter, 1 Messerspitze Muskatnuß, 2 Eßlöffel Rahm, etwas Salz, 1/2 Liter Gemüsekochbrühe

265. Senfsoße

Mehl und Fett mit feingeschnittener Zwiebel hell rösten. Mit kaltem Wasser verrühren und dann warme Fleischbrühe dazugeben, ebenso Nelken, Lorbeerblatt und Zitronenschale. Das Ganze etwa 20 Minuten kochen lassen, dann Senf, Zitronensaft und Zucker darunterrühren und durchseihen. Nach Geschmack noch etwas Salz und Pfeffer zugeben.

Beigabe zu Rindfleisch oder zu blaugekochtem Fisch

2 Eßlöffel Mehl, 1 Eßlöffel Fett, 1 kleine Zwiebel, 2 Nelken, 1 Lorbeerblatt, Stückchen Zitronenschale, 2 Eßlöffel scharfen Senf, etwas Zitronensaft, 1/2 Teelöffel Zucker, Salz, Pfeffer

266. Zwiebelsoße

Mehl, Fett und feingeschnittene Zwiebel braun rösten. Mit kaltem Wasser verrühren, Fleischbrühe aufgießen und unter öfterem Rühren etwa 20 Minuten kochen lassen. Nun sauren Rahm und etwas Essig dazugeben, nach Geschmack noch Salz und Pfeffer. Zum Schluß durchseihen.

Beigabe zu Rindfleisch

1 mittelgroße Zwiebel, 2 Eßlöffel Mehl, 1 Eßlöffel Fett, Fleischbrühe, 1 Eßlöffel saurer Rahm, etwas Essig, Salz, Pfeffer

267. Warme Mayonnaise

2–3 Eigelb, 1 Eßlöffel Essig, 3 Eßlöffel gutes Salatöl, 1 Teelöffel Zitronensaft, 1 Teelöffel scharfer Senf, 1 Teelöffel Salz, 1 Messerspitze weißer Pfeffer, 1 gehäufter Teelöffel Mehl, 1 Tasse Fleischbrühe oder Wasser

Sämtliche Zutaten in kleinem, hohem Topf gut verrühren. Diesen Topf in kochendes Wasser stellen und Soße so lange rühren, bis sie dicklich wird.

268. Mayonnaise kalt

1 Eidotter, 1 Eßlöffel scharfer Senf, 1 Eßlöffel Weinessig, weißer Pfeffer, Salz, Öl

Den Eidotter mit dem scharfen Senf und dem Weinessig unter Beigabe von etwas Salz und Pfeffer in einem Suppenteller mit silberner Gabel gut verrühren. Nun das Öl *tropfenweise* zugeben unter ständigem eifrigem Rühren. Nach 10 Minuten ständigen Rührens kann man etwas mehr Öl auf einmal zugeben. Im Sommer muß das Öl vorher kühl gestellt werden. Man kann auf diese Weise eine beliebige Menge Mayonnaise fertigstellen. Braucht man sehr viel Mayonnaise, nimmt man 2 oder 3 Eidotter und entsprechend mehr Senf und Essig.

Es ist günstig, wenn die Mayonnaise am Vortag bereitet und kalt gestellt wird.

269. Remouladensoße

2 Eier, 2 Eßlöffel Mehl, ca. 1 Eßlöffel Essig, 1 Teelöffel Senf, 1 Teelöffel Petersilie, 1 Teelöffel Kapern, 1 Teelöffel Salz, 1 Eßlöffel Öl

Mehl mit ca. $^1/_4$ Liter Wasser oder Fleischbrühe verrühren, Eier, Essig, Senf, Petersilie, Kapern, Salz und Öl hinzufügen, gut verrühren, diesen Topf in einen anderen mit kochendem Wasser stellen und so lange rühren, bis die Soße dicklich ist.

Vor dem Anrichten muß die Soße öfter umgerührt werden.

270. Ragout-Soße *(für ca. 1 kg gekochtes Fleisch)*

3 gehäufte Eßlöffel Mehl, 50 g Butter, 1 Eßlöffel Salz, 2 Messerspitzen Pfeffer, 1 Lorbeerblatt, Schale und Saft von $^1/_4$ Zitrone, kleine Zwiebel, $^1/_2$ Teelöffel Kapern, 1 Teelöffel gehackte Sardellen, 2–3 Eßlöffel Weißwein

Aus Mehl und Fett *hellbraune* Einbrenne (Nr. 878) fertigen. Diese Einbrenne mit ca. $^1/_8$ Liter kaltem Wasser anrühren, anschließend $^1/_2$ Liter heißes Wasser oder heiße Fleischbrühe dazugießen. Salz, Pfeffer, Lorbeerblatt, Zitronensaft und Schale, kleingehackte Zwiebel und Sardellen dazugeben, gut verrühren und ca. 10 Minuten kochen lassen. Das Ganze durch feines Sieb treiben, Kapern, Wein und das dazu bestimmte Fleisch hinzufügen und nochmals *heiß* werden, jedoch nicht mehr kochen lassen.

271. Schnittlauchsoße mit Eiern

Feingeschnittenen Schnittlauch, die hartgekochten, feingehackten Eier, Senf, 1 Teelöffel feingehackte Zwiebel, etwas Salz, Pfeffer und das mit verdünntem Essig verrührte Öl gut vermischen.

Als Beigabe zu Rindfleisch oder auf Kartoffelsalat reichen.

2 Bund Schnittlauch, 2 Eier, 1 Eßlöffel Senf, 1 kleine Zwiebel, 1 Teelöffel Öl, Salz, Pfeffer, etwas Essig

272. Champignonsoße

Champignons werden geputzt, gewaschen und ganz fein geschnitten. Butter in Tiegel zergehen lassen. Die Champignons einlegen, etwas feingeschnittenes Petersiliengrün und feingeschnittene Zwiebel zugeben, weich dämpfen lassen. Mehl in Tasse mit kaltem Wasser dünn verrühren und mit Beigabe von Salz und Pfeffer an die Champignons geben. Soviel Fleischbrühe oder warmes Wasser zugießen, daß es eine dickliche Soße gibt. Einige Male aufkochen lassen. Danach durch feines Sieb treiben und mit Zitronensaft würzen.

Beigabe zu Fleischspeisen

Ca. 8 Stück Champignons, 50 g Butter, 1 Bund Petersilie, 1 Zwiebel, 1 – 2 Eßlöffel Mehl, Salz, Pfeffer, Fleischbrühe oder Wasser, etwas Zitronensaft

273. Feine Soße zu kaltem Braten

Hartgekochte Eidotter durch feines Sieb drücken, den rohen Eidotter, Öl, Salz, Pfeffer, Senf und Rahm hinzugeben und alles 30 Minuten rühren. Zuletzt nach Geschmack mit Essig würzen.

2 Dotter von hartgekochten Eiern, 1 roher Eidotter, 2 Eßlöffel Öl, 1 Teelöffel Salz, 1 Messerspitze Pfeffer, 1 Teelöffel Senf, 1/4 Liter saurer Rahm, 1 – 2 Eßlöffel Essig

274. Tomatensoße

Tomaten waschen, in Stücke schneiden und in heißer Butter 10 Minuten dämpfen. Mehl mit etwas kaltem Wasser glatt rühren, mit 1/4 Liter kaltem Wasser an die Tomaten geben und alles gut aufkochen lassen. Das Ganze durch feines Sieb treiben, Salz, Zucker, Suppenwürze hinzugeben und wieder heiß werden lassen.

250 g Tomaten, 25 g Butter, 30 g Mehl, 1/2 Teelöffel Salz, 1 Messerspitze Zucker

275. Kräutersoße

Je 2 Eßlöffel feingewiegter Schnittlauch, Kresse, Sauerampfer, Kerbelkraut, Borretsch, Dill, 1 Eidotter von gekochtem Ei, 1 roher Eidotter, 1 Teelöffel Senf, 2 Teelöffel Öl, 1 Messerspitze Zucker, 1 Teelöffel Salz, 1 Messerspitze Pfeffer, 2–3 Eßlöffel Essig

Gekochten Eidotter durch feines Sieb drücken, rohen Eidotter, Senf, Öl, Zucker, Salz, Pfeffer und Essig sowie sämtliche feingewiegte Kräuter hinzugeben und alles gut vermengen.

Geeignet zu kaltem Braten, zu Rindfleisch und zu Wurst

276. Petersiliensoße

40 g Butter, 2 Eßlöffel Mehl, 1 Teelöffel Salz, 1 kleine Messerspitze Muskatnuß, 1 roher Eidotter, ca. 3 Eßlöffel gehackte Petersilie

Mehl in heißer Butter *hellgelb* rösten. Mit $^3/_8$ Liter Wasser oder besser Fleischbrühe gut verrühren und 10 Minuten unter öfterem Rühren kochen lassen. Durch feines Sieb treiben, verrührten Eidotter, gehackte Petersilie dazugeben und wieder heiß stellen.

Geeignet zu Ochsenfleisch

277. Salatsoße

1–2 Eidotter, 1 gehäufter Teelöffel Kartoffelmehl, 1 Teelöffel Senf, 1 Teelöffel Salz, 1 Teelöffel Öl, 1 Teelöffel feingehackte Zwiebel, $^1/_8$ Liter verdünnter Essig, $^1/_8$ Liter Milch

In kleinem Topf Eidotter mit Kartoffelmehl verrühren; Salz, Senf, Zwiebel und Milch hinzugeben. Diesen Topf in größeren mit kochendem Wasser stellen und so lange rühren, bis Soße dicklich ist. Öl und nach Geschmack Essig hinzugeben.

Geeignet über Kartoffel-, Blumenkohl- oder Spargelsalat

Salate

278. Kartoffelsalat einfach

750–1000 g Kartoffeln (festkochende Sorte), 2 Zwiebeln, 3–4 Eßlöffel Öl, ca. $^1/_4$ Liter Fleischbrühe oder warmes Wasser, Salz, Pfeffer

Kartoffeln kochen, schälen und noch warm in feine Scheiben schneiden. Fleischbrühe oder warmes Wasser mit Essig, Öl, Salz, Pfeffer und feingeschnittener Zwiebel zusammenmischen. Die Kartoffelscheiben dazugeben und gut durcheinandermengen.

279. Gurkensalat

Gurken schälen und fein schneiden oder hobeln. Man kann auch auf das Schälen verzichten, wenn die Gurken ganz jung und zart sind. Die feingeschnittene Zwiebel, etwas Pfeffer, verdünnten Essig, Öl oder einige Eßlöffel sauren Rahm und, wenn nötig, noch etwas Salz zugeben und gut zusammenmischen.

1 – 2 schlanke, junge Salatgurken, 1 Zwiebel, etwas Pfeffer, Salz, Essig, Öl, 2 Eßlöffel saurer Rahm, evtl. Dillkraut

280. Bohnensalat

Von zarten grünen Bohnen werden, wenn vorhanden, die Fäden entfernt und längs in 3 cm lange Stücke geschnitten. Unter Beigabe von etwas frischem oder getrockneten Bohnenkrautes in kochendem Salzwasser weichkochen. Unterdessen verdünnten Essig, Öl, Salz, Pfeffer und feingeschnittene Zwiebel, nach Geschmack etwas Senf, zusammenmischen. Die abgeseihten Bohnen daruntermengen.

750 – 1000 g feine, grüne Bohnen, Essig, Öl, Salz, Pfeffer, 1 Zwiebel, etwas Senf nach Geschmack, frisches oder getrocknetes Bohnenkraut

281. Bohnensalat andere Art

Zarte grüne Bohnen putzen und im ganzen in leichtem Salzwasser kochen. Abseihen und in Schüssel geben. Mit Olivenöl beträufeln und weißen Pfeffer darüber streuen. Dieser Salat kann warm oder kalt gegessen werden und ist eine ausgezeichnete Beilage zu allen Fleisch- und Fischspeisen.

750 – 1000 g feine grüne Bohnen, Salz, Olivenöl, weißen Pfeffer

282. Blumenkohlsalat

Von den Röschen und dem Strunk des Blumenkohls äußere Haut abziehen und alles Dunkle entfernen. In leicht gesalzenem, kochendem Wasser weichkochen, die Röschen dürfen nicht zerkochen. Unterdessen verdünnten Essig, Öl, Salz, Pfeffer und feingeschnittene Zwiebel nach Geschmack etwas Senf, zusammenmischen. Den fertiggekochten, abgeseihten Blumenkohl einlegen und einige Zeit stehenlassen.

1 Blumenkohl, Essig, Öl, Salz, Pfeffer, 1 Zwiebel, etwas Senf

283. Spargelsalat

1 kg Stangenspargel, Salz, 1/2 Teelöffel Zucker, Stückchen Butter, Essig, Öl, Pfeffer, 1 kleine Zwiebel, etwas Senf

Von dem Spargel zieht man die äußere dicke Haut, beginnend vom Ende gegen das Köpfchen, vorsichtig ab, das harte Ende abschneiden. In kochendes, leichtes Salzwasser einlegen und weichkochen. Vorsichtig herausnehmen, damit Köpfchen nicht abbrechen, und in tiefe Platte legen. Verdünnten Essig, Öl, Salz, Pfeffer und feingeschnittene Zwiebel und etwas Senf zusammenmischen und über den Spargel geben. Etwas stehenlassen.

284. Lauchsalat

1 kg Lauchstangen, Salz, Pfeffer oder Paprika, evtl. Senf

Von den Lauchstangen das Grüne ziemlich weit abschneiden, die dicken Stangen der Länge nach halbieren und in Wasser legen. Gut waschen und darauf achten, daß der Lauch möglichst zusammenbleibt. Leichtes Salzwasser zum Kochen bringen, Lauch vorsichtig einlegen und weich kochen. Mit Seihlöffel herausnehmen und in die reichliche Tunke legen: Öl, Essig, etwas verdünnt, Salz, Pfeffer oder Paprika, evtl. etwas Senf. Der Salat gewinnt durch längeres Stehen.

285. Rote-Rüben-Salat

750 – 1000 g rote Rüben, Essig, Salz, Kümmel, etwas Zucker, Öl

Die Rüben waschen und in Wasser weich kochen. Abschälen und in feine Scheiben schneiden, verdünnten Essig, Salz, Kümmel und Zukker nach Geschmack über die Scheiben gießen und gut durcheinander mischen. Öl erst unmittelbar vor dem Anrichten darübergeben. Kann einige Zeit aufgehoben werden.

286. Selleriesalat

1 große oder 2 kleine Sellerieknollen, Essig, Öl, Salz, Pfeffer, 1 Teelöffel scharfen Senf, 1 kleine Zwiebel, 1 Messerspitze Zucker, evtl. 2 Eßlöffel Mayonnaise

Sauber geputzte, jedoch nicht abgeschälte Sellerieknollen, in Wasser weichkochen. Warm in kleine dünnere Scheiben schneiden. Mit verdünntem Essig, Öl, Salz, Pfeffer, 1 Teelöffel scharfen Senf, feingeschnittener Zwiebel und 1 Messerspitze Zucker vermischen. Gekochte feingeschnittene Sellerie kann auch unter Kartoffelsalat gemischt werden. Die Mayonnaise verfeinert die Salatsoße.

287. Schwarzwurzelsalat

750 – 1000 g Schwarzwurzeln, 1 Eßlöffel Mehl, Essig, Öl, Salz, Pfeffer, 1 Zwiebel

Wurzeln sauber waschen. In einer größeren Schüssel Mehl und etwas Essig mit Wasser dünn verrühren und die Wurzeln nach dem Abschaben sofort in die Flüssigkeit einlegen, damit sie weiß bleiben. Unterdessen leichtes Salzwasser zum Kochen bringen und die Wurzeln darin weichkochen. Verdünnten Essig, Öl, Salz, Pfeffer und feingeschnittene Zwiebel zusammenmischen und die abgeseihten Wurzeln einlegen. Einige Zeit stehenlassen.

288. Kopfsalat

2 Stauden Kopfsalat, Salz, Essig, Öl, 1 Bund Schnittlauch oder einige Borretschblätter, evtl. einige Radieschen, statt Öl auch gerösteter Speck

Die zarten Blätter des Kopfsalates verwenden. Die größeren Blätter teilen, Rippen entfernen. Sauber waschen. Mit verdünntem Essig, Öl und etwas Salz mischen. Man kann feingeschnittenen Schnittlauch oder Borretsch oder in Scheiben geschnittene Radieschen daruntergeben. Statt Öl kann man kleinwürfelig geschnittenen, geräucherten Speck rösten und darangeben.

289. Endiviensalat

2 Stauden Endiviensalat, Essig, Öl, Salz

Grüne Blätter entfernen, die gelben fein schneiden, sauber waschen und auf Seiher ablaufen lassen. Mit verdünntem Essig, Öl und Salz gut mischen. Mit Endiviensalat kann man Kartoffelsalat verzieren. Man kann auch die gelben Herzblätter ganz lassen und mit den angegebenen Gewürzen oder einer Schnittlauchsoße siehe Nr. 271 übergießen.

290. Chicoréesalat

500 – 600 g Chicorée, etwas Salz, weißen Pfeffer, 1/2 Teelöffel scharfen Senf, Essig, Öl

Chicorée waschen und, wenn nötig, die äußeren Blätter entfernen. Die Stauden in der Mitte halbieren, vierteln und jedes Viertel noch einmal teilen, so daß feine Sträußchen erhalten bleiben. Strunk nicht herausschneiden. Waschen und in sauberem Küchentuch trocknen. Aus scharfem Senf, etwas Salz, weißem Pfeffer, Essig und Öl eine Soße rühren und Chicoréesträußchen hineinlegen.

291. Heringsalat

4 – 6 grüne Heringe (oder Heringe im Glas), Öl

Heringe wässern, Haut abziehen, entgräten und in kleine Würfel schneiden. Den Milchner ausschaben und mit einigen Tropfen Öl verrühren. Das ganze unter Kartoffelsalat Nr. 278 mischen.

292. Krautsalat, warm

750 – 1000 g Weißkraut, Salz, 1 Zwiebel, 50 g geräucherten Speck, Pfeffer, Kümmel, Essig

Die äußeren Blätter des Krautkopfes entfernen. Den Krautkopf halbieren, den Strunk herausschneiden. Das übrige fein schneiden oder hobeln und mit kochendem Salzwasser überbrühen und einige Zeit zugedeckt stehenlassen. Abseihen und in Schüssel legen. Feingeschnittene Zwiebel mit kleinwürfelig geschnittenem Speck hell rösten. Mit etwas Salz, Pfeffer, Kümmel über das Kraut geben. Verdünnten, *erwärmten* Essig darüberschütten und das Ganze gut durcheinandermachen.

Man kann auch halbierten Krautkopf eine viertel Stunde in leichtem Salzwasser kochen, herausnehmen, klein schneiden (Strunk entfernen) und wie oben angegeben anmachen. Ist so leichter verdaulich.

293. Krautsalat, kalt

750 – 1000 g Weißkraut, Salz, Essig, Öl, etwas Pfeffer, 1 Zwiebel

Gehobeltes oder feingeschnittenes Weißkraut wird sauber gewaschen und mit verdünntem Essig, Öl, Salz, etwas Pfeffer und feingeschnittener Zwiebel fest vermischt. Einige Zeit stehenlassen.

294. Tomatensalat

750 – 1000 g Tomaten (feste), 1 Zwiebel, Essig, Öl, Salz, etwas Pfeffer oder Zucker

Gewaschene Tomaten in Scheiben oder Viertel schneiden und mit verdünntem Essig, Salz, Öl, feingeschnittener Zwiebel, etwas Pfeffer oder Zucker vermischen.

295. Gelbe-Rüben-Salat

Gelbe Rüben sauber abschaben, waschen und in längliche Streifen schneiden. In kochendem Wasser weichkochen, dürfen aber nicht zerfallen. Abseihen. Verdünnten Essig, etwas Öl, feingehackte Zwiebel, Salz und Pfeffer vermischen und mit den gelben Rüben vorsichtig vermengen. Erkalten lassen. Beigabe zu Rindfleisch.

Gut schmeckt der Gelbe-Rüben-Salat auch mit Mayonnaise Nr. 268 angemacht.

750 – 1000 g gelbe Rüben, 1 Zwiebel, Essig, Öl, Salz, Pfeffer

296. Makkaroni-Salat

Makkaroni in der Mitte brechen, in leichtem Salzwasser kochen und abseihen. *Dann in Seiher nochmals mit kaltem Wasser übergießen und ablaufen lassen.* Inzwischen Öl mit Senf, Salz, Essig und Suppenwürze zu einer Soße verrühren. Makkaroni auf Platte legen, Soße darübergießen und mit Makkaroni gut vermengen. Bei zu wenig Soße gießt man noch etwas verdünnten Essig hinzu. Vor dem Anrichten Petersilie oder Schnittlauch darüberstreuen.

Geeignet für alle kurzen Fleischgerichte, auch Braten.

250 g Makkaroni, 2 Eßlöffel Öl, 1 Eßlöffel Senf oder Tomatenmark, 1 Teelöffel Salz, ca. 1/8 Liter nicht zu starker Essig, einige Tropfen Suppenwürze, 1 Teelöffel gehackte Petersilie oder Schnittlauch

297. Kohlrabi-Salat

Kohlrabi in leichtem Salzwasser weich kochen, abschälen und in feine Scheiben schneiden. Essig, Öl, Salz, Pfeffer und Zwiebel vermengen, Kohlrabischeiben hinzugeben, *vorsichtig* durcheinandermischen und ungefähr 1 Stunde vor dem Gebrauch stehenlassen.

4 – 5 Kohlrabi, 1/8 Liter Essig, 1 Eßlöffel Öl, 1 Teelöffel Salz, 1 Messerspitze Pfeffer, 1 Eßlöffel kleingehackte Zwiebel

298. Kartoffelsalat mit Mayonnaise

Zubereitung nach den angegebenen Rezepten. Kartoffelsalat Nr. 278, mit Mayonnaise Nr. 268 oder Salatsoße Nr. 277 (billiger) vermengen und vor dem Anrichten mit Schnittlauch bestreuen. Evtl. feine grüne Erbsen beimischen.

299. Kartoffelsalat mit Eiersoße

1 kg Kartoffeln (festkochende Sorte), 2 rohe Eidotter, 1 Teelöffel Salz, 1 Messerspitze Pfeffer, 4 Eßlöffel Öl, Saft von $^1/_2$ Zitrone, $^1/_4$ Liter Fleischbrühe oder Wasser, Essig, 2 Tomaten, 1 Teelöffel Kapern, 1 Teelöffel Schnittlauch

Kartoffeln sieden, schälen und *noch warm* in Scheiben schneiden. Inzwischen Eidotter mit Öl, Zitronensaft, Salz, Pfeffer, der Fleischbrühe und Essig (nach Geschmack) verrühren, die noch *warmen* Kartoffelscheiben dazugeben und vorsichtig umrühren (Kartoffeln dürfen nicht zerfallen!).

Salat gehäuft auf Platte geben und mit Tomatenscheiben, Kapern und Schnittlauch verzieren.

300. Feiner Kartoffelsalat

1 kg gekochte Kartoffeln (festkochende Sorte), 500 g Schellfisch, 4 – 5 Eßlöffel Mayonnaise nach Nr. 268, 2 gekochte Eier, 1 Teelöffel Kapern, 1 Kopf grüner Salat, einige Radieschen, Petersiliengrün, 1 Eßlöffel Salz, ca. 2 Eßlöffel Öl, 1 Messerspitze Pfeffer, $^1/_8$ Liter Essig

Kartoffeln waschen, kochen, noch heiß abschälen und in Scheiben schneiden. Öl, Salz, Pfeffer und Essig dazugeben und vorsichtig vermischen. *Kartoffelscheiben müssen ganz bleiben!* Schellfisch in leichtem Salzwasser kochen, von Haut und Gräten befreien und die Fischteile mit Mayonnaise vermischen. Kartoffelsalat auf Platte geben, Fisch mit Mayonnaise darüber verteilen und mit den in Scheiben geschnittenen Eiern, Kapern, Radieschen, Petersiliengrün und Salat, der vorher angemacht wurde, garnieren.

Geeignet als Beilage oder Abendessen.

301. Feiner grüner Salat

2 Salatköpfe, 200 g Schinken oder mageres Rauchfleisch, 1 kleine Zwiebel, 1 gehäufter Teelöffel Salz, 1 Eßlöffel Öl, 1 Teelöffel Senf, $^1/_8$ Liter leichter Essig, 1 Teelöffel Kapern, 1 Eßlöffel feingeschnittene Gartenkresse, 2 hartgekochte Eier, einige Radieschen

Salat putzen und waschen. Schinken in feine Streifen, Eier und Radieschen in Scheiben schneiden und Zwiebel fein hacken. Dies alles mit Salat in Schüssel geben. Öl, Senf, Salz, Kapern und Gartenkresse mit Essig verrühren, über Salat geben und *leicht* vermengen.

Geeignet als feine Beilage oder zusammen mit gerösteten Kartoffeln als Abendbrot.

302. Bunter Kartoffelsalat

Rote Rüben, Sellerie und gelbe Rüben abkochen, abschälen und in feine Scheiben bzw. in kurze Stückchen oder Würfel schneiden. Radieschen, Tomaten und Gurken in Scheiben schneiden und Zwiebel feinhacken. Unterdessen Kartoffeln waschen, kochen, *noch heiß* abschälen und in Scheiben schneiden. Öl, Salz, Pfeffer und Essig dazugeben und vorsichtig vermischen. Kartoffeln müssen ganz bleiben.

1 kg Kartoffeln (festkochende Sorte), 1 Eßlöffel Salz, 2 Eßlöffel Öl. $^1/_8$ Liter Essig, 1 Messerspitze Zucker, 2 gelbe Rüben, 2 rote Rüben, 2 Selleriewurzeln, 3 – 4 Tomaten, 2 Essig- oder Salzgurken, 1 Teelöffel Kapern, 1 kleine Zwiebel

303. Italienischer Salat

Mayonnaise nach Nr. 268 bereiten. Sämtliche Zutaten in länglichfeine Streifen schneiden und mit Kapern, Rahm, Zitronensaft und Mayonnaise gut vermengen. Wenn möglich, einige Stunden vor dem Anrichten zubereiten.

Je 125 g gekochtes Schweinefleisch, Kalbfleisch, Rindfleisch und Schinken, 125 g Salamiwurst (Rohwurst), 2 mittelgroße Essig- oder Salzgurken, 1 bis 2 gekochte Eier, 2 gekochte rote Rüben, 1 Eßlöffel Kapern, 2 – 3 Eßlöffel Rahm, 1 Teelöffel Zitronensaft, Zutaten zu Mayonnaise Nr. 268

304. Heringsalat mit Mayonnaise

Mayonnaise nach Nr. 268. Zutaten verarbeiten wie unter Nr. 291, jedoch statt mit Öl mit der *Mayonnaise* vermengen. Man kann den Salat mit Radieschen, Petersilie oder mit hartgekochten Eiern in Scheiben verzieren.

1 – 2 Salzheringe, 1 kg Kartoffeln, einige Salz- oder Essiggurken, 1 kleine Zwiebel

Gemüse

Vorbemerkung

Für 4 Personen rechnet man 1000 g frisches Gemüse oder 600 – 800 g tiefgefrorenes Gemüse.

305. Buttersoße für Spargel, Blumenkohl und Schwarzwurzelgemüse

2 Eßlöffel Mehl, 1 Eßlöffel Fett (am besten Butter), 1 Eidotter, Salz, etwas Zitronensaft, 1 Messerspitze Muskatnuß, Fleischbrühe

Fett und Mehl ganz hell rösten und mit etwas kaltem Wasser dünn verrühren (siehe Vorbemerkung „Soßen"). Unter Beigabe von Salz und Muskatnuß warme Fleischbrühe zugießen und unter öfterem Umrühren zu dicklicher Soße kochen lassen. Fertig gekocht durch Sieb laufen lassen und unter Rühren den Eidotter dazugeben. Darnach das fertiggekochte Gemüse darin heiß werden (nicht kochen) lassen.

306. Spargel

1000 g Stangenspargel, Salz, 1 Prise Zucker, Zutaten zu Buttersoße Nr. 305

Spargel putzen, indem man vom Ende gegen das Köpfchen die Haut abzieht. Wenn Ende holzig, abschneiden. Spargel in 2 bis 3 Zentimeter lange Stücke schneiden. Waschen und in kochendem leichtem Salzwasser und einer Prise Zucker weichkochen. Vorsichtig herausnehmen und auf Sieb ablaufen lassen. Die Kochbrühe zum Aufbrühen der Soße Nr. 305 verwenden. Nach Ablaufen den Spargel in die Soße geben und darin heiß werden lassen.

307. Spargel mit Pfannkuchen und rohem Schinken

1000 g Stangenspargel, Salz, 1 Prise Zucker, 60 g Butter, 150 – 200 g rohen, dünn aufgeschnittenen Schinken, Zutaten zu Pfannkuchen Nr. 398a

Spargel putzen, indem man vom Ende gegen das Köpfchen die harte Haut abzieht und das holzige Ende entfernt. Waschen und in Salzwasser mit einer Prise Zucker garkochen. Abseihen und auf Platte umlegt mit rohem Schinken und Pfannkuchen nach Nr. 398a anrichten. Zerlassene Butter darübergießen.

308. Blumenkohl

Von den Röschen und dem Strunk die Haut abziehen und alles Dunkle entfernen. Waschen. Die Röschen und den kleingeschnittenen Strunk in kochendem, leichtem Salzwasser weichkochen. Die Kochbrühe von Blumenkohl zum Aufgießen der Soße Nr. 305 verwenden. Abseihen und in der Soße nochmals heiß werden lassen.

1 mittlerer Kopf Blumenkohl, Salz, Zutaten zu Buttersoße Nr. 305

309. Schwarzwurzeln

Wurzeln sauber waschen. In einer größeren Schüssel 1 Eßlöffel Mehl und etwas Essig mit Wasser dünn verrühren und die Wurzeln nach dem Abschaben sofort in die Flüssigkeit einlegen, damit sie weiß bleiben. Die Wurzeln schneidet man in fingerlange Stücke, die dicken werden gespalten. Unterdessen leichtes Salzwasser zum Kochen bringen und die Wurzeln darin weichkochen. Abseihen und in der Soße Nr. 305 nochmals heiß werden lassen.

1 000 g Schwarzwurzeln, 1 Eßlöffel Mehl, etwas Essig, Salz, Zutaten zu Buttersoße Nr. 305

310. Bohnen

Von den Bohnen die Enden mit den Fäden entfernen, waschen und fein schneiden. Fett in Tiegel heiß werden lassen (nicht braun). Die Bohnen mit etwas Salz und Pfeffer, feingeschnittenem frischem oder getrocknetem Bohnenkraut, 1 Schöpflöffel warmer Fleischbrühe oder Wasser weichdämpfen lassen. Mehl in Tasse mit kaltem Wasser dünn verrühren, unter Rühren an die Bohnen geben und das Ganze mit Beigabe von weiterer Fleischbrühe nochmals kochen lassen (15 Minuten).

Kann auch zubereitet werden wie Bohnensalat Nr. 281, nur werden die Bohnen heiß serviert. Eine geschmackliche Verbesserung ist durch die Beigabe von gewürfeltem und geröstetem Speck an die heißen Bohnen zu erzielen.

1 000 g Bohnen (Buschbohnen oder Stangenbohnen), 1 Eßlöffel Fett, Salz, Pfeffer, Bohnenkraut, Fleischbrühe, 2 Eßlöffel Mehl, evtl. 50 g Speck

311. Gelbe Rüben

750 – 1000 g gelbe Rüben, 1 Eßlöffel Fett, Salz, 1/2 Teelöffel Zucker, etwas Pfeffer, 1 Eßlöffel Mehl, 1 Eßlöffel saurer Rahm, Fleischbrühe

Die gelben Rüben sauber abschaben, der Länge nach fein schnitzeln (in dünne kurze Stücke) oder in feine Scheiben schneiden. Waschen. Fett in Tiegel zergehen lassen. Die gelben Rüben unter Beigabe von etwas Salz, Zucker, etwas Pfeffer und 1 Schöpflöffel Fleischbrühe nicht ganz weichdämpfen lassen. Mehl in Tasse mit kaltem Wasser dünn verrühren. Unter Rühren an die Rüben geben und mit Beigabe weiterer Fleischbrühe das Ganze nochmals kochen lassen (15 Minuten). Nach dem Kochen sauren Rahm darunterrühren.

Zubereitung andere Art:

40 g Butter oder 1 Eßlöffel Olivenöl, 1 Eßlöffel Wasser, 1 Bund Petersilie, Salz, 1/2 Teelöffel Zucker

Die ganzen, bei größeren die halbierten, geschabten gelben Rüben in der Butter oder dem Olivenöl unter Beigabe von etwas Salz, dem Zucker und Wasser bei kleiner Hitze gardünsten. Mit gehackter Petersilie bestreut anrichten.

312. Gelbe Rüben mit grünen Erbsen

500 g gelbe Rüben, 500 g grüne Erbsen, Salz, Zutaten zu Gelbe Rüben Nr. 311

Die grünen Erbsen getrennt in wenig Salzwasser dünsten. Wenn sie weich sind, gibt man sie unter die gelben Rüben, welche nach Rezept Nr. 311 zubereitet worden sind.

Auch dieses Gemüse kann wie unter Rezept Nr. 311 „Zubereitung andere Art“, also ohne Mehl, zubereitet werden.

313. Zuckererbsen (Schoten)

1000 g Zuckererbsen in der Schote, Salz, Fleischbrühe, 2 Eßlöffel Mehl, 1 Eßlöffel saurer Rahm oder etwas Weißwein

Von den Zuckererbsen die Enden mit den Fäden entfernen, waschen und in fingergliedlange Stücke schneiden. Fett in Tiegel zergehen lassen und die Zuckererbsen unter Beigabe von etwas Salz und 1 Schöpflöffel Fleischbrühe weichdämpfen lassen. Mehl in Tasse mit kaltem Wasser dünn verrühren und unter Rühren mit weiterer Fleischbrühe dazugeben. Etwa 15 Minuten kochen. Nach dem Fertigkochen kann man sauren Rahm oder etwas Wein daruntergeben.

314. Weißkraut (Bayrisches Kraut)

Äußere, rauhe Blätter entfernen, halbieren und den Strunk herausschneiden. Hobeln oder fein schneiden, danach waschen. Fett in Tiegel zergehen lassen. Das Kraut unter Beigabe von 2 Schöpflöffel Fleischbrühe, Salz, Kümmel, Zucker, Essig zugedeckt dämpfen lassen. Mehl in Tasse mit kaltem Wasser dünn verrühren und unter Rühren an das Kraut geben. Nun noch soviel Fleischbrühe zugießen, daß es dickliches Gemüse gibt. Etwa 15 Minuten kochen lassen. Verbessert wird Geschmack durch Zugabe von Wein, Apfelwein oder etwas Essig nach Fertigkochen.

750 – 1000 g Weißkraut, 1 Eßlöffel Fett, Fleischbrühe, Salz, Kümmel, 1 Teelöffel Zucker, 1/2 Eßlöffel Essig, 2 Eßlöffel Mehl, etwas Wein oder Apfelwein

315. Blaukraut

Das Blaukraut zurichten wie Weißkraut Nr. 314. Dann Fett in Tiegel zergehen lassen. Das Kraut unter Beigabe von Fleischbrühe, Salz, Zucker, Essig, Nelken und den gevierteilten Äpfeln weichdämpfen. Durch das Mitdämpfen von Zucker und Essig behält das Kraut seine schöne Farbe. Mehl in Tasse mit kaltem Wasser dünn verrühren und unter Rühren an das Kraut geben. Nun noch soviel Fleischbrühe zugießen, daß es dickliches Gemüse gibt. Etwa 15 Minuten kochen lassen. Verbessert wird Geschmack durch Zugabe von etwas Rotwein. Wenn nötig, noch etwas Salz oder Zucker zugeben.

750 – 1000 g Blaukraut, 1 Eßlöffel Fett, Salz, 2 Eßlöffel Zucker, 2 Eßlöffel Essig, 4 – 5 ganze Nelken, 2 Äpfel, 2 Eßlöffel Mehl, nach Belieben etwas Rotwein

316. Wirsing, ebenso Winterkohl (Krauskohl)

Äußere, welke Blätter entfernen, halbieren und Strunk herausschneiden. Nun entblättern und kurze Zeit im Wasser liegenlassen. (Bei Winterkohl entfernt man die große Rippe). Die Blätter in kochendes Salzwasser einlegen und weichkochen. Abseihen, dann im Sieb mit kaltem Wasser übergießen, fest ausdrücken und fein wiegen oder durch Fleischmaschine treiben. Fett, Mehl und Stückchen kleingeschnittene Zwiebel hell rösten. Wirsing oder Winterkohl einlegen und mit der Einbrenne fest verrühren. Dann warme Fleischbrühe aufgießen, Salz, Pfeffer und Muskatnuß dazugeben und noch 20 Minuten unter öfterem Rühren kochen lassen.

1000 g Wirsing oder Winterkohl, 1 Eßlöffel Fett, 2 Eßlöffel Mehl, Stückchen Zwiebel, Salz, etwas Pfeffer und Muskatnuß, Fleischbrühe

317. Wirsing-, Weißkraut- oder Winterkohl-Küchlein

1 größerer Kopf Wirsing oder Weißkraut oder entsprechende Menge Winterkohl, 4 trockene Semmeln, 1 Ei, 2 – 3 Eßlöffel Mehl, Salz, Pfeffer, Zwiebel, Fett zum Backen

Gemüse putzen und waschen. In leichtem Salzwasser nicht zu weich kochen, abseihen. Semmeln schneiden und mit Gemüsebrühe anfeuchten. Das ausgedrückte Gemüse zusammen mit Semmeln und Zwiebel durch die Fleischmaschine drehen. Gewürz, Ei und Mehl dazurühren. Längliche, gut 1 Zentimeter dicke Küchlein formen. Falls Teig noch zu weich, kann man Semmelbrösel oder etwas Haferflocken dazugeben. Küchlein auf beiden Seiten in wenig Fett auf der Pfanne backen.

Beigabe: Kartoffelsalat

318. Spinat

1000 g frischen Blattspinat oder 600 – 800 g tiefgefrorenen Spinat, Salz, 1 Eßlöffel Fett, 2 Eßlöffel Mehl, etwas Pfeffer, Fleischbrühe, 1 Eßlöffel saurer Rahm

Spinat sauber verlesen, das heißt, alles Welke und alles Grüne, das nicht Spinat ist, entfernen. 3 – 4 mal in großer Schüssel sauber waschen. Danach in ganz wenig, leicht gesalzenem, kochendem Wasser einige Male aufkochen lassen. Durch Sieb in Schüssel seihen. Fest ausdrücken und fein wiegen oder durch Fleischmaschine treiben. Fett und Mehl ganz hell rösten, den Spinat dazugeben und fest verrühren. Nun 1 kleinen Schöpflöffel Spinatbrühe, evtl. etwas Salz, etwas Pfeffer beigeben und soviel Fleischbrühe, falls vorhanden, aufgießen, daß es dickliches Gemüse gibt. Das Ganze 15 Minuten gut kochen lassen. Saurer Rahm, nach dem Fertigmachen beigefügt, macht das Gemüse mild.

Anstelle der Einbrenne, kann man auch eine feingeschnittene Zwiebel in Fett oder Butter hell rösten, den feinen Spinat dazurühren und das ganze mit 2 Eßlöffel angerührtem Mehl binden. Durch Beigabe von saurem Rahm wird das Gemüse mild.

319. Spinat auf spanische Art

1000 – 1500 g frischen Blattspinat, Salz, Pfeffer, 3 – 4 Eßlöffel Olivenöl, 2 Zehen Knoblauch

Spinat wie bei Nr. 318 sauber verlesen und waschen. In Tiegel mit etwas Salz ca. 10 Minuten weichdämpfen lassen. Dabei genügt das vom Waschen noch an den Blättern haftende Wasser. Mit Knödelschöpflöffel in 4 – 5 Portionen herausnehmen, abtropfen lassen. In Pfanne Olivenöl mit dem kleingeschnittenen Knoblauch erhitzen und die Spinatportionen einlegen. Nach 5 Minuten jede Portion wenden. Je nach Geschmack mit noch etwas Salz und frisch gemahlenem Pfeffer würzen.

320. Spinat auf italienische Art

Spinat wie bei Nr. 318 sauber verlesen und waschen. In Tiegel langsam weichdämpfen lassen. Dabei genügt das vom Waschen noch an den Blättern haftende Wasser. Mit Seihlöffel herausnehmen und in Schüssel mit zerlassener Butter oder Olivenöl beträufeln. Etwas weißen Pfeffer darüberstreuen.

1000 – 1500 g frischen Blattspinat, Salz, Pfeffer, 30 – 40 g zerlassene Butter oder Olivenöl

321. Kohlrabi

Blätter von den Stielen streifen, die Köpfe schälen, dann waschen. Die Blätter und die Köpfe in kaltem Salzwasser zusetzen, die Blätter früher aus der Kochbrühe nehmen, damit sie nicht verkochen. Die fertig gekochten Blätter werden ausgedrückt und fein gewiegt. Die weichgekochten Köpfe abseihen und erkalten lassen, in Scheiben schneiden, alles Holzige entfernen. Fett und Mehl hell rösten, die gewiegten Blätter dazugeben und fest verrühren. Warme Fleischbrühe oder Kochbrühe der Kohlrabi aufgießen, unter Beigabe von Salz und Pfeffer 15 Minuten kochen lassen. Dann die Kohlrabischeiben mit 1 Eßlöffel saurem Rahm und nach Geschmack geriebene Muskatnuß dazugeben. Noch einige Zeit heiß stehenlassen.

4 – 5 mittelgroße Kohlrabi mit Grün, 1 Eßlöffel Fett, 2 Eßlöffel Mehl, Salz, Pfeffer, Fleischbrühe oder die Kochbrühe der Kohlrabi, 1 Eßlöffel saurer Rahm, etwas geriebene Muskatnuß

322. Rosenkohl

Röschen, wenn noch am Stengel, abschneiden, äußere, welke Blätter entfernen, waschen und in Wasser etwas liegenlassen. Unterdessen leichtes Salzwasser zum Kochen bringen und die Röschen *kernig* weichkochen. Dürfen nicht zerfallen. Abseihen und in Soße Nr. 305, jedoch ohne Eidotter, heiß einige Zeit stehenlassen.

Rosenkohl kann auch zubereitet werden, indem man die Röschen

750 – 1000 g Rosenkohl, Salz, Zutaten zu Buttersoße Nr. 305, jedoch ohne Eidotter

weichkocht, mit Olivenöl beträufelt und weißen Pfeffer darüberstreut. Gemischt mit gekochten und abgeschälten Edelkastanien ist dies eine vorzügliche Beilage zu Wild.

323. Meerrettich

1 Stange Meerrettich, Salz, 1 Eßlöffel Fett, 2 Eßlöffel Mehl, 1 Eßlöffel Zucker, etwas Zitronensaft

Abschaben und reiben. Fett und Mehl hell rösten, mit kaltem Wasser verrühren und unter Rühren Fleischbrühe zugießen, Meerrettich einlegen. Salz, Zucker und etwas Zitronensaft dazugeben und einige Male aufkochen lassen.

324. Meerrettich auf andere Art

1 Stange Meerrettich, Salz, 1 Eßlöffel Zucker, ca. 3 Eßlöffel Semmelbrösel, 1 Eßlöffel saurer Rahm

Abschaben und reiben. In Tiegel Meerrettich einlegen und mit heißer Fleischbrühe übergießen. Mit Beigabe von Salz, Zucker und Semmelbröseln unter Rühren einige Male aufkochen lassen. Muß dickliches Gemüse geben. Eventuell sauren Rahm daruntermischen.

325. Buttergemüse zum Garnieren von Fleischspeisen

(grüne Erbsen, Karotten, junge gelbe Rüben, Bohnen, Rosenkohl, Blumenkohl)

Zu je 250 g Gemüse je 25 g Butter, $^1/_2$ Teelöffel Salz, zu Karotten und Erbsen je 1 Messerspitze Zucker

Gemüse putzen, waschen und in heiße Butter einlegen. Salz, eventuell Zucker sowie $^1/_8$ Liter Wasser zugeben und zugedeckt ohne Umrühren *langsam* weichdämpfen. *Gemüse darf nicht verkochen!*

326. Gebackenes Sauerkraut

500 g Sauerkraut, 100 g Fett, 2 Eier, 60 g Mehl, $^1/_8$ Liter Rahm, 2 Messerspitzen Salz, 1 kleine Messerspitze Muskatnuß, $^1/_8$ Liter Weißwein, 125 g geräucherter Schinken oder Fleisch, 2 Eßlöffel Milch

Sauerkraut mit Fett, Wein und $^1/_8$ Liter Wasser weichkochen. Schinken oder Fleisch in feine Streifen schneiden. In ausgefettete Backform oder Tiegel je eine Lage Sauerkraut, eine Lage Fleisch einlegen. Mehl mit Eidotter, Milch, Salz, Muskatnuß und Rahm verrühren, das zu Schnee geschlagene Eiweiß daruntermischen, alles über das im Tiegel befindliche Sauerkraut geben und $^3/_4$ Stunden bei mäßiger Hitze in Röhre hellbraun backen.

327. Gefüllter Krautkopf

Vom Krautkopf eine flache Scheibe, die später als Deckel des gefüllten Kopfes dienen muß, abschneiden, den restlichen Kopf aushöhlen (nicht durchbohren) und mit Faden umbinden, damit er nicht auseinanderfällt. Kopf, die ausgeschnittene Masse und den abgeschnittenen Deckel in leichtem Salzwasser weichkochen, vorsichtig herausheben, auf Seiher ablaufen und kalt werden lassen. Unterdessen Semmeln fein schneiden, in Milch einweichen, ausdrücken und mit Ei, Zwiebel, Salz, Kümmel, Pfeffer und Muskatnuß vermischen. Fleisch durch Fleischmaschine treiben, die kleinen, mitgekochten Krautteile fein hacken und alles (Fleisch, Krautteile und Semmeln) durcheinandermengen. Krautkopf mit dieser Masse füllen und Deckel darüberbinden.

In Tiegel $1/3$ des Fettes heiß werden lassen und Krautkopf darin mit ca. $1/8$ Liter Wasser zugedeckt ca. 2 Stunden dämpfen lassen. Dabei muß stets etwas Wasser zugegossen werden. Aus Mehl und restlichem Fett hellbraune Einbrenne Nr. 878 fertigen, mit kaltem Wasser anrühren und aufkochen lassen; falls zu dick, etwas Wasser hinzugeben. Durch feines Sieb treiben und Kapern nebst Zitronenschale hinzufügen. 1 Teelöffel Salz und Rahm zu dieser Soße geben. Krautkopf auf Platte geben und Soße getrennt servieren.

1 Krautkopf, ca. 1 kg schwer, 250 g Kalbfleisch, 250 g Schweinefleisch, 2 trockene Semmeln, 1 Eßlöffel gehackte Zwiebeln, 1 – 2 Eier, 1 Eßlöffel Mehl, 50 g Fett, 2 Eßlöffel Rahm, 1 Eßlöffel Salz, $1/2$ Teelöffel Kümmel, 1 große Messerspitze Pfeffer, 1 Messerspitze Muskatnuß, $1/2$ Teelöffel Kapern, 1 Messerspitze feingehackte Zitronenschale, $1/8$ Liter Milch

328. Blumenkohlauflauf

Blumenkohl putzen und 10 Minuten in Wasser legen. Dann in leichtem Salzwasser weich kochen und abseihen. Aus 30 g Butter, Mehl und der kleingeschnittenen Zwiebel gelbe Einbrenne nach Nr. 878 bereiten. Einbrenne mit heißer Milch zu dicker Soße rühren und aufkochen lassen. Käse, Muskatnuß, Salz darunterrühren. Blumenkohl abwechselnd mit dem feingehackten Schinken in gut gefettete Form einlegen. Soße mit Eigelb und Käse verrühren und dazugeben. Semmelbrösel und die restliche Butter zerlassen, darübergeben und in heißer Röhre ca. 30 Minuten hellbraun backen.

Man kann bei dieser Speise den Schinken auch weglassen. Auch als Vorspeise geeignet!

1 mittelgroßer Kopf Blumenkohl, 50 g Butter, 2 Eßlöffel Mehl, 1 kleine Zwiebel, Milch, 1 Ei, 100 g gekochter Schinken, 2 Eßlöffel geriebener Schweizer- oder Parmesankäse, 1 Teelöffel Salz, 1 Messerspitze geriebene Muskatnuß, Semmelbrösel

329. Gemüse-Auflauf

250 g Spargel, 250 g gelbe Rüben, 250 g grüne Erbsen, 1 kleiner Kopf Blumenkohl, 125 g Bohnen, 1 Eßlöffel Butter, 2 Eßlöffel Mehl, 1/2 Teelöffel Zitronensaft, 1 gehäufter Eßlöffel Salz, 1 Eigelb

Gemüse putzen, in kleine Stückchen schneiden, waschen und auf Sieb ablaufen lassen. Gemüse mit der Hälfte des Salzes in Wasser weichkochen und wieder ablaufen lassen. In gut gefettete Auflaufform geben. Aus Mehl und Butter helle Einbrenne nach Nr. 878 bereiten. Mit kaltem Wasser anrühren, das restliche Salz und Zitronensaft dazugeben und zu dicker Soße kochen. Letztere mit Eigelb verrühren und über Gemüse in Auflaufform geben. Auflauf in heißer Röhre ca. 30 Minuten hellbraun backen.

330. Weißkrautauflauf (Fenchel- oder Lauchauflauf)

1 mittelgroßer Kopf Weißkraut oder 750 – 1000 g Fenchelknollen oder ebensoviel Lauchstangen, Salz, Zutaten wie zu Blumenkohlauflauf Nr. 328

Weißkraut wird von den äußeren harten Blättern befreit, halbiert und in leichtem Salzwasser fast weichgekocht. In Stücke geteilt, wird es in mit Fett ausgestrichener, feuerfester Form geschichtet. Weiterbehandeln wie Blumenkohlauflauf Nr. 328.

Nimmt man Fenchelknollen, werden diese sauber gewaschen und lange Stiele entfernt, kleine Knollen halbiert, große geviertelt. Weiterbehandeln wie Weißkrautauflauf. Nimmt man Lauch, wird dieser geputzt, gewaschen, längs und quer halbiert und in leichtem Salzwasser weichgekocht. Weiterbehandeln wie Weißkrautauflauf.

331. Gefüllte Gurken

4 größere, ca. 20 Zentimeter lange, grüne Gurken, 250 g Kalb- oder Schweinefleisch, 2 trockene Semmeln, 1 – 2 Eier, 1 gehäufter Teelöffel Salz, 1 große Messerspitze Pfeffer, 1 kleine Zwiebel, 50 g Butter, 3 Tomaten, 20 g Mehl, 1/8 Liter Milch, 1 Eßlöffel Zitronensaft

Gurken waschen, schälen, der Länge nach halbieren, das Kernhaus sauber entfernen, salzen mit Zitronensaft beträufeln, auf Sieb ca. 1 Stunde abtropfen lassen und mit Tuch abtrocknen. Semmeln in Milch einweichen, etwas stehenlassen und ausdrücken. Fleisch mit den eingeweichten Semmeln und Zwiebel durch Hackmaschine treiben. Diese Masse mit Ei, Salz und Pfeffer gut vermischen, die halben Gurken damit füllen und je zwei Hälften zusammenbinden. Gurken in heißer Butter beiderseits anbraten, 1/4 Liter Wasser oder Fleischbrühe sowie die in Scheiben geschnittenen Tomaten dazugeben. Darin Gurken so lange dämpfen, bis sie weich sind. Gurken herausnehmen. Mehl mit etwas kaltem Wasser verrühren, an die Brühe geben und ca. 10 Minuten kochen lassen, durch ein feines Sieb rühren. Gurken wieder einlegen, nach Geschmack mit Salz und Pfeffer nachwürzen und wieder heiß werden lassen. *Beilage:* Kartoffeln jeder Art

332. Gefüllte Tomaten

500 – 750 g möglichst glatte, größere Tomaten, ca. 300 g gekochtes Fleisch, 1 mittelgroße Zwiebel, 1 Eßlöffel Salz, 2 Messerspitzen Pfeffer oder eine Messerspitze Paprika, 30 g Butter, 1 Teelöffel Kapern

Tomaten mit Tuch abwischen, an der Stielseite einen Deckel abschneiden, das Hauptteil aushöhlen. Fleisch mit Zwiebel durch Hackmaschine treiben, salzen, pfeffern und in heißer Butter etwas dämpfen, Kapern hinzugeben. Tomaten mit dieser Fleischmasse füllen, den abgeschnittenen Deckel wieder daraufgeben, nebeneinander in Tiegel mit etwas heißem Fett und 3 Eßlöffeln Wasser stellen und zugedeckt 20 bis 25 Minuten dämpfen. Man kann sie aber auch in Röhre braten, muß jedoch stets etwas Wasser zugießen.

333. Gefüllte Paprikaschoten

4 grüne, gelbe oder rote Paprikaschoten, 250 g Kalb- oder Schweinefleisch, 40 g Fett, 2 trockene Semmeln, 1 – 2 Eier, 1 Teelöffel Salz, je 1 Messerspitze Pfeffer und Paprika, 1 kleine Zwiebel, Milch

Von den gewaschenen Paprikaschoten am Stielende einen Deckel abschneiden und Rippen und Samen im Innern entfernen. Das Fleisch und die in Milch eingeweichten und wieder ausgedrückten Semmeln durch die Fleischmaschine treiben, mit der kleingeschnittenen und hellbraun gerösteten Zwiebel und den Eiern und Gewürzen vermischen und in die Schoten füllen. Deckel wieder auflegen. Fett in einer feuerfesten Form zergehen lassen, Schoten einlegen nach kurzem Anbraten mit etwas Wasser gar dünsten.

Beilagen: Reis oder Kartoffelbrei

334. Tomatengemüse

1 kg Tomaten (möglichst reife), 2 große Zwiebeln, etwas Knoblauch, Butter oder Öl oder Fett, Salz, 1 Teelöffel Zucker

In einem flachen Topf ca. 2 Liter Wasser zum Kochen bringen. Tomaten hineinlegen, zudecken, vom Herd wegziehen. Nach 10 Minuten Wasser abgießen. Die Tomaten lassen sich nunmehr leicht abhäuten, wobei der beim Abhäuten herabtropfende Tomatensaft nicht weggeschüttet werden darf; also über einer Schüssel arbeiten! Die abgehäuteten Tomaten und den Saft in einer Schüssel bereitstellen. Zwiebeln fein hacken oder dünn aufschneiden. Butter oder Öl in

Topf geben, die feingeschnittenen Zwiebeln und etwas Knoblauch hellbraun anrösten, nun die bereitgestellten Tomaten hineinschütten, etwas Salz und Zucker darangeben und zugedeckt im eigenen Saft die Tomaten fertig dünsten. Nach Belieben mit 1 Teelöffel glattverrührtem Mehl binden. Beilage zu Reis.

335. Gefüllter Sellerie

Ca. 6 mittelgroße Sellerieknollen, 1 gehäufter Teelöffel Salz, ca. 300 g gekochtes Fleisch, 2 Messerspitzen Pfeffer oder Paprika, 1 mittelgroße Zwiebel, 30 g Butter, 1 Teelöffel Kapern, etwas Fett

Sellerieknollen gut reinigen und in leichtem Salzwasser 10 Minuten kochen lassen. Sellerie abschälen und aushöhlen. Fleisch mit Zwiebel durch Hackmaschine treiben, salzen, pfeffern, in heißer Butter etwas dämpfen und Kapern hinzugeben. Sellerieknollen mit dieser Fleischmasse füllen, nebeneinander in Tiegel mit etwas heißem Fett und $^1/_8$ Liter Wasser (besser Fleischbrühe) zugedeckt weichdämpfen.

Pilze

336. Steinpilze, Rotkappen, Maronenröhrlinge

750 g Pilze, 2 Eßlöffel Butter, 1 Zwiebel, 1 Lorbeerblatt, einige Nelken, 1 Bund Petersilie, Salz, Pfeffer, Fleischbrühe, 2 Eßlöffel Mehl, etwas Weißwein oder Zitronensaft

Pilze putzen, waschen, fein schneiden, dann nochmals waschen. 1 Eßlöffel Butter in Tiegel heiß werden lassen, Pilze einlegen. Zugaben: feingehackte Zwiebel, Lorbeerblatt, Nelken, feingehackte Petersilie, Salz, Pfeffer, etwas Weißwein, 1 Schöpflöffel Fleischbrühe oder warmes Wasser. Weich dämpfen. 1 Eßlöffel Butter mit Mehl hell rösten und mit kaltem Wasser verrühren. Unter Rühren an die Pilze geben, aufkochen. Wenn Soße zu dick, noch warmes Wasser nachgießen. Nach Geschmack etwas Salz und Zitrone zugeben.

Beigabe: Semmelknödel

337. Champignons

500 – 750 g Champignons, 1 Eßlöffel Fett, am besten Butter, Salz, Pfeffer, etwas

Pilze putzen, fein schneiden, waschen. Fett in Tiegel heiß werden lassen, Pilze einlegen unter Zugabe von Salz, Pfeffer und etwas Essig weichdämpfen. Mehl in Tasse mit kaltem Wasser dünn verrühren. Unter Rühren an die Pilze geben und einmal aufkochen. Wenn Soße zu dick ist, noch Fleischbrühe oder warmes Wasser zugießen. Nun erst sauren Rahm, gehackte Petersilie und etwas Essig oder Wein zugeben. Beigabe zu Kartoffeln oder Fleisch.

Auf diese Art können auch andere Pilze zubereitet werden!

Essig, 1 – 2 Eßlöffel Mehl, Fleischbrühe, 1 Eßlöffel saurer Rahm, 1 Bund Petersilie, etwas Weißwein oder Essig

338. Eierschwämme (Pfifferlinge), gebacken

Pilze putzen, waschen, die größeren halbieren. In leichtem Salzwasser weichkochen. Sie sind weich, wenn man sie mit Gabel leicht durchstechen kann; dürfen nicht zerfallen. In Sieb schütten und gut abtropfen lassen. Butter in Pfanne heiß werden lassen, Schwämme einlegen unter Zugabe von etwas Kümmel und Salz. Nun 1 – 2 Eier verrühren, über die Schwämme schütten und das Ganze unter öfterem Wenden rösten.

Beigabe zu grünem Salat

500 – 750 g Pilze, Salz, 2 Eßlöffel Butter, 1/2 Teelöffel Kümmel, 1 – 2 Eier

339. Eierschwämme (Pfifferlinge), gedämpft

Pilze putzen, waschen, auseinanderschneiden, die größeren vierteilen. Fett in Tiegel heiß werden lassen, Pilze unter Zugabe von Salz und Kümmel einlegen, weichdämpfen. Mehl in Tasse mit kaltem Wasser dünn verrühren, an die Schwämme geben und aufkochen lassen. Wenn Soße zu dick, Fleischbrühe oder warmes Wasser zugießen. Nun noch gehackte Petersilie, sauren Rahm und etwas Essig dazugeben.

Beigabe zu Kartoffelspeisen

500 – 750 g Pilze, 1 Eßlöffel Fett, am besten Butter, Salz, 1/2 Teelöffel Kümmel, 1 – 2 Eßlöffel Mehl, Fleischbrühe, 1 Bund Petersilie, 1 Eßlöffel saurer Rahm, etwas Weißwein oder Essig

340. Pilze mit Hirn

Hirn sauber waschen, alle blutigen Teile entfernen und in heißem Fett mit Zwiebel und Petersilie dämpfen. Während des Dämpfens Hirn in der Pfanne in kleine Stücke schneiden salzen und pfeffern. Das Hirn ist fertig, sobald es weiß und fest ist.

Pilze putzen, waschen und fein schneiden. Dann mit wenig Butter und 1 Messerspitze Salz in Tiegel ca. 10 Minuten dämpfen. Sobald sie weich sind, mit Hirn vermischen und servieren.

1 Kalbs- oder Schweinshirn, 50 g Butter, 1 kleine feingehackte Zwiebel, 1 Teelöffel gehacktes Petersiliengrün, 1 Teelöffel Salz, 1 Messerspitze Pfeffer, 250 g Pilze

Kartoffelspeisen und Knödel Mehlspeisen und Reis als Beilagen zu Fleisch

Kartoffelspeisen

341. Kartoffeln in der Schale

750 – 1000 g rohe Kartoffeln, Salz

Kartoffeln (mehlig-festkochende Sorte) waschen. Am besten werden Kartoffeln nur in Dampf gekocht. Hierzu erforderlich gut verschließbarer Topf mit Seiher. Soviel Wasser eingießen, daß dasselbe nur bis zum Seiher reicht, die Kartoffeln liegen in dem Seiher. Im Dampf kochen. Andernfalls legt man die gewaschenen Kartoffeln in einen Topf und füllt denselben halb voll Wasser. Nach Fertigkochen Wasser abseihen und die Kartoffeln im Topf noch etwas stehenlassen. Bei neuen Kartoffeln gibt man vor dem Kochen etwas Salz darüber, damit sie nicht so leicht zerfallen.

342. Salzkartoffeln

750 – 1000 g rohe Kartoffeln, Salz, etwas Kümmel oder 1 Eßlöffel feingeschnittene Zwiebel, 1 Eßlöffel Fett

Kartoffeln (mehlig-festkochende Sorte) waschen, schälen, dann nochmals waschen. Die größeren vierteilen, die kleineren halbieren. In Topf einlegen, Salz darüberstreuen und den Topf bis zur Hälfte der Kartoffeln mit Wasser füllen. Weichkochen, die Schnitze müssen aber ganz bleiben. Vorsichtig abseihen; noch einige Minuten heiß stehenlassen, bedeckt mit einem sauberen, doppelt zusammengelegten Küchentuch. Wenn die Kartoffeln schön abgetrocknet sind, anrichten. Man kann etwas Kümmel darübergeben oder 1 Eßlöffel feingeschnittene Zwiebel im Fett hell rösten und über die angerichteten Kartoffeln streuen.

343. Geschwungene Kartoffeln mit Petersilie

750 – 1000 g rohe Kartoffeln, mehlig-festkochende Sorte, 1 Eßlöffel Butter, 1 Bund Petersilie, Salz

Behandeln wie Salzkartoffeln Nr. 342, beginnend mit „Kartoffeln waschen usw. bis vorsichtig abseihen“. Man gibt feingehacktes Petersiliengrün und zerlassene Butter darüber, deckt den Topf gut zu, hält Deckel fest und schwingt den Topf einmal herum. Heiß stehenlassen und vor dem Anrichten noch einmal schwingen. Keinen Kümmel zugeben.

344. Geröstete Kartoffeln

750–1000 g rohe Kartoffeln, 1 Eßlöffel Butter oder Fett, 1 Zwiebel, nach Belieben etwas Kümmel

Kartoffeln kochen wie Kartoffeln in der Schale Nr. 341. Schälen und etwas abkühlen lassen. Unterdessen Butter oder Fett und feingeschnittene Zwiebel heiß machen. Die Kartoffeln in Scheiben schnitzeln, salzen und einlegen. Nach Geschmack Kümmel dazugeben und unter öfterem Wenden rösten.

345. Butterkartoffeln

1 kg rohe Kartoffeln, 60 g Butter, 1 Eßlöffel Salz, 1 Teelöffel gehackte Petersilie

Kartoffeln schälen, vierteilen und in Wasser legen. Butter in Tiegel zergehen lassen, Kartoffeln nebst Salz und $^1/_8$ Liter Wasser darin *fast* weichdämpfen. Restliche Butter und Petersilie darübergeben und fertigdämpfen lassen.

346. Bratkartoffeln *(von rohen Kartoffeln)*

1 kg rohe Kartoffeln, 50 g Butter, 1 Eßlöffel Salz, 1 Teelöffel Kümmel

Kartoffeln schälen, in Scheiben schneiden und in Wasser legen. Fett in Tiegel heiß werden lassen, Kartoffeln mit Salz und Kümmel darin anbraten. 4 Eßlöffel Wasser hinzugeben und zugedeckt langsam fertigbraten.

347. Pommes frites

1 kg rohe Kartoffeln, 1 Teelöffel Salz, Fett

Kartoffeln waschen, schälen und in Wasser legen. In ca. 3 Zentimeter lange und 1 Zentimeter dicke Streifen schneiden, auf Tuch ausbreiten, ein zweites Tuch darauflegen und vorsichtig trockenreiben. Reichlich Fett, am besten Olivenöl, in Pfanne sehr heiß werden lassen, einen Teil der Kartoffelstreifen einlegen, aber nur so viel, daß die Streifen nicht übereinanderliegen. Auf beiden Seiten knusprig backen. Mit Sieblöffel herausnehmen und auf vorgewärmter Platte in heiße Röhre stellen, bis alle Pommes frites fertiggebraten sind. Nach Belieben salzen.

348. Gedämpfte Speck-Kartoffeln

Kartoffeln schälen, in 1 Zentimeter dicke Scheiben schneiden und in Wasser legen. Speck in kleine Würfel, Zwiebel in feine Scheiben schneiden und beides zusammen in Butter hellgelb rösten. Kartoffeln mit geröstetem Speck und der Zwiebel, Petersilie, Muskatnuß, Salz und Pfeffer in Schüssel vermischen, in Topf geben, bis zu $^1/_4$ der Höhe der Masse kaltes Wasser hinzugießen, Suppenwürze obenauf träufeln und das Ganze zugedeckt *unter öfterem Rütteln* des Topfes dämpfen, bis Kartoffeln weich sind. *Beilagen:* Salat und Gemüse

1500 g rohe Kartoffeln, 100 g geräucherter Speck, 1 mittelgroße Zwiebel, 1 Eßlöffel gehackte Petersilie, 1 Messerspitze Muskatnuß, 1 Eßlöffel Salz, 1 Messerspitze weißer Pfeffer, 30 g Butter, $^1/_2$ Teelöffel Suppenwürze

349. Gebratene Kartoffeln

Kartoffeln kochen wie Kartoffeln in der Schale Nr. 341. Nach dem Kochen abschälen. Fett in Pfanne heiß werden lassen, die noch heißen Kartoffeln einlegen. Salz darüberstreuen und erst auf einer Seite, dann nach dem Wenden auf der anderen Seite anbraten. Nun Pfanne 1 – 2mal schütteln und zudecken.

Beigabe zu allen Fleischgerichten oder Gemüse

750 – 1000 g rohe Kartoffeln, 2 Eßlöffel Fett, Salz

350. Kartoffelbrei

Kartoffeln kochen wie Kartoffeln in der Schale Nr. 341. Schälen und heiß durch Seiher oder Kartoffelpresse in einen Topf drücken. Salzen und Butter dazugeben. Unter Rühren der Kartoffeln kochende Milch zugießen, bis es schaumigen Brei gibt. Noch 5 Minuten *fest* abrühren und zugedeckt heiß stehenlassen (nicht mehr kochen). Muß erst kurz vor dem Anrichten bereitet werden. Feingeschnittene Zwiebel oder Semmelbrösel in wenig Fett rösten und vor dem Anrichten über den Brei geben. Beilage zu allen Fleischspeisen oder zu gedünsteten Früchten, Dörrobst

1 kg rohe Kartoffeln, ca. 50 g Butter oder Fett, Salz, ca. $^1/_4$ – $^3/_8$ Liter Milch, nach Belieben 1 Zwiebel oder Semmelbrösel

351. Kartoffelberg

Kartoffelbrei bereiten nach Nr. 350. Fleischreste und Schinken durch Fleischmaschine treiben. Salz, Pfeffer, Muskatnuß, Kapern, Suppenwürze mit Fleisch vermischen und in Tiegel mit Butter anlaufen las-

500 g Fleischreste aller Art, 140 g gekochten Schinken,

Kartoffelbrei von 2 kg Kartoffeln, 5 Teelöffel Kapern, Salz, Pfeffer, Muskatnuß, einige Tropfen Suppenwürze, 100 g geriebenen Schweizer Käse oder Parmesan, 2 Eier, 50 g Butter

sen. Dann Käse und Eier dazugeben, in ausgefetteter Auflaufform oder auf feuerfester Platte verteilen. Den *heißen* Kartoffelbrei bergartig über Fleisch richten, die Oberfläche mit einer Gabel einritzen und heiße Butter darübergießen. Das Ganze in heißer Röhre hellgelb backen. *Beilagen:* Tomatensoße Nr. 274 oder Gemüse

352. Kartoffelgemüse *(Béchamelkartoffeln)*

1 kg rohe Kartoffeln, 1 Eßlöffel Fett, 2 Eßlöffel Mehl, Milch oder Fleischbrühe, Salz, Muskatnuß oder Majoran, 1/2 Lorbeerblatt, etwas Essig, 1 Eßlöffel saurer Rahm, evtl. 1 Bund Petersilie

Kartoffeln kochen wie Kartoffeln in der Schale Nr. 341, schälen und in Scheiben schneiden. Fett und Mehl hell rösten und mit kaltem Wasser verrühren. Heiße Fleischbrühe oder Wasser aufgießen, daß es dünne Soße gibt. Salz, etwas Muskatnuß oder Majoran, Lorbeerblatt, etwas Essig und die Kartoffelscheiben zugeben. Gut kochen, bis es dickliches Gemüse gibt. Vor dem Anrichten Lorbeerblatt entfernen und sauren Rahm daruntterrühren. Man kann auch statt Majoran, aber erst nach Fertigkochen, feingeschnittenes Petersiliengrün daruntermengen.

353. Kartoffelnudeln

500 g gekochte Kartoffeln, 1 Ei, Salz, Mehl, Fett

Gekochte, geriebene Kartoffeln, Ei, etwas Salz und soviel Mehl, daß es nicht zu festen Teig gibt, gut durcheinanderarbeiten. Mit in Mehl getauchten Händen fingerdicke und fingerlange Nudeln formen und in heißem Fett auf allen Seiten backen.

Beigabe zu jeder Art Braten oder zu gedünsteten Früchten.

354. Kartoffelcroquettes

1 kg gekochte Kartoffeln, 1 Ei, 1 Eßlöffel Salz, 1 große Messerspitze Muskatnuß, Mehl nach Bedarf, Fett

Ei, Salz, Muskatnuß und soviel Mehl, wie zu einem festen Teig benötigt wird, mit geriebenen Kartoffeln vermengen. Teig gut abkneten. Aus diesem Teig fertigt man Rollen von 3 Zentimeter Durchmesser, schneidet von diesem 3 Zentimeter lange Stücke ab und bäckt sie in ziemlich heißem Fett auf beiden Seiten *rasch* heraus.

Geeignet zu Braten und allen Fleischspeisen mit Soße.

355. Kartoffelküchlein mit Äpfeln

500 g gekochte Kartoffeln, 1 – 2 Eier, etwas Salz, ca. 250 g Mehl, 3 Äpfel, Fett zum Backen, Zucker und Zimt

Die geriebenen Kartoffeln, Eier und etwas Salz mit Mehl durcheinandermengen, dann feingeschnittene Äpfel dazugeben und den Teig gut verarbeiten. Mit in Mehl getauchten Händen formt man runde, flache Küchlein und bäckt sie in heißem Fett auf beiden Seiten. Vor Anrichten mit Zucker und Zimt bestreuen.

356. Kartoffelstrudel

8 große Kartoffeln, 190 g Mehl, 1 Ei, 1 Eidotter, etwas Salz, Äpfel, Weinbeeren, Fett, Zucker, Zimt

Gekochte, geriebene Kartoffeln werden mit Ei, etwas Salz und Mehl zu einem ziemlich festen Teig verarbeitet. Man teilt den Teig in handflächengroße Laibchen und rollt dieselben mit dem Nudelholz auf dem mit Mehl bestreuten Nudelbrett ungefähr 1 Zentimeter dick aus. Die ausgerollten Flecken bestreicht man mit zerlassenem Fett, legt feingeschnittene Äpfel und etwas Weinbeeren darauf, streut Zucker und Zimt darüber. Zusammenrollen, Enden etwas zusammendrücken und auf gefettetes Backblech legen. Mit verrührtem Eidotter bestreichen und in heißer Röhre etwa 30 Min. backen. Vor Anrichten mit feinem Zucker bestreuen. Statt Äpfel mit Weinbeeren kann man gekochtes Dörrobst, frische Zwetschgen, Kirschen oder feingeschnittenen, gezuckerten Rhabarber als Einlage verwenden.

357. Kartoffelauflauf

Zutaten wie zu Kartoffelstrudel Nr. 356, 1 – 2 Eßlöffel saurer Rahm, Stückchen Butter, Semmelbrösel, Zucker zum Bestreuen

Teig wie Kartoffelstrudel Nr. 356 herstellen. In drei Teile schneiden, jeden Teil wie Nr. 356 ausrollen. Springform gut mit Fett bestreichen und Semmelbrösel darüberstreuen. Einen Fleck einlegen, Rand etwas hochdrücken. Apfelschnitze oder Obst wie Nr. 356 mit Zucker und Zimt einlegen. Den zweiten Fleck darauflegen, Rand etwas andrükken und nochmals mit Obst belegen. Dritten Fleck auflegen, Rand nach abwärts andrücken, damit kein Saft herausdringen kann. Auf dem oberen Fleck verteilt man sauren Rahm und legt kleine Stückchen Butter darauf. Dann etwas Zucker darüberstreuen. 1 gute Stunde in heißer Röhre backen. Herausnehmen durch Öffnen der Springform, *nicht stürzen.*

358. Rohe Kartoffelpfannkuchen

(Reibekuchen, Reiberdatschi)

1 kg rohe Kartoffeln oder 2 Teile rohe, 1 Teil gekochte Kartoffeln, 1 – 2 Eier, Salz, saurer Rahm, Milch oder Dickmilch, etwas groben Grieß, Fett zum Backen

Die rohen Kartoffeln nach Schälen und Waschen in Schüssel reiben und ausdrücken, die gekochten Kartoffeln *kalt* ebenfalls reiben. Beide Teile unter Beigabe von Salz, Eiern, saurem Rahm, Milch oder Dickmilch und etwas grobem Grieß zu einem *weichen* Teig vermengen. Mit kleinerem Schöpflöffel in das heiße Fett (am besten Schweinefett) ca. 2 – 3 Pfannkuchen je Pfanne einlegen und mit Löffel breitdrücken, 1 Zentimeter hoch. Auf beiden Seiten knusprig backen.

Beigabe: gekochtes Obst oder Marmelade von Preiselbeeren

359. Kartoffelschmarrn

750 – 1000 g gekochte Kartoffeln, 2 Eier, Salz, Mehl, Fett zum Backen

Gekochte, *kalt* geriebene Kartoffeln werden mit Eiern, etwas Salz und soviel Mehl leicht durcheinandergemengt, daß es bröselige Masse (nicht Teig) gibt. Fett gut heiß werden lassen, einen Teil der Masse einlegen und unter öfterem Wenden backen.

Beigabe zu Fleischspeisen oder zu gedünsteten Früchten.

360. Gefüllte Kartoffeln

6 große rohe Kartoffeln, 300 g gekochtes Fleisch oder Fischreste, 2 Eßlöffel Rahm, 1 Eßlöffel geriebener Schweizer Käse, 1/2 Teelöffel geriebene Zitronenschale, 1 gehäufter Teelöffel Salz, 1 Messerspitze Pfeffer oder Paprika, 30 g geräucherter Speck, 1 – 2 Tomaten

Kartoffeln waschen, schälen und aushöhlen. Fleisch- oder Fischreste durch Hackmaschine treiben, mit Rahm, Käse, Zitronenschale, Salz und Pfeffer gut vermengen und in die Kartoffeln füllen. Speck in kleine Würfel schneiden und in Tiegel heiß werden lassen. Anschließend darin Kartoffeln mit 1/8 Liter Wasser und den in Scheiben geschnittenen Tomaten zugedeckt fertig dämpfen lassen. Dabei öfter nachsehen, da Kartoffeln nicht zerfallen dürfen.

Kartoffelsalat siehe Nr. 278

Kartoffelknödel siehe Nr. 361 bis 363

Knödel (Klöße)

Vorbemerkung

Es ist erforderlich, jede Art Knödel in möglichst großem (flachen) Topfe zu kochen, da dieselben größer werden und Platz haben müssen. Die Knödel dürfen nicht zusammenkleben. Dieselben dürfen sich auch nicht abkochen. Brühe muß hell bleiben. Jede Art übriggebliebene Knödel gibt, kleingeschnitten und in Fett geröstet, gute Beilage.

361. Gekochte Kartoffelknödel

Ca. 1500 g rohe Kartoffeln, 1 – 2 Eier, knapp 1 Eßlöffel Salz, 500 g Mehl, 2 alte Semmeln

Kartoffeln im Kartoffeldämpfer oder in Wasser weichkochen. Noch heiß abschälen und durch die Kartoffelpresse drücken. Bis zum nächsten Tag stehenlassen. Man nimmt 1250 g von dieser nunmehr kalten Masse, Eier, Salz und Mehl. Diese Zutaten zu festem Teig verarbeiten. Hat man wässerige Kartoffeln und wird der Teig mit angegebenem Mehl nicht fest, gibt man Kartoffelmehl, Grieß oder weiteres Mehl darunter. Auf alle Fälle muß der Teig fest sein. Hände in Mehl tauchen. Nicht zu kleine Knödel formen, in die Mitte einige geröstete Semmelwürfelchen, (trockene Semmeln in Würfelchen schneiden und abrösten). Knödel in kochendes Salzwasser einlegen und zugedeckt 15 – 20 Minuten kochen. Fertig sind die Knödel, wenn sie, auseinandergerissen, nicht mehr teigig sind. Semmelwürfel müssen trocken bleiben.

362. Gekochte Kartoffelknödel (Halbseidene)

Ca. 1750 g rohe Kartoffeln, 250 g Kartoffelmehl, knapp 1 Eßlöffel Salz, 50 g Butter, 2 Eier, 2 alte Semmeln

Kartoffeln im Kartoffeldämpfer oder in Wasser weichkochen. Noch heiß schälen und durch die Kartoffelpresse drücken. Bis zum nächsten Tag stehenlassen. Man nimmt 1500 g von dieser nunmehr kalten Masse, Kartoffelmehl, Salz, zerlassene Butter und Eier. Diese Zutaten zu festem Teig verarbeiten. 2 Semmeln in Würfel schneiden und in etwas Butter oder Fett knusprig rösten. Aus dem Teig mittelgroße

Knödel formen, dabei je 1 Eßlöffel geröstete Semmelwürfel in die Mitte geben. Knödel in *Kartoffelmehl* wälzen und 10 – 15 Minuten zugedeckt in kochendem Salzwasser sieden lassen. Fertig sind die Knödel, wenn sie, auseinandergerissen, nicht mehr teigig sind, auch müssen die Semmelwürfel trocken bleiben.

Diese Knödel sind auch geeignet zu Dunstobst!

363. Brotknödel

500 g Mehl, 2 Eier, 1 Eßlöffel Salz, 3/8 Liter Milch, 400 g schwarzes Brot (Brotreste verwendbar), etwas Muskatnuß oder Kümmel

Mehl, Eier, Milch und Salz zu einem glatten Teig schlagen. Brot möglichst fein schneiden und unter den Teig mischen. Die Masse zwei Stunden stehenlassen. Hände in kaltes Wasser tauchen, Knödel formen und jeden *sofort* in kochendes Salzwasser einlegen. Kochzeit 20 Minuten. Werden sehr groß, daher vor Anrichten auseinanderschneiden und mit heißer Butter übergießen. Die Knödel müssen trocken und locker sein.

Ergibt ca. 8 Knödel

364. Rohe Kartoffelknödel

8 rohe, große Kartoffeln, 1 gehäufter Suppenteller gekochte Kartoffeln (2 Teile rohe, 1 Teil gekochte Kartoffeln), 2 alte Semmeln, knapp 1 Eßlöffel Salz, Essig, Milch

Die rohen Kartoffeln schälen, waschen und in kaltes Wasser, dem ein Schuß Essig beigefügt ist, hineinreiben. Zugedeckt mindestens 1/2 Stunde stehenlassen. Man kann sie auch stundenlang stehenlassen, muß jedoch das Wasser öfter erneuern. Inzwischen die Semmeln in kleine Würfel schneiden und in Fett rösten. Nun die Kartoffelmasse durch ein Tuch *fest* auspressen, bis dieselbe ganz trocken ist. Die ausgepreßte faserige Masse in einer Schüssel mit den Händen auseinanderreißen, lockern und Salz darüberstreuen, 1 – 2 Schöpflöffel kochende Milch oder kochendes Wasser darüberschütten, mit Kochlöffel durcheinandermischen, bis es eine breiige Masse ist. Die Kartoffelstärke, die sich langsam in der Schüssel abgesetzt hat, in die Knödelmasse geben.

Nun die tags vorher gekochten, kalt geriebenen oder durch die Kartoffelpresse gedrückten Kartoffeln daruntermengen. Unter öfterem Eintauchen der Hände in kaltes Wasser Knödel formen, je einen Eßlöffel Semmelwürfel in die Mitte. Die Semmelwürfel kann man auch unter den Teig mengen. In gut kochendem, reichlichem Salzwasser 15 bis 20 Minuten zugedeckt kochen. Die Knödel sind fertig, wenn sie beim Auseinanderreißen (nicht schneiden) nicht mehr teigig sind. Semmelwürfel müssen trocken bleiben.

Ergibt ca. 8 Knödel.

365. Böhmische Mehlknödel

500 g Mehl, $^3/_8$ Liter Milch, 1 – 2 Eier, 4 – 5 Semmeln, 1 Eßlöffel Salz, 1 Eßlöffel Fett, 2 Eßlöffel Semmelbrösel, evtl. Zwiebel

Mehl mit Milch und Salz verrühren, die Eier dazugeben. Den Teig so lange mit größerem Kochlöffel schlagen, bis sich *Bläschen* auf der oberen Teigseite bilden. Zur Erzielung lockerer Knödel ist dies unbedingt nötig. Arbeit nicht scheuen. Die Semmeln kleinwürfelig schneiden, in Fett rösten und in den fertig geschlagenen Teig mischen. Mit nicht zu großem, in kaltes Wasser getauchtem Schöpflöffel Knödel abstechen und in kochendem Salzwasser zugedeckt fest kochen. Wenn die Knödel oben schwimmen und groß sind, nach 25 – 30 Minuten, Probeknödel auseinanderschneiden. Ist er löcherig und trocken, dann sind die Knödel fertig.

Zu Tisch gibt man die Knödel halbiert mit gerösteten Semmelbröseln oder gerösteten Zwiebeln bestreut als Beilage zu Blaukraut oder jeder Art von Braten. Gleichzeitig mit gerösteten Semmelwürfeln kann man dem Teig feingeschnittenen geräucherten Speck und feingeschnittenes Petersilienkraut beimischen. Ergibt ca. 4 Knödel.

366. Pommerische Mehlknödel

750 g Mehl, $^1/_2$ Liter Milch, 3 Eier, 4 Semmeln, 2 Eßlöffel Fett, 1 gehäufter Teelöffel Salz, 200 g roher Schinken oder Rauchfleisch, 2 Eßlöffel Semmelbrösel

Zubereitung wie Böhmische Mehlknödel Nr. 365, nur mischt man den in kleine Würfel geschnittenen Schinken unter den Knödelteig.

367. Semmelknödel

12 Semmeln, 2 Eier, $^1/_2$ Liter Milch, 2 gehäufte Eßlöffel Mehl, 1 Eßlöffel Salz, Petersilie oder getrockneten Majoran

Trockene Semmeln fein schneiden. Eier mit kalter Milch gut verrühren und über die Semmeln schütten. Salz, Petersilie oder Majoran dazugeben und fest durcheinandermischen. Es ist gut, die Semmeln möglichst lange weichen zu lassen (1 – 2 Stunden). Danach Mehl dazugeben und nochmals gut vermengen. Mit den in Wasser getauchten Händen nicht zu große Knödel formen und in reichlich Salzwasser 15 – 20 Minuten zugedeckt kochen. Probeknödel auseinanderreißen; muß locker und trocken sein. Ergibt ca. 8 Knödel.

367a. Serviettenknödel, einfach

12 gewürfelte Semmeln, 3 – 4 Eier, 1 Teelöffel Salz, 2 Eßlöffel Mehl, 1/2 Liter Milch, 1 Bund Petersilie

Eier mit Milch gut verrühren und über die gewürfelten Semmeln schütten. Salz und die feingeschnittene Petersilie dazugeben und gut vermengen. Ca. 1 – 2 Stunden ziehen lassen. Mehl zugeben und nochmals locker durchkneten, dabei sollen die Semmelwürfel noch erhalten bleiben. Nun mit in Wasser getauchten Händen 2 große, etwas längliche Knödel formen. 2 saubere Küchentücher oder Servietten kurz in kaltes Wasser tauchen und auswinden. Je einen Knödel in die Mitte des Tuches legen und die vier Enden mit einer Schnur so zusammenbinden, daß der Knödel beim Kochen Platz hat zum Aufgehen. In großem oder 2 kleineren Töpfen Salzwasser zum Kochen bringen und die Knödel einlegen. Je an einem Topfgriff festbinden und zugedeckt 40 Minuten kochen lassen. Herausnehmen, kurz abtropfen lassen und Serviette aufbinden. Knödel auf Platte legen und in 2 cm dicke Scheiben schneiden, sofort servieren.

Sehr gute Beilage zu allen Braten, vor allem zu Hammel oder Wild.

367b. Serviettenknödel, fein

4 gewürfelte Semmeln, 4 Eier, Salz, etwas feingeschnittene Petersilie

Eier mit Gabel gut verrühren und über die gewürfelten Semmeln gießen. Salz und feingeschnittene Petersilie dazugeben und gut vermengen. Ca. 1 – 2 Stunden ziehen lassen. Nochmals vorsichtig durchkneten und *einen* Knödel formen. Sauberes Küchentuch oder Serviette kurz in kaltes Wasser tauchen und auswinden. Den Knödel in die Mitte des Tuches legen und die vier Enden mit einer Schnur so zusammenbinden, daß der Knödel beim Kochen Platz hat zum Aufgehen. In großem Topf Salzwasser zum Kochen bringen und den Knödel einlegen. Mit der Schnur am Topfgriff festbinden und zugedeckt 25 Minuten kochen lassen, danach umdrehen, damit die oben schwimmende Seite nach unten kommt, nochmals 15 Minuten kochen. Herausnehmen, abtropfen lassen, Serviette aufbinden und Knödel in 2 cm dicke Scheiben schneiden. Knödel muß locker und flaumig sein.

Sehr gute Beilage zu allen Braten, vor allem zu Hammel oder Wild.

368. Fleischknödel

250 – 500 g Fleischreste jeder Art, 8 Semmeln, 2 Eier, $^1/_4$ Liter Milch, 180 g Mehl, 50 g Butter, 1 gehäufter Teelöffel Salz, 1 Eßlöffel kleingehackte Zwiebeln, 1 Eßlöffel feingehackte Petersilie, 1 große Messerspitze Majoran, $^1/_2$ Teelöffel geriebene Zitronenschale

Semmeln fein schneiden, Eier mit Milch verrühren, mit Salz über die Semmeln geben und das Ganze 2 Stunden stehenlassen. Fleisch mit Zwiebeln durch Fleischmaschine treiben und mit Mehl, Petersilie, Zitrone und Majoran an die Semmeln geben, Teig gut durchkneten. Mit nassen Händen mittelgroße Knödel formen und in leichtem Salzwasser 20 Minuten kochen lassen. Butter heiß werden lassen und vor dem Anrichten über Knödel geben.

Beilage: Salat

369. Schinken oder Speckknödel

200 g geräucherter Speck oder Schinken, 8 Semmeln, 2 – 3 Eier, $^1/_4$ Liter Milch, 200 g Mehl, 1 gehäufter Teelöffel Salz, 1 Messerspitze Muskatnuß

Semmeln fein schneiden, Eier mit Milch verrühren und mit Salz und Muskatnuß über Semmeln geben. 1 bis 2 Stunden stehenlassen, damit sie gut durchweichen. Schinken in kleine Würfel schneiden, mit Mehl an Semmeln geben und Teig gut durchkneten. Mit nassen Händen mittelgroße Knödel formen und dieselben in leichtem Salzwasser 15 bis 20 Minuten kochen lassen. *Beilage:* Salat

370. Tiroler Speckknödel

12 trockene Semmeln, 2 Eier, $^1/_2$ Liter Milch, 5 gehäufte Eßlöffel Mehl, 250 g geräucherter Speck, 1 mittelgroße Zwiebel, 1 Eßlöffel Salz, 1 Messerspitze Muskatnuß, $^1/_2$ Teelöffel Majoran, 2 Eßlöffel feingehackte Petersilie

Semmeln fein schneiden, Eier mit Milch verrühren und mit Salz über Semmeln geben. Semmeln ca. 2 Stunden stehenlassen, damit sie gut durchweichen. Speck und Zwiebel fein schneiden, hellbraun rösten und heiß über die Semmeln geben. Mehl, Muskatnuß, Majoran und feingehackte Petersilie dazugeben und Teig gut durchkneten. Mit nassen Händen mittelgroße Knödel formen und dieselben in leichtem Salzwasser 20 Minuten kochen.

Geeignet zu Sauerkraut oder Salat.

371. Leberknödel

12 Semmeln, 250 g Rindsleber, 2 Eier, 1/2 Liter Milch, 2 gehäufte Eßlöffel Mehl, etwas Zitronenschale, Majoran, 1 kleine Zwiebel, Petersiliengrün, etwas Schnittlauch, Muskatnuß, knapp 1 Eßlöffel Salz, Pfeffer, ungefähr 100 g Mark, Rinderfett oder sonstiges Fett

Die feingeschnittenen Semmeln mit Eiern, Milch und Salz möglichst lang (1 – 2 Stunden) weichen lassen. Unterdessen wird Leber enthäutet und geschabt oder mit Zwiebel durch die Fleischmaschine getrieben. Petersiliengrün und Zitronenschale fein wiegen. Leber mit den Zutaten an die Semmeln geben, das feingeschnittene und zerlassene Mark oder Fett ebenfalls dazugeben, ebenso das Mehl. Das Ganze *fest* durcheinanderarbeiten. Mit den in Wasser getauchten Händen nicht zu große Knödel formen. In kochendem Salzwasser oder Fleischbrühe 15 – 20 Minuten kochen. Fertig, wenn auseinandergerissener Probeknödel trocken und locker ist. Können als Zuspeise zu Kraut oder in Suppe gegeben werden. Ergibt ca. 8 Knödel.

372. Grießknödel

300 g grober Grieß, 4 Semmeln, 1/4 Liter Milch, 2 Eier, 50 g Butter oder Fett, kleiner Eßlöffel Salz, 1 Eßlöffel Mehl, etwas Muskatnuß

Grieß mit der heißen Milch überbrühen. Die feingeschnittenen Semmeln, die Eier, das Salz und das zerlassene Fett daruntermischen. Etwa 1 Stunde stehenlassen. Nun noch das Mehl, etwas Muskatnuß dazugeben. Mit in Wasser getauchten Händen mittlere Knödel formen und in kochendem Salzwasser 20 Minuten zugedeckt kochen lassen. Auseinandergerissener Probeknödel muß trocken und locker sein. Ergibt ca. 6 Knödel.

Zuspeise zu Kraut und Fleischspeisen.

373. Hühnerklöße (Verwendung von alten Hühnern)

1 altes Huhn (auch Truthenne) sowie Zutaten wie für Rezept Nr. 205, 12 Semmeln, 2 Eier, knapp 1 Eßlöffel Salz, 40 g Butter, 1 mittelgroße Zwiebel, 3/8 Liter Milch, 4 gehäufte Eßlöffel Mehl, 2 Eßlöffel feingeschnittene Petersilie, 1 Messerspitze Muskatnuß, 1 Messerspitze Pfeffer

Huhn kochen nach Rezept Nr. 205, Fleisch von den Knochen entfernen und durch Fleischmaschine treiben. Semmeln fein schneiden, Eier mit Milch verrühren, mit Salz über die Semmeln geben und das Ganze 2 Stunden stehenlassen. Die feingeschnittene Zwiebel in Butter hellgelb rösten und mit Fleisch, Mehl, Petersilie, Muskatnuß und Pfeffer an die Semmeln geben. Teig gut durchkneten und 20 Minuten stehenlassen. Mit nassen Händen mittelgroße Klöße formen und in leichtem Salzwasser 15 bis 20 Minuten kochen.

Man gibt die Klöße in der Hühnerbrühe zu Tisch.

374. Aprikosenknödel (Marillenknödel)

1 kg mehlige Kartoffeln, 1 kg Aprikosen, 100–150 g Mehl, etwas Salz, 1 – 2 Eier, Semmelbrösel, Butter, Zimt und Zucker

Kartoffeln in Kartoffeldämpfer oder in Wasser weichkochen. Noch heiß schälen und durch Kartoffelpresse drücken. Bis zum nächsten Tag stehenlassen.

Zu der Kartoffelmasse gibt man $^{2}/_{3}$ der oben angegebenen Mehlmenge, Salz und die Eier und vermengt alles rasch zu einem Teig. Wenn nötig restliches Mehl zugeben, falls die Kartoffeln zu feucht sind. Teig zu einer Rolle formen und davon Scheiben abschneiden, in welche je eine Aprikose eingewickelt wird. Knödel rundformen und in kochendem Salzwasser 5 – 7 Minuten ziehen lassen. Mit Schaumlöffel vorsichtig herausnehmen und mit in Butter gerösteten Semmelbröseln, Zimt und Zucker bestreuen oder darin wälzen.

375. Zwetschgenknödel

Zutaten zu Kartoffelteig wie Nr. 374, jedoch $^{1}/_{2}$ Portion, 1 kg Zwetschgen, Semmelbrösel, Butter, Zimt und Zucker

Kartoffelteig bereiten wie Nr. 374, jedoch $^{1}/_{2}$ Portion. Man verwendet ganze Zwetschgen mit Kern. Je eine Zwetschge mit Teig umwickeln und kleine Knödel formen. In leicht kochendes Salzwasser einlegen und 10 – 15 Minuten mehr ziehen als kochen lassen. Nicht zudecken. Mit Seihlöffel herausnehmen. Semmelbrösel mit Fett und Zucker rösten und die Knödel darin wälzen. Man kann sie auch mit zerlassener Butter beträufeln.

Man kann statt Zwetschgen auch Pflaumen oder Kirschen verwenden oder auch feingeschnittene Äpfel mit Weinbeeren.

Mehlspeisen und Reis

als Beilage zu Fleischgerichten

Vorbemerkung

Alle Nudelsorten, Spätzchen und Reis lassen sich in gekochtem, kaltem Zustand gut aufwärmen, wenn man in eine Pfanne oder einen Topf mit gut schließendem Deckel je nach Menge 1 – 2 Eßlöffel Wasser gibt und dann die Teigwaren, sorgfältig gelockert, darüber verteilt. Nun Deckel gut schließen und bei kleiner Hitze $^1/_4$ Stunde wärmen, Teigwaren braten nicht an und schmecken wie frisch gekocht. Natürlich kann man Teigwaren auch in Fett (ohne Deckel) aufrösten.

376. Breite Nudeln

2 – 4 Eier, $^1/_2$ Eierschale Wasser, Mehl, Semmelbrösel, etwas Butter

Man bereitet von Eiern, Wasser und Mehl einen Nudelteig wie Nr. 34. Nach dem Trocknen in 1 Zentimeter breite Streifen schneiden und in reichlichem, kochendem Salzwasser drei- bis viermal aufkochen lassen. In Seiher schütten, mit kaltem Wasser übergießen und abtropfen lassen. Zurück in den Topf schütten und bis zum Anrichten zugedeckt warm stellen. Erst kurz vor dem Anrichten kochen. Auf Platte anrichten, mit in Butter gerösteten Semmelbröseln bestreuen.

377. Mehlspätzchen (Spätzle)

500 g Mehl, 1 – 2 Eier, Salz, Milch, 1 Zwiebel oder Semmelbrösel, 1 Eßlöffel Butter

Mehl und Salz mit wenig kalter Milch oder nur Wasser anrühren, die Eier dazugeben und mit weiterer kalter Milch (Wasser) zu einem *dicken* Teig verrühren. Teig darf beim Aufheben mit Löffel nicht herunterlaufen. Jetzt den Teig mit Kochlöffel so lange schlagen, bis sich auf Oberfläche kleine *Bläschen* bilden. Man bringt Salzwasser zum Kochen und treibt den Teig durch Spatzenseiher hinein oder man schabt sie vom Brett in das kochende Wasser. Schwimmen die Spätzchen an der Oberfläche, mit Seihlöffel herausnehmen, in eine

Schüssel mit lauwarmem Wasser legen, bis alle Spätzchen gekocht sind. Abseihen. In Bratpfanne in der Röhre warmstellen. Auf Platte anrichten, mit gerösteten Zwiebeln oder Semmelbröseln bestreuen.

378. Mehlspätzchen, gebacken

Zutaten wie zu Nr. 377, 40 g Butter zum Backen

Zubereitung wie Mehlspätzchen Nr. 377. Nach Fertigkochen die Spätzchen in Seiher schütten, mit kaltem Wasser übergießen und abtropfen lassen. In Pfanne Butter heiß machen und die Spätzchen darin unter öfterem Wenden rösten.

379. Käsespätzchen

500 g Mehl, 1 – 2 Eier, 200 g guter, nicht zu milder Schweizer oder Emmentaler Käse, etwas Salz, Milch

Mehl und Salz mit wenig kalter Milch oder nur Wasser anrühren. Die Eier dazugeben und mit weiterer kalter Milch (Wasser) zu einem dicken Teig verrühren. (Teig darf beim Aufheben mit Löffel nicht herablaufen.) Jetzt den Teig mit Kochlöffel so lange schlagen, bis sich auf Oberfläche *kleine* Bläschen bilden. Man bringt leichtes Salzwasser zum Kochen und treibt den Teig durch Spatzenseiher hinein. Schwimmen die Spätzchen an der Oberfläche, mit Seihlöffel herausnehmen. Zuvor Käse reiben. In feuerfeste Form eine Lage Spätzchen geben, geriebenen Käse darüberstreuen, wieder Lage Spätzchen usw., obenauf zuletzt Spätzchen. Kleingeschnittene Zwiebel oder Semmelbrösel mit Butter hell rösten und über die Spätzchen gießen. Zugedeckt $^{1}/_{4}$ Stunde auf heißer Herdplatte oder in der Röhre stehenlassen.

Beilage: Salate

380. Makkaroni

200 g Makkaroni, Salz, 1 Eßlöffel Fett, nach Belieben 1 Zwiebel oder geriebener Schweizerkäse

Makkaroni in reichlich kochendem Salzwasser weichkochen, dürfen aber nicht zerfallen. In Seiher schütten, mit kaltem Wasser übergießen und abtropfen lassen. In Tiegel Fett heiß machen, Makkaroni einlegen, einige Male schütteln und zugedeckt stehenlassen. Man kann vor dem Anrichten feingeschnittene, hell geröstete Zwiebeln oder geriebenen Schweizer Käse darübergeben.

381. Reis *(als Beilage zu Fleischgerichten)*

2 Tassen Reis (auch der billigste, unglasierte Reis verwendbar), 2 Tassen Wasser, 2 – 3 Eßlöffel Öl oder Fett, Zwiebel, Salz, evtl. Suppenwürze

Reis mittels Tasse abmessen und sorgfältig verlesen, damit keine Steine darin sind. Den verlesenen Reis mehrmals in Sieb (fein) unter kaltem Wasser gut waschen und Wasser restlos abtropfen lassen. Öl oder Fett in Topf geben und die feingehackte Zwiebel dazu, goldgelb rösten. Die gleiche Tasse zum Abmessen des Wassers benutzen. Ebensoviel Wasser (wie vorher Reis) an die angeröstete Zwiebel geben, etwa 1 kleinen Teelöffel Salz dazu, falls gewünscht, einen Würfel Suppenwürze. Sobald die Flüssigkeit kocht, den Reis dazugeben, *zudecken* und zum Kochen kommen lassen, dann auf die Seite ziehen und langsam fertigdämpfen. (Bei Gasherd muß eine Asbestplatte auf die Flamme gelegt werden und auf kleinste Sparflamme gestellt werden.) Nach 20 Minuten ist der Reis fertig und wird vorsichtig durch Herausstechen angerichtet, damit Körnchen für Körnchen erhalten bleibt. *Reis darf man niemals umrühren.*

Curry-Reis wird zubereitet, indem man den Reis wie oben angegeben herrichtet, nur läßt man die Zwiebel weg und gibt statt dessen in das Öl oder Fett 1 – 2 Teelöffel Curry-Gewürz.

Als Beilage zu Fleischgerichten vorzüglich geeignet.

382. Italienischer Reis

Zutaten wie für Nr. 381, Tomatensoße nach Nr. 274, geriebener Parmesan- bzw. Schweizer Käse

Reis nach Nr. 381 und Tomatensoße nach Nr. 274 zubereiten. Beim Anrichten Tomatensoße über Reis geben und Käse darüberstreuen.

383. Reis mit brauner Butter und Schnittlauch

Zutaten wie für Nr. 381, 60 g Butter, Schnittlauch

Reis nach Nr. 381 zubereiten und anrichten, Butter braun werden lassen und mit Schnittlauch darübergeben.

Eierspeisen
und
Eiervorspeisen

384. Eier kochen

Weichgesottene Eier:

Frische Eier sauber abreiben, mit Löffel langsam in kochendes Wasser legen, 4 Minuten kochen.

Wachsweiche Eier:

Behandeln wie oben, 5 Minuten kochen.

Hartgesottene Eier:

Behandeln wie oben, 8 Minuten kochen. Will man die Eier abschälen, einige Minuten in kaltes Wasser legen.

385. Rühreier

3 – 4 Eier, Milch, Salz, Pfeffer, Fett, Schnittlauch

Frische Eier mit Salz, Pfeffer und einigen Tropfen Milch in Teller fest verrühren. In Pfanne mit heißem Fett eingießen, so lange mit Backschaufel aufrühren, bis es eine breiige, lockere Masse gibt. Vor Anrichten mit Schnittlauch bestreuen.

386. Eierkuchen

4 – 5 Eier, Salz, Pfeffer, Fett, Schnittlauch oder Petersilie, Fleischreste oder Schinken

Frische Eier mit Salz und Pfeffer fest verrühren. In Pfanne mit heißem Fett eingießen. Geschnittene Fleischreste oder Schinken daraufgeben, etwas umrühren und auf einer Seite rasch anbacken. Mit Backschaufel wenden, auf der anderen Seite *anziehen* lassen. Auf erwärmter Platte mit Petersiliengrün oder Schnittlauch anrichten.

387. Schinken mit Eiern

3 – 4 Eier, 80 – 100 g Schinken, Salz, Pfeffer, Fett

Die Eier mit Salz und Pfeffer fest verrühren, den kleingeschnittenen Schinken dazurühren. In heißem Fett wie Rühreier Nr. 385 backen.

388. Ochsenaugen

4 – 5 Eier, Salz, Pfeffer, Fett

In eiserner Pfanne Fett heiß werden lassen. Frische aufgeschlagene Eier nebeneinander einlegen, etwas salzen und pfeffern, kurz backen; Dotter muß weich bleiben.

389. Verzierte Eier

Hartgekochte Eier (Nr. 384) abschälen, halbieren, ganz wenig salzen. Sardellen oder Bratenreste oder Schinken in schmale Streifen schneiden. Kreuzweise über die Eier legen. In die Zwischenräume auf die Eier Kapern legen.

4–5 Eiern, Sardellen oder Bratenreste oder Schinken, Kapern

390. Italienische Rühreier

Rühreier nach Nr. 385 herstellen (ohne Schnittlauch). Rühreier entweder in Muscheln geben oder als kleine Häufchen auf Salatblättern (vorteilhaft: angemachte Salatblätter) anrichten. Semmelbrösel in einem Teil der Butter rösten, die restliche Butter zerlassen über die Rühreiportionen geben, geriebenen Käse und Semmelbrösel zuletzt darüberstreuen.

3–4 Eier, 4 Teelöffel geriebener Parmesan- oder Schweizer Käse, 70 g Butter, 4 Teelöffel Semmelbrösel, 1 Messerspitze Pfeffer, 1/2 Teelöffel Salz

391. Spiegeleier (Ochsenaugen) mit Tomaten

Ochsenaugen nach Nr. 388 herstellen. Falls kein fertiges Tomatenmark vorhanden, muß eine dicke Tomatensoße nach Nr. 274 gekocht werden. Man richtet die Spiegeleier einzeln auf Tellern oder kleinen Platten an, derart, daß man pro Ei einen Eßlöffel Tomatensoße in die Mitte des Tellers gibt und darauf das Spiegelei legt.

Mit Schnittlauch oder Petersilie bestreuen.

4 Spiegeleier, 5–6 Tomaten (oder Tomatenmark), 25 g Butter, 1/2 Teelöffel Salz, 1 Messerspitze Pfeffer, 1/2 Teelöffel gehackte Petersilie oder Schnittlauch

392. Russische Eier

Eier hart kochen (8 Minuten), in kaltes Wasser legen, abschälen, der Länge nach halbieren, Eidotter herausnehmen (werden zur Remouladensoße verwendet).

Remouladensoße nach Nr. 269 herstellen. Eier werden mit Remouladensoße gefüllt und auf den Salatblättern angerichtet (Salatblätter können als Salat angemacht sein). Auf die gefüllten Eier je ein Häufchen Kaviar geben und dieses mit einem Sardellenstreifen umlegen.

4 Eier, etwas Kaviar, 5 kleinere Salatblätter, 2 Sardellen, Hälfte der Zutaten von Remouladensoße Nr. 269

Russische Eier kann man auch zubereiten, indem man aus den hartgekochten, halbierten Eiern die Dotter in ein Sieb schüttet und mit einem Kochlöffel durchdrückt. Zu den Eiern gibt man 1 Teelöffel scharfen Senf, 1 Messerspitze Salz, 1 Eßlöffel Essig und 2 Eßlöffel Mayonnaise und rührt alles gut durcheinander. Diese Masse in die halben Eier füllen (zu kleinen Häufchen türmen) und wie oben angegeben verzieren.

393. Gefüllte Eierkuchen

2 Eier, 3 Teelöffel Mehl, 1 Messerspitze Salz, 2 Eßlöffel Milch, ca. 4 Eßlöffel gehackte Fleischreste, 1/2 Teelöffel Kapern, Fett zum Backen, etwas Schnittlauch

Eier mit Mehl, Salz und Milch fest verrühren. Mit kleinem Schöpflöffel in heißes Fett kleine, dünne und runde Kuchen einlegen und auf *einer* Seite bräunlich (obere Seite darf nicht mehr flüssig sein) backen. Eierkuchen auf Teller legen, auf die ungebackene Seite ca. 1 Eßlöffel gehackte Fleischreste geben und die Kuchen zusammenklappen.

Vor dem Servieren etwas Schnittlauch darübergeben.

Man kann die Eierkuchen auch ohne Fleischfülle bereiten und mit Preiselbeerkompott füllen.

394. Gefüllte Eier

4 Eier, ca. 100 g Fleischreste, 1 kleiner Teelöffel Salz, 1 Messerspitze Pfeffer, 1/2 Teelöffel feingehackte Zitronenschale, 1/2 Teelöffel Kapern, 1 gehackte Sardelle, Mayonnaise nach Nr. 268, 30 g Butter, einige Salatblätter

Eier hartkochen, erkalten lassen, abschälen, der Länge nach halbieren und Eidotter herausnehmen. Fleisch fein wiegen und in heißer Butter einige Minuten dämpfen, dann mit Mayonnaise, die man unterdessen nach Nr. 268 zubereitet hat, vermischen. Zu dieser Eifülle gibt man noch Salz, Pfeffer, Zitronenschale, Kapern und Sardellen. Mit dieser Masse füllt man die Eier und serviert sie auf Salatblättern.

Die Eidotter kann man entweder durch Haarsieb treiben und zur Fülle geben oder zu Bäckereien (Mürbteig) verwenden.

395. Verlorene Eier

4 – 5 Eier

Leichtes Salzwasser zum Kochen bringen. Je 1 Ei vorsichtig in kleinem Schöpflöffel aufschlagen *(Dotter muß ganz bleiben)* und *behutsam* ins kochende Wasser geben. Ei ist fertig (wenige Minuten), sobald Eiweiß fest und undurchsichtig ist; *Dotter muß weich bleiben.*

Verwendung: Zu Pasteten und als Beilage zu Gemüse und Salat

396. Saure Eier

4 Eier, 50 g Fett, 2 Eßlöffel Mehl, einige ganze Nelken, Lorbeerblatt, 1 Stückchen Zitronenschale, 1 Teelöffel Salz, 1 Messerspitze Pfeffer, 1 Eßlöffel Essig, 1 Messerspitze Zucker

Eier hartkochen, erkalten lassen, abschälen und der Länge nach halbieren. Aus Fett, Mehl und Zucker braune Einbrenne Nr. 878 bereiten, mit ca. $^{1}/_{2}$ Liter kaltem Wasser verrühren, Nelken, Lorbeerblatt, Zitronenschale, Salz, Pfeffer und Essig darangeben und ca. 30 Minuten unter öfterem Rühren kochen lassen. Soße durch feines Sieb treiben, die halbierten Eier in die Soße einlegen und zugedeckt nochmals heiß werden lassen.

Beilage: Kartoffeln jeder Art

397. Soleier

4 – 5 Eier, Salz

Eier hartkochen, erkalten lassen und die Schale von allen Seiten vorsichtig anklopfen (muß jedoch am Ei bleiben). Eier in sehr scharfes Salzwasser legen (Eier müssen darin schwimmen).

Sie können in der Sole mehrere Tage aufgehoben werden.

Mehlspeisen, Topfenspeisen und Milchspeisen

398. Einfache Pfannkuchen

150 g Mehl, 2 Eier, $^1/_4$ Liter Milch, etwas Salz, Butter oder Fett

Mehl, Eier, Milch und Salz zu dünnem, glattem Teig rühren. In eiserner Pfanne etwas Fett heiß werden lassen, soviel Teig eingießen, daß der Boden der Pfanne gut bedeckt ist. Auf beiden Seiten unter öfterem Schütteln backen.

Beilagen: gekochtes Obst, grüner Salat

398a. Pfannkuchen auf andere Art

(Sehr gut und rasch fertig)

150 g Mehl, 4 Eier, $^1/_8$ Liter Milch, etwas Salz, 1 Messerspitze Backpulver, Fett

Mehl, Eidotter, Milch, Salz und Backpulver zu einem glatten Teig rühren. Dann den Schnee der Eiweiß darunterrühren. In eiserner Pfanne etwas mehr Fett als bei dem einfachen Pfannkuchen heiß werden lassen. Kleine Schöpflöffel Teig eingießen, auf beiden Seiten backen. In größerer Pfanne können gleichzeitig mehrere nebeneinander gebacken werden.

Mit Zucker bestreut anrichten oder als Beilage zu Spargel.

399. Gefüllte Pfannkuchen

7 gehäufte Eßlöffel gesiebtes Mehl, 3 Eier, 1 Messerspitze Salz, $^1/_4$ Liter kalte Milch, Butter oder Schmalz, 1 Messerspitze Backpulver, eingemachte Früchte oder Marmelade

Mehl, Milch, Eidotter, Salz zu feinem, glattem, nicht zu dünnem Teig verrühren. Dann das Backpulver und den steifen Schnee der 3 Eiweiß darunterheben. Butter in Pfanne heiß werden lassen, den vierten Teil des Teiges eingießen, Boden muß vollständig bedeckt sein. Nach dem Backen auf einer Seite mit Backschaufel umwenden und unter öfterem Schütteln der Pfanne die zweite Seite backen. Auf erwärmten Teller legen, mit eingemachten Früchten bestreichen und einmal umschlagen oder rollen.

Mit Zucker bestreut anrichten. Ergibt 4 Pfannkuchen.

400. Aufgezogene Pfannkuchen

Zutaten zu Nr. 398, gekochtes oder eingemachtes Obst, Zimt und Zucker, Butter

Pfannkuchen backen wie Nr. 398. Feuerfesten Teller mit etwas Butter bestreichen, einen Pfannkuchen darauflegen, dann gekochtes

Obst, wieder Pfannkuchen usw. Obenauf muß Pfannkuchen liegen. 10 Minuten in heiße Röhre stellen.

Vor dem Anrichten mit Zimt und Zucker bestreuen.

401. Obstpfannkuchen

Zutaten zu Nr. 398, Äpfel oder Kirschen oder halbierte, entsteinte Zwetschgen, Zucker

In eiserner Pfanne Fett heiß werden lassen. Soviel Teig eingießen, daß Boden gut bedeckt ist. Fein geschnittene, gezuckerte Äpfel oder entstielte Kirschen oder halbierte entsteinte Zwetschgen nicht zu dick darauflegen. Auf einer Seite backen, dann vorsichtig wenden und die zweite Seite backen.

Mit Zucker bestreut anrichten.

402. Pfannkuchen mit Fleischfülle

Zutaten zu Nr. 398, ca. 400 – 500 g Fleischreste jeder Art, 1 Eßlöffel Butter, 1 Bund Petersilie, geriebene Zitronenschale, Salz und Pfeffer, Schnittlauch

Pfannkuchen backen wie Nr. 398. Fleischreste jeder Art werden fein gewiegt oder durch Fleischmaschine getrieben. Mit etwas Butter, Petersiliengrün, geriebener Zitronenschale, Salz und Pfeffer einige Minuten dämpfen. Die warmen Pfannkuchen damit bestreichen, zusammenrollen. Auf Platte noch einige Minuten in heiße Röhre stellen.

Vor dem Anrichten mit feingeschnittenem Schnittlauch überstreuen.

403. Maultaschen mit Fleischfülle (Fleischstrudel)

4 – 5 Eier, Mehl, 500 g frisches oder gekochtes Fleisch, Fleischreste oder Fischreste, 100 g Kasseler, ca. 40 g Butter, 1 Zwiebel, 1 Bund Petersilie, Salz, Pfeffer, etwas Muskatnuß, Fleischbrühe, Tomatensauce wie Nr. 274

2 bis 3 Eier fest verrühren und mit so viel Mehl tüchtig durchkneten, bis es einen *glatten, festen* Teig gibt. Dieser wird in zwei Teile geteilt und auf Nudelbrett oder Tuch dünn mit Nudelholz ausgerollt. Damit er nicht anklebt, Brett und Teig mit etwas Mehl bestreuen. Den ausgerollten Teig läßt man auf Tuch *etwas* trocknen. Frisches Fleisch, jede Art Fleischreste oder Fischreste fein wiegen oder durch Fleischmaschine treiben, in etwas heißer Butter, mit feingeschnittener Zwiebel und Petersiliengrün dämpfen. Dann nach Bedarf salzen, pfeffern und etwas Muskatnuß dazureiben. 1 bis 2 Eier dazurühren. Nun bestreicht man den Teig mit der Masse, rollt ihn

fest zusammen und schneidet mit Messer oder Tellerrand 5 Zentimeter lange Stücke ab. In Tiegel etwas Butter, Salz und Wasser zum Kochen bringen, die Maultaschen einlegen und zugedeckt kurze Zeit dämpfen lassen. Tomatensoße nach Nr. 274 bereiten. Auf Platte Maultaschen mit der Soße oder nur mit zerlassener Butter übergießen und mit geriebenem Schweizer Käse oder Parmesan bestreuen.

Man kann die Teigrolle auch im Ganzen lassen als Fleischstrudel. In diesem Falle drückt man die Enden des Strudels fest zu und legt ihn in eine fertig durchgeseihte, heiße Fleischbrühe ein, in welcher man den Fleischstrudel langsam weich kochen läßt (ca. 20 bis 25 Minuten). Es empfiehlt sich, mehrere kleinere Strudel anzufertigen, auf die Personenzahl abgestimmt. Man gibt den Strudel in der Suppe zu Tisch.

Gut schmeckt auch Fleischstrudel mit grünem Salat serviert.

404. Maultaschen mit Gemüsefülle

Nudelteig bereiten wie nach Nr. 403. Spinat, Wirsing oder Weißkraut fein schneiden. Mit kochendem Salzwasser übergießen, in Sieb ablaufen lassen. Semmeln in Milch einweichen, ausdrücken und fein verrühren. Stückchen Butter oder besser geräucherten Speck fein schneiden, in Tiegel geben und das Gemüse nebst Semmeln, Salz, Pfeffer und etwas Muskatnuß darin dämpfen. Danach Eier dazurühren. Das Ganze auf den Teig streichen und weiterbehandeln wie Nr. 403.

Zutaten zu Nudelteig Nr. 403, ca. 750 g Blattspinat oder 500 g Wirsing oder 500 g Weißkraut, 1 – 2 Semmeln, 1 – 2 Eier, Milch, Stückchen Butter oder 50 g geräuchterten Speck, Salz, Pfeffer, etwas Muskatnuß

405. Einfacher Schmarrn

Mehl und Milch und Salz verrühren, dann die Eier dazugeben und das Ganze zu glattem Teig verrühren. Es ist wichtig, daß Teig dünnflüssig ist. Die Hälfte des Fettes in eiserner Pfanne heiß werden lassen, die Hälfte des Teiges eingießen. Hat die Masse auf einer Seite Farbe, beginnt man dieselbe mit Backschaufel zu zerstochern. Unter öfterem Wenden und Schütteln zu schöner Farbe backen. Den fertigen Teil auf heiße Platte legen. Die zweite Hälfte des Teiges ebenso

250 g Mehl, 1 – 2 Eier, $^{3}/_{8}$ Liter Milch, 1 Messerspitze Salz, zum Backen etwa 60 g Fett

behandeln. Zuletzt das Ganze in der Pfanne nochmals kurz durchbacken.

Man kann den Schmarrn mit Puderzucker bestreuen und als Beilage gekochtes Obst geben.

406. Kaiserschmarrn

5 Eßlöffel Mehl, etwas Salz, 4 Eier, Stückchen feingeschnittene Zitronenschale, Milch, Fett

Mehl, Salz, Eidotter und Zitronenschale mit kalter Milch zu dickflüssigem Teig rühren. Den Schnee der Eiweiß darunterheben. Backen wie einfacher Schmarrn Nr. 405.

Mit Puderzucker bestreut anrichten.

407. Semmelschmarrn

6 Semmeln, 2 Eier, 3/8 Liter Milch

Semmeln fein schneiden. Milch und Eier gut verrühren. Das Ganze in Schüssel durcheinandermengen und weichen lassen. In Pfanne Stückchen Fett heiß machen, die Masse einlegen und unter öfterem Wenden braun backen. Man kann auch Kirschen oder feingeschnittene Äpfel daruntergemengt mitbacken.

Vor Anrichten mit Zucker und Zimt bestreuen.

408. Grießschmarrn

1/2 Liter Milch, 120 g Grieß, etwas Vanillezukker, einige Körnchen Salz, 1 – 2 Eier

Milch, Zucker und Salz kochen. Den Grieß unter Rühren langsam einlaufen lassen, zu steifem Brei kochen. Noch warm die Eier darunterrühren, erkalten lassen. In Pfanne Fett geben, die Masse einlegen, mit der Backschaufel in Stückchen zerteilen und unter öfterem Wenden braun backen.

Mit Zucker bestreut anrichten. *Beigabe:* Gekochtes Obst

409. Semmelnudeln

5 – 7 trockene Milchsemmeln, 3/4 Liter Milch, 60 g Zucker, 1 Päckchen Vanillezucker, 2 Eier, etwas Weinbeeren, Stückchen Butter

Semmeln abreiben, in gut gefettete Form nebeneinander einlegen. Milch, Eier und gesamten Zucker verrühren, über die Semmeln schütten. Einige Weinbeeren darüberstreuen, kleine Butterstückchen auflegen. Sind Semmeln gut durchweicht, in heißer Röhre backen. Mit Zucker und Zimt bestreut anrichten.

410. Apfelstrudel (Zwetschgen-, Kirschen-, Rahm-)

500 g Mehl, 1/2 Teelöffel Salz, 1/4 Liter süßer oder saurer Rahm, 1/4 Liter lauwarmes Wasser (nicht heiß), 3 Suppenteller feingeschnittene Äpfel, 80 g Butter oder Schmalz, 1/2 Liter Milch, 80 g Weinbeeren, 2 Eier, 1 Eßlöffel Öl

Dem Mehl Eier, Salz und Öl beigeben, dann mit dem lauwarmen Wasser verrühren. Mit größerem Kochlöffel einen glatten, zähen Teig schlagen, bis er glänzt und Blasen hat (zum guten Gelingen unbedingt erforderlich). Den Teig verteilen, runde Laibchen formen. Auf gut mit Mehl bestreutem Brett, mit Tuch bedeckt, eine Stunde ruhen lassen. Nun wird Tuch über den Tisch gebreitet, mit Mehl leicht bestäubt. Man nimmt ein Laibchen und zieht dasselbe von der Mitte beginnend auseinander. Legt es auf das Tuch und zieht den Teig mit beiden Händen nach allen Seiten langsam vorsichtig auseinander. Soll nicht zerreißen. Der Teig muß so dünn ausgezogen werden, daß man das Tuch durchscheinen sieht. Die äußeren Ränder müssen ebenfalls ganz dünn ausgezogen werden.

Nun wird von folgenden Zutaten der vierte Teil möglichst gleichmäßig auf den ausgezogenen Teig verteilt. Zuerst das zerlassene Fett, dann der Rahm, die Äpfel und die Weinbeeren. Jetzt hebt man das Tuch auf einer Seite hoch und schlägt den Teig um, darnach hebt man das Tuch auf der entgegengesetzten Seite hoch und schlägt den Teig ebenfalls um. Der Teig wird so weit umgeschlagen, daß der liegengebliebene Teig die Länge der zur Verwendung kommenden Pfanne hat. Danach hebt man das Tuch an einer der nicht umgeschlagenen Seiten mit beiden Händen hoch, der Teig rollt sich dadurch zusammen. Nun hebt man denselben durch Fassen des Tuches an den Enden des Strudels in die mit Fett ausgestrichene Pfanne.

Mit den anderen drei Laibchen verfährt man ebenso. Die Strudelrollen müssen in der Pfanne nebeneinander liegen. Die Milch kochend heiß über den Strudel gießen. Die Pfanne etwas schütteln und in die heiße Röhre geben. Fertig ist der Strudel, wenn die Milch eingebraten ist und derselbe an der oberen Seite schöne braune Farbe hat.

Vor Anrichten mit Puderzucker bestreuen.

Man kann statt Äpfeln auch frische, entsteinte Zwetschgen oder ganze Kirschen verwenden, ebenso kann man das Obst ganz weglassen, dafür aber mehr Weinbeeren verwenden (heißt dann Rahmstrudel). Siehe auch Topfenstrudel Nr. 428

411. Strudel von mürbem Teig

Zutaten zu Nr. 596, Butter, Zucker, Zimt, Weinbeeren, etwas Milch, Vanillezucker

Mürben Teig machen wie Nr. 596. Den Teig in 2 Teile teilen; ergibt 2 Strudel. Dünn auswalken. Mit zerlassener Butter bestreichen und mit Obst belegen. Zucker, Zimt und Weinbeeren darüberstreuen. Zusammenrollen, auf gefettetes Backblech legen, mit kalter Milch bestreichen und in heißer Röhre hellbraun backen.

Vor Anrichten in 4 bis 5 Zentimeter lange Stücke schneiden, mit Vanillezucker bestreuen.

412. Waffeln

100 g Butter, 3 Eier, 250 g Mehl, einige Körnchen Salz, Milch oder Rahm

Butter schaumig rühren. Die Eidotter, das Salz und das Mehl mit so viel Milch oder Rahm dazurühren, daß es dicklichen Teig gibt. Zuletzt den Schnee der drei Eiweiß daruntermischen. Waffeleisen heiß machen, alle Vertiefungen mit in heißes Fett getauchtem Pinsel gut ausstreichen. Auf jede Abteilung einen Löffel Teig geben. Eisen schließen und über Glut oder schwachem Feuer auf beiden Seiten hell backen. Nach Geschmack kann auch ein Eßlöffel Zucker in den Teig gegeben werden. Vor Anrichten mit Zimt und Zucker bestreuen.

413. Kirschenmichel

6 – 8 trockene Semmeln, 2 Eier, 3 Eßlöffel Zucker, $^1/_2$ Teelöffel Zimt, $^1/_2$ Liter Milch, 1 Päckchen Vanillezucker, 1 tiefer Suppenteller entstielte Kirschen

Semmeln in nicht zu dünne Scheiben schneiden. Eier, Zucker, Vanillezucker, Zimt und Milch fest verrühren. Auflaufform oder Tiegel gut mit Fett ausstreichen. Einlegen: eine Lage Semmeln, eine Lage Kirschen usw. Über das Ganze die Milch mit den Zutaten schütten. Einige Butterstückchen obenauf legen. 15 Minuten stehenlassen. In heißer Röhre $^3/_4$ Stunden backen. Vor Anrichten mit Zucker und Zimt bestreuen.

414. Gute Kartoffelküchlein

Ca. 750 g rohe Kartoffeln, (ergibt ca. 625 g gekochte Kartoffeln), 300 g Mehl, 40 g Butter, 2 Eier, etwas Salz, 20 g Hefe, Milch

Die Kartoffeln im Kartoffeldämpfer oder in Wasser weichkochen. Noch heiß abschälen und durch die Kartoffelpresse drücken. Bis zum nächsten Tag stehen lassen.

Mehl, zerlassene Butter, Eier, Salz und die in etwas warmer Milch aufgelöste Hefe in Schüssel geben und mit weiterer warmer Milch zu festem Teig schlagen. Zugedeckt am warmen Herd gehen lassen. Ist der Teig hochgegangen, wird die Kartoffelmasse dazugegeben. Auf bemehltem Nudelbrett zu feinem Teig verarbeiten und einen Zentimeter dick auswalken. Mit Weinglas Küchlein ausstechen. Nochmals zugedeckt gehen lassen. Mit verrührtem Ei bestreichen und in heißer Röhre auf gefettetem Backblech backen.

Anrichten mit gekochtem Obst

415. Grießküchlein

1/2 Liter Milch, 140 g grober Grieß, geriebene Schale von 1/4 Zitrone oder Päckchen Vanillezucker, 2 Eßlöffel Zucker, 2 Eier, 2 Messerspitzen Backpulver

In die kochende Milch den Grieß unter Rühren langsam einlaufen lassen, unter weiterem Rühren so lange kochen, bis sich der Grieß vom Topf löst. In Schüssel etwas erkalten lassen. Nun Zucker, Zitronenschale oder Vanillezucker und die Eidotter dazurühren, danach Backpulver zugeben, zuletzt den Schnee der Eiweiß leicht darunterheben. Ovale fingerlange Küchlein formen und in heißem Fett beiderseits backen.

Beigabe: Frucht- und Weinsoße

416. Einfache Grießschnitten

1/2 Liter Milch, 150 g grober Grieß, auch Maisgrieß, einige Körnchen Salz, 1 Päckchen Vanillezucker

In die kochende Milch, der man das Salz und den Vanillezucker beigibt, unter Rühren den Grieß langsam einlaufen lassen. Kochen, bis sich Grieß vom Topf löst. Längliche Kastenform mit kaltem Wasser ausspülen, die Masse einlegen. Darin erkalten lassen, dann herausstürzen. In 1 Zentimeter breite Scheiben schneiden und in wenig heißem Fett beiderseitig braun backen.

Besser sind diesselben in mit Milch verrührtes Ei getaucht, in Semmelbröseln gewendet und in wenig, aber heißem Fett herausgebacken.

Beigabe: Dürrobst

417. Scheiterhaufen

6 – 8 trockene Semmeln, 2 Eier, 3 Eßlöffel Zucker, $^{1}/_{2}$ Teelöffel Zimt, 2 Eßlöffel Weinbeeren, 1 Suppenteller feingeschnitzelte Äpfel, $^{1}/_{2}$ Liter Milch, 50 g Butter oder Schmalz

Die Semmeln in nicht zu dünne Scheiben schneiden. Die Milch mit dem Zucker und den Eiern fest verrühren und über die Semmeln schütten. Ohne umzurühren weichen lassen, die Scheiben sollen möglichst ganz bleiben. Äpfel, Weinbeeren und Zimt vermischen. Tiegel mit 25 g Butter gut ausstreichen. Einlegen: Dünne Lage Semmeln, dann Lage Äpfel usw. Ist von den Semmeln Milch zurückgeblieben, darüberschütten. 25 g Butter in feinen Stückchen obenauflegen. 1 Stunde in heißer Röhre backen.

418. Dampfnudeln

750 g Mehl, 25 g Hefe, 1 Ei, etwas geriebene Zitronenschale, 1 Teelöffel Salz, 1 Liter Milch, 3 Eßlöffel Butter, 2 Eßlöffel Zucker, 1 Päckchen Vanillezucker

Mit Mehl und Hefe Vorteig bereiten wie Nr. 525. Das Ei, Salz, $^{1}/_{4}$ Liter warme Milch und Zitronenschale auf das Mehl schütten, am besten um den Vorteig herum, mit dem Teig verrühren. Das Ganze mit größerem Kochlöffel so lange schlagen, bis die obere Teigseite Blasen hat. Den Teig leicht mit Mehl bestreuen und nochmals, zugedeckt wie vorher, auf Herd so lange gehen lassen, bis er hochgegangen ist. Aus dem fertigen Teig kleine Laibchen formen in Größe einer Semmel. Dieselben auf mit Mehl bestreutem Nudelbrett zugedeckt noch etwas gehenlassen. $^{3}/_{4}$ Liter Milch, 3 Eßlöffel Butter, 2 Eßlöffel Zucker und Päckchen Vanillezucker in gut verschließbaren größeren Tiegel oder in 2 Tiegel geben und auf heißer Herdplatte kochend heiß machen. Die Laibchen nebeneinander einlegen, *fest zugedeckt* auf heißem Herd dämpfen lassen. *Deckel nicht aufheben*, bis Milch eingebraten ist, was etwa nach 30 Minuten der Fall sein wird. Erkennbar am Prasseln.

Durch *vorzeitiges* Aufheben des Deckels fallen die Nudeln zusammen, werden nicht mehr locker. Fertig sind die Nudeln, wenn sie auf der Bodenseite schöne braune Kruste haben.

Beim Anrichten mit Vanillesoße übergießen, auch Dunstobst oder Dörrobst beigeben.

419. Hefenknopf

500 g Mehl, 1 – 2 Eier, 20 g Hefe, 2 Eßlöffel Zukker, etwas Salz, 70 g Butter, 1 Eßlöffel Weinbeeren, Stückchen geriebene Zitronenschale, Milch, Semmelbrösel

Hefe in warmer Milch auflösen, an das Mehl geben, 20 g zerlassene Butter, die verrührten Eier, Zucker, Salz, Weinbeeren und Zitronenschale zugeben. Mit soviel warmer Milch vermengen, daß man festen Teig schlagen kann. *Teig gut schlagen, muß Blasen haben.* In Schüssel gehen lassen. Dann auf bemehltem Nudelbrett *rasch* durchkneten. Die Mitte eines sauberen, weißen Tuches mit etwas Fett bestreichen. Teig in Kugelform einlegen, das Tuch darüberschlagen, nochmals gut gehenlassen. In hohem Topf Seiher oder kleine Schüssel umgedreht einlegen und soviel leichtes Salzwasser zugeben, daß dasselbe nicht über den Seiher oder die Schüssel geht. Ist Kartoffeldämpfer vorhanden, wird dieser verwendet. Das Tuch über dem Teig zusammenbinden, Teig muß noch Raum zum Aufgehen haben. Das Salzwasser zum Kochen bringen, den Teig mit dem Tuch auflegen und zugedeckt 1 Stunde kochen.

Ist Hefeknopf fertig, wird er mit 2 Gabeln auseinandergerissen. Semmelbrösel in reichlich Butter rösten, darüberstreuen.

Beigabe: Gekochtes Obst

420. Hefenknopf mit Dörrobst

Zutaten zu Nr. 419, 500 g Dörrobst

Teig bereiten wie Nr. 419; ohne Tuch gehen lassen. In hohen Topf die benötigte Menge Dörrobst einlegen, bis zur halben Höhe des Obstes mit Wasser bedecken. Zum Kochen bringen und Teig ohne Tuch auf das Dörrobst legen. *Zugedeckt* langsam 1 Stunde kochen. Anrichten wie Nr. 419.

421. Topfen-Dampfnudeln

500 g Topfen, 150 g Grieß, 1 – 2 Eier, etwas Salz; Zum Kochen: 2 Eßlöffel Zucker, Milch, Stückchen Butter oder Fett

Topfen, falls nötig, durch Sieb drücken und mit den Zutaten gut mischen. In Tiegel ca. $1^1/_2$ Zentimeter Milch mit Zucker und Butter oder Fett zum Kochen bringen. Mit Eßlöffel Nockerl einlegen und zugedeckt ca. 20 Minuten kochen lassen, bis Milch eingebraten ist.

422. Topfen-Nockerl

500 g Topfen, 2 Eier, 100 g Zucker, ca. 250 g Mehl, etwas Salz
Zum Anrichten: 40 – 50 g zerlassene Butter oder darin geröstete Semmelbrösel, Zucker

Topfen, falls nötig, durch Sieb drücken und mit den Zutaten gut mischen. Mit Eßlöffel Nockerl in kochendes leichtes Salzwasser einlegen (Probenockerl einlegen; falls zu weich, noch etwas Mehl dazugeben) und 10 Minuten kochen lassen. Mit Schaumlöffel herausheben. Zerlassene Butter und Zucker darübergeben oder auch Brösel.

423. Topfen-Brot (Strietzel)

150 g Topfen, 300 g Mehl, 50 g Butter oder Fett, 60 g Zucker, etwas Salz, 1 Ei, 1 Backpulver, 2 Eßlöffel Milch

Alles zusammenkneten, eine Rolle formen, mit Ei oder Milch bestreichen und $^3/_4$ Stunden backen.

424. Topfen-Knödel

700 g Topfen, 5 trockene Semmeln, Prise Salz, 2 Eier, 4 Eßlöffel Grieß.
Zum Anrichten: 40 – 50 g zerlassene Butter oder darin geröstete Semmelbrösel, Zucker

Semmeln in kleinste Würfel schneiden. Alles zusammenmischen. Dies gilt für ganz trockenen Topfen. Falls der Topfen weicher sein sollte, gibt man *noch* ein paar Eßlöffel Grieß dazu. Hände in kaltes Wasser tauchen und große Knödel machen. Gibt 9 Stück. In kochendes leichtes Salzwasser einlegen. 15 bis 20 Minuten vorsichtig ohne Deckel kochen (mehr ziehen lassen). Mit Seihlöffel herausnehmen. Zerlassene Butter und Zucker darübergeben oder auch geröstete Brösel.

425. Brösel-Torte

500 g Topfen, 250 g Mehl, 100 g Zucker, 40 g Fett, 1 Ei, 3 Teelöffel Backpulver, Rosinen, Aroma

Teig: Mehl, Zucker, Fett, Ei, Backpulver auf einem Brett zu bröseliger Masse mit den Händen verarbeiten. Springform einfetten. Von diesem Teig zwei Drittel in die Form geben. Topfen, wenn nötig, durch Sieb drücken, mit etwas Zucker süßen, Rosinen und Aroma darangeben. Topfenmasse auf den Bröselteig verteilen, dann mit dem restlichen Bröselteig bedecken. $^3/_4$ Stunden backen. Gewinnt, wenn sie 1 Tag steht.

426. Topfen-Brötchen

Alles zu einem Teig kneten, 1 Stunde ruhen lassen. Kleine Brötchen (wie kleine Semmeln) formen, mit Eigelb bestreichen und backen.

500 g Topfen, 500 g Mehl, 5 Eßlöffel Zucker, 1 Eßlöffel Fett, 1 Ei, $1^1/_2$ Backpulver, etwas Salz

427. Käseküchlein

Den Käse ganz fein zerdrücken, noch besser durch Sieb treiben; die Eier, Zucker, Zitronenschale und Kartoffeln dazurühren. Zuletzt das Mehl daruntermischen. Gibt weichen Teig. In Pfanne Fett heiß werden lassen, mit Kochlöffel Küchlein einlegen, breitdrücken. Beiderseits hellbraun backen. Fertig gebacken zuckern oder mit Obstsoßen anrichten.

500 g weißer Käse (Topfen), 500 g gekochte, geriebene Kartoffeln, 110 g Mehl, 1 – 2 Eier, 90 g Zucker, geriebene Schale einer halben Zitrone, Fett

428. Topfenstrudel

Strudelteig herstellen nach Nr. 410. Während der Strudelteig eine Stunde ruht, Topfen fein verrühren oder durch Sieb drücken. Butter zergehen lassen, dann den Zucker, die Eier und die Zitronenschale an den Topfen geben. Das Ganze mit dem Rahm gut verrühren. Die Masse möglichst gleichmäßig auf den ausgezogenen Strudelteig verteilen, mit Weinbeeren bestreuen.

Weitere Behandlung wie Nr. 410. Nach dem Übergießen mit heißer Milch legt man obenauf kleine Butterstückchen.

Zutaten zu Strudelteig Nr. 410. Fülle: 250 g Topfen (weißer Käse), 30 g Butter, $^3/_8$ Liter Rahm, 1 – 2 Eier, Zucker nach Geschmack, geriebene Schale einer halben Zitrone, 2 Eßlöffel Weinbeeren oder feingeschnittene Äpfel

429. Topfennudeln

Die obigen Zutaten mit so viel Mehl vermischen, daß man festen Teig kneten kann. Fingerlange und fingerdicke Nudeln formen. In heißem Fett auf beiden Seiten backen. Mit Zucker und Zimt bestreut anrichten oder als Beilage gekochtes Obst.

250 g Topfen, 1 Ei, etwas Salz, 1 Eßlöffel Rahm oder Milch, Mehl

Käsekuchen siehe Rezept Nr. 537

430. Topfen-Keilchen

250 g trockener Topfen (Quark), 1 Pfund Mehl, 25 g Hefe, 2 Eier, 125 g Zucker, 80 g Butter, 1/2 Teelöffel Salz, geriebene Schale von 1/2 Zitrone, 1/8 Liter Milch, Schmalz. Aus Mehl und Hefe Hefevorteig nach Nr. 525 bereiten.

Topfen, wenn nötig, durch feines Sieb drücken. Dann aus Topfen, der zerlassenen Butter, Zucker, Eiern, Salz, Zitronenschale, warmer Milch und dem Vorteig einen Hefeteig nach Nr. 526 bereiten. Teig auf mit Mehl bestreutes Brett geben, daraus längliche Röllchen, etwa in der Form großer Zwetschgen (Pflaumen) formen und dieselben nochmals gehen lassen. In kochendem Schmalz hellbraun backen und zuletzt mit Zucker bestreuen.

Geeignet als Kaffeegebäck oder mit gekochtem Obst als Mittagessen.

431. Mehlbrei

3 Eßlöffel Mehl, 1/2 Liter Milch, Zucker, einige Körnchen Salz, nach Belieben 1 Eidotter

Mehl und kalte Milch glatt verrühren, Zucker und Salz zugeben. Unter Rühren gut kochen lassen.

Zuletzt kann man nach Belieben auch Eidotter dazurühren.

432. Grießbrei

50 g feiner Grieß, 3/8 Liter Milch, Zucker, Stückchen Butter

Milch, Zucker und Butter zum Kochen bringen, den Grieß unter Rühren langsam einlaufen lassen und weichkochen. Vor Anrichten mit Zucker und Zimt bestreuen.

433. Reisbrei (Milchreis)

65 g feiner Reis, 3/8 Liter Milch, etwas Salz, Stückchen Butter, nach Belieben Stückchen Vanille oder Saft und Schale von 1/2 Zitrone

Reis mit heißem Wasser überbrühen, ablaufen lassen. Dann den Reis in der kochenden Milch mit Salz und Butter langsam unter öfterem Rühren weichkochen. Vor Anrichten mit Zucker und Zimt bestreuen oder als Beilage Dörrobst geben. Mit dem Reis kann man auch Stückchen Vanille oder Saft und Schale von 1/2 Zitrone mitkochen.

434. Reisbrei mit Schokolade

Zutaten zu Reisbrei Nr. 433, 50 g in heißer Milch aufgelöste Schokolade

Dem fertiggekochten Reisbrei nach Nr. 433 wird die in heißer Milch aufgelöste Schokolade beigemengt.

435. Semmelbrei

Semmeln in halb Wasser, halb Milch einweichen, gut weichen lassen, fest ausdrücken. Mit Butter und Zucker in Tiegel fein verrühren. $^3/_4$ Liter heiße Milch darüberschütten und unter öfterem Rühren langsam verkochen lassen. Wenn zu dick, noch heiße Milch zugeben. Fertig mit Zucker und Zimt bestreuen.

4 trockene Milchsemmeln, $^3/_4$ Liter Milch, etwas Butter und Zucker

436. Grießnocken in Milch

$^1/_2$ Liter Milch mit Zucker und etwas Salz zum Kochen bringen, unter Rühren den Grieß langsam einlaufen lassen, zu steifem Brei kochen. In Schüssel etwas abkühlen lassen. Nun Eier, nach Geschmack Zucker dazurühren.

In Tiegel $^1/_2$ Liter Milch, etwas Zucker, Vanillezucker und Butter kochen. Mit Eßlöffel von dem Brei Nocken abstechen und in die kochende Milch geben. Zugedeckt auf Herd oder in Röhre kochen, bis Milch eingebraten ist. Mit Fruchtsoße anrichten.

1 Liter Milch, etwas Zucker und Salz, 130 g Grieß, 1 – 2 Eier, 30 g Butter, 1 Päckchen Vanillezucker

437. Salzburger Nockerl

Butter schaumig rühren, $^3/_4$ der Zuckermenge und die Eidotter sowie die geklopfte und gespaltene Vanillestange dazugeben und alles zusammen weiter schaumig rühren. Vanillestange entfernen. Den sehr steifen Eischnee mit dem restlichen Zucker schnittfest schlagen und auf die vorher bereitete Schaummasse legen. Nun das Mehl darauf sieben und *locker* unterheben.

Wenn man die Salzburger Nockerl *ohne* Butter herstellen möchte, ist der Arbeitsvorgang wie folgt: Sehr steifen Eischnee schlagen, Zukker mit dem Mark der Vanillestange löffelweise unterschlagen, *kräftig* weiterschlagen bis Schnee schnittfest ist. Jetzt Eigelb und gesiebtes Mehl vorsichtig *locker* unterheben.

In flacher, feuerfester Form Butter zerlassen, Masse in vier Portionen einlegen, in vorgeheizter Röhre bei guter Hitze ca. 10 – 15 Minuten goldgelb backen. Mit Puderzucker bestreuen und sofort servieren. Nach Belieben kann man 4 Eßlöffel Rahm oder Milch zur Butter in die Form geben und Nockerl darin backen lassen.

40 g Butter, 80 g Zucker, $^1/_4$ Stange Vanille, 4 – 5 Eier, 20 – 30 g Mehl; zum Backen: 30 g Butter

Schmalzgebackenes und Aufläufe Puddings und Süßspeisen

438. Backteig für Schmalzgebackenes

Mehl mit Milch verrühren, die Eier, Zucker, Salz und noch so viel Milch zugeben, daß es dickflüssigen Teig gibt. Statt Milch kann man auch Wein nehmen.

100 g Mehl, 2 Eier, etwas Salz, etwas Zucker, Milch

439. Apfelküchlein

Äpfel nicht zu weiche Sorte. Schälen, Kernhaus herausnehmen und in 1 Zentimeter dicke Scheiben schneiden. Zucker darüberstreuen. Die Scheiben in Backteig Nr. 438 eintauchen und in heißem Fett beiderseitig backen. Fertiggebacken sollen die Äpfel weich sein, harte Sorten langsamer backen. Vor Anrichten mit Zimt und Zucker bestreuen.

4 – 5 größere Äpfel, Zucker, Zimt, Fett zum Backen

440. Gebackene Zwetschgen oder Herzkirschen

Zwetschgen mit Tuch abreiben. Oben öffnen, Kerne herausnehmen. In Backteig eintauchen und in heißem Fett beiderseits backen. Vor Anrichten mit Zimt und Zucker bestreuen.

Je 4 bis 5 Kirschen an den Stielen mit Faden zusammenbinden, rasch in kaltes Wasser tauchen und wieder abtropfen lassen. Kirschen zuerst in Teig tauchen, dann ins kochende Fett stellen und hellgelb backen. Vor dem Anrichten in Puderzucker eintauchen und mit Zimt bestreuen.

Aprikosen und Pfirsiche können ebenso behandelt werden.

500 g reife Zwetschgen oder Herzkirschen, Zutaten wie zu Backteig Nr. 438, Zucker, Zimt, Puderzucker

441. Holler-(Holunder) Strauben

Die Hollerblüten mit Stiel vorsichtig waschen, auf Sieb abtropfen lassen. Durch Halten am Stiel die Blüte in Backteig Nr. 438 tauchen und in heißem Fett, ohne zu wenden, herausbacken. Beim Backen die Blüten mit dem Stiel etwas niederdrücken.

Vor Anrichten mit Zucker bestreuen.

6 – 8 Hollerblüten, je nach Größe, Zutaten zu Backteig Nr. 438, Zucker

442. Semmelschnitten

6 trockene Semmeln, $^3/_8$ Liter Milch, 1 Eßlöffel Zucker, Zutaten zu Backteig Nr. 438, Zucker und Zimt zum Bestreuen

Die abgeriebenen Semmeln in 1 Zentimeter breite Streifen schneiden, in Schüssel legen. Die Milch mit dem Zucker verrühren und darüberschütten. Die Scheiben öfters wenden, damit sie gleichmäßig weichen. In Backteig Nr. 438 tauchen und beiderseits in heißem Fett hellbraun backen. Anrichten mit Zucker und Zimt bestreut. Statt Milch kann man auch gezuckerten Apfelwein verwenden.

443. Gefüllte Semmelschnitten (Bavesen)

6 trockene Semmeln, $^3/_8$ Liter Milch, 1 Eßlöffel Zucker, Marmelade oder frisches Obst, Zutaten zu Backteig Nr. 438, Zucker und Zimt zum Bestreuen

Behandeln wie Semmelschnitten Nr. 442. Nach dem Weichen wird immer eine Schnitte mit Marmelade bestrichen oder mit frischem Obst belegt, eine zweite Schnitte aufgelegt, etwas zusammengedrückt. In Backteig Nr. 438 wenden oder mit Ei und Semmelbröseln panieren und auf beiden Seiten in heißem Fett hellbraun backen. Anrichten mit Zucker und Zimt bestreut.

444. Gefüllte Semmelschnitten, andere Art

6 trockene Semmeln, $^3/_8$ Liter Milch, 1 Eßlöffel Zucker, 1 – 2 Eier, Semmelbrösel

Die abgeriebenen Semmeln in 1 Zentimeter breite Scheiben schneiden, in Schüssel legen. Die Milch mit dem Zucker und den Eiern fest verrühren, über die Scheiben schütten. Dieselben öfters wenden. Nach dem Weichen mit Obst füllen, wie Nr. 443. In reichlich Semmelbröseln ohne Ei wenden und beiderseits in heißem Fett backen. Anrichten mit Zucker und Zimt bestreut.

445. Kartäuser Klöße (Arme Ritter)

6 Milchsemmeln, $^3/_8$ Liter Milch, 1 Eßlöffel Zucker, 1 Päckchen Vanillezucker, 1 – 2 Eier, Semmelbrösel

Die abgeriebenen Semmeln halbieren, in Schüssel legen. Milch, Zukker und Eier verrühren, darüberschütten, öfters wenden, damit sie gut ansaugen. In Semmelbröseln wenden, in heißem Fett auf allen Seiten backen. Anrichten mit Wein- oder Obstsoße.

446. Schneeballen

250 g Mehl, 35 g Butter, 3 Eßlöffel saurer Rahm oder Milch oder Wein, 3 Eier, 2 Eßlöffel feiner Zucker, 1 kleine Messerspitze Salz, 1 Messerspitze Zimt

Butter fein in das Mehl schneiden, Eier, Rahm, Zucker, Salz dazugeben. Zu einem sich ziemlich fest anfühlenden Teig kneten. 1 Stunde ruhen lassen.

Auf leicht mit Mehl bestreutem Nudelbrett messerrückendicke Flecke ausrollen in der Größe einer Untertasse. Dieselben mit Backrädchen in fingerbreite Streifen teilen, der äußere fingerbreite Rand muß ganz bleiben, damit die Flecke zusammenhalten. Nun schiebt man bemehlten Kochlöffelstiel unter 1., 3., 5. Streifen durch, 2., 4., 6. Streifen bleiben liegen. In kleinem, höherem Tiegel Fett heiß werden lassen. Mit Kochlöffel aufgefaßten Teig hineinhängen, anbacken, Stiel herausziehen und Schneeballen wenden. Auf allen Seiten hellbraun backen. Sofort nach dem Backen mit Puderzucker bestreuen. Schönere Form bekommen die Schneeballen, wenn man größeren Seihlöffel in das Fett legt und darin den aufgefaßten Teig bäckt.

447. Schmalzküchlein (Kopfkissen)

500 g Mehl, 2 Eier, 40 g Zucker, 50 g Butter, 20 g Hefe, etwas Salz, etwa $^1/_8$ Liter Milch

Hefeteig bereiten wie Nr. 525 und Nr. 526. Nach dem Durchkneten $^1/_2$ Zentimeter dick ausrollen, viereckige Stücke rädeln, auf gut bemehltem Nudelbrett langsam gehen lassen, bis die Vierecke noch mal so hoch sind. In Tiegel reichlich Fett geben, sehr heiß werden lassen, die Vierecke einlegen (obere Seite unten). Auf beiden Seiten hell backen. Soll hoch und hohl werden. Noch warm mit Zucker bestreuen.

448. Strauben

$^1/_4$ Liter Milch, 2 Eßlöffel Zucker, 60 g Butter, 125 g Mehl, 3 – 4 Eidotter, etwas Salz, 2 Messerspitzen Backpulver

Milch, Zucker und Butter kochen, dann das Mehl langsam hineinrühren, zu steifem Brei kochen. Eidotter mit etwas Salz zugeben, abkühlen lassen, zuletzt Backpulver daruntermischen. In Tiegel fingerhoch Fett heiß werden lassen. Teig in die Straubenspritze füllen (kleinen Stern nehmen), Stempel anstecken, unter langsamem Eindrücken runde Ringe in das Fett drücken. Tiegel schütteln, bis Strauben schön braun sind. Vorsichtig mit Backschaufel umdrehen, auf der anderen Seite backen.

449. Hefepfannkuchen

250 g Mehl, 15 g Hefe, etwas Salz, 1 Eßlöffel Fett, 1 Eßlöffel Zucker, etwas geriebene Zitronenschale, 1 Eßlöffel Weinbeeren

Hefeteig wie Nr. 525 und Nr. 526 bereiten. Runde Laibchen formen in Größe einer Semmel. Auf bemehltem Brett nochmals gehen lassen. Die Laibchen 1 Zentimeter dick ausrollen. In heißem Fett beiderseits braun backen. Mit Zucker bestreut anrichten unter Beigabe von gekochtem Obst.

450. Gefüllte Krapfen

500 g Mehl, 3 Eier, 50 g Zucker, 80 g Butter, 25 g Hefe, etwas Salz, etwa $^1/_8$ Liter Milch, Marmelade

Hefeteig wie Nr. 525 und Nr. 526 bereiten. Den Teig nach dem Kneten fingerdick ausrollen. Mit größerem Glas runde Scheibe ausstechen, in die Mitte derselben etwas Marmelade geben, eine zweite ausgestochene Scheibe darauflegen, dann mit kleinerem Glas Krapfen abstechen. Sind sämtliche Krapfen ausgestochen, auf bemehltem Nudelbrett nochmals langsam gehen lassen.

In Tiegel fingerhoch Fett heiß machen, Krapfen mit der oberen Seite nach unten einlegen, zugedeckt einige Minuten backen, dann wenden. Nicht zugedeckt die andere Seite backen. Damit die Krapfen um die Mitte weiße Streifen behalten, nicht zuviel Fett in den Tiegel geben.

451. Ausgezogene Krapfen

Zutaten wie zu Nr. 447, Hefeteig bereiten wie Nr. 525 und Nr. 526

Nach dem Durchkneten runde Laibchen in Semmelgröße formen, zugedeckt langsam hochgehen lassen. Mit etwas bemehlten Händen die Laibchen, von der Mitte beginnend, langsam auseinanderziehen. Das Innere muß ganz dünn sein, darf aber nicht reißen, der äußere Rand soll fingerdick sein. In heißem Fett auf beiden Seiten backen. Die innere Haut soll weiß bleiben. Noch warm mit Zucker bestreuen.

452. Gebackener Rhabarber

1 kg Rhabarberstiele, Zutaten wie zu Backteig Nr. 438, Schmalz, Zucker, Zimt

Rhabarber waschen (nicht schälen) und in 4 Zentimeter lange Stücke schneiden. Teig nach Nr. 438 bereiten. Schmalz in Pfanne zum Kochen bringen (muß ca. 3 Zentimeter hoch in Pfanne stehen), Rha-

barberstücke in Teig tuachen, ins kochende Schmalz einlegen und hellbraun backen.

Vor dem Anrichten *reichlich* mit Zucker und Zimt bestreuen.

453. Gefülle Krapfen, andere Art

Aus Mehl und Hefe Hefevorteig nach Nr. 525 bereiten. Butter schaumig rühren, Eier, Zitronensaft und -schale, Salz und Zucker dazugeben und mit Hefevorteig vermischen. Lauwarme Milch dazumengen und so lange schlagen, bis feiner Teig mit Blasen entsteht, anschließend noch mal gehen lassen. Die weitere Verarbeitung des Teiges nach der in Nr. 450 angegebenen Vorschrift.

500 g Mehl, 25 g Hefe, 100 g Butter, 60 g Zucker, 3 Eier, $^1/_2$ Teelöffel Salz, Saft und Schale von $^1/_2$ Zitrone, ca. $^1/_8$ Liter Milch

454. Kartoffel-Krapfen

Hefe in größere Schüssel geben und mit der warmen Milch verrühren. Die zerlassene Butter, Zucker, Eier, Eigelb, Salz, Kartoffeln und Mehl dazugeben und zu feinem Teig schlagen, anschließend gehen lassen. Die weitere Verarbeitung dieses Teiges zu Krapfen erfolgt nach der in Nr. 450 gegebenen Vorschrift.

500 g Mehl, 250 g gekochte, geriebene Kartoffeln, 50 g Butter, 2 Eier, 1 Eigelb, $^1/_2$ Teelöffel Salz, 2 Eßlöffel Zucker, 25 g Hefe, Marmelade, 3 Eßlöffel Milch

455. Bayerische Schmalznudeln

Aus Mehl und Hefe Vorteig nach Nr. 525 bereiten. Butter schaumig rühren und mit Eiern, Eigelb, Salz, Zucker, Weinbeeren, warmer Milch und dem Vorteig einen Hefeteig nach Nr. 526 bereiten. Den fertig gegangenen Teig auf gut mit Mehl bestreutes Brett geben, daraus kleine runde Nudeln in Größe einer Semmel formen und diese noch mal gehen lassen. Nudeln etwas in die Länge ziehen und in kochendem Schmalz einige Minuten zugedeckt zuerst auf der einen Seite, *dann nicht mehr zugedeckt* auf der anderen Seite braun backen. Auf Sieb legen und mit Puderzucker bestreuen.

750 g Mehl, 125 g Butter, 2 Eier, 2 Eigelb, 1 Teelöffel Salz, 60 g Zucker, 60 g Weinbeeren, 40 g Hefe, $^1/_8$ Liter Milch, Schmalz

456. Hasen-Öhrchen

Mehl, 2 Eigelb, 1 Ei, 2 Eßlöffel Zucker, 2 Eßlöffel Rahm, 1 Teelöffel Zitronenschale, 1 Messerspitze Backpulver

Ei und Eigelb verrühren, Zucker, Rahm, Zitronenschale, Backpulver und so viel Mehl daruntermischen, daß man einen ausrollbaren Teig kneten kann. Teig auf mit Mehl bestreutem Brett ca. $^1/_2$ *Zentimeter dünn* ausrollen und daraus dreieckige Teigstücke von ca. 8 Zentimter Seitenlänge rädeln. In diese Teigstücke schneidet man etwas seitlich von der Mitte einen Schlitz und steckt die gegenüberliegende Teigecke hindurch, so daß eine nach unten offene *Spitztüte* entsteht. Diese Hasenöhrchen in kochendem Schmalz hellbraun backen.

Mit Zucker und Zimt bestreuen oder mit Schlagrahm füllen.

457. Gefüllte Hasenöhrchen

100 g Mehl, 50 g Butter, 1 Ei, 1 Eßlöffel saurer Rahm, $^1/_2$ Teelöffel Salz

Zubereitung der Hasenöhrchen genau wie Nr. 456, aber mit diesen Zutaten. Ragout nach Nr. 135 bereiten und Hasenöhrchen damit füllen.

Aufläufe

Vorbemerkungen

Nur feines, gesiebtes Mehl verwenden. Wenn keine Auflaufform vorhanden ist, kann auch Tiegel verwendet werden. Der Schnee der Eiweiß soll sehr steif sein. In nicht zu heiße Röhre geben. Hitze erst allmählich steigern. Die Röhre erst nach den angegebenen Backzeiten öffnen, da Aufläufe bei vorzeitigem Öffnen leicht zusammenfallen.

458. Einfacher Auflauf

250 g Mehl, 2 Eier, $^3/_8$ Liter Milch, 1 Messerspitze Salz

Das Mehl mit der kalten Milch verrühren. Die Eier und das Salz zugeben. Zu glattem Teig abschlagen. In gefetteter Backform in heißer Röhre 25 Minuten aufziehen lassen. Darf nicht braun werden. Vor Anrichten mit Zucker bestreuen oder Beigabe zu kleinen Fleischgerichten.

459. Besserer Auflauf

Das Mehl mit der kalten Milch verrühren, die Eidotter, Salz, Zitronenschale und die zerlassene Butter zugeben. Zu glattem Teig abschlagen. Zuletzt den Schnee der Eiweiß darunterheben. In gefetteter Backform in heißer Röhre 25 Minuten aufziehen lassen. Darf nicht braun werden. Vor Anrichten gut mit Zucker bestreuen.

Beigabe: Fruchtsoße oder gekochtes Obst

250 g Mehl, 4 Eier, $^3/_8$ Liter Milch, 1 Messerspitze Salz, geriebene Schale von $^1/_2$ Zitrone, 50 g Butter

460. Auflauf mit Äpfeln

Das Brot mit etwas Butter in Pfanne abrösten. In Schüssel legen, sämtliche Zutaten mit Ausnahme der Äpfel dazugeben. Das Ganze gut vermengen. Äpfel schälen, Kernhaus herausnehmen, fein schneiden. Dann mit reichlich Zucker, etwas Wasser oder Apfelwein zu einem Brei kochen. Springform mit Butter bestreichen. Einlegen: 1 Lage Brotmasse, 1 Lage Äpfel usw., bis Form gut gefüllt ist. In heißer Röhre 1 Stunde backen. Vor Anrichten mit Zucker und Zimt bestreuen. Man kann auch Brotmasse und Äpfel zusammenmischen.

250 g geriebenes schwarzes Brot, 1 kg Äpfel, 2 Eier, 1 Teelöffel Zimt, 1 Messerspitze Nelken, Saft und geriebene Schale von 1 Zitrone, 2 Eßlöffel Weinbeeren

461. Nudelauflauf

Nudeln in leichtem Salzwasser kochen, in Seiher geben, mit heißem Wasser übergießen, ablaufen lassen. Feuerfeste Form gut mit 1 Eßlöffel Butter ausfetten. Speck und Zwiebel in Würfel schneiden und in 1 Eßlöffel Butter hell rösten, das durchgedrehte Fleisch zugeben und mit der feingeschnittenen Petersilie darin 5 Minuten dämpfen. Mit Salz, Pfeffer und etwas Thymian würzen. Die mit kochendem Wasser überbrühten abgeschälten, frischen Tomaten oder die geschälten Tomaten aus der Dose zerkleinern, etwas salzen und mit dem Tomatensaft gut vermengen.

Nun werden die Lagen in die Form geschichtet, beginnend mit einer Lage Nudeln, dann eine Lage Tomatenmasse, eine Lage Nudeln, eine Lage Fleisch usw. $^1/_4$ Liter Milch mit Eiern gut verrühren und über die Nudeln schütten. Obenauf legt man einige kleine Butterflöckchen. In mäßig heißem Rohr $^3/_4$ Stunden backen.

Beilage: grüner Salat

250 – 375 g breite Nudeln (fertige oder nach Nr. 468 bereitete), 300 g Hackfleisch oder Fleisch- oder Fischreste, 60 g Speck, 6 frische, reife Tomaten oder 1 Dose geschälte Tomaten, 1 Bund Petersilie, 1 Zwiebel, etwas Thymian, 2 Eßlöffel Butter, $^1/_4$ Liter Milch, 2 Eier

462. Feiner Kirschen- oder Apfelauflauf

6 Milchsemmeln, 80 g Butter, 4 Eier, 125 g Zukker, Saft und geriebene Schale von 1/2 Zitrone, 1/2 Teelöffel Zimt, 750 g Kirschen, Milch

Semmeln abreiben, fein schneiden, mit heißer Milch überbrühen, dann ausdrücken. Butter zergehen lassen, an die Semmeln geben nebst den 4 Eidottern und den anderen Zutaten. Das Ganze 1/4 Stunde rühren. Kirschen waschen, entstielen bzw. Äpfel fein schnitzeln und in die Masse geben. Zuletzt den Schnee der 4 Eiweiß. In gut gefetteter Form bei mäßiger Hitze 1 Stunde backen. Vor Anrichten mit Vanillezucker bestreuen.

463. Reisauflauf

125 g bester Reis, 3 Eier, Saft und geriebene Schale von 1/2 Zitrone oder Päckchen Vanillezucker, 50 bis 70 g Weinbeeren, 60 g Zucker, Milch nach Bedarf

Den Reis mit kochendem Wasser überbrühen, durcheinanderrühren, Wasser wieder abgießen. Dann mit Milch bedeckt zusetzen, öfter Milch nachgießen und zu dickem Brei weichkochen. Etwas erkalten lassen. Die 3 Eidotter, Zitronensaft und -schale oder Vanillezucker, Weinbeeren und Zucker darunterrühren, vollständig erkalten lassen. Springform gut mit Butter ausstreichen. Die 3 Eiweiß zu steifem Schnee schlagen, leicht unter den Reis heben. Das Ganze in die Form füllen und gut 45 Minuten in heißer Röhre backen.

Zu Tisch geben mit Frucht- oder Weinsoße.

464. Kartoffelauflauf

100 g Butter, 250 g gekochte, kalt geriebene Kartoffeln, 4 Eier, geriebene Schale von 1/2 Zitrone, 80 g Zucker

Butter schaumig rühren. Zugeben Zucker, Eidotter und Zitronenschale. 15 Minuten rühren. Dann die Kartoffeln und den Schnee der Eiweiß dazurühren. In gefettete, mit Semmelbröseln bestreute Form geben, 30 Minuten in heißer Röhre backen.

Beigabe: Frucht- oder Weinsoße.

465. Zitronenauflauf

3 Eier, 50 g Zucker, Saft und geriebene Schale einer ganzen Zitrone, 2 gehäufte Eßlöffel Mehl

Die Eidotter, Zucker, Saft und Schale der Zitrone etwa 10 Minuten rühren. Dann das Mehl dazurühren und den steifen Schnee der 3 Eiweiß leicht darunterheben. In kleinere Form füllen und in heißer Röhre etwa 20 Minuten backen.

Beigabe: Frucht- oder Weinsoße

466. Eierauflauf (Omelette soufflée)

2 Eier, 2 Eßlöffel Zucker, etwas geriebene Zitronenschale, 1 1/2 Eßlöffel Mehl

Eidotter mit Zucker und Zitrone 10 Minuten gut rühren. Das Mehl dazurühren, den Schnee der Eiweiß darunterheben. In kleinerer, gefetteter Form 10 bis 15 Minuten in heißer Röhrer aufziehen lassen.

Beigabe: Heißer Wein.

467. Pfannkuchenauflauf

4 – 5 kalte Pfannkuchen nach Rezept Nr. 398 oder 398 a, Semmelbrösel, 100 g Weinbeeren, Zucker, Zimt, 1 Eßlöffel Butter, 1/4 Liter Milch, 2 Eier

Die kalten Pfannkuchen werden gerollt und in 1/2 Zentimeter breite Streifen geschnitten. Auflaufform gut mit Butter ausstreichen und mit Semmelbröseln bestreuen.

Einfüllen: eine Lage geschnittene Pfannkuchen; dann Weinbeeren, Zucker und Zimt darüberstreuen, nun wieder eine Lage Pfannkuchen usw. Eier in kalter Milch gut verrühren und über das Ganze schütten. In mäßiger Hitze 3/4 Stunden backen. Vor Anrichten mit Zucker bestreuen oder als Beigabe Fruchtsoße.

468. Nudelteig für Nudelauflauf

2 – 3 Eier, Mehl

Eier fest verrühren, mit so viel Mehl durchkneten, bis es einen glatten, festen Teig gibt. Dieser wird in 2 bis 3 Teile geteilt und auf Nudelbrett oder Tuch ganz dünn mit Nudelholz ausgerollt. Damit nichts anklebt, Brett und Teig etwas mit Mehl bestreuen. Die ausgerollten Flecke läßt man auf dem Tuch trocknen, bis sie zäh sind, rollt sie zusammen und schneidet 1/2 Zentimeter breite Streifen ab.

469. Nudelauflauf süß

250 – 375 g breite Nudeln (fertige oder nach Nr. 468 bereitete), 100 g geriebene Nüsse, 100 g Weinbeeren, Zucker, 1/4 Liter Milch, 2 Eier, 1 Eßlöffel Butter

Nudeln in leichtem Salzwasser kochen, in Seiher geben, mit heißem Wasser übergießen, ablaufen lassen. Feuerfeste Form mit Butter gut ausfetten. Dann eine Lage Nudeln, Zucker etwas geriebene Nüsse, Weinbeeren, dann wieder Nudeln usw. in die Form schichten.

Kalte Milch mit Eiern gut verrühren und über die Nudeln schütten.

Obenauf legt man einige kleine Stückchen Butter. In mäßig heißem Rohr 3/4 Stunden backen. Vor Anrichten mit Zucker bestreuen oder als Beigabe Obstsoße.

Man kann auch zwischen die Nudellagen frisches Obst geben.

470. Rahm-Nudeln

Zutaten zu Nudelteig Nr. 468 von 3 Eiern, oder 375 g fertige, breite Nudeln. 1/2 Liter Milch oder 1/4 Liter Milch und 1/4 Liter Rahm, 2 Eßlöffel Zucker, 3 Eier, 40 g Butter

Breite Nudeln nach Nr. 468 von 3 Eiern bereiten. In Salzwasser kochen, in Seiher geben, mit heißem Wasser übergießen, ablaufen lassen, in gut gefettete Auflauf-Form oder Tiegel füllen. 1/2 Liter Milch mit Eiern und Zucker verrühren und über die Nudeln geben. Butter fein schneiden, auf die Nudeln legen und das Ganze in mäßiger Hitze 1/2 Stunde backen (Milch muß eingebacken sein). Mit Zucker und Zimt bestreuen und als Beilage Kompott geben.

471. Grießauflauf

125 g grober Grieß, 3 Eier, geriebene Schale von 1/2 Zitrone oder 1 Päckchen Vanillezucker, 5/8 Liter Milch, 40 g Butter, 60 g Zucker

In die kochende Milch den Grieß langsam einlaufen lassen. Unter Rühren zu dickem Brei kochen. In Schüssel auskühlen lassen. Unterdessen Butter schaumig rühren, den Zucker, Eidotter und Zitronenschale zugeben. Das Ganze 1/4 Stunde gut rühren. Nun den Grieß darunterrühren, zuletzt den Schnee der Eiweiß dazu. In gefetteter Form 3/4 Stunden in mäßiger Hitze backen.

Beigabe: Wein-, Frucht- oder Vanillesoße

472. Semmelauflauf

5 trockene Milchsemmeln, 60 g Butter, 4 Eier, 100 g Zucker, etwas Zimt, 40 g Weinbeeren, geriebene Schale von 1/2 Zitrone

Semmeln abreiben, fein schneiden und in kalter Milch einweichen. Gut weichen lassen, dann ausdrücken. Butter schaumig rühren, die Eidotter nebst Zucker, Zimt und Weinbeeren dazu, zuletzt die Semmeln. Das Ganze 10 Minuten gut rühren. Danach den Schnee der Eiweiß darunterheben. In gefetteter Form 1 Stunde in mäßiger Hitze backen.

Beigabe: Wein- oder Fruchtsoße

473. Nußauflauf

Butter in Tiegel zergehen lassen (darf nicht heiß werden). Das Mehl dazugeben und unter Rühren die kalte Milch langsam zugießen. Auf heißer Herdplatte zu feinem Teig kochen. Fertig, wenn sich Teil vom Tiegel löst. Nun die Eidotter, Zucker und Nüsse daranrühren. Den Schnee der Eiweiß leicht darunterheben. In mit Butter ausgestrichener Form in heißer Röhre 30 Minuten backen.

Beigabe: Obstsoße

125 g gesiebtes Mehl, 50 g Zucker, 50 g Butter, 40 g geriebene Nüsse, 2 Eier, geriebene Schale von $^1/_2$ Zitrone, $^1/_4$ Liter Milch

474. Saurer Rahmauflauf

Die Eidotter mit dem Zucker 20 Minuten rühren. Dann unter Rühren das Mehl und Zitronenschale zugeben. Den Rahm daruntermischen, zuletzt den Schnee der Eiweiß. In gefetteter Form 30 Minuten in heißer Röhre backen.

Beigabe: Weinsoße

100 g Zucker, 3 bis 4 Eier, 65 g gesiebtes Mehl, $^1/_4$ Liter Rahm, geriebene Schale von $^1/_4$ Zitrone

475. Obst-Auflauf

Eigelb mit Zucker schaumig schlagen, das mit Backpulver vermischte Mehl, Salz, Zitronensaft und Schale dazurühren und die zu steifem Schnee geschlagenen Eiweiß daruntermengen. In gut gefettete Auflauf-Form Obst legen und Teigmasse darübergeben. Auflauf $^3/_4$ Stunden bei mäßiger Hitze backen. Vor dem Anrichten mit Zucker bestreuen.

200 g Mehl, 150 g Zukker, 4 Eier, Schale und Saft von $^1/_2$ Zitrone, 2 Teelöffel Backpulver, 1 Messerspitze Salz, 500 g entsteinte Kirschen, Aprikosen oder Pflaumen

476. Apfel-Auflauf

In gut gefettete Form Äpfel, Weinbeeren und Rum geben. Butter schaumig rühren, Zucker und Eigelb dazugeben und 10 Minuten schlagen. Milch dazugeben. Dann das mit dem Backpulver vermischte Mehl sowie die zu steifem Schnee geschlagenen Eiweiß daruntermengen und die Teigmasse über die Äpfel geben. Bei mäßiger Hitze 1 Stunde backen. Vor dem Anrichten mit Zucker bestreuen.

375 g geschälte, feingeschnittene Äpfel, 80 g Mehl, 60 g Butter, 60 g Zucker, 3 Eier, 30 g Weinbeeren, 1 Eßlöffel Rum oder Arrak, $^1/_8$ Liter Milch, 1 Teelöffel Backpulver

477. Gebackener Apfelreis

500 g geschälte, feingeschnitzelte Äpfel, 125 g Reis, 50 g Butter, 60 g Zucker, 40 g Weinbeeren, 2 bis 3 Eier, 1 Messerspitze Salz, Schale von 1/4 Zitrone, 3/8 Liter Milch, 1 größeres Stück ganzer Zimt

Reis mit Milch, 1/4 Liter Wasser, Salz, Zitronenschale weich dämpfen lassen. Äpfel mit Zucker und Zimt in Tiegel etwas andämpfen. Äpfel Weinbeeren, die zerlassene Butter und die verrührten Eier mit dem fertig gedämpften Reis vermengen. In Auflauf-Form füllen und 1 Stunde bei mäßiger Hitze backen.

478. Schokolade-Auflauf

80 g Mehl, 40 g Butter, 40 g Kakao, 100 g Zucker, 4 Eier, 1/4 Liter Milch, 1 Messerspitze Salz, Zutaten zu Vanillesoße nach Nr. 705

Mehl mit einem kleinen Teil der oben angegebenen Milch glatt verrühren. Die übrige Milch mit Salz und Butter zum Kochen bringen, angerührtes Mehl langsam dazugeben und abrühren, bis es nicht zu festen Kloß gibt. Eigelb, Kakao und Zucker fest dazurühren und die zu steifem Schnee geschlagenen Eiweiß rasch daruntermengen. In gut gefettete Auflauf-Form füllen und 3/4 Stunden bei mäßiger Hitze backen.

Vanillesoße nach Nr. 705 bereiten und dazugeben.

479. Mandel-Auflauf

70 g geriebene Mandeln, 70 g Zucker, 100 g Mehl, 60 g Butter, 5 Eier, 1 Päckchen Vanillezucker, 1/2 Liter Milch

Milch zum Kochen bringen, dann Zucker, geriebene Mandeln, Vanillezucker und Mehl unter Rühren dazugeben und zu einem Kloß kochen lassen. Eigelb und die zu steifem Schnee geschlagenen Eiweiß hinzufügen; diese Masse in gefettete Auflauf-Form füllen und sofort in heißer Röhre 25 bis 30 Minuten backen.

Beilage: Jede beliebige Soße

480. Vanille-Auflauf

Butter in Tiegel zergehen lassen, Mehl, Vanille und Milch langsam dazurühren und das Ganze zu glattem Teig kochen.

Eigelb, Zucker, Mandeln und die zu steifem Schnee geschlagenen Eiweiß daruntermengen, in gut gefettete Auflauf-Form füllen und bei guter Hitze $^{3}/_{4}$ Stunden backen.

Beilage: Obstsoße nach Nr. 708

250 g gesiebtes Mehl, 100 g Butter, 120 g Zukker, 50 g geriebene Mandeln, 2 Päckchen Vanillezucker oder $^{1}/_{2}$ Stange Vanille, 4 Eier, $^{1}/_{2}$ Liter Milch

481. Schwarzbrot-Auflauf

Brot, Zimt, Nelken und abgeriebene Zitronenschale in Schüssel geben und mit 6 Eßlöffel Rotwein tränken. Eigelb und Zucker schaumig schlagen, die geriebene Schokolade, die angefeuchtete Brotmasse, Backpulver, die zu Schnee geschlagenen Eiweiß daruntermengen und die Masse in gut gefetteter Form bei mäßiger Hitze 1 Stunde backen.

Restlichen Wein mit Zucker nach Geschmack und etwas Wasser heiß werden lassen und als Soße dazu anrichten.

180 g geriebenes Schwarzbrot (trocken), 120 g Zucker, 70 g geriebene Schokolade, 4 Eier, 1 Messerspitze Nelken, $^{1}/_{2}$ Teelöffel Zimt, Schale von $^{1}/_{2}$ Zitrone, 1 Messerspitze Backpulver, $^{1}/_{4}$ Liter Rotwein

482. Sago-Auflauf

Sago mit Milch und Salz unter öfterem Umrühren so lange kochen, bis steifer Brei entstanden ist. Butter dazugeben und Masse auskühlen lassen. Eigelb mit Zucker und Vanillezucker dazurühren und die zu steifem Schnee geschlagenen Eiweiß daruntermengen. Masse in gut gefettete Auflauf-Form füllen und $^{3}/_{4}$ Stunden bei mäßiger Hitze backen.

Weinsoße nach Nr. 707 bereiten und dazugeben.

150 g Sago, 150 g Zucker, 60 g Butter, 1 Päckchen Vanillezucker, 1 Messerspitze Salz, 1 Liter Milch, 5 Eier

483. Biskuit-Auflauf (Soufflé)

Eigelb mit Zucker und der geriebenen Zitronenschale $^{1}/_{4}$ Stunde rühren. Die zu Schnee geschlagenen Eiweiß und Mehl daruntermengen. In kleiner gefetteter Auflauf-Form bei guter Hitze $^{1}/_{4}$ Stunde backen. Vor dem Anrichten mit Zucker bestreuen.

4 Eier, 4 Eßlöffel Zucker, Schale von $^{1}/_{4}$ Zitrone, 4 Eßlöffel Mehl

484. Makkaroni-Auflauf

500 g Makkaroni, 2 hartgekochte Eier, 4 Eßlöffel Tomatenmark, 50 g Butter, 4 Eßlöffel Rahm, 1 Eigelb, 1 Eßlöffel Salz, etwas Suppenwürze, eventuell 2 Eßlöffel geriebener Schweizer oder Parmesan-Käse

Makkaroni dreimal abbrechen, in Salzwasser kochen (nicht zu weich) und auf Sieb ablaufen lassen. In gut gefettete Auflauf-Form oder Tiegel schichtweise den dritten Teil der Makkaroni, dann ein in feine Scheiben geschnittenes Ei mit 1 Eßlöffel Tomatenmark und Käse, dann wieder Makkaroni einlegen usw. Eigelb mit Rahm verrühren und über die Masse gießen. Das restliche Tomatenmark und die in kleine Stückchen geschnittene Butter daraufgeben. In nicht zu heißer Röhre 1 Stunde backen.

Beilage: Grüner Salat

Puddings

Kochen von Puddings *(im Wasserbad)*

Die Masse wird in die gut gefettete und mit Semmelbröseln bestreute Form eingelegt. Form gut verschließen und in einen Topf mit kochendem Wasser stellen. Das Wasser darf nur zur halben Höhe der Puddingform gehen. Topf muß während des Kochens zugedeckt sein, das Wasser muß ständig kochen. Fertig ist Pudding, wenn er hoch ist und sich fest anfühlt. Auf geöffnete Form Teller halten, Form umdrehen. Sollte sich Pudding nicht von der Form lösen, noch etwas stehenlassen oder nasses, kaltes Tuch um die Form legen.

485. Kalter Grießpudding mit Schokolade

Zutaten zu Grießpudding Nr. 486, 60 – 70 g Schokolade

Grießpudding kochen wie Nr. 486. Nur wird noch die Schokolade mit der Milch und den anderen Zutaten zum Kochen gebracht. Die Eidotter kann man weglassen.

Beigabe: Vanillesoße

486. Kalter Grießpudding

Die Milch mit dem Zucker, Vanille oder Zimt, Butter und Mandeln zum Kochen bringen. Den Grieß unter beständigem Rühren langsam einlaufen lassen und zu ganz dickem Brei kochen. Die verrührten Eidotter darangeben, dann den Schnee der Eiweiß. Das Ganze nochmals heiß werden lassen (nicht kochen) und in kalt ausgespülte Form geben. Vor Anrichten auf Teller stürzen.

Beigabe: Frucht- oder Vanillesoße

1/2 Liter Milch, 90 g feiner Grieß, 60 g feiner Zucker, etwas Vanille oder Zimt, einige gestoßene Mandeln, 1 bis 2 Eier, 25 g Butter

487. Kalter Reis

Den Reis brühen, ablaufen lassen. Danach den Reis in der Milch mit Zucker, Zitronenschale oder Vanille zu steifem Brei kochen. Noch warm die Weinbeeren zugeben, wenn nötig noch mehr Zucker, dann den Arrak und den steifen Schnee der 2 Eiweiß. In kalt ausgespülte Form geben und erkalten lassen. Vor Anrichten stürzen.

Beigabe: Frucht- oder Vanillesoße

125 g Reis, 5/8 Liter Milch, 1 Stückchen Zitronenschale oder Stückchen Vanille, 100 g Zucker, 2 Eßlöffel Weinbeeren, 1 kleiner Eßlöffel Arrak oder Zitronensaft, 2 Eiweiß

488. Semmelpudding

Die Semmeln fein schneiden, die kochende Milch darüberschütten, etwa 10 Minuten weichen lassen. Nun die 4 Eidotter und die übrigen Zutaten daranrühren. Zum Schluß den Schnee der 4 Eiweiß leicht darunterheben. In Puddingform einfüllen (siehe „Kochen von Puddings“) und 1 Stunde im Wasserbad kochen. Verfeinern kann man den Pudding durch Zugabe von noch 1 bis 2 Eiern.

Beigabe: Wein- oder Fruchtsoße

4 Milchsemmeln, 3/8 Liter Milch, 80 g Zucker, geriebene Schale von 1/2 Zitrone, 1 Messerspitze Zimt, 4 Eier, 60 g Butter, 2 Eßlöffel Sultaninen oder Weinbeeren

489. Grießpudding

Milch, Butter und Salz zum Kochen bringen, Grieß unter Rühren langsam einlaufen lassen und unter weiterem Rühren zu dickem Brei kochen. Etwas erkalten lassen. Die 4 Eidotter, den Zucker, Zitronenschale oder Vanillezucker fest darunterrühren. Das Eiweiß zu steifem Schnee schlagen, leicht darunterheben. Puddingform mit Fett aus-

120 g Grieß, 4 Eier, 100 g Zucker, geriebene Schale von 1/2 Zitrone oder Päckchen Vanillezucker, 40 g Butter, 1/2 Liter Milch, einige Körnchen Salz

streichen, mit Semmelbröseln bestreuen. Die Masse einlegen. Form verschließen, in kochendes Wasser bis zur halben Höhe der Form stellen. 1 Stunde im Wasserbad kochen. Fertig ist Pudding, wenn er hoch ist und sich fest anfühlt. Herausnehmen durch Stürzen der Form. Warm anrichten mit süßer Soße.

490. Brotpudding

4 Eier, 100 g Zucker, 50 g geriebene Mandeln, 1 Messerspitze gestoßene Nelken, Saft und geriebene Schale von 1/2 Zitrone, 120 g geriebenes Schwarzbrot, 1 Messerspitze Zimt. Zur Verfeinerung: 50 g geriebene Schokolade. Nach Belieben Zutaten zur Beigabe: Rotwein, Zucker, Zimt

Die Eidotter und Zucker 15 Minuten rühren. Dann die anderen Zutaten gut darunterrühren. Zum Schluß das Schwarzbrot und den steifen Schnee der 4 Eiweiß. In vorbereitete Form einlegen und 45 Minuten kochen lassen (siehe „Kochen von Puddings"). Feiner wird Pudding noch durch Zugabe von geriebener Schokolade.

Beigabe: Mit Zucker und Zimt heißgemachter Rotwein

491. Schichtpudding

5 – 6 Milchsemmeln, 80 g Butter, 4 – 5 Eier, 90 g Zucker, 2 Eßlöffel Weinbeeren, geriebene Schale einer ganzen Zitrone, Saft von 1/2 Zitrone, 1/8 Liter Milch

Die Brötchen in feine Scheiben schneiden, auf Backblech legen und einige Minuten in heiße Röhre stellen, damit sie etwas rösten. Unterdessen Butter schaumig rühren. Zucker und Zitrone zugeben, dann die fest verrührten Eier darangeben. Zuletzt die erwärmte Milch dazu. In die vorbereitete Form abwechselnd 1 Lage Semmeln, 1 Lage Weinbeeren usw. einlegen. Zum Schluß die abgerührte Masse darüberschütten. 1 Stunde kochen (siehe „Kochen von Puddings").

Statt Weinbeeren können Kirschen oder Äpfel verwendet werden.

492. Biskuitpudding *(mit Butter)*

5 Eier, 100 g Butter, 5 Eßlöffel feiner Zucker, 100 g Mehl, Saft und Schale einer Zitrone

Die Eidotter und obige Zutaten ohne das Mehl in Tiegel auf heißer Herdplatte so lange rühren, bis es dicke Masse ist. Danach in einer Schüssel noch etwa 10 Minuten rühren, bis die Masse schaumig ist. Dann das Mehl dazurühren und den Schnee der Eiweiß leicht darunterheben. In vorbereiteter Puddingform 1 Stunde im Wasserbad kochen lassen.

Beigabe: Obst- oder Weinsoße

493. Nußpudding

5 Semmeln, 100 g Butter, 100 g Zucker, 80 g geriebene Nüsse, 6 Eier, 1 Päckchen Vanillezucker

Die Semmeln abreiben, halbieren und in kalter Milch einweichen. Etwas stehenlassen; fest ausdrücken. Stückchen Butter und die Semmeln in Tiegel geben und auf heißer Herdplatte unter Rühren etwas trocknen lassen. Nun die übrige Butter in Schüssel schaumig rühren; Zucker, geriebene Nüsse, die Eidotter und die angetrockneten Semmeln dazurühren. Zuletzt den Schnee der Eiweiß leicht darunterheben. In vorbereiteter Puddingform 1 Stunde im Wasserbad kochen.

Beigabe: Weinsoße

494. Nuß-Pudding, andere Art

120 g geriebene Haselnüsse, 50 g Semmelbrösel, 120 g Zucker, 4 Eier, 30 g Zitronat, 1 Eßlöffel Zitronensaft, 1 Päckchen Vanillezucker, 1 große Messerspitze Zimt, 1 kleine Messerspitze Nelken, Zutaten zu Wein- oder Schokoladensoße nach Nr. 707 oder 706

Zucker mit Eigelb 25 Minuten schlagen. Haselnüsse, Semmelbrösel, Vanille, Zimt, Nelken, Zitronat und Zitronensaft gut darunterrühren. Eiweiß zu steifem Schnee schlagen und daruntermengen. Diese Masse in gut gefettete Puddingform füllen, in Tiegel mit kochendem Wasser stellen (nur bis zur halben Höhe der Puddingform) und zugedeckt eine Stunde kochen lassen.

Vor dem Anrichten auf Platte stürzen und Wein- oder Schokoladensoße Nr. 707 oder 706 dazugeben.

495. Reispudding

125 g Reis, 65 g Zucker, 4 – 5 Eier, 2 Eßlöffel Weinbeeren, geriebene Schale einer halben Zitrone, Milch, 65 g Butter

Den abgebrühten Reis unter öfterem Rühren mit kalter Milch zusetzen und zu dickem Brei kochen. Von Zeit zu Zeit Milch nachgießen, bis Reis weich ist. Dann Butter und Zucker darunterrühren. Etwas erkalten lassen. Nun die Eidotter fest daranrühren, dann Zitronenschale, Weinbeeren und den Schnee der Eiweiß dazugeben. In vorbereitete Puddingform einfüllen und 1 Stunde im Wasserbad kochen.

Beigabe: Wein- oder Hiffensoße

496. Kalter Zitronen-Pudding

Stärkemehl, Zucker, geriebene Zitronenschale und Saft sowie Eigelb einige Minuten fest schlagen und unter dauerndem Rühren aufkochen

200 g Zucker, 60 g Stärkemehl, 2 Eier, 1/4 Liter Weißwein, Schale von 1 Zitrone, 4 Eßlöffel Zitronensaft

lassen. Wein zugießen und weitere 5 Minuten unter Rühren kochen lassen. Die zu steifem Schnee geschlagenen Eiweiß daruntermengen, die Masse in kalt ausgespülte Form füllen und erstarren lassen. Beim Anrichten auf Platte stürzen und Gelee verzieren.

497. Erdbeer-Sago

500 g Erdbeeren, 1 Tasse Sago, 1 Tasse Zucker, 2 Eßlöffel Butter, 3 Tassen heißes Wasser, 1 Messerspitze Salz

Sago mit Wasser und Salz 30 Minuten kochen lassen. Butter, Zucker dazugeben, nochmals aufkochen und dann etwas abkühlen lassen. Erdbeeren putzen, waschen, zerdrücken und durch ein Haarsieb treiben. An die Sagomasse rühren und, wenn möglich, auf Eis stellen.

498. Diplomaten-Pudding

Zutaten zu Vanillecreme nach Nr. 715, 20 Löffelbiskuit oder 20 Streifen von selbst gebackenem Biskuit nach Nr. 515, 6 Blatt weiße Gelatine, Saft einer Orange oder von 1/2 Zitrone, 2 Eßlöffel Arrak, steifes Gelee, Schlagrahm

Biskuit in Schüssel geben, den mit Arrak vermischten Orangen- oder Zitronensaft darübergießen und etwas stehenlassen. Dicke Vanille-Creme nach Nr. 715 bereiten und mit der in etwas lauwarmem Wasser aufgelösten Gelatine verrühren. Puddingform mit kaltem Wasser anfeuchten und der Reihe nach je eine Lage der kalten Creme, dann der Biskuits, dazwischen Stückchen von festem Gelee usw. einschichten. Vor dem Anrichten Pudding auf Platte stürzen und mit Schlagrahm und Geleestückchen verzieren.

Besonders gut wird der Pudding, wenn man ihn einige Stunden auf Eis stellt.

499. Schokolade-Pudding

100 g geriebene Schokolade, 60 g Butter, 130 g geriebene Mandeln oder Nüsse, 130 g Zucker, 10 g Kakao, 20 g Mehl, 4 Eier, 1 Messerspitze Zimt, 1 Päckchen Vanillezucker, Vanille-Soße nach Nr. 705, Semmelbrösel

Eigelb mit Zucker und der schaumig gerührten Butter 15 Minuten schlagen. Dann Schokolade, Kakao, Mandeln, Mehl, Vanillezucker und Zimt dazurühren. Die zu steifem Schnee geschlagenen Eiweiß daruntermengen. Form gut ausfetten und mit Semmelbröseln bestreuen. Obige Masse einfüllen, in Tiegel mit kochendem Wasser (nur bis zur halben Höhe der Puddingform) stellen und zugedeckt 1 1/4 Stunde kochen lassen. Vor dem Anrichten vorsichtig stürzen und Vanillesoße nach Nr. 705 dazugeben.

500. Biskuit-Pudding *(ohne Butter)*

Zucker mit Eigelb 15 Minuten schlagen. Kartoffelmehl, Zitronensaft und die zu steifem Schnee geschlagenen Eiweiß daruntermengen. In gut gefettete und mit Semmelbröseln ausgestreute Puddingform einfüllen, in Tiegel mit kochendem Wasser stellen (nur bis zur halben Höhe der Puddingform) und zugedeckt eine Stunde kochen. Vor dem Anrichten auf Platte stürzen und Wein- oder Obstsoße nach Nr. 707 oder 708 dazugeben.

130 g Zucker, 110 g Kartoffelmehl, 4 Eier, Saft und Schale von $^{1}/_{2}$ Zitrone, Wein- oder Fruchtsoße nach Nr. 707 oder 708

501. Eier-Pudding

Milch, Butter und Salz in Tiegel zum Kochen bringen, Mehl rasch dazuschütten und so lange rühren, bis sich die Masse als Kloß vom Topfe löst. Diesen Kloß etwas erkalten lassen, in Schüssel geben, Zucker, Eigelb, Mandeln, Zitronensaft und -schale, Sultaninen und die zu steifem Schnee geschlagenen Eiweiß fest darunterühren. In gut gefettete, mit Semmelbröseln bestreute Puddingform einfüllen, in Tiegel mit kochendem Wasser stellen (nur bis zur halben Höhe der Form) und zugedeckt $1^{1}/_{4}$ Stunden kochen lassen. Auf Platte stürzen und Wein- oder Fruchtsoße nach Nr. 707 oder 708 dazugeben.

120 g Mehl, 120 g Zucker, 5 Eier, 80 g Mandeln oder Nüsse, 100 g Butter, 2 Eßlöffel Sultaninen, Saft und Schale von $^{1}/_{2}$ Zitrone, 1 Messerspitze Salz, $^{1}/_{4}$ Liter Milch, Wein- oder Fruchtsoße nach Nr. 707 oder 708

502. Vanille-Pudding *(zum Stürzen)*

Vanille der Länge nach aufschneiden, Mark herausschaben. Eidotter, Zucker und Stärkemehl mit der kalten Milch verrühren. Vanille mit der Schote dazugeben. Auf nicht zu starkem Feuer mit Schneebesen schlagen, bis es dicklich wird (nicht kochen). Vom Herd nehmen, Butter zugeben, noch rühren, bis es etwas abkühlt, dann den steifen Schnee der beiden Eiweiß darunterheben und in die mit kaltem Wasser ausgespülte Form einfüllen. Kalt stellen. Später stürzen.

Beigabe: Saft oder Gelee

$^{1}/_{2}$ Liter Milch, 2 Eier, $^{1}/_{4}$ Schote Vanille oder 3 Vanillezucker, 80 g Zucker, 45 g Stärkemehl, 20 g Butter

Süße Speisen

503. Roulade mit Kunsthonig

200 g Kunsthonig, 200 g Mehl, 1 Ei, 10 g Backpulver, geriebene Schale einer halben Zitrone, 2 Eßlöffel Rahm oder Milch

Honig in Tiegel auf warmem Herd flüssig machen. Mit Ei, Mehl und Zitronenschale 10 Minuten rühren. Vollständig erkalten lassen. Nun das Backpulver darunterrühren. Backblech einfetten und mit einem großen Pergamentpapier belegen und den Teig auf dieses Papier 1 Zentimeter dick aufstreichen. In heißer Röhre rasch backen (etwa 10 Minuten). Inzwischen ein sauberes Tuch in kaltes Wasser tauchen und gut auswinden, auf dem Tisch ausbreiten. Den gebackenen Kuchen, sobald er aus dem Rohr kommt, vorsichtig daraufstürzen. Oberseite nach unten, das Papier abziehen, den Kuchen schnell mit Marmelade bestreichen und durch Anheben des Tuches aufrollen wie einen Strudel. Es muß *rasch* gearbeitet werden. Auf Kuchengitter legen. Mit Puderzucker bestreuen oder mit gekochtem Zuckerguß Nr. 610 bestreichen.

504. Buttermilchkaltschale

1 Liter Butter- oder Sauermilch, 60 – 60 g Zucker, Zimt, Zitronensaft, Wein, 100 g Weinbeeren oder 500 g frische Beeren oder Fruchtmark

Geriebenes Schwarzbrot oder geriebener Zwieback wird mit Zitronensaft und Wein gut angefeuchtet. Dann etwas Zimt und Zucker darüberstreuen. Sauber gewaschene Weinbeeren werden mit Zucker und etwas Wasser einigemal aufgekocht und unter das Brot gemengt. Man kann auch frisches Obst oder Fruchtmark unter das Brot mengen. Dann gibt man frische Buttermilch darüber. Höchstens 20 Minuten stehenlassen, am besten sofort anrichten.

505. Durstige Jungfer

140 g Zucker, 5 Eier, 1/2 Teelöffel Zimt, 1 Messerspitze Nelken, 1/2 Zitrone, 110 g Semmelbrösel, 1/2 Liter Weiß-, Rot- oder Apfelwein

Den Zucker, die Eidotter, Zimt, Nelken, den Saft und die geriebene Schale der halben Zitrone 15 Minuten rühren. Danach die Semmelbrösel dazurühren und den Schnee der 5 Eiweiß leicht daruntermengen. In gut mit Fett ausgestrichene Springform einlegen, 1 Stunde bei mäßiger Hitze backen. Aus Springform herausnehmen und in tiefe Platte einlegen. Den Wein mit etwas Zucker heiß machen, nicht kochen und heiß über das Gebackene schütten. Wird kalt angerichtet.

506. Biskuitpyramide

Biskuit backen nach Nr. 507. Das erkaltete Biskuit in fingerlange, 1 Zentimeter dicke Streifen schneiden. Kleine Platte oder flacher Teller wird dünn mit Buttercreme Nr. 717 bestrichen. Darauf legt man eine Lage Biskuit, dann wieder Creme und so weiter. Die Biskuitlagen müssen immer kleiner werden, damit das Ganze nach oben spitzig wird (pyramidenförmig). Die fertige Pyramide wird mit Buttercreme bedeckt. Biskuit darf nicht zu sehen sein. Mit in Wasser getauchtem Messer können Verzierungen eingedrückt werden.

Kalt stellen, zweckmäßig tags zuvor machen.

Zutaten zu Biskuit Nr. 507, Zutaten zu Buttercreme Nr. 717

507. Biskuit für süße Speisen

Den Zucker und die Eidotter 10 Minuten rühren, dann das Mehl und die Zitronenschale dazurühren. Den steifen Schnee der 3 Eiweiß leicht darunterheben. Die Masse in gefettete Springform füllen und in heißer Röhre hellbraun backen. Erkaltet in $1^1/_2$ Zentimeter breite und 10 Zentimeter lange Streifen schneiden.

3 Eßlöffel Zucker, 3 Eier, 3 Eßlöffel Mehl, etwas geriebene Zitronenschale oder Päckchen Vanillezucker

508. Versoffene Jungfern

Den Zucker mit den Eidottern gut verrühren, dann das Mehl dazurühren, zuletzt den Schnee der 4 Eiweiß leicht darunterheben. In Pfanne Fett heiß werden lassen. Mit Teelöffel von der Masse einlegen, beiderseits hell backen. Das Gebackene in Schüssel einlegen. Den Wein mit den Nelken, Zimt, Zitronenschale, nach Geschmack Zukker, heiß machen, darüberschütten. Kalt anrichten.

4 Eßlöffel ganz feiner Zucker, 4 Eier, 4 Eßlöffel Mehl, $^1/_2$ Liter Wein oder Apfelwein, 3 Nelken, 1 Stückchen Zimt, Stückchen Zitronenschale, Fett

509. Igel

Zutaten zu Biskuit Nr. 507 oder 125 g gekaufte Stengelbiskuits, Zutaten zur Creme: $^1/_2$ Liter Wein, 4 Eier, etwas geriebene Zitronenschale, 125 g Zucker, zum Verzieren: 80 g Mandeln

Biskuit Nr. 507 bereiten oder 125 g gekaufte Stengelbiskuits verwenden. Biskuits kreuzweise in tiefe Platte legen. Die 4 Eidotter mit dem Zucker, Wein und Zitronenschale auf Feuer schaumig schlagen. Heiß über die Biskuits schütten. Dann 4 Eiweiß zu Schnee schlagen, mit 3 bis 4 Eßlöffeln Zucker vermischen. Auf die noch lauwarme Masse streichen und reichlich spicken mit länglich geschnittenen Mandeln. In heißer Röhre bräunen lassen.

510. Götterspeise

Zutaten zu Biskuit Nr. 507. Zutaten zu Weinsoße Nr. 707, nur wird $^5/_8$ Liter verdünnter Wein oder $^5/_8$ Liter Apfelwein verwendet, Schnee wird weggelassen. Zutaten zur Eisschneehaube: 6 Eiweiß, 2 Eßlöffel Zucker

Die erkalteten Biskuits in schmale Streifen schneiden und kreuzweise in Schüssel legen. Die Weinsoße heiß über die Biskuits schütten. Von 6 Eiweiß Schnee schlagen, feinen Zucker darunterheben, bergförmig auf das Biskuit streichen. Einige Minuten in mäßig heiße Röhre stellen, bis es gelblich ist. Über Nacht in sehr kühlen Raum stellen, am besten auf Eis.

511. Mandel- oder Nußspeise

$^5/_8$ Liter Milch, 2 Eßlöffel Zucker, etwas Salz, 50 g geriebene Mandeln oder Nüsse, 2 Eier, 2 gehäufte Eßlöffel Stärkemehl

$^1/_2$ Liter Milch mit Zucker, Mandeln und Salz aufkochen lassen. 2 Eßlöffel Stärkemehl mit $^1/_8$ Liter Milch, Eidotter verrühren, in die Masse geben und unter Rühren 10 Minuten kochen. Danach auf der Seite des Herdes den Schnee der Eiweiß darunterheben. Die Masse in kleinere, kalt ausgespülte Formen oder Tassen (halbvoll) füllen, kalt stellen. Vor Anrichten stürzen, mit Fruchtsoße übergießen.

512. Himbeerschnee

1 Tasse Himbeersaft, 1 Tasse Zucker, 2 Eiweiß

Himbeersaft, Zucker und Eiweiß mit Schneebesen 45 Minuten, mit Küchenrührmaschine 10 Minuten schlagen. Sehr ergiebig.

513. Apfelschnee

Äpfel in Pfanne oder Rohr braten, durch Sieb drücken. Apfelmus mit Zucker und Eiweiß mit Schneebesen 45 Minuten, mit Küchenrührmaschine 10 Minuten schlagen.

6 mittelgroße Äpfel, 1 Tasse Zucker, 2 Eiweiß

514. Heidelbeerspeise

Trockene Semmeln zweimal waagrecht durchschneiden, auf Backblech legen, mit Zucker bestreuen. In heißer Röhre rasch bräunen lassen. Nun in Schüssel legen. Heidelbeeren sauber verlesen, mit Zucker und Zimt bestreuen, einige Male unter Rühren aufkochen, heiß über die Semmeln schütten. Das Ganze auf heißer Herdplatte zugedeckt 45 Minuten ziehen lassen. Vor Anrichten reichlich mit Zucker und Zimt bestreuen.

Statt Semmeln kann auch Zwieback verwendet werden.

3 – 4 trockene Semmeln, 500 g Heidelbeeren, Zukker, Zimt

515. Biskuits, andere Art

Eigelb mit Zucker und 2 Eßlöffeln Wasser 1/2 Stunde rühren. Kartoffelmehl, Zitronenschale oder Vanillezucker sowie die zu steifem Schnee geschlagenen Eiweiß gut daruntermengen. In gut gefettete Form füllen und bei mäßiger Hitze 25 Minuten backen (Röhre vorher *nicht öffnen!*).

125 g Kartoffelmehl, 250 g Zucker, 4 Eier, Schale von 1/2 Zitrone oder 1 Päckchen Vanillezucker

516. Biskuit-Weintörtchen

Zucker mit 4 Eigelb 10 Minuten rühren. Mehl hinzugeben und noch 5 Minuten weiterrühren, anschließend die zu steifem Schnee geschlagenen Eiweiß daruntermengen. In gefettete kleine Biskuit-Förmchen einfüllen und ca. 10 Minuten in nicht zu heißer Röhre backen. Unterdessen Wein mit einigen Eßlöffeln Wasser, Zimt, Zucker nach Geschmack und Zitronenschale erhitzen (*nicht kochen!*). Je ein Törtchen auf Glasteller anrichten und mit Wein übergießen (vollkommen durchtränken). Törtchen mit Früchten oder Gelee verzieren.

90 g gesiebtes Mehl, 90 g Zucker, 4 Eier, 1/2 Liter Weißwein, 1 kleines Stückchen Stangenzimt und Zitronenschale, Früchte oder steifes Gelee

517. Windbeutel mit Schlagrahm

170 g Mehl, 50 g Butter, 4 – 6 ganze Eier, 1 Messerspitze Salz, 1 gestrichener Teelöffel Backpulver, Schlagrahm, Puderzucker, 1/4 Liter Wasser

Wasser, Butter und Salz zum Kochen bringen, das Mehl auf einmal hineinschütten und tüchtig zu einem glatten Kloß verrühren und unter weiterem Rühren noch 1 bis 2 Minuten abbrennen lassen, bis sich ein weißer Belag auf dem Topfboden bildet. Vom Ofen nehmen, etwas abkühlen lassen, die Eier nacheinander unterarbeiten. Der Teig muß das Ei ganz aufgenommen haben, ehe man das nächste zugibt. Die Eiermenge reicht, wenn der Teig stark glänzt und so vom Rührlöffel abreißt, daß lange Spitzen hängenbleiben. *Der Teig darf auf keinen Fall zu weich sein.* Backpulver wird erst zuletzt untergerührt. Das gefettete Blech mit Wasser besprühen. Teighäufchen mit 2 in Wasser getauchten Löffeln daraufsetzen. Gibt 12 Stück, wenn die Teighäufchen die richtige Größe haben.

Bei guter Hitze 25 bis 30 Minuten goldbraun backen. Erst nach 15 bis 20 Minuten in die Röhre schauen, da Windbeutel sonst leicht zusammenfallen. Die Windbeutel werden nach dem Backen quer aufgeschnitten und vor dem Servieren mit gesüßtem (evtl. auch Vanillezucker) Schlagrahm so gefüllt, daß Schlagrahm herausquillt. Mit Puderzucker bestreuen.

518. Eiweiß-Törtchen

65 g Mehl, 125 g Zucker, 65 g geriebene Mandeln, 65 g Butter, 4 Eiweiß, 3/8 Liter Weißwein, 1 Stückchen Zimt und Zitronenschale

Eiweiß zu Schnee und dann Zucker fest darunterschlagen. Die zerlassene, jedoch wieder abgekühlte Butter, Mehl und Mandeln dazugeben und gut vermengen. In gefettete, kleine Biskuit-Förmchen füllen und ca. 15 Minuten hellgelb backen.

Wein mit Zucker nach Geschmack, Zitronenschale und Zimt erhitzen und über Törtchen, die man auf Glasteller anrichtet, gießen.

519. Wiener Süßspeise

Biskuit nach Nr. 515 bereiten und in 1 1/2 Zentimeter breite Streifen schneiden. Jede einzelne Schnitte (oder Löffelbiskuit) mit Marmelade dünn bestreichen und je zwei von diesen mit der bestrichenen Seite zusammenklappen. Auf Platte kreuzweise neben- und übereinanderschichten (zwischen den einzelnen Schnitten müssen Zwischenräume sein). Wein vorsichtig darüberträufeln. Dann in Tiegel Stärkemehl mit Zucker, Vanillezucker und kalter Milch langsam anrühren. Eigelb darangeben und unter Schlagen auf Feuer dicklich werden lassen. Diese Creme gießt man zu den Biskuits, zuerst in die Zwischenräume und den Rest über die gesamte Platte. Eiweiß zu sehr steifem Schnee schlagen, auf die Platte geben und das Ganze in heißer Röhre einige Minuten hellbraun backen.

Kühl stellen, wenn möglich auf Eis.

Zutaten zu Biskuit Nr. 515 oder 15 – 20 Stück Löffelbiskuits, $^1/_4$ Liter Weiß- oder Apfelwein, 1 Liter Milch, 3 – 5 Eidotter, 2 Eßlöffel Stärkemehl, 3 Eßlöffel Zucker, 1 Päckchen Vanillezucker, feine Marmelade

520. Punsch-Kuchen (Savarin)

Hefe mit 2 Eßlöffeln warmem Wasser verrühren. Mehl, Eier, 2 Eßlöffel Zucker, Salz, die zerlassene Butter, warme Milch hinzugeben und zu weichem Teig schlagen. Ist Teig zu fest, noch etwas warme Milch darangeben. Teig in gut gefettete runde Kuchenform geben und gehen lassen. In mäßig heißer Röhre hellbraun backen, anschließend Kuchen vorsichtig aus Form stürzen.

Wein, 3 Eßlöffel Zucker, Zitronenschale und $^1/_8$ Liter Wasser erhitzen, Arrak hinzugeben und die Flüssigkeit in die leere Kuchenform gießen. Kuchen wieder hineingeben und die Flüssigkeit vollständig einsaugen lassen. Wieder herausstürzen, mit Marmelade bestreichen und Zuckerguß nach Nr. 611 darübergeben.

250 g Mehl, 2 Eier, 65 g Butter, $^1/_2$ Teelöffel Salz, 5 Eßlöffel Zucker, 20 g Hefe, etwas Milch, $^3/_8$ Liter Weißwein, 1 Stückchen Zitronenschale, 4 Eßlöffel Arak, feine Marmelade, Zuckerguß nach Nr. 611

521. Stachelbeer-Berg *mit Vanille-Milch*

Stachelbeeren putzen, waschen und ablaufen lassen. Dann mit $^1/_4$ Liter Wasser, reichlich Zucker und Zitronenschale weich kochen lassen. Stärkemehl mit etwas kaltem Wasser anrühren, an die Beeren geben und dicken Brei kochen. Etwas erkalten lassen und die zu steifem Schnee geschlagenen Eiweiß daruntergeben. $^1/_2$ Liter Milch mit 2 Eßlöffeln Zucker und Vanille aufkochen lassen. Stachelbeermasse bergartig auf Platte anrichten und Vanillemilch darübergeben. Kühl stellen.

1 kg rote Stachelbeeren, 2 gehäufte Eßlöffel Stärkemehl, 1 Stückchen Zitronenschale, Zucker, 2 Eiweiß, $^1/_2$ Liter Milch, 1 Päckchen Vanillezucker oder $^1/_2$ Stange Vanille

522. Obstkaltschale

500 g Johannis- oder Himbeeren, 70 g Zucker, 30 g Kartoffelmehl, 2 Eiweiß

Früchte putzen, waschen, mit $^1/_2$ Liter Wasser weich kochen und durch feines Sieb treiben. Kartoffelmehl mit etwas kaltem Wasser verrühren, mit Zucker an das Obst geben und das Ganze dick einkochen lassen. In Glasschüssel füllen, mit Kaffeelöffel von dem zu steifem Schnee geschlagenen Eiweiß kleine Flöckchen auflegen. Kalt stellen!

523. Apfelspeise

8 mittelgroße Äpfel, 2 Eßlöffel dick eingekochte Marmelade, 80 g Mehl, 60 g Butter, 60 g Zucker, 3 Eier, 1 Päckchen Vanillezucker, 4 Eßlöffel Milch

Äpfel schälen und Kernhaus vorsichtig herausnehmen (Äpfel müssen dabei ganz bleiben). Mit Marmelade füllen und nebeneinander in flachen, gefetteten Tiegel oder Auflaufform stellen. Butter schaumig rühren, Zucker, Eigelb, Vanillezucker, Mehl und die Milch dazugeben und alles 10 Minuten rühren. Die zu Schnee geschlagenen Eiweiß daruntergeben, die Masse über die Äpfel verteilen und 1 Stunde bei mäßiger Hitze backen.

524. Rhabarber-Speise

1 kg Rhabarberstiele, 80 g Zucker, 80 g zerlassene Butter, 1 Ei, knapp $^1/_4$ Liter Milch, 160 g Mehl, 1 Messerspitze Salz, 2 Teelöffel Backpulver

Rhabarber waschen, schälen und in kleine Stückchen schneiden. In Tiegel geben, Zucker darüberstreuen und einige Minuten dämpfen lassen. Butter schaumig schlagen. Ei, Milch, Salz und das mit dem Backpulver vermischte Mehl gut dazurühren. Den etwas erkalteten Rhabarber in gut gefettete Auflaufform füllen. Teigmasse darübergeben und 25 bis 30 Minuten bei guter Hitze hellgelb backen. Mit Puderzucker bestreuen.

Backwerk verschiedenster Art Obstkuchen und feine Kuchen Glasuren und Torten

Hefebackwerk

525. Hefevorteig

Das ganze zur Verwendung kommende, nicht zu kalte Mehl gibt man in größere Schüssel. Mit Kochlöffel in der Mitte eine Grube machen, die fast bis zum Boden geht. In Tasse die Hefe mit lauwarmem Wasser dünn verrühren (bei 25 Gramm Hefe etwa 6 Eßlöffel Wasser). Die verrührte Hefe in die Grube gießen und mit so viel von dem sie umgebenden Mehl verrühren, daß es nicht zu dicken Brei gibt. Die mit einem Tuch bedeckte Schüssel auf der Seite des heißen Herdes warmstellen, am besten auf höherem Topf, auf keinen Fall zu nahe an die Herdplatte. Das in der Grube befindliche Teigchen muß so lange gehen, bis es noch mal so groß ist, wie es war. Nach dem Gehen nimmt man die Schüssel vom Herd und deckt das Teigchen mit einem Teil des Mehles zu.

Stets gute, frische Hefe verwenden.

526. Hefeteig

Nach Bereitung des Vorteiges Nr. 525 werden die in den einzelnen Kochvorschriften angegebenen Zutaten auf folgende Weise daruntergemengt: Fett zergehen lassen, Eier und Zucker dazurühren, dann mit der warmen (nicht heißen) Milch verrühren. Auf das Mehl schütten, am besten um das Hefeteigchen herum, Salz und geriebene Zitronenschale dazugeben. Mit dem Vorteig verrühren. Das Ganze mit größerem Kochlöffel so lange nach einer Seite schlagen, bis die *obere Teigseite Blasen hat.* Nun erst die verlesenen, gewaschenen Weinbeeren daruntermischen. Den Teig leicht mit Mehl bestreuen und neuerdings zugedeckt wie vorher so lange weitergehen lassen, bis er hochgegangen ist. Jetzt auf gut mit Mehl bestreutem Nudelbrett den Teig nochmals durchkneten. Der fertige Teig wird nach der in den Kochvorschriften angegebenen Weise weiterbehandelt. Es ist *dringend erforderlich,* daß die vorstehend angeführten Verrichtungen *rasch* gemacht werden, da der Teig nicht kalt werden darf, damit das Gehen des Teiges nicht beeinträchtigt wird.

Guter Hefeteig für Obstkuchen siehe Nr. 553

527. Feiner Hefekuchen

Mit Hefe und Mehl Vorteig bereiten wie Nr. 525. Während Vorteig geht, Butter schaumig rühren, den Zucker und die Eier zugeben, noch 10 Minuten rühren. Danach Zitronensaft und -schale, Salz, Weinbeeren und die warme Milch beimengen. Das Ganze um den Vorteig herum auf das Mehl schütten, mit dem Vorteig verrühren, 15 Minuten nach einer Seite fest abschlagen. In eine gut mit Butter ausgestrichene und mit Semmelbröseln bestreute warme Form einlegen. Form muß halbvoll sein. Den Teig so lange gehen lassen, bis die Form $^3/_4$ voll ist. In heißer Röhre 45 Minuten backen. Nach Fertigbacken mit Zukker bestreuen oder Zuckerguß auftragen nach Nr. 610.

500 g gesiebtes Mehl, 3 – 5 Eier, 125 g Zucker, 125 g Butter, Saft und geriebene Schale von $^1/_2$ Zitrone, $^1/_2$ Teelöffel Salz, 70 g Weinbeeren, $^1/_8$ Liter Milch, 25 g Hefe

528. Einfacher Kuchen (Kuchenlaib)

Hefevorteig Nr. 525 und Hefeteig Nr. 526 bereiten. Runden Kuchenlaib formen, auf Backblech legen, mit warmer Milch bestreichen, in mäßiger Hitze braun backen.

$1^1/_2$ kg Mehl, 2 Eier, etwas Salz, 100 g Zucker, 50 g Fett, 45 g Hefe, Weinbeeren nach Belieben, $^3/_4$ Liter Milch oder Buttermilch

529. Guter Kaffeekranz

Hefevorteig Nr. 525 und Hefeteig Nr. 526 bereiten. Den Teig in drei Teile teilen, Hände in Mehl tauchen. Die Teile gut rollen in Länge der runden Backform. Zopf flechten. In gefetteter Backform gehen lassen. In heißer Röhre backen.

Man kann denselben vor dem Backen mit verrührtem Eidotter oder nach dem Backen mit gekochtem Zuckerguß Nr. 610 bestreichen.

250 g Butter, 4 Eier, $^1/_8$ Liter Milch, 70 g Zukker, etwas Salz, 30 g Hefe, Saft und geriebene Schale einer Zitrone, 1 kg Mehl, Weinbeeren

530. Schnecken

Einfachen Hefeteig ferigen nach Nr. 530. Fingerdicke lange Streifen rollen, mit zerlassenem Fett bestreichen, mit Zucker und Zimt bestreuen, mit Weinbeeren belegen. Schneckenförmig zusammenrollen. Noch etwas gehen lassen. In heißer Röhre backen. Fertiggebacken mit Zuckerguß nach Nr. 610 überpinseln.

Zutaten zu Nr. 530, Fett zum Bestreichen, Zucker, Zimt und Weinbeeren. Zutaten zu Zuckerguß Nr. 610

531. Kleines Hefegebäck: Hörnchen, Kaiserkrägen, Pirogen

500 g Mehl, 100 g Fett, 100 g Zucker, 2 Eier, 1/4 Liter Milch, 40 g Hefe, etwas Salz, 100 g Mehl zum Nachkneten, Marmelade

Hefeteig nach Nr. 525/526 machen. Nach dem Gehen Teig 1 Zentimeter dick ausrollen. Für *Hörnchen* in quadratische Vierecke von 10 Zentimeter Breite schneiden. Je auf eine Ecke dieser Teigstücke 1/2 Teelöffel Marmelade geben, zusammenrollen in Hörnchenform, auf erwärmtes, gefettetes Blech legen und noch etwas gehen lassen.

Für *Kaiserkrägen* den Teig in längliche Vierecke schneiden, in die Mitte 2 Teelöffel Marmelade der Länge nach legen. Teigstücke der Länge nach zusammenklappen. An der Längsseite gegenüber der Schnittkante dreimal 1 Zentimeter tief einschneiden und kragenförmig rund aufs Blech legen.

Für *Pirogen* den Teig rund ausstechen (kleine Tasse), in die Mitte einen Teelöffel Marmelade geben, zusammenklappen und andrücken.

Bei mäßiger Hitze hellbraun backen und mit Zuckerguß nach Nr. 610 bestreichen.

532. Rhabarberhörnchen

500 g Mehl, 70 g Zucker, 1 Ei, etwas geriebene Zitronenschale, 150 g Butter, 1/4 Liter Milch, etwas Salz, 20 g Hefe, 500 g Rhabarberstiele

Von dem Mehl, Zucker, Ei, Zitronenschale, 30 Gramm Butter, der warmen Milch und der mit etwas warmem Wasser aufgelösten Hefe Teig machen. Denselben fein schlagen, bis er Blasen hat. Den Teig auf gut bemehltem Nudelbrett nicht zu dünn ausrollen. Die übrige feingeschnittene Butter darauf verteilen. Vier Seiten des Teiges über die Butter zusammenschlagen (wie Kuvert). Leicht mit Mehl bestreuen, wieder ausrollen. Noch vier- bis fünfmal umschlagen wie vorher, jedesmal leicht mit Mehl bestreuen und ausrollen. Teig wird dadurch blätterig. Nach dem letzten Ausrollen (1 Zentimeter dick) den Teig mit Rädchen in 10 Zentimeter breite Streifen teilen. Die Streifen mit Rädchen in dreieckige Stücke teilen. In die Mitte der Dreiecke etwas Rhabarber legen und mit der breiten Seite beginnend zusammenrollen, zu Hörnchen biegen und auf gefettetem Blech gehen lassen. In heißer Röhre hellbraun backen (benötigt nur kurze Backzeit). Mit feinem Zucker bestreuen oder mit gekochtem Zuckerguß nach Nr. 610 bestreichen.

Zubereiten des Rhabarbers: Rhabarber abziehen, in kleine Stücke schneiden, einige Minuten in kochendes Wasser legen. Abseihen und noch 5 Minuten in kochenden Zuckersaft legen (auf 2 Eßlöffel Wasser je 1 Eßlöffel Zucker). Auf Seiher abtropfen lassen.

Statt Rhabarber kann man auch ganz fein geschnittene, gezuckerte Äpfel oder Marmelade als Fülle nehmen.

533. Rohrnudeln

1 kg Mehl, 70 g Fett, 100 g Zucker, 1 – 2 Eier, 50 g Weinbeeren, 1 Teelöffel Salz, etwas geriebene Zitronenschale, 3/8 Liter Milch, 40 g Hefe; Nach Belieben zum Füllen: Apfelschnitze, Zimt, Zucker und Weinbeeren oder entsteinte Zwetschgen, Zimt und Zucker

Aus Mehl, Hefe und den übrigen Zutaten wie Nr. 525 und Nr. 526 Teig bereiten. Den fertiggegangenen Teig auf mit Mehl bestreutes Nudelbrett legen, nochmals leicht durchkneten und in so viel Stücke schneiden, wie man Nudeln wünscht. Die Stücke runden und in gut ausgestrichene Bratpfanne nebeneinander legen. Die eingelegten Nudeln dürfen nur bis zur halben Pfannenhöhe reichen, da sie durch Backen in die Höhe gehen. Kleine Butterstückchen den Rand der Pfanne entlang auf die Nudeln legen. Die Kruste der Nudeln bekommt dadurch sehr guten Geschmack. Bei nicht zu starker Hitze 3/4 Stunden backen. Fertig, wenn sich die obere Seite fest anfühlt und braune Farbe hat. Man kann die Nudeln auch mit nebenstehenden Zutaten füllen.

534. Zwieback

500 g Mehl, 30 g Hefe, 3 gehäufte Eßlöffel Zukker, 1 kleiner Teelöffel Salz, 35 g Butter, 1 Ei, Anis nach Belieben, Milch

Mit Mehl und Hefe Vorteig bereiten wie Nr. 525. In kleiner Schüssel Butter zergehen lassen: das Ei, Zucker, Salz und Anis dazurühren. Auf das Mehl schütten, am besten um den Vorteig herum. Das Ganze verrühren unter löffelweiser Beigabe von Milch. Nicht zuviel Milch zugeben, da Teig ganz fest werden muß. Die Masse auf gut mit Mehl bestreutes Nudelbrett geben und zu festem, glattem, feinem Teig kneten. Dünne lange Stollen formen und auf gefettetes, mit Mehl leich bestreutes Backblech legen. Mit erwärmtem Tuch bedeckt nochmals gehen lassen. In heißer Röhre hellbraun backen. Fertiggebacken, noch heiß, mit warmer Milch bestreichen. Am nächsten Tag in 1 Zentimeter breite Schnitten schneiden, auf beiden Seiten mit ganz feinem Zucker bestreuen. Auf Backblech nebeneinanderlegen und in heißer Röhre bräunlich rösten.

535. Mohnkranz

500 g Mehl, 1 Ei, etwas Salz, 1 Eßlöffel Fett, 50 g Zucker, 20 g Hefe, Milch. Fülle: 500 g gemahlener Mohn (verwende Mohnmühle), 250 g Zucker, ca. $^1/_4$ Liter Milch

Hefeteig machen nach Nr. 525/526. Zucker und Mohn in Schüssel vermischen und mit der kochenden Milch brühen; zu dickem Brei rühren. Den gegangenen Hefeteig ausrollen, Mohnfülle aufstreichen, zusammenrollen und in gefettete runde Kuchenform legen. Nochmals gehen lassen. $^3/_4$ Stunde backen. Evtl. Zuckerguß darüber nach Nr. 610.

536. Streuselkuchen

Zutaten für Hefeteig: 1 kg Mehl, $^3/_8$ Liter Milch, 1 – 2 Eier, 60 – 80 g Fett, etwas Salz, 50 g Zucker, 40 g Hefe; Zutaten für Bröselteig Nr. 594

Bröselteig bereiten nach Nr. 594. Hefeteig bereiten nach Nr. 525 und Nr. 526. Auf gefettetem Backblech 2 Zentimeter dick ausrollen. Mit zerlassener Butter oder verrührtem Ei bestreichen, Bröselteig daraufstreuen, nochmals gehen lassen. In nicht zu heißer Röhre backen. Eventuell während des Backens mit Papier bedecken, damit Brösel hell bleiben. Fertiggebacken mit Puderzucker bestreuen.

537. Käsekuchen mit Hefeteig *(Käsetorte siehe Nr. 630)*

Zutaten für Käse: 500 g Topfen (weißer Käse), 2 – 3 Eier, 2 Eßlöffel Zucker, 1 Eßlöffel Fett, 1 Tasse Rahm oder Buttermilch, 2 Eßlöffel Weinbeeren, 30 g Butter, 1 Eßlöffel Mehl oder geriebene, kalte Kartoffel, Saft und geriebne Schale einer halben Zitrone
Zutaten für Hefeteig: 500 g Mehl, 20 g Hefe, 1 Ei, 30 g Fett, etwas Salz, etwas Zucker, soviel Milch, daß es festen Teig gibt (etwa $^1/_4$ Liter)

Hefeteig bereiten nach Nr. 525 und Nr. 526. Unterdessen drückt man den Topfen durch ein Sieb; ist derselbe hart, wird er gerieben. Eier und Rahm verrühren, Butter zergehen lassen. Nun die sämtlichen Zutaten mit dem Topfen gut vermischen. Muß breiige Masse sein. Auf gefettetem Backblech wird der fertiggegangene Hefeteig möglichst dünn ausgerollt. Die Ränder hochdrücken, damit beim Backen Käse nicht abläuft. Den Käse dick daraufgeben, nochmals etwas gehen lassen. Mit Zucker bestreuen, in heißer Röhre backen. Fertiggebacken soll Käse noch ziemlich hell sein.

Das Ei des Hefeteiges kann auch weggelassen werden.

538. Kartoffelbrot

Hefe mit etwas lauwarmer Milch anrühren und an warmem Ort gehen lassen. Dann die ganzen Zutaten mit der Hefe zusammenrühren und den Teig gut durchkneten. Stollen formen und gehen lassen. Braucht etwas länger als gewöhnlicher Hefeteig. 3/4 Stunde backen.

250 g gekochte, geriebene Kartoffeln, 500 g Mehl, 50 g Fett, 60 g Zucker, 2 Eier, 20 g Hefe, Salz (keine Milch zum Teig)

539. Wickelkuchen

Hefeteig bereiten nach Nr. 525 und Nr. 526. Danach den Teig auf bemehltem Nudelbrett fingerdick ausrollen, mit etwas zerlassener Butter bestreichen. Die Fülle auflegen und zusammenrollen. Entweder in runde, gefettete Gugelhupfform geben oder als Stollen auf gefettetes Backblech legen. Den gerollten Teil so einlegen, daß die glatte Seite oben liegt. Nochmals gehen lassen. Ungefähr 1 Stunde in heißer Röhre backen. Fertig mit Puderzucker bestreuen.

Man kann als Fülle auch Marmelade verwenden.

Zutaten für Hefeteig: 750 g Mehl, 100 g Butter, 1 – 2 Eier, 60 g Zucker, etwas Salz, 1/4 Liter Milch, geriebene Schale einer halben Zitrone, 30 g Hefe; Zutaten für Fülle: Nußfülle nach Nr. 869 oder 60 g Weinbeeren, 60 g Sultaninen, 1 gehäufter Eßlöffel klein geschnittenes Zitronat Nr. 872, Zimt und Zucker oder nur Weinbeeren, Zucker und Zimt

540. Zupfkuchen

Hefeteig bereiten nach Nr. 525 und Nr. 526. Den fertigen Hefeteig auf gefettetem Backblech etwa zwei Zentimeter hoch ausrollen. Nochmals gehen lassen. Unterdessen Rahm, Eier und Zucker gut verrühren (fest abschlagen), danach die Masse in das Mehl rühren. In Zwischenräumen von 3 Zentimetern hebt man mit zwei Fingern etwas Teig unter Drehen hoch, so daß auf der Teigoberfläche Vertiefungen entstehen. Geht sehr rasch. Nun gibt man den Guß auf den Teig. Zuletzt feingeschnittene Butterstücke darüberstreuen. In heißer Röhre backen. Fertiggebacken mit Zucker und Zimt bestreuen.

Zutaten für Hefeteig: 1 kg Mehl, 3/8 Liter Milch, 1 – 2 Eier, 60 g Fett, etwas Salz, 50 g Zucker, 40 g Hefe

Zutaten für Guß: 3 – 4 Eßlöffel Rahm, 2 Eier, 2 Teelöffel Mehl, 1 gehäufter Eßlöffel Zucker, Stückchen Butter

541. Christstollen *(zwei verschiedene Arten)*

einfache Art:
$1^1/_2$ kg Mehl, 250 g Schmalz oder 275 g Butter, 250 g feiner Zucker, 60 g Zitronat Nr. 872, 60 g Orangeat, 60 g Mandeln oder Nüsse, 100 g Rosinen (Sultaninen), 100 g Weinbeeren, 2 Eßlöffel Rum oder Arrak, etwas Muskatblüte oder geriebene Muskatnuß, Saft und Schale einer Zitrone, 4 Eier, 100 g Hefe, 1 Teelöffel Salz, Milch

reichhaltige Art:
$1^1/_2$ kg Mehl, 300 g Schmalz oder Butter, 250 g Zucker, 100 g Zitronat, 100 g Orangeat Nr. 872, 80 – 100 g Mandeln oder Nüsse, 200 g Rosinen (Sultaninen), 200 g Weinbeeren, 2 Eßlöffel Rum oder Arrak, etwas Muskatblüte oder geriebene Muskatnuß, Saft und Schale einer Zitrone, 4 Eier, 100 g Hefe, 1 Teelöffel Salz, Milch

Hefeteig bereiten nach Nr. 525. Das Schmalz, Zucker und Eier 10 Minuten rühren, dann das feingeschnittene Zitronat und Orangeat, die geriebenen oder besser grobgehackten Mandeln oder Nüsse, die gewaschenen Rosinen und Weinbeeren, Saft und geriebene Schale der Zitrone, Muskatnuß oder Muskatblüte, Rum oder Arrak und Salz zugeben. Das Ganze gut verrühren. Auf das Mehl schütten, am besten um das Hefeteigchen herum. Nun vorsichtig warme Milch zugeben, nicht zuviel, da es ganz festen Teig geben muß. Das Ganze mit den Händen kneten, bis sich die Rosinen vom Teig ablösen. Den Teig leicht mit Mehl bestreuen und neuerdings zugedeckt wie vorher so lange weitergehen lassen, bis er hochgegangen ist. Jetzt auf gut mit Mehl bestreutem Nudelbrett den Teig nochmals durchkneten.

Den Teig in 2 Hälften teilen, längliche Stollen formen. Von der Mitte der Stollen mit Nudelholz eine Seite dünn ausrollen, mit kalter Milch bestreichen und über die nicht ausgerollte Hälfte umschlagen. Auf gefettete Backbleche legen, noch einige Zeit gehen lassen und in heißer Röhre braun backen. Fertiggebacken nochmals mit zerlassener Butter bestreichen und mit Puderzucker bestreuen.

Die Eier können auch weggelassen werden.

542. Bayerisches Hutzelbrot (Klötzenbrot)

Birnen und Zwetschgen tags zuvor in reichlich Wasser kochen, Birnen entstielen, halbieren, Zwetschgen entsteinen. Die gekochten Birnen und Zwetschgen mit der Brühe in größere Schüssel geben. Nun zugeben: Die gehackten Nüsse, die in Stückchen geschnittenen Feigen, das in Streifen geschnittene Zitronat und Orangeat, die geriebene

Zitronenschale, den Saft der Zitrone, die gewaschenen Weinbeeren und Rosinen, Zimt, Nelken, Anis und Arrak und den Zucker. Das Ganze durcheinandermischen und über Nacht stehenlassen. Anderntags gut erwärmen und in Seiher ablaufen lassen.

Mit dem Mehl, Salz und der in lauwarmem Wasser aufgelösten Hefe Vorteig bereiten wie Nr. 525. Danach mit einem Teil der warmen Hutzelbrühe festen Teig machen, muß auf Nudelbrett gut geknetet werden. Nun die anderen Zutaten daruntermengen. Auf gut bemehltem Nudelbrett runde Laibchen oder Stollen formen und auf bemehlte Backbleche legen, mit Nußstückchen und Zitronenstreifen verzieren. *Jetzt erst langsam gehen lassen.* Mit Hutzelbrühe bestreichen, mit dünnem Hölzchen einige Male tief einstechen und in heißer Röhre braun backen. Fertig, wenn sich Kruste fest anfühlt und nicht mehr eindrücken läßt. Aus der Röhre genommen, nochmals mit Hutzelbrühe bestreichen.

1 1/2 kg Mehl oder Mischmehl, 100 g Hefe, 375 g Farinzucker (brauner Zucker), etwas Salz, 750 g Zwetschgen, 1 kg Birnen (gedörrte Früchte), 100 g Nüsse, 200 g Feigen, 40 g Zitronat, 40 g Orangeat Nr. 872, Saft und geriebene Schale einer Zitrone, 250 g Rosinen, 250 g Weinbeeren, 2 Eßlöffel Arrak oder Rum, 15 g Zimt, 8 g Nelken, etwas Anis

543. Hutzelbrot, andere Art

Zubereitung wie Nr. 542.

Bevor das Obst dem fertiggekneteten Teig beigemengt wird, teilt man den Teig in 2 gleiche Teile. Mit einem Teil vermengt man das Obst usw. Von dem anderen Teil rollt man auf bemehltem Nudelbrett soviel Stücke 1 Zentimeter hoch aus, wie man Laibchen oder Stollen formen will. Den mit dem Obst vermischten Teig teilt man nun in ebenso viele Stücke und schlägt über dieselben die ausgerollten Teigflecke zusammen. Auf bemehlte Backbleche legen, daß die glatte Teigseite oben ist. Nun erst *langsam* gehen lassen. Mit Hutzelbrühe bestreichen und in heißer Röhre braun backen.

Zutaten wie Nr. 542

544. Hefezopf

Aus Mehl und Hefe den Hefevorteig nach Nr. 525 bereiten. Dann mit obigen Zutaten Teig nach Nr. 526 herstellen. Den fertigen Hefeteig auf mit Mehl bestreutes Brett legen, etwas zusammenkneten und in drei gleiche Teile teilen. Hände in Mehl tauchen und die Teig-Teile gut in Länge des Backbleches rollen. Aus den drei Rollen einen

500 g Mehl, 25 g Hefe, 3 Eier, 70 g Butter, 70 g Zucker, 60 g Weinbeeren (Rosinen), 1/2 Teelöffel Salz, Schale von 1/2 Zitrone, Milch, Zutaten zu Zuckerguß Nr. 610 oder: 1 Eidotter und 2 Eßlöffel gehackte Mandeln

Zopf flechten und auf gut gefettetem und *erwärmtem* Backblech nochmals gehen lassen. $^{3}/_{4}$ Stunden in mäßiger Hitze backen.

Zuckerguß nach Nr. 610 bereiten und Zopf damit bestreichen. *Oder:* Eidotter verrühren, Zopf *vor dem Backen* damit bestreichen und mit Mandeln bestreuen.

545. Wiener Zopf

750 g Mehl, 120 g Butter, 150 g Zucker, 3 Eier, 40 g Hefe, 1 Teelöffel Salz, 100 g Rosinen, 1 Teelöffel Zimt, Zutaten zu Zuckerguß Nr. 610, Milch

Aus Mehl und Hefe Vorteig nach Nr. 525 und aus obigen Zutaten (jedoch nur mit 100 g Zucker und ohne Zimt) Teig nach Nr. 526 bereiten. Den fertigen Teig auf mit Mehl bestreutes Brett legen und etwas zusammenkneten. Teig zu einem fingerdicken, *viereckigen* Stück ausrollen, mit Zimt und 50 g Zucker, etwas zerlassener Butter und den Rosinen bestreuen, fest zusammenrollen. Diese Rolle der *Länge nach* mit scharfem Messer in der Mitte durchschneiden in zwei lange Hälften. Aus diesen beiden Teilen einen Zopf schlingen; dabei müssen die Schnittflächen der halben Rollen stets oben zu liegen kommen. Zopf auf *erwärmtes* und gefettetes Blech geben, nochmals gehen lassen und ca. $^{3}/_{4}$ Stunden bei mäßiger Hitze backen. Nach Nr. 610 Zuckerguß bereiten aus 4 Eßlöffeln Zucker und Zopf damit bestreichen.

Andere Art: Nach dem Schlingen des Zopfes kann man diesen in ca. 5 Zentimeter breite Stücke schneiden, dieselben auf gefettetem und erwärmtem Blech gehen lassen und ca. 30 Minuten bei mäßiger Hitze backen. Zuletzt mit Zuckerguß bestreichen. *Ergibt hübsches Kaffeegebäck.*

546. Wiener Napfkuchen

500 g Mehl, 120 g Butter, 80 g Zucker, 2 ganze Eier, 2 Eidotter, 30 g Hefe, 2 Eßlöffel Rum oder Arrak, 40 g Rosinen, 40 g Weinbeeren, 30 g kleingeschnittenes Zitronat, 30 g gemahlene Mandeln oder Haselnüsse, $^{1}/_{2}$ Teelöffel Salz, 5 – 6 Eßlöffel Milch

Aus Mehl und Hefe nach Nr. 525 Vorteig bereiten. Aus obigen Zutaten und der schaumig gerührten Butter Hefeteig nach Nr. 526 herstellen und 10 Minuten fest schlagen. Anschließend Teig in gut ausgefettete hohe Kuchenform füllen, nochmals gehen lassen und bei mäßiger Hitze $^{3}/_{4}$ Stunden backen. Zuletzt mit Puderzucker bestreuen.

547. Nußkranz

750 g Mehl, 150 g Butter, 130 g Zucker, 4 Eier, 1/8 Liter Milch, 1 Teelöffel Salz, 150 g gemahlene Haselnüsse, 1 Eßlöffel Rum oder Arrak, 50 g Weinbeeren, 1/2 Teelöffel Zimt oder 1 Päckchen Vanillezucker, 40 g Hefe, Zutaten zu Zuckerguß nach Nr. 610

Aus Mehl und Hefe nach Nr. 525 Hefevorteig und aus diesem sowie 100 g Butter, 2 ganzen Eiern, 2 Eigelb, 100 g Zucker, Salz und Milch Hefeteig nach Nr. 526 bereiten. 50 g Butter in Tiegel zergehen lassen und darin 30 g Zucker, die gemahlenen Haselnüsse, Weinbeeren, Rum oder Arrak, Zimt oder Vanillezucker unter Rühren etwas abrösten. Aus den restlichen 2 Eiweiß steifen Schnee schlagen und denselben unter die Fülle mischen. Den gegangenen Hefeteig auf mit Mehl estreutem Brett ca. 2 Zentimeter dick ausrollen, mit Fülle bestreichen und zusammenrollen. Teigrolle (Kante nach unten!) in erwärmte, gut ausgefettete, runde Kuchenform einlegen, nochmals gehen lassen und bei mäßiger Hitze 3/4 Stunden backen.

Mit Zuckerguß nach Nr. 610 bestreichen.

548. Streuselkuchen mit Mandeln (oder Nüssen)

Zutaten zu Hefeteig: 1 kg Mehl, 40 g Hefe, 80 g Fett, 60 g Zucker, ca. 3/8 Liter Milch, 1 Teelöffel Salz, 1 – 2 Eier

Zutaten für Streusel: 90 g Butter, 120 g Mehl, 100 g Zucker, 80 g geriebene Mandeln oder Nüsse, 1 kleiner Teelöffel Zimt

Aus Mehl und Hefe nach Nr. 525 Vorteig und aus diesem sowie Fett, Zucker, Milch und Eiern Hefeteig nach Nr. 526 bereiten. Den fertig gegangenen Teig auf erwärmtem, gefettetem Blech 2 1/2 Zentimeter dick ausrollen und gehen lassen. Unterdessen aus obigen Zutaten Bröselteig nach Nr. 594 bereiten, Kuchen mit Milch oder verrührtem Ei bestreichen und Streusel darüberstreuen. Kuchen in mäßiger Hitze hellgelb backen. Brösel sollen dabei hell bleiben. Auch deckt man vorteilhaft zu diesem Zweck nach der halben Backzeit sauberes Papier darüber. Den fertigen Kuchen mit Puderzucker bestreuen.

---

549. Schwäbisches Zuckerbrot

500 g Mehl, 25 g Hefe, 70 g Butter, 125 g Zucker, 2 Eier, 1 Teelöffel Salz, Saft und Schale von 1/2 Zitrone, 2 Eßlöffel Anis, 70 g geschnittenes Zitronat, 50 g geschnittenes Orangeat, 2 Eßlöffel Wasser, 1 Eßlöffel Rum

Aus Mehl und Hefe nach Nr. 525 Hefevorteig und aus diesem und sämtlichen obigen Zutaten Hefeteig nach Nr. 526 bereiten. Diesen Teig auf mit Mehl bestreutem Brett so lange durcharbeiten, bis *Aniskörner herauszufallen beginnen;* anschließend gehen lassen. Teig auf Brett 1 Zentimeter dick ausrollen. Daraus mit größerem Glas ca. 10 Zentimeter große Scheiben ausstechen und jede dieser Scheiben halbmondförmig zusammenklappen. Diese halbmondförmigen Teigscheiben nebeneinander (gerade Seite nach unten) in erwärmte, gefettete Pfanne (Bratpfanne) stellen (zwei Reihen nebeneinander) und das so entstandene Brot nochmals gehen lassen. Anschließend beide Teigrollen der Länge nach tief einschneiden und das Ganze bei mäßiger Hitze 1 Stunde backen.

Nach dem Backen mit *Zuckerwasser* bestreichen.

550. Ulmer Zuckerbrot

45 g Hefe, Mehl, 200 g Zucker, 1/2 Liter Milch, 3 Eßlöffel Wasser, 1 Eßlöffel Rum. 20 g nicht zu fein geschnittenes Zitronat, 20 g nicht zu klein geschnittenes Orangeat, Saft und Schale von 1/2 Zitrone, 2 Eßlöffel Anis, 1 Eßlöffel Fenchel (nach Geschmack), 1/2 Teelöffel Salz, 1 Eigelb

In größerer Schüssel Hefe mit lauwarmer Milch anrühren, sämtliche Zutaten (mit Ausnahme von Eigelb) und so viel Mehl hinzugeben, daß ein fester Teig entsteht. Diesen Teig auf Brett 1/2 *Stunde durchkneten.* Kuchen-Laib formen und auf gefettetem, erwärmtem und mit Mehl bestreutem Blech gehen lassen (benötigt dazu ca.2 Stunden). Mit verrührtem Eigelb bestreichen und durch die Mitte des Laibes einen 2 Zentimeter tiefen Einschnitt anbringen. 1 Stunde bei mäßiger Hitze backen.

551. Hörnchen

300 g Mehl, 30 g Hefe, 180 g gekochte, geriebene Kartoffeln, 2 Eier, 50 g Zucker, 50 g Butter, 3–4 Eßlöffel Milch, 1/2 Teelöffel Salz, Zutaten zu Zuckerguß nach Nr. 610, einige Eßlöffel Marmelade oder Nußfülle wie Nr. 869

Hefe in Schüssel mit lauwarmer Milch anrühren. Eier, die zerlassene Butter, Salz, Zucker, Kartoffeln und Mehl hinzugeben, zu einem feinen Teig schlagen und gehen lassen. Auf mit Mehl bestreutem Brett nochmals etwas durchkneten, ca. 1 Zentimeter dick ausrollen und daraus viereckige Teigstücke von 10 Zentimeter Breite schneiden. Auf je eine Ecke dieser Teigstücke 1/2 Teelöffel Marmelade oder Nußfülle, Zubereitung nach Nr. 869, geben, zusammenrollen, in Hörnchenform auf erwärmtes, gefettetes Blech legen und noch etwas gehen lassen. Bei mäßiger Hitze hellbraun backen und zuletzt mit Zuckerguß nach Nr. 610 bestreichen.

552. Butter-Hörnchen (Blätter-Hefeteig)

Aus Mehl und Hefe nach Nr. 525 Hefevorteig und aus diesem sowie 70 g zerlassener Butter, Zucker, Salz und Eidottern Teig nach Nr. 526 bereiten. Den fertiggegangenen Teig (ca. 1/2 Stunde) auf gut mit Mehl bestreutem Brett 2 Zentimeter hoch ausrollen, die restliche Butter *feingeschnitten* (Butter muß hart sein) gleichmäßig über den Teig streuen und die vier Ecken des Teigstückes kuvertartig zusammenschlagen. Dann wieder 2 Zentimeter dick ausrollen und wieder zusammenklappen. Dies wiederholt man noch drei- bis viermal, *bis keine Butterstücke mehr zum Vorschein kommen.* (Butter muß vollkommen mit Teig verarbeitet sein.) Bei dieser Arbeit muß Brett stets reichlich mit Mehl bestreut sein.

500 g Mehl, 40 g Hefe, 450 g Butter, 3 Eidotter, 8 Eßlöffel Zucker, 1/2 Teelöffel Salz, Marmelade oder Nußfülle nach Nr. 869, Zutaten zu Zukkerguß nach Nr. 610

Teig 1/2 Stunde zugedeckt stehenlassen. Dann 1 Zentimeter dick ausrollen und viereckige Stücke von 10 Zentimeter Breite ausschneiden oder rädeln. Auf je eine Ecke dieser Stücke 1/2 Teelöffel Marmelade oder Nußfülle (Nr. 869) geben, Teig zu Hörnchen zusammenrollen, auf erwärmtes, gut gefettetes und mit etwas Mehl bestäubtes Blech legen und gehen lassen. In heißer Röhre ca. 15 bis 20 Minuten backen und zuletzt mit Zuckerguß, Nr. 610 bestreichen.

Obstkuchen und feine Kuchen

553. Guter Hefeteig für Obstkuchen

Zubereitung genau wie Nr. 525/526. Verwendbar für alle Arten von Hefekuchen, Blechkuchen, Obstkuchen usw.

500 g Mehl, 25 g Hefe, 125 g Butter, 2 Eier, 1/2 Teelöffel Salz, Saft und Schale von 1/2 Zitrone, 60 g Zucker, 1/8 Liter Milch

554. Zwetschgenkuchen

Aus den Zutaten zu Hefeteig Nr. 553 den Teig bereiten nach Nr. 525 und Nr. 526. Auf gefettetem Backblech den Teig 1 Zentimeter dick ausrollen. Ränder hochdrücken. Dicht nebeneinander die entsteinten, geviertelten Zwetschgen auflegen. Mit ganz wenig Zucker bestreuen. Noch etwas gehen lassen. In nicht zu heißer Röhre backen. Sofort nach dem Backen dick mit Zucker und etwas Zimt bestreuen. Wird dadurch saftiger.

Zutaten zu Hefeteig Nr. 553, ca. 2 kg Zwetschgen, Zimt und Zucker

555. Kirschkuchen

Zutaten zu Hefeteig Nr. 553, 2 kg Kirschen, Zucker und Zimt

Hefeteig zubereiten wie Nr. 553. Weiterverfahren wie in Rezept Nr. 554. Die Kirschen werden entstielt, können ganz oder entsteint verwendet werden.

556. Apfelkuchen

Zutaten zu Hefeteig Nr. 553, $1^1/_2$ kg Äpfel, Zucker, Weinbeeren, Zimt oder Vanillezucker, nach Belieben Butterstückchen

Hefeteig zubereiten wie Nr. 553. Die Äpfel werden geschält, Kernhaus herausgenommen und in etwa $1^1/_2$ Zentimeter dicke Stücke geschnitten. Dicht nebeneinander auflegen, mit Zucker, Weinbeeren, Zimt oder Vanillezucker bestreuen. Man kann obenauf noch kleine Butterstückchen legen. Nochmals etwas gehen lassen. In nicht zu heißer Röhre backen, mit sauberem Papier bedeckt.

557. Rhabarberkuchen

Zutaten zu Hefeteig Nr. 553, $1^1/_2$ – 2 kg Rhabarberstiele, Zucker und Zimt

Hefeteig zubereiten wie Nr. 553. Rhabarber abschälen, waschen. In 2 Zentimeter lange Stückchen schneiden, dicken Rhabarber zuvor halbieren. Gut mit Zucker vermischen, 1 Stunde stehenlassen. Den ausgerollten Teig mit Rhabarber dicht belegen. Nochmals gehen lassen. In heißer Röhre backen.

Fertiggebacken gut mit Zucker und Zimt bestreuen.

558. Aprikosen-, Pflaumen- und Stachelbeerkuchen

Zutaten zu Hefeteig Nr. 553, $1^1/_2$ – 2 kg Obst, Zucker und Zimt

Hefeteig zubereiten wie Nr. 553. Weiterverfahren wie in Rezept Nr. 554.

559. Heidelbeerkuchen

Zutaten zu Hefeteig Nr. 553. $1^1/_2$ – 2 kg Heidelbeeren, Zucker und Zimt, Semmelbrösel

Hefeteig zubereiten wie Nr. 553. Heidelbeeren waschen und in Seiher ablaufen lassen. Mit etwas Zucker vermischen. Den ausgerollten Teig dick mit Heidelbeeren belegen. Semmelbrösel darüberstreuen. Nochmals gehen lassen. In heißer Röhre backen. Fertiggebacken mit Zucker und Zimt bestreuen.

560. Marmeladekuchen

Zutaten zu Hefeteig Nr. 553. Marmelade, Zucker

Hefeteig zubereiten wie Nr. 553. Von dem Teig Stückchen beiseite legen. Der ausgerollte Teig wird dick mit Marmelade bestrichen. Der beiseite gelegte Teig wird dünn ausgerollt und in schmale Streifen gerädelt. Die Streifen gitterartig über den Kuchen legen. Etwas gehen lassen. In heißer Röhre backen. Fertiggebacken mit Zucker bestreuen.

561. Feiner Apfelkuchen

125 g Butter, 80 g Zucker, 2 Eier, 430 g Mehl, 2 Teelöffel Backpulver, 1 Tasse (7 Eßlöffel) kalte Milch, 1 Suppenteller feingeschnittene Äpfel, 2 Eßlöffel Weinbeeren, 1/2 Teelöffel Zimt, die geriebene Schale einer halben Zitrone

Butter schaumig rühren, Zucker und Eier dazurühren, dann die Milch darangeben. Backpulver mit dem Mehl vermischen und daruntermengen. Den Teig auf mit Mehl bestreutem Nudelbrett leicht durchkneten. Zerteilen in 3 gleiche Teile. Runde Flecke ausrollen in der Größe der Springform. Einen Fleck in die mit Fett bestrichene, kalte Springform einlegen, bedecken mit der Hälfte der Äpfel, Weinbeeren, Zimt und etwas Zucker. Den 2. Fleck einlegen und nochmals mit Äpfeln usw. belegen. Den 3. Fleck auflegen, den Rand desselben nach unten andrücken und 45 Minuten in heißer Röhre backen. Fertiggebacken entweder mit Zucker bestreuen oder Zuckerguß nach Nr. 610 darübergeben.

562. Feiner Obstkuchen *(Obst im Teig versunken)*

80 – 100 g Butter, 125 g Zucker, 2 – 3 Eier, 8 Eßlöffel Milch, 1 Backpulver, Saft und geriebene Schale einer halben Zitrone, 280 g gesiebtes Mehl, 1 gehäufter Suppenteller Obst (Äpfel, Kirschen, Zwetschgen, Stachelbeeren, gezuckerter Rhabarber); wenn vorhanden, 1 Teelöffel Arrak

Butter schaumig rühren. Dann den Zucker, die Eidotter, die Milch und Zutaten der Zitrone zugeben. 10 Minuten rühren. Nun Arrak und das mit dem Backpulver vermischte Mehl dazumengen. Den steifen Schnee der Eiweiß leicht darunterheben. In gut gefettete, kalte Springform wird nun die *Hälfte* des Teiges eingefüllt, ein Teil des Obstes aufgelegt. Nun den übrigen Teig mit Löffel über das Obst verteilen, den 2. Teil des Obstes auflegen. In mäßig heißer Röhre 1 Stunde backen. Fertiggebacken mit Zucker bestreuen.

563. Erdbeerkuchen (Mürbteig)

Zutaten zu mürbem Teig nach Nr. 595 oder 596, ca. 1 kg Erdbeeren, 3 – 4 Eiweiß, 2 Eßlöffel zerdrückte Erdbeeren

Mürben Teig bereiten nach Nr. 595 oder 596. Den Teig in gefettete, kalte Form einlegen, Rand hochdrücken, in heißer Röhre hellbraun backen. Die sauber verlesenen Erdbeeren dick darauflegen und mit Zucker bestreuen. Dann den Schnee von 3 bis 4 Eiweiß mit 2 Eßlöffeln Zucker und 2 Eßlöffeln zerdrückten Erdbeeren vermischen, auf den Kuchen geben und einige Minuten in warme Röhre stellen.

564. Feiner Apfelkuchen (Mürbteig)

Zutaten zu mürbem Teig nach Nr. 595 oder 596, 1 kg Äpfel, etwas Wein, Zucker, Weinbeeren, Zimt, 1 Teelöffel Arrak oder Rum

Mürben Teig nach Nr. 595 oder 596. Äpfel schälen, Kernhaus herausnehmen, in Stücke schneiden, mit etwas Wein oder Wasser und Zukker weich kochen. Heiß durch Sieb treiben. Nun Weinbeeren, Zimt, Arrak, wenn nötig, noch Zucker unter das Mus mischen. $^3/_4$ des Teiges in gefettete, kalte Form einlegen, Rand hochdrücken. Das obige Mus dick auftragen. Den übrigen Teig fein ausrollen, in schmale Streifen rädeln und gitterartig über den Kuchen legen. Zuletzt als Abschluß einen Streifen dem Rande der Form entlang legen. In mäßig heißer Röhre backen. Fertiggebacken mit Puderzucker bestreuen. Statt Gitter kann man Guß Nr. 605 daraufgeben.

565. Stachelbeer- oder Johannisbeerkuchen

Zutaten zu mürbem Teig nach Nr. 595 oder 596, 1 kg Obst, etwas Wein, Zucker

Mürben Teig bereiten nach Nr. 595 oder 596. In gefettete, kalte Form einlegen, Rand hochdrücken. Stachelbeeren oder Johannesbeeren waschen, Stachelbeeren putzen. Mit Zucker und etwas Wein oder Wasser einmal aufkochen (nicht verkochen) und abkühlen lassen, dann auf den Teig geben. Es ist auch möglich die rohen Beeren auf den Kuchenboden zu legen. Gitter wie bei Nr. 564 auflegen, in heißer Röhre backen. Mit Puderzucker bestreuen.

Statt Gitter kann man auch Guß Nr. 605 oder 606 daraufgeben.

566. Rhabarberkuchen (Mürbteig)

Zutaten zu mürbem Teig nach Nr. 595 oder 596, 1 kg Rhabarberstiele, Zucker, Zimt

Mürben Teig bereiten nach Nr. 595 oder 596. Rhabarber abschälen, waschen. In 2 Zentimeter lange Stückchen schneiden, dicken Rhabarber zuvor halbieren. Gut mit Zucker vermischen, 1 Stunde stehenlassen. 3/4 des Teiges in gefettete, kalte Form einlegen, Rand hochdrücken. Mit dem vorbereiteten Rhabarber dicht belegen. Den restlichen Teig fein ausrollen, in schmale Streifen rädeln und gitterartig über den Kuchen legen. Zuletzt als Abschluß einen Streifen dem Rande der Form entlang legen. In mäßig heißer Röhre backen.

Statt der Verzierung mit Gitter kann auch Guß Nr. 605 oder 606 daraufgegeben werden. Nach Belieben kann auch der Rhabarber kurz mit etwas Wein, Zucker und Zimt gekocht werden und dieses Mus auf den rohen Mürbteigboden gelegt werden, mit Gitter oder Guß als Verfeinerung.

567. Quark-Apfelkuchen

*Zutaten für Kuchenboden:
200 g Mehl, 50 g Zucker, 1 Eigelb, 100 g Butter, 1 Eßlöffel Wasser;
Zutaten für Quarkfülle:
750 g Quark, 200 g Zucker, 2 Eier, 1 Eiweiß, 1 Päckchen Vanillezucker, 30 g Stärkemehl, geriebene Zitronenschale, 1 Eßlöffel Zitronensaft, 1 Eßlöffel Rum, 2 bis 3 Eßlöffel Milch, 100 g Sultaninen
4 bis 5 nicht zu harte Äpfel, Zitronensaft, Zucker, einige blättrig geschnittene Mandeln.*

Aus den oben angegebenen Zutaten für den Kuchenboden knetet man auf dem Nudelbrett einen Teig und legt damit eine ausgefettete Springform oder feuerfeste Form aus. Hohen Rand ringsherum ziehen. Nun rührt man den Quark sahnig und gibt sämtliche unter Quarkfülle oben angegebenen Zutaten hinzu. Äpfel schälen, halbieren, Kernhaus herausschneiden. Die Apfelhälften werden nun auf der gewölbten Seite mehrmals nebeneinander eingeritzt. Zucker mit Zitronensaft süßen und die Äpfel damit bestreichen. Die Quarkfülle streicht man auf den Kuchenboden und legt die Apfelhälften darauf. Die geschnittenen Mandeln streut man zuletzt darüber. Bei guter Hitze 45 – 55 Minuten goldbraun backen.

568. Napfkuchen mit Quark

200 g Quark, 125 g Butter, 200 g Zucker, 2 Eier, 350 g Mehl, Saft und abgeriebene Schale einer Zitrone, 1 Backpulver, 75 g Sultaninen, 75 g Mandeln, 1 Päckchen Vanillezucker

Butter, Zucker und Eier schaumig rühren, 1 Prise Salz, Vanillezucker, Saft und abgeriebene Schale einer Zitrone mit dem Quark dazugeben und schön glatt verrühren. Nach und nach das mit dem Backpulver vermischte Mehl, zuletzt die Sultaninen und die abgezogenen gehackten (fein) Mandeln darangeben. In einer gut ausgefetteten, größeren Napfkuchenform bei mittlerer Hitze 60 – 70 Minuten backen.

569. Quark-Stollen

250 g Quark, 200 g Zucker, 125 g Butter, 500 g Mehl, 2 Eier, Saft und Schale von 1/2 Zitrone, 50 – 100 g Mandeln, 1 1/2 Päckchen Backpulver, Puderzucker.

Das Mehl mit dem Backpulver gut vermischen und auf ein Nudelbrett schütten. In die Mitte des Mehls gibt man die Eier, den Zucker und den durchpassierten Quark, den Zitronensaft und die geriebene Schale, die geriebenen Mandeln und die in Stückchen geschnittene kalte Butter und knetet alles zu einem festen Teig. Nun formt man einen Stollen und legt diesen in eine gut ausgefettete Kastenform. 1 Stunde bei mittelstarker Hitze backen. Mit zerlassener Butter bestreichen und mit Puderzucker bestreuen.

Kuchen hält sich sehr lange.

---

570. Schwäbischer Zwiebelkuchen

Zutaten zu Hefeteig: 250g Mehl, 15 g Hefe, 60 g Butter, 1 Ei, etwas Salz, Saft und Schale einer 1/2 Zitrone, einige Eßlöffel Milch;
Zutaten zu Belag: 1 kg Zwiebeln, 45 g Butter, 60 g Mehl, 2 – 4 Eier, 1/8 Liter sauerer Rahm, Salz, Kümmel, Schinken- oder Speckwürfelchen oder Butterflöckchen

Hefeteig bereiten aus nebenstehenden Zutaten nach Rezept Nr. 525/526, ausrollen und auf ein rundes Kuchenblech legen. Die Zwiebeln schälen, feinschneiden und in der Butter weich dämpfen. Nun verrührt man das Mehl mit den Eiern und dem Rahm und gießt alles zu den Zwiebeln. Mit Salz und Kümmel würzen und die Masse auf den Teig streichen, mit Schinken- oder Speckwürfelchen belegen. Bei guter Hitze goldbraun backen.

571. Grieß-Kuchen

60 g Butter, 200 g Zucker, 1 Ei, 375 g Mehl, 165 g Grieß, Saft und Schale von 1/2 Zitrone, 1 Backpulver, 1/4 Liter Milch

Butter schaumig rühren. Den Zucker und das Ei gut darunterrühren. Nun den Zitronensaft und geriebene Schale, Grieß sowie die Milch dazugießen. Das mit dem Backpulver vermischte Mehl schüttet man langsam hinein, so daß es einen schönen, glatten Teig gibt. In gefettete Form einfüllen und bei guter Hitze ca. eine Stunde backen.

572. Wiener Schnitten

Zutaten für Teig: 300 g Mehl, 200 g Butter, 100 g Zucker, 50 g geriebene Mandeln oder Nüsse, 2 Eigelb;

Mehl, Butter, Zucker, geriebene Mandeln oder Nüsse und die Eigelb zu einem glatten Teig kneten und kalt stellen. Inzwischen rührt man die Zutaten zur Fülle gut durcheinander. Nun rollt man den Teig aus, bestreicht die eine Hälfte mit der ganzen Fülle und schlägt die andere Teighälfte darüber. Bei mittelstarker Hitze goldgelb backen.

Nach dem Backen schneidet man gleichmäßige Schnitten ab und überzieht sie mit dem Zuckerguß, der aus den oben angegebenen Zutaten gerührt wird.

Zutaten für Fülle:
1 Eiweiß, 100 g Zucker, 100 g geriebene Nüsse, geriebene Schale von einer Orange, etwas Orangensaft;
Zutaten für Guß:
1 Eiweiß, 150 g Puderzucker, 1 – 2 Eßlöffel Rum oder Zitronensaft

573. Anis-Brot (für Kranke)

Die Eier und den Zucker in Schüssel mit Schneebesen 1/2 Stunde schlagen. Nunmehr das Mehl und den gestoßenen (oder mit Wiegmesser zerkleinerten) Anis dazugeben, gut verrühren. In gefettete kalte Kastenform einfüllen und bei mittlerer Hitze hellgelb backen.

3 Eier, 140 g Zucker, 100 g Mehl, 1 Teelöffel Anis

Backpulvergebäck

574. Einfacher Backpulverkuchen

Butter schaumig rühren. Die ganzen Zutaten, zuletzt erst das mit dem Backpulver vermischte Mehl, gut dazurühren. In gefetteter kalter Form in mäßiger Hitze 45 Minuten backen. Fertig mit feinem Zucker bestreuen.

500g Mehl, 80 g Butter oder Fett, 2 Eier, 1/4 Liter Milch, etwas geriebene Zitronenschale, 125 g Zucker, 2 Eßlöffel Weinbeeren, 1 Backpulver

575. Feiner Backpulverkuchen

Butter schaumig rühren. Zucker, Eigelb, Zitrone, Arrak und die kalte Milch dazugeben und 10 Minuten rühren. Anschließend das mit Backpulver vermengte Mehl und zuletzt die zu Schnee geschlagenen Eiweiß dazurühren, diesen Teig in gefettete, kalte Form füllen und in mäßiger Hitze 3/4 Stunden backen. Mit Puderzucker bestreuen.

200 g gesiebtes Mehl, 50 g Kartoffelmehl, 5 Eier, 150 g Butter, 140 g Zucker, 5 Eßlöffel Milch, Saft und Schale von 1/2 Zitrone, 1 Teelöffel Arrak oder Rum, 1 Backpulver

576. Gesundheitskuchen

125 g Butter oder Schmalz, 4 Eier, 190 g Zucker, 1 Tasse Milch, 375 g gesiebtes Mehl, 1 Backpulver, 1 Likörglas Arrak oder Rum, etwas abgeriebene Zitronenschale oder Vanillezucker

Erwärmte Form mit Fett ausstreichen und mit Semmelbröseln bestreuen. Butter schaumig rühren, 4 Eidotter und den Zucker zugeben, 10 Minuten rühren. Dann Milch, Arrak und abgeriebene Zitronenschale daruntermengen. Die 4 Eiweiß zu Schnee schlagen. Mehl und Backpulver vermischen, langsam unter Rühren an die Masse geben. Schnee leicht daruntermengen, sofort in die kalte Form geben und 45 Minuten in langsamer Hitze backen.

577. Feiner Gesundheitskuchen

250 g Mehl, 130 g Butter, 5 bis 6 Eier, Saft und geriebene Schale einer halben Zitrone, 140 g Zucker, 5 Eßlöffel Milch, 1 Teelöffel Arrak, 1 Backpulver

Butter schaumig rühren. Zucker, Zitrone, Arrak, kalte Milch und die Eidotter vermischen, das mit dem Backpulver vermischte Mehl dazurühren, zuletzt den Schnee der Eiweiß leicht darunterheben. In gefetteter, kalter Form in mäßiger Hitze 45 Minuten backen. Mit feinem Zucker bestreuen.

578. Marmorkuchen

500 g Mehl, 130 g Fett, 4 Eier, 250 g – 350 g Zucker, 1/4 Liter Milch, 2 Eßlöffel Kakao, 1 Päckchen Vanillezucker, 1 1/2 Backpulver

Butter schaumig rühren, Eidotter, Zucker, Vanillezucker, kalte Milch und das mit dem Backpulver vermischte Mehl langsam dazugeben, gut verrühren. Zuletzt den Schnee der 4 Eiweiß darunterheben. Den Teig teilen, in die eine Hälfte den Kakao mischen. In gut gefettete, kalte Form mit kleinem Löffel abwechselnd von den beiden Teigen einlegen und mit Gabel einmal umrühren. In mäßig heißer Röhre 1 Stunde backen. Fertig mit Zucker bestreuen.

579. Feiner Marmorkuchen

Butter zunächst schaumig und dann Eigelb mit Zucker 20 Minuten mitrühren. Zitronensaft und -schale, Arrak, Milch, das mit Backpulver vermischte Mehl und die zu Schnee geschlagenen Eiweiß daruntermengen. Teig genau in zwei Teilen in zwei Schüsseln geben und den Inhalt der einen Schüssel mit Kakao gut vermischen. In kalte, gefettete, runde Form abwechselnd mit Eßlöffel von beiden Teigen einfüllen und den fertig eingefüllten Teig in der Mittel einmal mit Gabel umrühren. $^3/_4$ Stunden bei mäßiger Hitze backen und mit Puderzucker bestreuen.

300 g Mehl, 150 g Butter, 250 g Zucker, 3 Eier, Saft und Schale von $^1/_2$ Zitrone, 2 Eßlöffel Kakao, 1 Eßlöffel Arrak, $^1/_8$ Liter Milch, 1 Backpulver

580. Zitronenkuchen

Butter schaumig rühren. Eigelb, Zucker, Saft und Schale der Zitronen hinzugeben und 15 Minuten rühren. Dann der Reihe nach Milch, das mit Backpulver vermischte Mehl und die zu steifem Schnee geschlagenen Eiweiß daruntermengen. Teig in gefettete, kalte Spring- oder Kastenform füllen und in mäßiger Hitze $^3/_4$ Stunden backen. Mit Puderzucker bestreuen.

250 g Mehl, 3 Eier, 125 g Butter, 130 g Zucker Saft und Schale von 2 Zitronen, 6 Eßlöffel Milch, $2^1/_2$ Teelöffel Backpulver

581. Eiweiß-Kuchen

(Verwendung von restlichem Eiweiß)

Eiweiß zu sehr steifem Schnee schlagen und Zucker fest darunterrühren. Vanillzucker (oder Zitronenschale), Weinbeeren, das mit Backpulver vermischte Mehl, Arrak und die zerlassene Butter (Butter darf nicht heiß sein) gut daruntermengen. In gefettete, kalte Kastenform füllen und sofort bei mäßiger Hitze $^3/_4$ Stunden backen. Nach Nr. 608 Schokoladeglasur bereiten und Kuchen damit bestreichen.

280 g Mehl, 100 g Butter, 130 g Zucker, 6 Eiweiß, 3 Eßlöffel Weinbeeren, 1 Eßlöffel Arrak, 1 Päckchen Vanillezucker oder Schale von $^1/_2$ Zitrone, 3 Teelöffel Backpulver, Zutaten zu Schokoladeglasur nach Nr. 608

582. Königskuchen Nr. I

250 g Mehl, 130 g Butter, 130 g Zucker, 6 Eier, 1 Päckchen Vanillezucker oder Schale von 1/2 Zitrone, 80 g Sultaninen, 30 g feingeschnittenes Zitronat, 1 Eßlöffel Arrak, 3 kleine, gestrichene Teelöffel Backpulver

Zunächst Butter schaumig, dann Eigelb und Zucker noch 20 Minuten mitrühren. Sultaninen, Vanillezucker oder Zitronenschale, Zitronat, Arrak, das mit Backpulver vermischte Mehl und zuletzt die zu Schnee geschlagenen Eiweiß hinzugeben und gut vermengen. Teig in gefettete, kalte Kastenform füllen, bei guter Hitze 1 Stunde backen. Nach 20 Minuten Backzeit nachsehen, ob Kuchen oben einen Riß hat. Sobald dies geschehen, bei mäßiger Hitze weiterbacken.

583. Königskuchen Nr. II (englischer Kuchen)

200 g Mehl, 150 g Butter, 200 g Zucker, 100 g Stärkemehl, 5 Eier, 50 g feingeschnittenes Zitronat, 40 g Weinbeeren 40 g Sultaninen, Saft und Schale von 1/2 Zitrone, 1 Eßlöffel Arrak, 1 große Messerspitze Backpulver

Butter schaumig rühren. Dann ein Ei nach dem anderen, anschl. Zucker, Zitronat, Weinbeeren, Sultaninen, Zitronensaft und -schale, Arrak, das mit Backpulver vermischte Mehl und Kartoffelmehl dazurühren. Teig in gefettete, kalte Kastenform füllen, bei guter Hitze eine Stunde backen. Nach 20 Minuten Backzeit nachsehen, ob Kuchen oben einen Riß erhalten hat. Sobald dies geschehen, bei mäßiger Hitze weiterbacken.

584. Gewürzkuchen

1 bis 2 Eier, 1/4 Liter Milch, 300 g Farinzucker (brauner Zucker), 50 g Butter, 1 Eßlöffel Kakao, 1 Teelöffel Zimt, 1/2 Teelöffel Nelken, 50 g feingeschnittenes Zitronat, 3 Eßlöffel Weinbeeren, 1 Backpulver, 375 g Mehl.

Eier verrühren, zerlassene Butter und Zucker darangeben, dann Kakao, Zimt, Nelken, Zitronat Nr. 872 und Weinbeeren. Mit der kalten Milch gut verrühren. Nun langsam das mit dem Backpulver vermischte Mehl dazurühren. In gut gefetteter länglicher Form 1 Stunde in mäßig heißer Röhre backen.

Kuchen hält sich sehr lange.

585. Sirup-Kuchen

250 g Sirup, 500 g Mehl, 50 g Zucker, 4 Eßlöffel Essig, 1 Ei, 1 Backpulver, 1/2 Kaffeelöffel Hirschhornsalz, Zimt, Nelken oder Lebkuchengewürz, evtl. Rosinen, abgeriebene Zitronenschale, Nüsse

Sirup, Zucker, Ei, Essig und Gewürz 10 Minuten lang rühren. Backpulver und Hirschhornsalz mit dem Mehl sieben und abwechselnd mit schwarzem Malzkaffee (ca. 1 Tasse) dazurühren. Muß dickflüssigen Teig ergeben wie bei Gesundheitskuchen. In gefettete Form füllen und 1 Stunde bei mäßiger Hitze backen.

586. Sand-Kuchen

130 g Mehl, 125 g Stärkemehl, 180 g Butter, 3 Eier, 160 g Zucker, 2 Teelöffel Backpulver, 2 Eßlöffel Arrak, geriebene Schale von 1/4 Zitrone, 1 Päckchen Vanillezucker

Butter schaumig rühren, Eigelb, Zucker, Arrak, Zitronenschale, Vanillezucker dazugeben und alles mit Schneebesen 10 Minuten schlagen. Das mit Stärkemehl und Backpulver vermischte Mehl dazusieben und alles nochmals einige Minuten gut rühren. Die zu Schnee geschlagenen Eiweiß hinzufügen, die Masse sofort in gefettete, kalte Kuchenform einfüllen und bei mäßiger Hitze 1 Stunde backen. Kuchen nach dem Backen ca. 10 Minuten stehenlassen, dann erst stürzen. Mit Puderzucker bestreuen.

587. Roulade

120 g Mehl, 85 g Zucker, 3 Eier, 1 Päckchen Vanillezucker, 1 Backpulver, Milch

Eier und Zucker 15 Minuten rühren, dann das Mehl, Vanillezucker zugeben und so viel Milch verrühren, daß es dickflüssigen Teig gibt, Backblech mit Fett gut bestreichen, erkalten lassen. Das Backpulver rasch unter den Teig rühren. Backblech mit einem großen Pergamentpapier belegen. Den Teig auf das Papier gleichmäßig verlaufen lassen. In heißer Röhre ganz hell backen (etwa 8 bis 10 Minuten). Inzwischen sauberes Tuch in kaltes Wasser tauchen und gut auswinden, auf dem Tisch ausbreiten. Den gebackenen Kuchen, sobald er aus dem Rohr kommt, vorsichtig daraufstürzen (Oberseite nach unten), das Papier abziehen und den Kuchen schnell mit Marmelade bestreichen und durch Abheben des Tuches aufrollen wie einen Strudel. Es muß rasch gearbeitet werden. Auf Kuchengitter legen. Noch warm mit Vanillezucker bestreuen oder erkaltet mit Zuckerguß Nr. 611 bestreichen.

588. Biskuit-Roulade

60 g Stärkemehl, 5 Eier, 125 g Zucker, 1 Eßlöffel Arrak oder Rum, Marmelade, Zutaten zu Zuckerguß nach Nr. 611

Eigelb mit Zucker 25 Minuten rühren. Arrak, Kartoffelmehl und die zu Schnee geschlagenen Eiweiß dazurühren. Backblech einfetten und mit einem großen Pergamentpapier belegen. Den Teig auf diesem Papier auseinanderstreichen und 10 bis 15 Minuten in mäßig heißer Röhre hellgelb backen. Inzwischen sauberes Tuch in kaltes Wasser tauchen und gut auswinden, auf dem Tisch ausbreiten. Den gebackenen Kuchen, sobald er aus der Röhre kommt, vorsichtig daraufstürzen, Oberseite nach unten, das Papier abziehen, den Kuchen schnell mit Marmelade bestreichen und durch Anheben des Tuches aufrollen wie einen Strudel. Es muß rasch gearbeitet werden, da sich der Kuchen sonst nicht mehr rollen läßt. Auf Kuchengitter legen. Zuckerguß nach Nr. 611 bereiten und die Rolle damit bestreichen. Anstelle von Marmelade kann auch Schlagrahm und Erdbeeren oder gekochte Aprikosen in Stücken verwendet werden.

589. Obsttörtchen

Zutaten zum Teig: 375 g Mehl, 100 g Butter, 100 g Zucker, 2 Eier, 1/8 Liter Milch, 3 Teelöffel Backpulver; Zutaten zur Fülle: Frisches oder eingewecktes Obst, im ersteren Fall Schlagsahne und im letzteren pro 1/4 Liter Obstsaft 1 Eßlöffel Stärkemehl

Butter fein schneiden (muß kalt sein) und mit Mehl, Backpulver, Zucker, Eiern und Milch zu glattem Teig verarbeiten. Sollten keine kleinen Formen für Obsttörtchen vorhanden sein, diese wie folgt aus dem Teig anfertigen. Zwei Drittel des Teiges dünn (ca. 3 Millimeter) ausrollen und mit Glas- oder Blechform ca. 8 bis 10 Zentimeter große Scheiben ausstechen. Den restlichen Teig zu bleistiftstarken Rollen verarbeiten und die einzelnen Teigscheiben damit umranden. Teigscheiben auf gefettetem Blech in nicht zu heißer Röhre hellgelb backen.

Wenn möglich, läßt man die Törtchen 1 bis 2 Tage liegen (werden dadurch mürber).

Vor Gebrauch mit frischem Obst, z. B. Erdbeeren, belegen und Schlagsahne daraufgeben. Hat man eingeweckte Früchte, so verrührt man den Saft derselben mit Stärkemehl (auf 1/4 Liter Saft ca. 1 Eßlöffel) und läßt diese Masse so lange kochen, bis sie durchsichtig ist. Törtchen mit den Früchten belegen und Soße darübergeben.

590. Mürber Apfelstrudel

100 g Butter, 250 g Mehl, 2 Eigelb, 2 Eßlöffel Rahm oder Milch, 2 Teelöffel Zucker, 1 kg Äpfel, 80 g Weinbeeren, 2 Messerspitzen Zimt, 1/2 Päckchen Vanillezucker, 1/2 Teelöffel Salz

Butter fein schneiden und mit Mehl, Eigelb, Salz, Rahm oder Milch zu feinem Teig verarbeiten und eine halbe Stunde zugedeckt kühl stehenlassen. Unterdessen Äpfel schälen, in feine Scheiben schneiden, mit Zucker und 1 Messerspitze Zimt vermischen. Teig auf mit Mehl bestreutem Brett ca. 1/2 Zentimeter dick ausrollen, Äpfel, Weinbeeren, 1 Messerspitze Vanillezucker gleichmäßig daraufstreuen, zu einer länglichen Rolle zusammenrollen. Die Rolle muß an beiden Enden durch Zusammendrücken gut geschlossen werden. Auf gefettetem Blech bei guter Hitze ca. 30 Minuten hellbraun backen. Mit Puderzucker bestreuen.

591. Apfelrolle

Zutaten zum Teig: 80 g Butter, 60 g Zucker, 400 g Mehl, 2 Eier, 1 Messerspitze Salz, 2 Eßlöffel Rahm oder Milch, 1 Backpulver, Zuckerguß Nr. 611; Zutaten zur Fülle: 1 Suppenteller geschälte, fein geschnitzelte Äpfel, Schale von 1/2 Zitrone, 60 g Zucker, 1 Teelöffel Zimt, 40 g Weinbeeren

Butter fein schneiden und mit sämtlichen Teigzutaten auf Brett zu glattem, festem Teig verarbeiten. Dann 1 Zentimeter dick ausrollen und mit den oben unter „Fülle“ angegebenen Zutaten gleichmäßig bestreuen. Fest zusammenrollen und die Rolle an beiden Enden durch Zusammendrücken des Teiges schließen. Auf gefettetem Blech bei mäßiger Hitze 1 Stunde braun backen. Nach Nr. 611 Zuckerguß bereiten und Rolle damit bestreichen.

592. Bienenstich

Zutaten zum Teig: 375 g Mehl, 100 g Butter, 100 g Zucker, 2 Eier, 7 Eßlöffel Milch, 1 Messerspitze Salz, 3 Teelöffel Backpulver; Zutaten zu Vanillecreme: Rezept Nr. 715, jedoch nur 1/4 l Milch; Zutaten zum Belag: 80 g Butter, 100 g Zucker, 150 g grobgehackte Mandeln oder Haselnüsse, 1 Päckchen Vanillezucker, 4 Eßlöffel Milch

Teigzutaten zu feinem, glattem Teig verarbeiten. Denselben in gefettete Springform geben und bei mäßiger Hitze 3/4 Stunden backen. Unterdessen Vanillecreme nach Nr. 715 bereiten, jedoch mit nebenstehenden Zutaten. Sämtliche Belag-Zutaten in kleinen Tiegel geben und unter Rühren einige Male aufkochen lassen.

Kuchen aus Springform nehmen, erkalten lassen, flach (waagrecht) in zwei gleiche Scheiben schneiden oder auch zweimal durchschneiden. Die untere Scheibe mit Vanillecreme belegen, evtl. auch die zweite, den Deckel daraufgeben und oben mit dem gekochten Belag bestreichen. Den ganzen Kuchen in der geschlossenen Springform (damit Belag nicht herunterfallen kann) noch so lange in heiße Röhre geben, bis Belag goldbraun ist. Mit nassem Messer vom Rand der Springform lösen.

593. Bamberger Hörnchen

250 g Mehl, 250 g Topfen (Quark), 125 g Butter, 1 Ei, 1 Eigelb, 125 g Zucker, 1 Päckchen Vanillezucker, 1/2 Teelöffel Hirschhornsalz

Sämtliche Zutaten außer Eigelb zu festem Teig verarbeiten, ca. 2 Zentimeter starke und ca. 12 Zentimeter lange Rollen daraus fertigen und zu Hörnchen formen. Hörnchen mit Eigelb bestreichen und auf gefettetem Blech in mäßig heißer Röhre hellgelb backen.

Verschiedene Teige

594. Bröselteig für Streuselkuchen und für Obstkuchen

100 g Mehl, 2 Eßlöffel Zucker, Messerspitze Zimt 70 g Butter. Reicht für 1 mittleren runden Backblechkuchen

Mehl, Zucker und Zimt mischen, auf Nudelbrett häufen, die zerlassen (nicht heiße) Butter langsam darübergießen. Das Ganze mit Messer so lange durchhacken, bis es bröselige Masse gibt. Den backfertigen Hefeteig mit zerlassener Butter oder verrührtem Ei bestreichen, Bröselteig darüberstreuen und backen.

595. Mürber Teig für Kuchenböden

50 g Butter, 1 Ei, 60 g Zucker, 200 g Mehl, 1/2 Backpulver, 2 bis 3 Eßlöffel Milch

In Schüssel geben: Das mit dem Backpulver vermischte Mehl, das Ei, den Zucker und die in kleine Stückchen geschnittene Butter. Das Ganze mit etwas Milch oder Rahm zu festem, glattem Teig kneten. Findet Verwendung für Obst- und Käsekuchen.

Das Ei kann man auch weglassen. Kuchenboden hält sich 4 bis 5 Tage. Kann im voraus gebacken werden und erst bei Bedarf mit Obst belegt werden. Backzeit 25 bis 30 Minuten.

596. Mürber Teig für Kuchenböden, andere Art

250 g Mehl, 150 g Butter, 80 g Zucker, etwas Vanillezucker oder geriebene Zitronenschale, 1 bis 2 Eßlöffel Wein oder Rahm

Butter schaumig rühren. Mit dem Zucker, Vanillezucker oder Zitronenschale und Mehl zu einem glatten Teig kneten. Verwendung zu Obstkuchen.

597. Einfaches Biskuit für Obstkuchen

4 Eier, 1 bis 2 Eßlöffel Wasser, 140 g Zucker, 140 g gesiebtes Mehl, etwas geriebene Zitronenschale oder Vanillezucker

Zucker, Eidotter und Wasser 20 Minuten rühren. Dann das Mehl und die Zitronenschale oder Vanillezucker darunterrühren. Zuletzt den Schnee der 4 Eiweiß darunterheben. In runder Springform (leicht gefettet) bei mäßiger Hitze hell backen.

Kann im voraus gebacken und erst bei Bedarf mit Obst belegt werden.

Blätterteig

598. Blätterteig

250 g Mehl, 250 g Butter, etwas Salz, 1 Teelöffel Arrak, 1 kleines Ei, evtl. etwas Zucker

Butter, am besten tags zuvor, gut auskneten, bis sie zähe ist, in kühlen Raum stellen. Mehl, Salz, Arrak und Ei mit so viel kaltem Wasser vermischen, daß es nicht zu festem Teig gibt. Fest durchkneten und 15 Minuten mit Tuch bedeckt ruhen lassen. Butter platt drücken, den Teig doppelt so groß viereckig ausrollen. Butter auf die Mitte des Teiges legen, die 4 Ecken kuvertartig darüberschlagen. Butter muß ganz bedeckt sein. Fingerdick ausrollen, $^1/_4$ Stunde ruhen lassen. Wieder die Ecken umschlagen, nochmals ausrollen, neuerdings $^1/_4$ Stunde ruhen lassen. Dasselbe noch vier- bis fünfmal wiederholen. Je öfter dies geschieht, desto schöner wird der Teig. Wenn möglich, Teig noch längere Zeit in kühlem Raum ruhen lassen. Zum Gebrauch rollt man den Teig gut messerrückendick aus.

Ei und Arrak kann man auch weglassen.

599. Apfelschnitten

Zutaten zu Blätterteig Nr. 598, 1 kg Äpfel, Zucker, 60 g Weinbeeren, Schale von $1/2$ Zitrone, 1 Päckchen Vanillezucker, 2 bis 3 Eßlöffel Weißwein, Zutaten zu Zuckerguß Nr. 610

Äpfel schälen, fein schneiden und mit Zucker, Weinbeeren, Zitronenschale und Wein dämpfen, keinesfalls verkochen lassen. Blätterteig nach Nr. 598 bereiten und auf gut bemehltem Brett zwei gleich große Platten von ca. 7 Millimeter Stärke ausrollen. Die eine Platte mit den erkalteten Äpfeln belegen, die andere darauflegen und am Rand beide Platten so zusammendrücken, daß der Inhalt vollkommen abgeschlossen ist. Diesen Kuchen auf nassem (mit Wasser angefeuchtetem) Backblech in guter Hitze hellgebl backen. Mit Zuckerguß nach Nr. 610 bestreichen und noch warm in beliebig große Schnitten schneiden.

600. Äpfel im Schlafrock

Zutaten zu Blätterteig Nr. 598, 1 kg mürbe, mittelgroße Äpfel, 2 Eßlöffel Arrak oder Weißwein, 2 Eßlöffel Zucker, 1 Teelöffel Zimt, 2 bis 3 Eßlöffel Weinbeeren, 1 Päckchen Vanillezucker, 1 Eigelb

Blätterteig nach Nr. 598 bereiten. Äpfel schälen und das Kernhaus entfernen. (Äpfel müssen dabei ganz bleiben) Weinbeeren mit Zukker, Vanillezucker, Zimt, Arrak oder Wein mischen, die ausgehöhlten Äpfel damit füllen und ca. $1/2$ Stunde stehenlassen. Blätterteig auf gut mit Mehl bestreutem Brett ca. $1/2$ Zentimeter stark ausrollen, daraus viereckige Stücke, je nach Größe der Äpfel rädeln. In die Mitte jedes Teigstückes einen Apfel stellen, die vier Ecken darüber zusammenschlagen und das Ganze mit Eigelb bestreichen. Auf nassem (mit Wasser befeuchtetem) Blech bei guter Hitze hellgelb backen.

601. Blätterteig-Hörnchen

Zutaten zu Blätterteig Nr. 598, 125 g gemahlene Nüsse oder Mandeln, einige Tropfen Mandelöl oder 1 Teelöffel Arrak, 100 g Zucker, 20 g Butter, Schnee von 2 Eiweiß, 1 Eigelb oder Zuckerguß nach Nr. 610

Nüsse mit Zucker, Butter und 3 Eßlöffeln Wasser rasch aufkochen lassen. Etwas erkalten lassen, den steifen Eischnee und Mandelöl oder Arrak daruntermengen.

Blätterteig nach Nr. 598 bereiten. Teig auf gut mit Mehl bestreutem Brett $1/2$ Zentimeter stark ausrollen und ca. 8 bis 10 Zentimeter breite viereckige Stücke ausrädeln. Auf eine Ecke dieser Teigstücke 1 gehäuften Teelöffel obiger Fülle geben und durch Einrollen Hörnchen formen. Auf nasses Blech geben, mit verrührtem Eigelb bestreichen und bei guter Hitze hellbraun backen oder nach dem Backen mit Zuckerguß Nr. 610 bestreichen.

602. Blätterteig-Halbmonde

Zutaten zu Blätterteig Nr. 601

Zubereitung des Blätterteigs genau wie Nr. 601, jedoch sticht man aus dem ausgerollten Teig runde ca. 8 bis 10 Zentimeter große Scheiben aus, belegt die eine Hälfte mit einem gehäuften Teelöffel Fülle und klappt die andere darüber. Die weitere Zubereitung wie Nr. 601.

603. Topfenfülle für Blätterteig-Backwerk

250 g Topfen (Quark), 2 Eier, 50 g Zucker, 30 g Sultaninen, 1/2 Päckchen Vanillezucker, 1 bis 2 Eßlöffel Rahm

Diese Zutaten gut vermengen und als Fülle, etwa für Nr. 602, verwenden.

604. Cremeschnitten

Zutaten zu Blätterteig Nr. 598; Zutaten zur Creme: 4 Eßlöffel Mehl, 5 Eßlöffel Zucker, 1/2 Stange Vanille, 1/2 Liter süßer Rahm oder Milch, 4 Eidotter, Stückchen Butter

Dünn ausgerollten Blätterteig bereiten wie Nr. 598 und auf mit kaltem Wasser bestrichenes Backblech legen. Den Teig mit Messer in längliche Stücke teilen (nicht durchschneiden). Die Stücke vorsichtig mit verrührtem Ei, welchem Zucker beigemengt ist, bestreichen, die Ränder der Stücke müssen frei bleiben. Die Stücke mit Gabel einstechen, in heißer Röhre backen. Fertig, wenn sie nicht mehr zischen.

Unterdessen folgende Creme fertigen: Mehl, Zucker, Vanillestange, Rahm oder Milch anrühren. Stückchen Butter und die Eidotter dazugeben. Auf heißem Herd rühren, bis es dicklich wird; nicht kochen. Nur durch feines Sieb streichen. Auf je eine fertiggebackene Schnitte streicht man die kalte Creme und legt eine andere Schnitte auf.

Glasuren

¹/₄ Liter Rahm, 2 bis 3 Eidotter, 100 g Zucker, etwas Zimt oder Vanillezucker, 2 Eßlöffel Semmelbrösel

605. Feiner Guß auf Obstkuchen

Die ganzen Zutaten fest zusammenrühren, über den halb fertiggebackenen Obstkuchen geben. Dann den Kuchen in der Röhre fertigbacken.

2 Eier, 70 g Zucker, 30 g Mehl, 25 g Butter, ¹/₄ Liter Milch, etwas geriebene Zitronenschale

606. Einfacher Guß auf Obstkuchen

Eidotter, Zucker, Mehl, Butter, Milch und Zitronenschale verrühren und unter Rühren dicklich kochen. Vom Herde genommen, noch fünf Minuten rühren. Den steifen Schnee der Eiweiß darunterheben. Auf den fertiggebackenen Kuchen geben. In mäßig heißer Röhre noch etwas bräunen lassen.

3–4 Eiweiß, 2–3 Eßlöffel Zucker

607. Eiweißguß auf Obstkuchen

Eiweiß zu sehr steifem Schnee schlagen, Zucker daruntermischen und schnittfest schlagen. Auf den fertiggebackenen Obstkuchen streichen, noch einige Minuten in heißer Röhre hell bräunen.

50 g Schokolade, 50 g feiner Zucker, 2 Eßlöffel Wasser

608. Schokolade-Glasur

In kleinem Tiegel die Schokolade mit 1 Eßlöffel Wasser auf warmem Herd weich werden lassen, danach den Zucker und 1 Eßlöffel Wasser dazugeben. Unter Rühren kochen, bis sich beim Hochheben des Löffels Fäden ziehen. Auf der Seite des Herds noch 5 Minuten rühren, bis die Glasur ganz fein ist. Die Glasur wird noch warm auf das Gebäck aufgetragen.

130 g Puderzucker, 1 Eiweiß, einige Tropfen Zitronensaft

609. Spritzglasur (Zur Verzierung von Torten und Backwerk)

Puderzucker, Eiweiß und Zitronensaft ¹/₄ Stunde rühren (mit Küchenrührmaschine 5 Minuten). Mit Spritze Verzierungen auf die Torte oder das Backwerk drücken. Ist die Glasur zu dünn, noch Puderzucker zugeben, darf nicht fließen.

610. Zuckerguß, gekocht

Zucker und Wasser in kleinem Tiegel verrühren und unter öfterem Rühren 4 – 5 Minuten kochen lassen. Der Guß muß heiß sofort mit Pinsel aufgetragen werden. Das Backwerk kann heiß oder kalt sein.

Je 2 Eßlöffel Zucker, je 1 Eßlöffel Wasser

611. Zuckerguß, ungekocht

Puderzucker und Zitronensaft, bei Schokoladenguß den Kakao, mit ganz wenig kochendem Wasser anrühren, daß es dicken Brei gibt. Nun noch $^1/_4$ Stunde rühren, (mit Küchenrührmaschine 5 Minuten). Darf nicht vom Löffel ablaufen. Auf das kalte Backwerk mit breitem Messer auftragen. Der Guß bekommt einen schöneren Glanz, wenn man vor dem Anbrühen einen Kaffeelöffel voll feingeschnittenes Kokosfett zum Zucker gibt.

125 g Puderzucker, 1 Eßlöffel Zitronensaft, 1 Kaffeelöffel Kokosfett
Für Schokoladen-Zuckerguß ungekocht gibt man 1 Eßlöffel Kakaopulver zu obigen Zutaten

612. Arrakguß

Das Ganze mit soviel Wasser anrühren, daß es dicken Brei gibt. Danach noch $^1/_4$ Stunde rühren, bleibt dadurch weiß. Auf das kalte Backwerk mit breitem Messer auftragen.

125 g Puderzucker, 1 Eßlöffel Zitronensaft, 1 Eßlöffel Arrak oder Rum

613. Schokoladeguß, ungekocht

Die Schokolade im Wasserbad schmelzen lassen, die Butter oder das Kokosfett und den Puderzucker dazugeben und soviel warmes Wasser dazurühren, daß es einen dicklichen Guß ergibt. Noch lauwarm auf das Backwerk auftragen.

200 g Blockschlokolade (Schmelzschokolade), 30 g Butter oder Kokosfett, 100 g Puderzucker, warmes Wasser

614. Guß auf Torten

Eiweiß, Puderzucker und Kartoffelmehl gut rühren, auf die kalte Torte mit breitem Messer streichen und trocknen lassen.

1 Eiweiß, 6 Teelöffel Puderzucker, 6 Teelöffel Kartoffelmehl

Torten

615. Buttercreme zum Füllen von Torten

40 g Stärkemehl, 130 g Zucker, 125 g Butter, 3 Eigelb, $^1/_4$ Liter Milch

Stärkemehl mit kalter Milch anrühren, Eigelb und Zucker hinzugeben und unter Rühren *etwas* dicklich einkochen lassen. Butter schaumig rühren und obige Masse langsam darangeben. So lange rühren, bis Creme erkaltet ist.

Buttercreme zum Füllen von Torten, andere Art

(siehe auch Nr. 717)

616. Spritzglasur zur Verzierung von Torten

125 g Puderzucker, 1 Eiweiß, $^1/_2$ Eßlöffel Zitronensaft, nach Belieben etwas Kakao für Schokoladenglasur

Alle Zutaten 10 Minuten zu weißem, dickem Brei rühren. Wird derselbe *zu* dick, noch etwas Zitronensaft dazugeben. (Man muß jedoch beim Nachgießen von Flüssigkeit vorsichtig sein, da der Brei auch leicht zu dünn wird.)

Gibt man etwas Kakao darunter, so erhält man Schokoladeglasur.

Schaumkonfekt zur Verzierung von Torten

(siehe Nr. 870)

617. Einfache Torte

100 g Butter, 4 Eier, Saft und geriebene Schale einer Zitrone, 500 g Mehl, 150 g Stärkemehl, 2 Backpulver, 200 g Zucker, $^1/_4$ Liter Milch, Zutaten zu Creme Nr. 717 und Zuckerguß Nr. 611

Butter schaumig rühren, den Zucker, die Eier und Zitrone dazugeben, 20 Minuten rühren (mit Küchenrührmaschine 7 Minuten). Nun die beiden Mehle mit dem Backpulver mischen und mit der kalten Milch ebenfalls beimengen. In größerer, gefetteter kalter Form bei mäßiger Hitze 1 Stunde backen. Erkaltet 2 – 4mal durchschneiden, mit verschiedenen Marmeladen und Creme Nr. 717 füllen. Mit kaltem Zuckerguß Nr. 611 bestreichen. Sehr ergiebige Torte.

618. Feine Torte

4 Eidotter und Zucker 20 Minuten rühren (mit Küchenrührmaschine 7 Minuten), dann sämtliche Zutaten dazurühren, den Schnee der 4 Eiweiß darunterheben. In gefettete kalte Form geben. 45 bis 60 Minuten in mäßiger Hitze backen, noch warm dick mit Puderzucker bestreuen.

4 Eier, 125 g Zucker, 125 g feingeriebene Mandeln, 120 g geriebenes Schwarzbrot, 20 g feingeschnittenes Zitronat, 20 g feingeschnittenes Orangeat Nr. 872, Saft und Schale einer halben Zitrone, 5 g Zimt

619. Sandtorte *(gut und billig)*

Das Fett zergehen lassen (darf nicht heiß werden), den Zucker und 1 Päckchen Vanillezucker dazurühren, danach die Milch. Backpulver mit dem Mehl vermengen, an die Masse geben, zu glattem Teig verarbeiten, Springform mit Fett gut ausstreichen, erkalten lassen. Den Teig halbieren, zwei runde Flecke ausrollen, in Größe der Springform. Einen Fleck einlegen, Rand hochdrücken. Mit eingemachten Früchten, Marmelade oder frischen Früchten belegen. Den zweiten Fleck auflegen. 45 Minuten in heißer Röhre backen. Fertiggebacken noch warm mit dem zweiten Päckchen Vanillezucker bestreuen.

500 g Mehl, 150 g Butter oder Schmalz, 150 g Zucker, 2 Päckchen Vanillezucker, $^1/_2$ Tasse kalte Milch (5 Eßlöffel), 1 Päckchen Backpulver

620. Buttertorte

Die Eier und den Zucker 25 Minuten rühren (mit Küchenrührmaschine 8 Minuten), Butter leicht zergehen lassen (nicht heiß werden lassen) und mit der geriebenen Schale der Zitrone an die Masse geben. Das Mehl und das Backpulver vermischen, dazugeben und das Ganze nochmals fest verrühren. In gut gefettete kalte Form einlegen und 1 Stunde bei mäßiger Hitze backen. Erkaltet waagrecht durchschneiden, mit Früchten oder Marmelade füllen. Zuletzt mit kaltem Zuckerguß bestreichen.

300 g feiner Zucker, 6 Eier, 270 g gesiebtes Mehl, 200 g Butter, 1 Zitrone, $^1/_2$ Päckchen Backpulver

621. Buttertorte, andere Art

150 g Butter, 100 g Mehl, 80 g Kartoffelmehl, 200 g Zucker, 8 Eiweiß, 60 g gemahlene Mandeln, Saft und Schale von 1 Zitrone, Zutaten zu Buttercreme Nr. 615

Eiweiß zu ganz steifem Schnee schlagen und mit Zucker 10 Minuten rühren. Weizenmehl mit Kartoffelmehl vermischen und mit Mandeln, Zitronensaft und Schale und der zerlassenen, wieder abgekühlten Butter zum Schnee dazurühren. In die gefettete Springform füllen und bei mäßiger Hitze 1 Stunde backen.

Entweder: Torte ganz lassen und mit Puderzucker bestreuen. *Oder:* Torte waagrecht in zwei gleiche Teile schneiden, mit Buttercreme nach Nr. 615 füllen und mit Schlagrahm verzieren.

622. Schokoladentorte

125 g Schokolade, 100 g Butter, 140 g Zucker, 3 Eier, 70 g geriebene Mandeln oder Haselnüsse, 130 g Mehl, 1 gehäufter Teelöffel Backpulver, Saft einer halben Zitrone

Schokolade unter Beigabe des Zitronensaftes auf warmem Teller weichen lassen. Butter in Schüssel schaumig rühren, dann den Zucker, die drei Eidotter und die geweichte Schokolade zugeben. Das Ganze 15 Minuten rühren (mit Küchenrührmaschine einige Minuten). Nun rührt man die geriebenen Mandeln oder Nüsse und das mit dem Backpulver vermischte Mehl fest darunter. Zuletzt hebt man den Schnee der 3 Eiweiß leicht darunter. Die Masse in gut mit Fett bestrichene kalte Form einlegen und 1 Stunde in mäßiger Hitze backen. Erkaltet mit kaltem Zuckerguß bestreichen.

Man kann die Torte auch waagrecht durchschneiden und mit Marmelade oder Früchten füllen.

623. Kaffeetorte

4 Eier, 250 g feiner Zukker, 250 g gesiebtes Mehl, 1/2 Teelöffel Zimt, 1 große Messerspitze gestoßene Nelken, 1 Eßlöffel feingehacktes Zitronat Nr. 872, 1/8 Liter kalter, starker, reiner Bohnenkaffee, 1 Eßlöffel Zitronensaft, 1 Backpulver

Vor Fertigen des Teiges Springform erwärmen, mit Butter leicht fetten und wieder erkalten lassen.

Die 4 Eidotter mit Zucker und Zitronensaft 30 Minuten rühren oder schlagen (mit Küchenrührmaschine 10 Minuten). Das Gewürz dazugeben, danach die Hälfte des Mehls und dann den Kaffee. Das Ganze nun kurz umrühren. Das Eiweiß unter Beigabe von einigen Körnchen Salz zu Schnee schlagen. Die andere Hälfte des Mehls mit dem Backpulver vermischen und in die Masse rühren. Den Schnee leicht daruntermengen. Sofort in die kalte Form füllen und 1 Stunde bei nicht zu starker Hitze backen. Nach Fertigbacken Form öffnen, die Torte vorsichtig mit Messer vom Boden lösen und auf Stroh- oder Drahtdeckel legen. Nach Erkalten waagrecht zweimal durchschneiden.

Da die obere Hälfte wieder genau aufgenommen werden muß, legt man dieselbe am besten nach vorwärts um, füllt die Torte mit Marmelade oder eingemachten Früchten oder Kaffee-Creme Nr. 721 mit folgenden Zutaten: 1/4 Liter Bohnenkaffee, 110 g Zucker, 2 Eidotter, 15 g Stärkemehl, und legt Deckel (obere Seite) wieder auf. Mit Glasur überziehen.

624. Nuß- oder Mandeltorte

Die Eidotter und Zucker 30 Minuten rühren, (mit Küchenrührmaschine 10 Minuten). Dann sämtliche Zutaten dazurühren, zuletzt den Schnee der 6 Eiweiß. In gefetteter Form 45 Minuten in mäßiger Hitze backen. Man kann die Torte auch in 2 Teilen backen: in diesem Falle zwischen die Teile Buttercreme Nr. 717 oder gezuckerten Schlagrahm geben.

Die fertige Torte wird in beiden Fällen mit Buttercreme oder gezuckertem Schlagrahm bestrichen.

6 Eier, 170 g Zucker, 175 g geriebene Nüsse oder Mandeln, 1 Eßlöffel feingeschnittenes Zitronat Nr. 872, Saft und geriebene Schale einer Zitrone, 1/2 Teelöffel Zimt, 30 g geriebener Zwieback. Nach Belieben Zutaten zu Buttercreme Nr. 717

625. Haselnuß- oder Mandeltorte

4 Eigelb und 2 ganze Eier mit Zucker, Zitronensaft und -schale 20 Minuten rühren (mit Küchenrührmaschine 7 Minuten). Geriebene Haselnüsse, Zitronat, Zimt, Nelken und den Schnee der vier restlichen Eiweiß daruntermengen. In gut gefettete Form füllen und bei mäßiger Hitze 1 Stunde backen.

Arrakguß nach Nr. 612 bereiten und die erkaltete Torte damit bestreichen. Eventuell mit Spritzglasur nach Nr. 609 verzieren.

200 g gemahlene Haselnüsse oder Mandeln, 200 g Zucker, 40 g feingeschnittenes Zitronat, 6 Eier, Saft und Schale von 1 Zitrone, 1 kleine Messerspitze Zimt. Zutaten zu Arrak- oder Rumguß nach Nr. 612. Nach Belieben Spritzglasur Nr. 609

626. Biskuit-Torte

160 g Mehl, 160 g Zucker, 8 Eier, Saft und Schale von $^{1}/_{2}$ Zitrone, 1 Messerspitze Backpulver, Schokoladeglasur nach Nr. 616 oder kalter Zuckerguß nach Nr. 611, Früchte zum Verzieren

Eigelb mit Zucker 30 Minuten schlagen (mit Küchenrührmaschine 10 Minuten), Mehl, Backpulver, den steigen Eischnee darunterrühren und die Masse in gefettete Springform füllen. In mäßiger Hitze ca. 40 Minuten backen.

Schokoladeglasur oder Zuckerguß bereiten und die erkaltete Torte damit überziehen. Mit Früchten oder auch Spritzglasur verzieren.

627. Flaum-Torte

Zutaten zum Teig: 150 g Stärkemehl, 250 g Zucker, 5 Eier, Saft von $1^{1}/_{2}$ Zitronen, 2 Teelöffel Backpulver;
Zutaten zur Fülle: 100 g Butter, 150 g Puderzukker, 1 Päckchen Vanillezucker, 2 Eier, 3 Rippen Schokolade, 1 Eßlöffel Kakao, 1 Teelöffel Rum

Zutaten sehr genau abwiegen! Eigelb mit Zucker und Zitronensaft 20 Minuten schlagen, (mit Küchenrührmaschine 7 Minuten). Das mit Backpulver vermischte Stärkemehl löffelweise und zuletzt den steifen Eischnee dazurühren. In gefettete Springform einfüllen und $^{3}/_{4}$ Stunden langsam backen, *ohne die Röhre zu öffnen.* Torte bis zum nächsten Tag stehenlassen und dann in der Mitte waagrecht durchschneiden.

Fülle: Butter schaumig rühren, Eier dazugeben, Zucker, Vanille und die geriebene Schokolade und Kakao *dazusieben.* Rum hinzugießen, rühren, bis die Masse glatt ist, und einige Stunden stehenlassen.

Das untere Tortenstück mit der Hälfte der Creme bestreichen, das andere darauflegen und die ganze Torte mit der restlichen Creme gleichmäßig bestreichen. Mit Früchten verzieren.

628. Punschtorte

Zutaten zu Biskuittorte Nr. 626. Zutaten zur Punschmischung: 2 Eßlöffel kaltes Wasser, 2 gehäufte Eßlöffel Zucker, 2 Eßlöffel Wein, 1 Eßlöffel Arrak. Zutaten zu Zuckerguß Nr. 611

Biskuittorte wie Nr. 626 fertigbacken. Nach dem Erkalten zweimal waagrecht durchschneiden. Wasser und Zucker kochen, erkaltet Wein und Arrak zugeben. Nun die unterste Scheibe der Torte dünn mit Marmelade bestreichen und mit der Punschmischung befeuchten, zweite Scheibe auflegen, ebenso verfahren, dritte Scheibe auflegen und mit kaltem Zuckerguß Nr. 611 bestreichen.

629. Schichttorte

Butter und Zucker schaumig rühren, dann die Eidotter zugeben. Das Ganze 10 Minuten rühren (mit Küchenrührmaschine einige Minuten). Die kalte Milch und das mit dem Backpulver vermischte Mehl dazugeben. Nicht zu festen Teig machen. Den Teig in drei gleiche Teile schneiden. Jeden Teil für sich ausrollen und nacheinander in Springform ganz hell backen. Sind die drei gebackenen Platten erkaltet, bestreicht man die erste mit Marmelade oder Creme Nr. 715, legt die zweite darauf, die man ebenfalls bestreicht. Danach die dritte auflegen. Die fertige Torte bestreicht man mit kaltem Zuckerguß Nr. 611 oder schlägt das Eiweiß der 3 Eier zu steifem Schnee, vermengt denselben mit 100 g Zucker und streicht ihn auf die Torte. In letzterem Falle noch einige Minuten in heiße Röhre stellen, bis Guß trocken ist.

Zutaten zum Teig: 100 g Butter oder 80 g Schmalz, 170 g Zucker, 3 Eidotter, 6 Eßlöffel Milch, 375 g Mehl, 1 Backpulver; Zutaten zum Füllen: Marmelade oder Creme Nr. 715. Zutaten zum Zuckerguß Nr. 611 oder Guß aus 3 Eiweiß, 100 g Zucker

630. Käsetorte

Mürben Teig wie Nr. 595 bereiten. Topfen durch Sieb drücken, 2 ganze Eier, 2 Eidotter, die zerlassene Butter und sämtliche sonstigen Zutaten zu einer breiigen Masse rühren. Zuletzt den steifen Schnee der 2 Eiweiß leicht darunterheben. Den mürben Teig mit Ausnahme eines kleinen Stückchens in gefettete, kalte Form geben. Gleichmäßig breitdrücken, Rand ungefähr 3 Zentimeter hochdrücken. Die Käsemasse einfüllen. Den beiseitegelegten Teig dünn ausrollen, in schmale Streifen rädeln und gitterartig über die Torte legen. $^3/_4$ Stunden in mäßig heißer Röhre backen. Soll oben nicht braun werden. Noch feiner wird die Torte, wenn man Eidotter mit Mehl, dickem Rahm und Zucker verrührt und auf den Käse streicht. In diesem Falle keine Streifen auflegen.

Zutaten zu mürbem Teig Nr. 595. Zutaten zum Belag: 500 g Topfen (weißer Käse – Quark), 4 Eier, 80 g Zucker, Saft und geriebene Schale von $^1/_2$ Zitrone oder Päckchen Vanillezucker, 30 g Mehl, 50 g Butter, 50 g Weinbeeren, einige Eßlöffel saurer Rahm; Verfeinerung der Käsetorte: 1 – 2 Eidotter, 1 Eßlöffel Mehl, 2 Eßlöffel dicker Rahm, 1 – 2 Eßlöffel Zucker

631. Anistorte

Eigelb mit Zucker 20 Minuten schlagen, (mit Küchenrührmaschine ca. 7 Minuten). Mehl, Anis langsam dazurühren, zuletzt den Eischnee dazugeben. In gefettete Springform füllen und bei mäßiger Hitze $^3/_4$ Stunden backen. Mit Puderzucker bestreuen.

250 g Mehl, 250 g Zucker, 5 Eier, 50 g Anis

632. Kartoffeltorte

280 g tags zuvor gekochte mehlige, geriebene Kartoffeln, 4 Eier, 250 g Zucker, 60 g geriebene Mandeln oder Haselnüsse, die geriebene Schale einer Zitrone, 1 Teelöffel Zitronensaft, $^1/_2$ Teelöffel Zimt, 1 Eßlöffel feingeschnittenes Zitronat Nr. 872. (Mandeln oder Nüsse können auch weggelassen werden)

Die Eidotter mit Zucker und Zitronensaft 30 Minuten rühren (mit Küchenrührmaschine 10 Minuten). Dann zugeben: Mandeln oder Haselnüsse, Zimt, Zitronenschale, Zitronat und zuletzt die Kartoffeln. Das Ganze nochmals gut verrühren. Die 4 Eiweiß zu steifem Schnee schlagen, leicht daruntermengen. In gefettete, kalte, nicht zu große Springform einlegen und in mäßiger Hitze etwa 1 Stunde backen. Erkaltet mit Zucker bestreuen oder mit Guß bestreichen, evtl. noch mit Früchten verzieren.

633. Brottorte

100 g geriebenes Schwarzbrot, 150 g gemahlene Mandeln, 250 g Zucker, 7 Eier, Schale von $^1/_2$ Zitrone, 1 Messerspitze Nelken, 1 Teelöffel Zimt, $^1/_8$ Liter Weiß- oder Rotwein, Zuckerguß nach Nr. 611, Himbeer- oder Johannisbeermarmelade

Wein über geriebenes Schwarzbrot geben und etwas stehenlassen. Zucker mit Eigelb 25 Minuten rühren (mit Küchenrührmaschine 8 Minuten). Das angefeuchtete Brot, Mandeln, Zimt, Nelken, Zitronenschale und die zu steifem Schnee geschlagenen Eiweiß daruntermengen. Diese Masse in gefettete Springform geben und 1 Stunde bei mäßiger Hitze backen. Nach dem Erkaten Torte waagrecht durchschneiden, mit Marmelade füllen und mit Zuckerguß überstreichen.

634. Orangentorte (Apfelsinen-Torte)

90 g Mehl, 5 Eier, 140 g Zucker, 140 g Mandeln, 3 Orangen, Zutaten zu Zuckerguß Nr. 611. Zutaten zu Orangencreme Nr. 716, jedoch mit 2 Eßlöffel Stärkemehl und ohne Beigabe von Eischnee. Zutaten zur Verzierung: 4 Eßlöffel Zucker, 1 Eßlöffel Wasser

Eigelb und Zucker 20 Minuten rühren (mit Küchenrührmaschine 7 Minuten). Den Saft und die geriebene Schale einer Orange, die gemahlenen Mandeln, das Mehl und die zu steifem Schnee geschlagenen Eiweiß daruntermengen. In gefettete Form füllen und bei mäßiger Hitze $^3/_4$ Stunden backen. Orangen-Creme nach Nr. 716 bereiten, jedoch mit 2 Eßlöffel Stärkemehl und ohne Beigabe von Schnee. Torte damit füllen. Zuckerguß nach Nr. 611 bereiten und die erkaltete Torte damit bestreichen.

Zwei Orangen ganz sauber schälen (weiße Haut muß entfernt werden) und zerteilen. 4 Eßlöffel Zucker mit 1 Eßlöffel Wasser dicklich einkochen, Orangenstücke eintauchen und die Torte damit belegen.

635. Feine Stachelbeertorte

Butter fein schneiden (muß kalt sein) und mit Zucker, dem Ei und Mehl zu feinem Teig kneten. In gefettete Springform geben und einen höheren Teigrand andrücken. Stachelbeeren mit Wein, Zucker, Vanillezucker in Tiegel einige Minuten dämpfen, anschließend etwas erkalten lassen. Damit die Torte belegen und bei mäßiger Hitze hellbraun backen.

Die erkaltete Torte mit Schlagrahm garnieren.

Zutaten zum Teig: 250 g Mehl, 125 g Butter, 125 g Zucker, 1 Ei. Zutaten zum Belag: 750 g Stachelbeeren, 4 Eßlöffel Weißwein, 1 Päckchen Vanillezucker, ca. 100 g Zucker. Zur Verzierung Schlagrahm

636. Grießtorte

Eigelb, Zucker, Zitronensaft und -schale 30 Minuten schlagen (mit Küchenrührmaschine 10 Minuten). Mandeln, Grieß und die zu steifem Schnee geschlagenen Eiweiß dazurühren. In gefettete Form füllen und bei mäßiger Hitze 1 Stunde backen.

Nach dem Erkalten Torte mit Arrakguß nach Nr. 612 überziehen und mit Früchten verzieren.

170 g grober Grieß, 6 Eier, 270 g Zucker, 60 g gemahlene Mandeln, einige bittere Mandeln, Saft und Schale einer Zitrone, Zutaten zu Arrak- oder Rumguß nach Nr. 612

637. Amerikanische Torte (Gebrühte Torte)

Eier mit Zucker 30 Minuten schlagen (mit Küchenrührmaschine 10 Minuten). Mehl mit Backpulver in Mehlsieb geben und zu den Eiern sieben. 1 Tasse (die gleiche Größe wie für Mehl) *kochendes Wasser* unter Rühren langsam an die Masse geben, *sofort* in gefettete Form füllen und $^3/_4$ Stunden bei mäßiger Hitze backen.

Die erkaltete Torte waagrecht in zwei Teile schneiden, mit Marmelade oder Buttercreme nach Nr. 615 füllen und mit Schokoladenglasur nach Nr. 608 überziehen. Eventuell mit Spritzglasur verzieren.

Zutaten zum Teig: 2 mittelgroße Tassen Mehl, 2 gleiche Tassen Zucker, 4 Eier, 1 Backpulver, die feingewiegte Schale von 1 Zitrone, Zutaten zur Fülle: Marmelade oder Buttercreme Nr. 615. Zutaten zum Guß: Schokoladenglasur Nr. 608

638. Wiener Torte (Art Sacher-Torte)

Zutaten zum Teig: 130 g Mehl, 130 g Schokolade, 140 g Zucker, 140 g Butter, 6 Eier, 1 Messerspitze Backpulver, Zutaten zur Fülle: Die Sacher-Torte wird nicht gefüllt, jedoch kann man nach Belieben, Schlagrahm oder Buttercreme nach Nr. 615 zum Füllen verwenden. Zutaten zum Guß: Aprikosenmarmelade, Schokoladeguß nach Nr. 613

Schokolade in feuerfester Schüssel am Rand des Herdes weich werden lassen. Butter und Zucker dazugeben und 15 Minuten rühren (mit Küchenrührmaschine 10 Minuten). Eigelb, Mehl und die zu sehr steifem Schnee geschlagenen Eiweiß daruntermengen. In gefettete Form füllen und bei mäßiger Hitze $^3/_4$ Stunden backen.

Am *nächsten Tag* Torte waagrecht durchschneiden, mit Schlagrahm oder auch Buttercreme nach Nr. 615 füllen.

Aprikosenmarmelade in kleinem Tiegel erwärmen, so daß sie sich streichen läßt. Mit Pinsel gleichmäßig über die ganze Torte streichen. Etwas trocknen lassen. Nun Schokoladeguß nach Nr. 613 anfertigen und damit die Torte überziehen.

639. Linzer Torte

200 g Mehl, 140 g Butter, 140 g Zucker, 2 Eier, 1 Eigelb, 1 Teelöffel Zimt, 1 Messerspitze Nelken, 140 g Mandeln, Saft und Schale von $^1/_2$ Zitrone, feine Marmelade, Puderzucker

Butter fein schneiden und mit Eiern, Eigelb, Zucker, Zimt und Nelken, Saft und Schale der Zitrone, den gemahlenen Mandeln und Mehl zu feinem Teig verarbeiten. $^2/_3$ des Teiges in gefettete Springform geben und einen Teigrand andrücken. $^1/_2$ Zentimeter dick mit Marmelade bestreichen. Restlichen Teig auf mit Mehl bestreutem Brett ausrollen, in $1^1/_2$ Zentimeter breite Streifen rädeln, und diese kreuzweise auf die Torte legen. $^3/_4$ Stunden in mäßiger Hitze backen. Mit Puderzucker bestreuen.

640. Prinzregententorte

Zutaten zum Teig: 120 g Mehl, 150 g Zucker, 6 Eier, 1 Messerspitze Backpulver; Zutaten zur Creme: 200 g Zucker, 150 g Butter, 350 g geriebene Schokolade, Schlagrahm zum Verzieren

Zucker mit 6 Eigelb und 1 Eiweiß 30 Minuten rühren (mit Küchenrührmaschine 10 Minuten). Das mit Backpulver vermischte Mehl und fünf zu steifem Schnee geschlagene Eiweiß daruntermengen. Springform fetten und mit Mehl leicht bestreuen. Mit Teigmasse den Boden der Springform ganz dünn belegen (nicht mehr als 3 Millimeter stark) und diese Teigscheibe in mäßig heißer Röhre hellgelb backen (in wenigen Minuten fertig). *Dies wiederholt man ca. achtmal.*

Zucker mit $^1/_8$ Liter Wasser etwas kochen lassen, die geriebene Schokolade dazugeben und die Masse so lange rühren, bis sie kalt ist. Butter schaumig rühren und mit Schokoladenmasse langsam vermengen. Mit zwei Dritteln dieser Creme die einzelnen Tortenscheiben bestreichen und letztere auf dem Tortenteller aufeinanderschichten. Mit scharfem Messer diese Torte *rundumschneiden*, so daß ein gleichmäßiger Rand entsteht. Oberfläche und Rand der Torte mit der restlichen Creme bestreichen. Mit Schlagrahm verzieren.

641. Wendelstein-Kuchen *(Tortenartiger Kuchen)*

Butter schaumig rühren, Eidotter, Zucker, Vanillezucker, Kakao, Milch und das mit dem Backpulver vermischte Mehl dazugeben und 10 Minuten rühren (mit Küchenrührmaschine 5 Minuten). In längliche, gut ausgefettete Form füllen und $^3/_4$ Stunden bei mäßiger Hitze backen. Den erkalteten Kuchen waagrecht zweimal (in 3 gleiche Teile) durchschneiden. Kokosfett in Tiegel zergehen lassen und mit Puderzucker, Schokolade und 2 Eidottern 15 Minuten rühren (mit Küchenrührmaschine 5 Minuten). Mit zwei Dritteln dieser Masse die Kuchenteile bestreichen und Kuchen wieder zusammensetzen. Mit der restlichen Creme den Kuchen von allen Seiten bestreichen.

Zutaten zum Teig: 300 g Mehl, 180 g Zucker, 100 g Butter, 2 Eidotter, 2 Eßlöffel Kakao, 1 Päckchen Vanillezucker, 2 Teelöffel Backpulver, $^1/_8$ Liter kalte Milch, Zutaten zur Fülle: 150 g gesiebter Puderzucker, 350 g geriebene Schokolade, 2 Eidotter, 100 g Kokosfett, einige Tropfen Mandelöl

Kleinbackwerk

642. Einfache Keks (ohne Ei)

Butter schaumig rühren. Den Zucker und die kalte Milch dazugeben, danach das mit dem Hirschhornsalz vermischte Mehl. Festen, glatten Teig kneten. Auf mit Mehl bestreutem Nudelbrett ziemlich dünn ausrollen. Mit Keksform Plätzchen ausstechen (bei Verwendung anderer Formen müssen die Plätzchen mit Gabel eingestochen werden). Auf gefettetem, kaltem Backblech in mäßiger Hitze hell backen.

50 g Butter, 70 g Zucker, 4 Eßlöffel Milch, 300 g Mehl, 2 g Hirschhornsalz

643. Keks, andere Art

Das Ganze in Schüssel zu einem glatten Teig verarbeiten. Dünn ausrollen. Plätzchen ausstechen. Können sofort gebacken werden, wie Nr. 642.

60 g Butter, 2–3 Eier, 250 g Zucker, 500 g Mehl, 1 Backpulver, 1 Päckchen Vanillezucker, 5 Eßlöffel Rahm oder Milch

644. Butterkeks (englische Biskuits)

125 g Butter, 4 Eier, 250 g Zucker, 750 g Mehl, 1 Päckchen Vanillezucker oder geriebene Schale von ½ Zitrone, 10 g Hirschhornsalz

Butter schaumig rühren. Nun die Eier und den Zucker dazugeben. 15 Minuten rühren (mit Küchenrührmaschine 5 Minuten), Vanillezucker oder Zitronenschale dazu. Zuletzt das mit dem Hirschhornsalz vermengte Mehl daruntermischen und das Ganze zu einem feinen festen Teig verarbeiten. Den Teig auf mit Mehl bestreutem Nudelbrett ziemlich dünn ausrollen. Plätzchen ausstechen. Mit Gabel einstechen. Über Nacht in warmem Raum stehenlassen. Auf gefettetem, erkaltetem Backblech bei mäßiger Hitze hell backen.

645. Kleine Biskuits

375 g Mehl, 50 g Butter, 150 g Zucker, 4 Eier, ½ Päckchen Vanillezucker, 2 Teelöffel Backpulver

Butter schaumig rühren und mit Zucker und Eiern 10 Minuten mit Schneebesen schlagen (mit Küchenrührmaschine einige Minuten). Vanillezucker und das mit Backpulver vermischte Mehl daruntermengen. Auf leicht gefettetes und mit etwas Mehl bestäubtes Blech mittels Teelöffel kleine Häufchen geben und in mäßiger Hitze hellgelb backen.

646. Gute Plätzchen

1 Ei, 4 Eßlöffel Zucker, 4 Eßlöffel Mehl, 1 Eßlöffel Anis oder 1 Päckchen Vanillezucker oder etwas geriebene Zitronenschale, 1 Messerspitze Hirschhornsalz

Ei und Zucker 15 Minuten rühren (mit Küchenrührmaschine 5 Minuten). Anis oder Vanillezucker oder Zitronenschale und das mit dem Hirschhornsalz vermischte Mehl dazugeben, nochmals gut verrühren. Auf gefettetem, kaltem Backblech mit Teelöffel Plätzchen auflegen. Über Nacht oder 4 bis 5 Stunden in warmem Raum liegenlassen. In mäßiger Hitze backen.

647. Schokoladeplätzchen

1 Ei, 200 g Mehl, 100 g geriebene Schokolade, 70 g Butter, 70 g feiner Zucker, Saft und geriebene Schale einer halben Zitrone, 1 Messerspitze Natron

Die Butter feingeschnitten in Schüssel legen. Dann die übrigen Zutaten darüber, zuletzt das mit dem Natron vermischte Mehl. Das Ganze zu einem festen, glatten Teig kneten. Auf mit Mehl bestreutem Nudelbrett ½ Zentimeter dick ausrollen. Beliebige Formen ausstechen. Auf gewachstem oder gefettetem Backblech bei mäßiger Hitze backen.

648. Schokolade-Katherinchen *(sehr ergiebiges Rezept)*

Zutaten zum Teig: 500 g Mehl, 200 g Stärkemehl, 200 g geriebene Haselnüsse, 1 Tasse ganze Haselnüsse zum Verzieren, 300 g Butter, 500 g Zucker, 2 Päckchen Vanillezucker, 2 Eier, 80 g Kakao, 2 Eßlöffel Kondensmilch, 1 Backpulver, Zutaten zum Guß: Zukkerguß Nr. 611, eventuell doppelte Portion

Butter schaumig rühren, dann Zucker, Vanillezucker und Eier dazugeben, nochmals schaumig rühren. Kakao, die geriebenen, in der Pfanne gerösteten Haselnüsse noch lauwarm dazuschütten und Kondensmilch mit der schaumigen Masse verrühren. Mehl und Stärkemehl wird mit dem Backpulver gut vermischt und dazugegeben. Das Ganze zu einem festen, glatten Teig kneten. (Es gelingt erst nach langem Kneten, einen glatten Teig zu erhalten.) Sollte es gar nicht binden, noch wenig Kondensmilch hinzufügen.

$^1/_2$ Stunde kalt stellen. $^1/_2$ Zentimeter dick ausrollen und Plätzchen ausstechen. Mit 1 halbierten Haselnuß verzieren (nach Möglichkeit Ausstecher mit Kleeblattform verwenden). Plätzchen auf leicht mit Bienenwachs gefettetes Backblech nicht zu dicht nebeneinander auflegen und in mäßiger Hitze backen, bis sie sich fest anfühlen und *sofort* noch heiß mit Messer vom Blech nehmen.

Erkaltet mit Zuckerguß Nr. 611 dünn bestreichen, eventuell nochmals eine Portion Zuckerguß anrühren, wenn erster nicht reicht.

649. Feines Schokoladegebäck

4 Eiweiß, 125 g Zucker, $^1/_2$ Teelöffel Zimt, 70 g geriebene Schokolade, 1 gehäufter Eßlöffel feingeschnittenes Zitronat, 1 gehäufter Teelöffel Orangeat Nr. 872, Saft und geriebene Schale von $^1/_2$ Zitrone, 250 g geriebene Mandeln

Eiweiß zu steifem Schnee schlagen. Zucker darunterrühren, ebenso Saft und Schale der Zitrone. Dann mit den übrigen Zutaten gut vermischen. Kaltes Backblech mit Oblaten belegen, mit Teelöffel Plätzchen auflegen (in Zwischenräumen von 2 Zentimetern). Bei mäßiger Hitze backen. Überflüssige Oblaten abschneiden.

650. Nußplätzchen

500 g gemahlene Nüsse, 500 g feiner Zucker, 4 Eier, 1 Eßlöffel feingeschnittenes Zitronat, 1 Eßlöffel feingeschnittenes Orangeat Nr. 872

Eier mit Zucker 20 Minuten rühren (mit Küchenrührmaschine 7 Minuten). Die übrigen Zutaten zugeben, gut verrühren. Auf das gefettete oder mit Oblaten belegte Backblech mit Teelöffel Plätzchen auflegen (3 Zentimeter Zwischenraum). Bei mäßiger Hitze backen. Überflüssige Oblaten abschneiden.

651. Feine Plätzchen mit Makronen

Zutaten für Plätzchen: 250 g gesiebtes Mehl, 115 g Butter, 190 g Zukker, einige Körnchen Salz, 2 ganze Eier, 1 Eidotter, 1 gute Messerspitze Hirschhornsalz, Zutaten für Makronen: 125 g Mandeln oder Nüsse, 2 Eiweiß, 125 g Zucker, 1 Messerspitze Zimt

Plätzchen: Zucker und Eier schaumig rühren. Das Salz, das mit dem Hirschhornsalz vermischte Mehl und die in kleine Stückchen geschnittene Butter zugeben. Das Ganze auf bemehltem Nudelbrett zu einem feinen, glatten Teig kneten. Den Teig messerrückendick ausrollen, Plätzchen mit Weinglas ausstechen; auf gewachstem, kaltem Blech in mäßiger Hitze ganz hell backen.

Makronen: Mandeln schälen und reiben; 2 Eiweiß zu Schnee schlagen. Den Zucker, Zimt und die Mandeln dazurühren.

Das von dem einen Eidotter übrige Eiweiß verrühren, etwas süßen. Die gebackenen, noch heißen Plätzchen damit bestreichen. Auf die Mitte derselben mit Teelöffel Häufchen des Makronenteiges legen. Nochmals in mäßig heißer Röhre backen.

652. Würzburger Plätzchen

500 g Mehl, 125 g Butter, 375 g Zucker, 1 großes Ei, 1 kleine Tasse Milch oder besser Rahm, Schale einer Zitrone, 1 Backpulver, 1 Eigelb (zum Bestreichen), 80 g gemahlene Nüsse

Butter fein schneiden (muß kalt sein) und mit Zucker, Ei, Milch, Zitronenschale und dem mit Backpulver vermischten Mehl zu glattem, festem Teig verarbeiten. Auf bemehltem Brett $^1/_2$ Zentimeter dick ausrollen, mit beliebigen Formen Plätzchen abstechen, mit verrührtem Eigelb bestreichen und gemahlenen Nüssen bestreuen. Auf leicht gefettetem Blech bei mäßiger Hitze hellgelb backen.

653. Anisplätzchen

250 g Mehl, 250 g Zucker, 4 Eier, 1 Messerspitze Hirschhornsalz, 1 Eßlöffel Anis

Eier und Zucker zusammen mit Schneebesen 20 Minuten schlagen (mit Küchenrührmaschine 7 Minuten), dann Mehl, 1 Eßlöffel kaltes Wasser, Hirschhornsalz und Anis dazugeben und einige Minuten verrühren. Auf leicht gefettetes und mit Mehl bestäubtes Blech mittels Teelöffel (oder Spritzsack) kleine Häufchen geben und dieselben im warmen Zimmer so lange trocknen lassen, *bis sie oben* vollständig hart sind (dauert 2 bis 3 Tage).

Bei ganz leichter Hitze hell backen. Die Plätzchen müssen eine ganz helle Haube haben, während die untere Fläche *hellgelb* sein muß.

654. Anislaibchen

Zucker und Eier schaumig rühren. Rahm oder Milch, Anis, die Hälfte des Mehls nebst der kleingeschnittenen Butter dazugeben. Die zweite Hälfte des Mehls mit Natron vermischen, unter die Masse mengen. Auf gut bemehltem Nudelbrett zu einem glatten Teig kneten. Butter muß ganz verarbeitet sein. Kugeln formen, auf gefettetes, kaltes Backblech legen, 1 bis 2 Stunden stehenlassen. Bei mäßiger Hitze hell backen.

140 g Zucker, 2 Eier, 3 Eßlöffel Rahm oder Milch, 370 g Mehl, 40 g Butter, 2 g Natron, $1^{1}/_{2}$ Eßlöffel Anis

655. Gewürz-Plätzchen

Honig mit Zucker und 3 Eßlöffeln Wasser aufkochen lassen. Butter, Zimt, Nelken, Nüsse, Zitronenschale, $^{2}/_{3}$ des Mehls dazurühren und die Masse kalt werden lassen. Dann das restliche Mehl, Zitronat und Hirschhornsalz (letzteres in einem Eßlöffel Wasser aufgelöst) dazugeben und glatten Teig kneten. Auf mit Mehl bestreutem Brett $^{1}/_{2}$ Zentimeter dick ausrollen und viereckige Plätzchen beliebiger Größe ausrädeln. Auf leicht gefettetem Blech möglichst 2 bis 3 Tage stehenlassen. Bei mäßiger Hitze braun backen und, sobald erkaltet, mit Zuckerguß nach Nr. 611 bestreichen.

375 g Mehl, 100 g Honig, 50 g Zucker, 30 g Butter, 50 g gemahlene Nüsse, Schale einer Zitrone, 5 g Zimt, 2 g Nelken, 50 g kleingeschnittenes Zitronat, 8 g Hirschhornsalz, Zuckerguß nach Nr. 611

656. Honigplätzchen *(billig)*

Honig zergehen lassen, die Eier, Nüsse, Zimt und Nelken dazugeben, 15 Minuten rühren (mit Küchenrührmaschine 10 Minuten). Mit der kalten Masse das mit dem Hirschhornsalz vermischte Mehl und so viel kalte Milch vermengen, daß man das Ganze zu festem Teig verarbeiten kann. $^{1}/_{2}$ Zentimeter dicke Flecke ausrollen, Plätzchen ausstechen und auf leicht gefettetem, kaltem Backblech in mäßiger Hitze backen.

2 Eier, 375 g Kunsthonig, 750 g Mehl, 125 g gemahlene Nüsse, etwas feiner Zimt und etwas gestoßene Nelken, Milch, 15 g Hirschhornsalz

657. Honigplätzchen

280 g gesiebtes Mehl, 250 g Zucker, 1 Ei, 1 Eßlöffel Fett, 1 Eßlöffel Honig oder Kunsthonig, etwas kalter, schwarzer Kaffee, 1 Messerspitze Natron

Mehl, Zucker und Natron gut durcheinandermischen. Dann das Ei, zerlassenes Fett und Honig zugeben. Danach so viel Kaffee dazu, daß man das Ganze zu festem Teig verarbeiten kann. Man sticht nun mit Teelöffel Teig ab, formt mit den Händen Kugeln, die man flachdrückt. Auf gefettetem, kaltem Backblech in mäßiger Hitze backen.

658. Honigplätzchen mit Bienenhonig

500 g Farinzucker (brauner Zucker) oder feiner Zucker, 5 Eier (nicht zu große), 4 Eßlöffel Bienenhonig, 14 g Zimt, 8 g Nelken, 1 Eßlöffel kleingeschnittenes Zitronat Nr. 872, 625 g Mehl, 3 g Hirschhornsalz

Zucker, 4 Eier, 1 Eidotter und Honig 15 Minuten rühren (mit Küchenrührmaschine 10 Minuten). Dann Zimt, Nelken, Zitronat und das mit dem Hirschhornsalz vermischte Mehl dazugeben. Zu festem Teig verarbeiten. Den Teig $1/2$ Zentimeter dick ausrollen. Runde Plätzchen ausstechen, 1 bis 2 Stunden stehenlassen. Vor Backen mit dem einen verrührten Eiweiß bestreichen. In mäßig heißer Röhre hellbraun backen.

659. Honigleckerle

500 g Mehl, 250 g Honig, 180 g Mandeln, 280 g Zucker, 10 g Zimt, 1 Messerspitze Nelken, 70 g feingeschnittenes Zitronat, 70 g feingeschnittenes Orangeat, Schale von $1/2$ Zitrone, 1 kleine Messerspitze Natron, 1 Eßlöffel Rum oder Kirschwasser, Zutaten zu Zuckerguß nach Nr. 610

Mandeln in längliche Streifen schneiden. In Tiegel Honig heiß werden lassen, Zucker dazugeben, weitererhitzen. Sobald die Masse in die Höhe steigt, Mandeln hinzugeben und noch etwas kochen lassen. Zimt, Nelken, Zitronat, Zitronenschale, das mit Natron vermischte Mehl gut miteinander vermengen und in den kochenden Honig rühren. Zuletzt Rum oder Kirschwasser hinzugeben.

Teig etwas erkalten lassen (nicht ganz, sonst kann er nicht mehr gerollt werden), auf bemehltem Brett ausrollen, runde Plätzchen ausstechen und diese auf mit Mehl bestreutem Blech in mäßig heißer Röhre backen. *Plätzchen müssen noch heiß vom Blech genommen werden.*

Zuckerguß nach Nr. 610 bereiten und auf Plätzchen streichen.

660. Honignüsse

Honig, Butter und Zucker zusammen heiß werden lassen. Nach dem Abkühlen, Mandeln, Zitronenschale, Mehl und das in Rum aufgelöste Hirschhornsalz hinzugeben und das Ganze zu glattem, feinem Teig verarbeiten. Sollte sich die Masse nicht gut kneten lassen, noch etwas Milch hinzufügen. Kleine Kugeln formen, etwas plattdrücken oder lange Teigrolle machen und zentimeterdicke Scheiben abschneiden und auf leicht gefettetem Blech hellbraun backen.

500 g Mehl, 125 g Honig, 80 g Zucker, 85 g Butter, 90 g geriebene Mandeln oder Nüsse, Schale einer Zitrone, 5 g Hirschhornsalz, 1 Eßlöffel Rum, evtl. etwas Milch

661. Sirup-Plätzchen

Alles zu festem Teig verarbeiten und 1 Stunde ruhen lassen. Sollte der Teig zu fest sein, so kann man noch etwas Sirup oder Kaffee darangeben. Plätzchen ausstechen. Backen. Evtl. mit kaltem Zuckerguß oder Ei bestreichen.

200 g Sirup, 80 g Zucker, 750 g Mehl (auch Mischmehl), 1 Ei, 1 Eßlöffel Fett, 25 g Hirschhornsalz, Zimt, Nelken oder Lebkuchengewürz

662. Kokosnußplätzchen

Butter schaumig rühren. Dann zugeben: Zucker, Vanillezucker und Eier, alles gut verrühren. Jetzt Kokosnußflocken und das mit dem Hirschhornsalz vermischte Mehl daruntermengen. Das Ganze zu Teig kneten. Ist er zu fest, etwas Milch zugeben. Kleine Kugeln formen, etwas plattdrücken. Auf gefettetem Backblech in mäßiger Hitze backen.

100 g Butter, 3 Eier 1 Päckchen Vanillezucker, 200 g Zucker, 200 g Kokosnußflocken, 500 g Mehl, 1/2 Eßlöffel Hirschhornsalz; wenn nötig, etwas Milch

663. Haferflockenplätzchen

Milch und Zitronensaft über die Haferflocken gießen, 15 Minuten stehenlassen. Unterdessen Butter schaumig rühren. Dann Zucker und das mit dem Hirschhornsalz vermischte Mehl dazugeben. Vermengen und zu festem Teig verarbeiten. Auf mit Mehl bestreutem Nudelbrett etwa 1/2 Zentimeter dick ausrollen. Plätzchen ausstechen und auf gefettetem, kaltem Backblech in mäßiger Hitze hellgelb backen.

100 g Butter, 2 Tassen Haferflocken, 6 Eßlöffel kalte Milch, 1 große Tasse Zucker, 2 Tassen Mehl, 2 Teelöffel Hirschhornsalz, 1/2 Teelöffel Zitronensaft

664. Butterzeug

500 g Butter, 500 g Zucker, 4 Eier, 1 kg Mehl, 1 Eßlöffel Arrak oder Rum

Butter schaumig rühren. Den Zucker und die Eier dazugeben und 20 Minuten rühren (mit Küchenrührmaschine 10 Minuten). Danach Mehl und Arrak oder Rum dazu. Das Ganze zu feinem, glänzendem Teig verarbeiten. Über Nacht stehenlassen oder 5 – 6 Stunden in den Kühlschrank stellen. Auf bemehltem Nudelbrett $^1/_2$ Zentimeter dick ausrollen und mit beliebigen Formen ausstechen. Auf wenig gefettetem Backblech in heißer Röhre hellgelb backen.

665. Buttergebäck mit Mandeln

500 g Mehl, 250 g Zucker, 250 g Butter, 1 Ei, 1 Eigelb, ca. 80 g geriebene Mandeln

Butter fein schneiden (muß kalt sein) und mit Zucker, Mehl und 1 Ei fest verarbeiten. Teig $^1/_2$ Zentimeter dick ausrollen, beliebige Formen von Plätzchen ausstechen, mit dem verrührten Eigelb bestreichen und den gehackten Mandeln bestreuen. Auf leicht gefettetem Blech hellgelb backen.

666. Spitzbüble

125 g Butter, 90 g Zucker, 190 g Mehl, 2 Päckchen Vanillezucker, 1 Teelöffel Zitronensaft, Zutaten zu Zuckerguß Nr. 611

Butter fein schneiden, die übrigen Zutaten darangeben und zu festem, glattem Teig verarbeiten. Auf mit Mehl bestreutem Nudelbrett dünn ausrollen. Runde Plätzchen ausstechen. Auf gefettetem und mit wenig Mehl bestäubtem Backblech in schwacher Hitze hell backen. Einen Teil der Plätzchen mit Marmelade bestreichen, den anderen Teil auflegen und mit Zuckerguß Nr. 611 bestreichen.

---

667. Kleine Leckerbissen

Zutaten zum Teig: 200 g Mehl, 120 g Butter, 120 g Zucker, 65 g geriebene Mandeln, 1 Ei, $^1/_2$ Teelöffel Zimt, die geriebene Schale von $^1/_2$ Zitrone, einige Löffel Gelee (muß fest sein); Zutaten zum Guß: 125 g Puderzucker, 1 Eiweiß, ca. 1 Teelöffel Zitronensaft

Butter fein schneiden (muß kalt sein) und mit Mehl, Mandeln, Zucker, Zimt, Zitronenschale und 1 Ei zu feinem Teig verarbeiten. Diesen ganz dünn ausrollen, mit kleiner runder Form Plätzchen ausstechen und letztere auf leicht gefettetem Blech bei mäßiger Hitze hellgelb backen.

Guß: Puderzucker mit Eiweiß und Zitronensaft so lange rühren, bis keine Zuckerklümpchen mehr vorhanden sind (Guß muß ganz dickflüssig sein, evtl. noch Zucker hinzurühren).

668. Dreispitze

Butter in kleine Stückchen schneiden und mit sämtlichen Zutaten in einer Schüssel oder auf dem Nudelbrett zu einem feinen Teig kneten. Auf mit Mehl gut bestreutem Nudelbrett rollt man von dem Teig messerrückendicke Flecke aus, sticht mit Weinglas runde Plätzchen heraus. In die Mitte der Plätzchen etwas Marmelade geben, den Teig darüber zu einem Dreieck zusammenschlagen. Auf leicht gefettetem Backblech in heißer Röhre hellgelb backen.

100 g Zucker, 65 g geschälte, geriebene Mandeln oder Nüsse, 300 g Mehl, 2 Eier, 150 g Butter, einige Tropfen Zitronensaft oder Arrak

669. Wiener Tascherl

Butter fein schneiden (muß kalt sein) und mit Mehl, Zucker, Zimt, Zitronenschale, *drei* Eigelb zu feinem Teig verarbeiten und $^1/_2$ Stunde stehenlassen. Teig dünn ausrollen und viereckige Stückchen von 4 Zentimeter Breite ausrädeln. Auf die eine Hälfte dieser Teigstückchen etwas Marmelade geben und die andere Hälfte darüberschlagen. Die so entstandenen Taschen mit dem verrührten restlichen Eigelb bestreichen und auf leicht gefettetem Blech bei mäßiger Hitze hellgelb backen.

250 g Mehl, 200 g Butter, 80 g Zucker, 4 Eigelb, $^1/_2$ Teelöffel Zimt, $^1/_2$ Teelöffel geriebene Zitronenschale, einige Eßlöffel feine Marmelade

670. Husaren-Krapfen

Butter schaumig rühren und mit Mehl, Zucker, *vier* Eigelb, und Vanillezucker zu festem Teig kneten. Daraus nußgroße Kugeln formen, dieselben etwas plattdrücken und die eine plattgedrückte Seite mit einer Vertiefung versehen. Letztere mit Gelee oder Marmelade füllen. Leichter geht das Einfüllen der Marmelade, wenn man diese in einen Spritzbeutel füllt. Den Rand mit verrührtem Eigelb bestreichen und mit gehackten Mandeln bestreuen. Auf leicht gefettetem Blech bei mäßiger Hitze backen. Die anfallenden Eiweiß am besten in einem Makronen-Rezept verwenden.

350 g Mehl, 200 g Butter, 100 g Zucker, 5 Eigelb, 1 Päckchen Vanillezucker, 2–3 Eßlöffel gehackte Mandeln oder Nüsse, Gelee oder Marmelade

671. Maultaschen

2 Eier, 100 g Zucker, 300 g Mehl, 50 g Butter, 2 Messerspitzen Backpulver, Marmelade oder Zutaten zur Nußfülle Nr. 869

Die ganzen Zutaten vermengen und zu glattem Teig kneten. Auf mit Mehl bestreutem Nudelbrett messerrückendick ausrollen. Die Flecke mit Rädchen in 8 Zentimeter breite Vierecke teilen. In die Mitte der Vierecke je $^1/_2$ Teelöffel Marmelade oder Nußfülle Nr. 869 auflegen. Zwei entgegengesetzte Ecken darüberschlagen, mit etwas verrührtem Ei bestreichen; danach dritte und vierte Ecke umschlagen, ebenfalls mit Ei bestreichen. Bei mäßiger Hitze auf gefettetem, kaltem Backblech backen.

672. Orangen-Kugeln

500 g Mehl, 250 g Zucker, 3 Eier, 60 g Orangenschalen, 50 g Zitronat, 2 Teelöffel Backpulver, Zutaten zu Zuckerguß wie für „Kleine Leckerbissen" Nr. 667

Die Orangen müssen ganz dünn abgeschält werden. Eier und Zucker ca. 15 Minuten schaumig rühren (mit Küchenmaschine 10 Minuten). Die feingehackten Orangenschalen und Zitronat, das mit Backpulver vermischte Mehl hinzugeben und alles zu glattem Teig verarbeiten. Mit in Mehl getauchten Händen kleine Kugeln formen und auf leicht gefettetem Blech bei mäßiger Hitze hellgelb backen.

Zuckerguß wie bei Nr. 667 bereiten und Kugeln damit bestreichen.

673. Makronen

250 g süße, 30 g bittere Mandeln (gerieben), 5 – 6 Eiweiß, 315 g Zucker, geriebene Schale einer halben Zitrone, 3 Stückchen geriebener Zwieback

Die Eiweiß zu steifem Schnee schlagen, übrige Zutaten zugeben, gut durcheinandermengen. Bis zum nächsten Tag stehenlassen. Backblech mit Oblaten belegen, mit Teelöffel kleine Plätzchen auflegen und bei mäßiger Hitze hell backen.

674. Makronen *(sehr gut)*

5 Eiweiß, 250 g Zucker, 250 g geschälte, geriebene Mandeln, 1 kleiner Teelöffel Arrak

Die Eiweiß mit dem Zucker in Schüssel geben und auf Topf mit kochendem Wasser stellen. 10 bis 15 Minuten rühren, bis es dickliche Masse gibt. Vom Topf nehmen, Mandeln und Arrak dazugeben, nochmals durchrühren. Backblech mit Oblaten belegen, mit 2 Teelöffeln flockige Häufchen auflegen. Bei mäßiger Hitze hell backen.

675. Haselnußmakronen

Eiweiß mit Zucker 30 Minuten schlagen. Zitronensaft und Schale sowie die geriebenen Haselnüsse gut daruntermischen. In die Mitte der Oblaten mit Teelöffel kleine Häufchen geben und auf leicht gefettetem Blech bei mäßiger Hitze hellgelb backen.

250 g Haselnüsse, 200 g Zucker, 4 Eiweiß, Saft und Schale von 1/2 Zitrone, runde Oblaten (ca. 4 Zentimeter Durchmesser)

676. Kokosnußmakronen

Eiweiß mit Zucker 30 Minuten schlagen (mit Küchenrührmaschine ca. 15 Minuten). Zitronensaft sowie die Kokosflocken gut daruntermischen. Backblech mit Oblaten belegen, mit 2 Teelöffeln flockige Häufchen auflegen, in mäßig heißer Röhre hellgelb backen.

8 Eiweiß, 400 g Zucker, 500 g Kokosflocken, Saft von 1 Zitrone, Oblaten

677. Feines Kokosnuß-Konfekt

Eiweiß und Zucker ca. 25 Minuten schaumig schlagen (mit Küchenrührmaschine 20 Minuten), Kokosnußflocken mit Zitrone dazugeben und so lange rühren, bis die Masse vom Löffel nicht mehr abfließt (ganz zähe ist).

Entweder: Auf gefettetes Blech mit Teelöffel Häufchen auflegen und bei mäßiger Hitze hellgelb backen. *Oder:* Mit Teelöffel auf *Oblaten* Häufchen geben und auf ungefettetem Blech backen.

280 g Kokosnußflocken, 8 Eiweiß, 500 g Zucker, Schale einer Zitrone, evtl. Oblaten

678. Schokolademakronen

Eiweiß zu sehr steifem Schnee schlagen, dann mit dem Zucker und der geriebenen Schokolade gut verrühren. Nun die geriebenen Mandeln daruntermengen. Auf Oblaten mit 2 Teelöffeln flockige Häufchen legen und in mäßiger Hitze backen.

250 g Zucker, 200 g süße, 50 g bittere Mandeln oder 250 g Mandeln, 70 g Schokolade, 5 Eiweiß, 1 Päckchen Vanillezucker

679. Haferflocken-Makronen

Haferflocken unter beständigem Rühren mit einem Teil der Butter gelb abrösten. In eine Schüssel geben. Den Rest der Butter zergehen lassen und mit dem Zucker und dem Ei darunterrühren. Mit Kaffeelöffel kleine Häufchen auf gefettetes Blech auflegen und backen.

120 g Haferflocken, 80 g Butter, 70 g Zucker, 1 Ei, evtl. etwas Rum

680. Mandelstreifen

250 g gesiebter Zucker, 250 g geriebene Mandeln oder Nüsse, 1 Päckchen Vanillezucker, 4 Eiweiß

Eiweiß zu steifem Schnee schlagen, die Zutaten zugeben, gut verarbeiten. Auf mit Mehl bestreutem Nudelbrett $1/2$ Zentimeter dick ausrollen; 2 Zentimeter breite und 5 Zentimeter lange Streifen schneiden. Backblech mit Oblaten belegen, in mäßiger Hitze hell backen.

681. Mandelstangen *(sehr gut und ergiebig)*

130 g Butter, 260 g Zukker, 280 g Mehl, 250 g geriebene Mandeln, 5 Eier, geriebene Schale einer ganzen Zitrone

Butter schaumig rühren. Nun Zucker, 4 ganze Eier und das Eiweiß des 5. Eis dazugeben und 15 Minuten rühren. Dann das Mehl und die Mandeln daruntermischen. Den Teig teilen. Auf 2 gut gefetteten Backblechen mit Nudelholz 1 Zentimeter dick ausrollen. In mäßiger Hitze backen. Ist das Gebackene oben trocken und unten gelb, aus der Röhre nehmen. Auf dem Backblech in fingerlange und fingerdicke Streifen schneiden. Die Streifen mit dem verrührten Eidotter des 5. Eis bestreichen; nochmals in die ziemlich heiße Röhre geben und knusprig bräunlich backen.

682. Mandelbögen

125 g geriebene Mandeln oder Nüsse, 4 Eiweiß, geriebene Schale von $1/2$ Zitrone, 60 g Zucker

4 Eiweiß zu steifem Schnee schlagen, Zucker darunterrühren, danach Zitronenschale und Mandeln. Das Ganze mit Kochlöffel gut durcheinandermengen. Den Teig messerrückendick auf Oblaten streichen und auf einem Blech bei schwacher Hitze hellgelb backen. Noch heiß in Streifen schneiden und über ein Nudelholz biegen.

683. Mandelbrot

4 Eier, 250 g geriebene Mandeln, 250 g gesiebter Zucker, 60 g geriebene Schokolade, 1 Teelöffel Zimt, 280 g gesiebtes Mehl, 1 Messerspitze Hirschhornsalz

Die Eier, Mandeln und Zucker 15 Minuten am Herd rühren, bis die Masse lauwarm ist. Dann Schokolade, Zimt und das mit Hirschhornsalz vermischte Mehl dazugeben, zu einem Teig verarbeiten. Das Ganze zu einem 4 Zentimeter breiten, länglichen Stollen formen. Auf gefettetes, kaltes Backblech legen, mit dem verrührten Eiweiß eines Eis bestreichen. In heißer Röhre braun backen. Die Stollen einige Tage in kühlem Raum stehenlassen, danach in 1 Zentimeter breite Schnitten schneiden.

684. Nußstangen

Butter fein schneiden und mit zwei Eigelb, Zucker, Nüssen und Mehl zu feinem Teig verarbeiten. Sollte der Teig zu weich sein, dann noch etwas Mehl hinzugeben. Teig $^1/_2$ Stunde kalt stellen. Daraus ca. 1 Zentimeter starke Rollen fertigen, von diesem 5 Zentimeter lange Stücke abschneiden, mit verrührtem Eigelb bestreichen und auf gefettetem Blech bei nicht zu starker Hitze gelb backen.

150 g Mehl, 130 g gemahlene Nüsse, 130 g Butter, 130 g Zucker, 3 Eigelb

685. Zimtringe

Butter fein schneiden und mit Zucker, Eiern, Zimt, Mehl und Backpulver zu feinem, geschmeidigem Teig verarbeiten. Daraus dünne Rollen fertigen und dieselben zu Ringen von 5 bis 8 Zentimeter Durchmesser formen. Ringe auf gefettetem Blech in mäßiger Hitze backen. Zuckerguß Nr. 611 bereiten und Ringe damit bestreichen.

500 g gesiebtes Mehl, 200 g Butter, 300 g Zucker, 3 Eier, 1 gehäufter Teelöffel Zimt, 1 Teelöffel Backpulver, Zutaten zu Zuckerguß nach Nr. 611

686. Zimtsterne

Eiweiß zu steifem Schnee schlagen; Zucker und Zitronenschale dazugeben, 15 Minuten gut rühren. Dann Zimt dazurühren. Zum späteren Bestreichen der Sterne ca. 4 Eßlöffel der Masse beiseite stellen, den übrigen Teig verrührt man mit den Mandeln. Auf *gut* mit Mehl bestreuten Nudelbrett $^3/_4$ – 1 cm dick ausrollen, aber immer nur mit einer kleinen Teigmenge arbeiten. Sterne ausstechen, mit der beiseite gestellten Masse bestreichen. Auf mit Wachs bestrichenem Backblech in mäßiger Hitze hell backen.

250 g Zucker, 350 g geriebene Mandeln, 4 Eiweiß, 2 Teelöffel Zimt, geriebene Schale von $^1/_2$ Zitrone

687. Zimtwaffeln

Butter etwas zergehen lassen; die Eier und Zucker zugeben. 35 Minuten rühren (mit Küchenmaschine 15 Minuten). Nun Zimt und Mehl daruntermengen.

Waffeleisen heiß machen, alle Vertiefungen mit heißem Fett auspinseln. Auf jede Abteilung des Waffeleisens nußgroße Stücke Teig geben, Eisen schließen und über Glut auf beiden Seiten ganz kurze Zeit hellbraun backen. Geht sehr rasch.

125 g Butter, 3 Eier, 250 g Zucker, 250 g gesiebtes Mehl, 12 g Zimt

688. Spritzgebackenes

375 g Mehl, 200 g Butter, 200 g Zucker, 3 Eier, 1/2 Teelöffel Zimt, Schale von 1/2 Zitrone, 100 g gemahlene Haselnüsse

Butter schaumig rühren. Eier, Zucker, Zitrone, Nüsse und Zimt dazugeben, alles gut verrühren und zuletzt das Mehl daruntermengen. Will man *Schokoladen-Spritzgebackenes* herstellen, so gibt man 80 g geriebene, bittere Schokolade oder 2 – 3Eßlöffel gesiebten Kakao den Teigzutaten bei.

Ca. 1 Stunde kalt stellen.

Mit dieser Masse Backspritze füllen und auf leicht gefettetes Blech beliebige Formen spritzen. Bei mäßiger Hitze hellgelb backen

689. Billige, gute Lebkuchen

500 g Zucker oder Farinzucker, 4 Eier, die Schale einer Zitrone, 50 g Zitronat Nr. 872, 50 g geriebene Mandeln oder Nüsse, 18 g Zimt, 10 g Nelken, 500 g Mehl, 1 Messerspitze Hirschhornsalz

Zucker mit den Eiern 45 Minuten rühren (mit Küchenrührmaschine 15 Minuten). Zitronenschale und Zitronat (feingeschnitten), Mandeln oder Nüsse, Zimt und Nelken dazugeben. Mehl mit dem Hirschhornsalz vermischen, ebenfalls dazugeben. Das Ganze zu einem nicht zu festen Teig verarbeiten. Auf mit Mehl gut bestreutem Nudelbrett 1 Zentimeter dick ausrollen, in lebkuchenförmige Stücke schneiden. Auf mit Wachs bestrichenem, erkaltetem Backblech in heißer Röhre backen. Besser sind die Lebkuchen auf Oblaten gelegt und gebacken. Nach Fertigbacken mit Zuckerguß Nr. 610 bestreichen und mit buntem Zucker bestreuen.

690. Weiße Lebkuchen

250 g Mandeln, 4 Eier, 300 g Zucker, 1 kleiner Teelöffel Zimt, je 1 Messerspitze Kardamom und Nelken, 1 kleine Messerspitze Muskatblüte, geriebene Schale einer Zitrone, 70 g feingeschnittenes Zitronat, 50 g feingeschnittenes Orangeat Nr. 872, 250 g Mehl, 1 Messerspitze Natron

Eier zu Schaum schlagen, Zucker zugeben, 45 Minuten rühren (mit Küchenrührmaschine 30 Minuten). Die abgeschälten Mandeln in heißer Röhre auf Backblech einige Minuten hell rösten, dann durch die Maschine reiben. Mit den übrigen Zutaten (außer Mehl und Natron) an die Eier geben, durcheinandermengen. Nun Mehl und Natron vermischen. Ebenfalls unter die Masse geben. Den Teig 1 Zentimeter dick auf große, rechteckige Oblaten streichen, in beliebig große Lebkuchen schneiden, mit Mandeln und Zitronat verzieren. Über Nacht in warmem Raum stehenlassen. Bei mäßiger Hitze 20 bis 30 Minuten backen.

691. Elisen-Lebkuchen

Eier und Zucker 30 Minuten rühren (mit Küchenrührmaschine 20 Minuten), dann sämtliche Zutaten dazu, nochmals gut durcheinanderrühren. Messer öfter in kaltes Wasser tauchen und Teigmasse mit demselben $^1/_2$ Zentimeter hoch auf runde, mittelgroße Oblaten auftragen. Auf nicht gefettetem Backblech bei mäßiger Hitze backen.

Erkaltet einen Teil mit Zuckerguß Nr. 611, den anderen Teil mit Schokoladenguß Nr. 611 und 2 Eßlöffel Kakao bestreichen und mit buntem Streuzucker verzieren.

5 Eier, 500 g Farinzucker (brauner Zucker), 18 g feiner Zimt, 1 Messerspitze gestoßene Nelken, die abgeriebene Schale von 2 Zitronen, 2 Eßlöffel feingeschnittenes Zitronat Nr. 872, 500 g geriebene Mandeln, 1 kleine Messerspitze Muskatnuß

692. Elisen-Lebkuchen (einfachere Art)

Eier, Zucker, Zimt, Nelken, Kakao, Zitronensaft und -schale 20 Minuten rühren. Die zerlassene Butter (darf nicht heiß sein), dann Nüsse, das feingeschnittene Zitronat, Milch, Weinbeeren, das mit dem Backpulver vermischte Mehl dazugeben und alles gut verrühren. Diese Masse ca. 1 Zentimeter dick auf die Oblaten streichen und dieselben auf *leicht* gefettetem Blech bei mäßiger Hitze 20 Minuten backen. Zuckerguß bereiten, Lebkuchen damit bestreichen und bunten Streuzucker darüberstreuen.

280 g Mehl, 90 g Butter, 170 g Zucker, 250 g Haselnüsse oder Mandeln, 3 Eier, 1 Teelöffel Zimt, 2 Teelöffel Kakao, 1 Messerspitze Nelken, 100 g feingeschnittenes Zitronat, 10 g Weinbeeren, $^1/_8$ Liter Milch, Saft und Schale von $^1/_2$ Zitrone, 1 Backpulver, Oblaten von ca. 8 Zentimeter Durchmesser, bunter Streuzucker, Zutaten zu Zuckerguß nach Nr. 611

693. Honiglebkuchen

Zutaten für 1. Teil:
$^1/_4$ Liter Bienenhonig, 15 g geschnittenes Zitronat, 15 g geschnittenes Orangeat Nr. 872, 125 g ganz fein gehackte Mandeln, 160 g Mehl;
Zutaten für 2. Teil:
125 g Zucker, 2 Eier, Saft und geriebene Schale von $^1/_2$ Zitrone, 15 g Zimt, 1 große Messerspitze Nelken, 250 g Mehl, 1 Messerspitze Natron

1. Teil: Honig kochen lassen, langsam daranrühren: Zitronat, Orangeat, Mandeln und Mehl. Muß dicken Teig geben (wie Spätzchenteig). Den Teig in Schüssel erkalten lassen.

2. Teil: Zucker, Eier, Zitrone, Zimt und Nelken 30 Minuten rühren (mit Küchenmaschine 20 Minuten). Dann das mit dem Natron vermischte Mehl dazugeben.

Jetzt 1. und 2. Teil auf gut bemehltem Nudelbrett zu einem Teig verarbeiten. Den Teig $^1/_2$ Zentimeter dick ausrollen. Lebkuchen in beliebiger Größe ausschneiden. Auf gefettetem, kaltem, leicht mit Mehl bestäubtem Backblech bei mäßiger Hitze braun backen.

Man kann die Lebkuchen auch auf Oblaten backen.

694. Feine Schnitten

3 Eier, 250 g Zucker, 250 g Nüsse, 130 g Mehl, 10 g Zimt, 1 große Messerspitze Nelken, 50 g feingeschnittenes Zitronat Nr. 872, 1 Messerspitze Natron

Eier und Zucker 30 Minuten rühren (mit Küchenrührmaschine 20 Minuten. Dann das Gewürz, die geriebenen Nüsse und das mit dem Natron vermischte Mehl zugeben. Das Ganze zu einem Teig verarbeiten. Den Teig auf gewachstem, mit Mehl leicht bestäubtem, kaltem Backblech 1 Zentimeter dick ausrollen, bei mäßiger Hitze hellbraun backen. Aus der Röhre genommen, sofort (noch heiß) mit gekochtem Zuckerguß Nr. 610 bestreichen und in längliche Schnitten schneiden.

695. Teeschnitten

250 g Zucker, 250 g gesiebtes Mehl, 2 Eier, geriebene Schale von $^1/_4$ Zitrone, 1 Teelöffel Anis, falls erwünscht

Zucker und Eier 20 Minuten rühren (mit Küchenmaschine 15 Minuten), dann das Mehl darangeben und durcheinandermischen. Auf gut mit Mehl bestreutem Nudelbrett durchkneten. Zwei lange Rollen formen. Auf gefettetem, kaltem Backblech in mäßiger Hitze 20 – 25 Minuten backen. Noch warm in 1 Zentimeter breite Streifen schneiden. Lange haltbar.

696. Braune Schnitten *(gut und sehr ergiebig)*

Zucker und 3 Eier 15 Minuten rühren (mit Küchenrührmaschine 10 Minuten). Die Schokolade daranrühren, nun zugeben: Mandeln, Zitronat, Weinbeeren, Zitronenschale, Zimt und Nelken. Gut durchrühren und zuletzt das mit dem Hirschhornsalz vermischte Mehl zumengen. Den Teig gut durchkneten. Immer nur einen Teil der Masse $^1/_2$ Zentimeter dick ausrollen und lange, 4 Zentimeter breite Streifen schneiden. Mit verrührtem Eidotter bestreichen, die Streifen mit halben Mandeln oder Haselnüssen in Abständen von je 5 Zentimetern belegen. Auf gefettetem, kaltem Backblech in heißer Röhre backen. Noch warm in schräge Stücke schneiden, und zwar so, daß auf jedem Stück Mandel oder Haselnuß in der Mitte liegt. Erreichen erst in einigen Tagen ihren vollen Wohlgeschmack. Sehr lange haltbar.

250 g Mehl, 150 g Zucker, 125 g geriebene Schokolade, 3 Eier, 1 Eßlöffel feingeschnittenes Zitronat Nr. 872, 2 Eßlöffel Weinbeeren, die geriebene Schale einer halben Zitrone, $^1/_2$ Teelöffel Zimt, 1 Messerspitze Nelken, einige feingeschnittene bittere Mandeln, $^1/_2$ Teelöffel Hirschhornsalz, süße Mandeln oder Haselnüsse, 1 Eidotter

697. Gewürzschnitten

Eier, Milch und Zucker 15 Minuten rühren (mit Küchenrührmaschine 10 Minuten). Dann die anderen Zutaten und das mit dem Hirschhornsalz vermischte Mehl zugeben. Den Teig gut durchkneten. Einen Teil der Masse auf mit Mehl bestreutem Nudelbrett oder gleich auf dem gefetteten, erkalteten Backblech 1 Zentimeter hoch ausrollen. In nicht zu heißer Röhre hellbraun backen. Noch heiß mit gekochtem Zuckerguß Nr. 610 bestreichen und mit Streuzucker bestreuen. In schräge Vierecke schneiden.

2 Eier, 1 Tasse kalte Milch, 500 g Farinzucker (brauner Zucker), 250 g Zucker oder 750 g weißer Zucker, 1 Eßlöffel kleingeschnittenes Zitronat, 1 Eßlöffel kleingeschnittenes Orangeat Nr. 872, 2 Teelöffel Zimt, $^1/_2$ Teelöffel gemahlene Nelken, 1 Eßlöffel Anis, 1 Messerspitze geriebene Muskatnuß, 1 kg gesiebtes Mehl, 30 g Hirschhornsalz

698. Punsch-Schnitten

*Zutaten zum Teig:
180 g Mehl, 180 g Zucker, 4 Eier, 3 bis 4 Eßlöffel Arrak, 1 Messerspitze Backpulver;
Zutaten zur Glasur:
180 g Puderzucker, 1 Eßlöffel Arrak, 1 Eiweiß, 1 Eßlöffel Zitronensaft, Marmelade*

Zucker mit Eigelb 20 Minuten schlagen. Dann die Hälfte des steifen Eischnees dazugeben und 5 Minuten mitrühren. Anschließend restlichen Schnee sowie Mehl dazurühren. Teig ca. 1 Zentimeter dick auf viereckiges Blech mit hohem Rand geben und in mäßiger Hitze hell backen. Kuchen halbieren und jedes Stück waagrecht in zwei gleichstarke Teile schneiden. Die unteren Teile mit Marmelade dünn bestreichen und mit Arrak beträufeln. Die oberen Teile daraufklappen und mit scharfem Messer 2 Zentimeter breite und 5 Zentimeter lange Schnitten schneiden. Puderzucker mit Arrak, Zitronensaft und Eiweiß zu weißer, dicklicher Glasurmasse rühren. Schnitten damit oben und seitlich bestreichen.

699. Bischofsbrot

250 g Mehl, 250 g Zucker, 3 Eier, 1 Zitrone, 125 g geriebene Mandeln oder Nüsse, 2 Teelöffel Backpulver, 1/2 Teelöffel Zimt, 1 Messerspitze gemahlene Nelken

Längliche schmale Form mit Fett ausstreichen, erkalten lassen. Zukker und Eier 15 Minuten schaumig rühren (mit Küchenrührmaschine 10 Minuten). Dann zugeben: den Saft und die geriebene Schale der Zitrone, die Mandeln oder Nüsse, Zimt und Nelken. Zum Schluß das mit dem Backpulver vermischte Mehl. Das Ganze gut durchrühren. In die Form einlegen, Form halb voll, bei mäßiger Hitze 45 Minuten backen. Wenn erkaltet, in 1 Zentimeter dicke Scheiben schneiden.

Wird besser durch längeres Aufheben.

700. Pfeffernüsse (billig)

300 g Zucker, 250 g Farinzucker (brauner Zucker), 700 g Mehl, je eine große Messerspitze Nelken und Kardamom, 1 gehäufter Teelöffel Zimt, 10 g Hirschhornsalz, 10 Eßlöffel Wasser

Der gesamte Zucker wird mit dem Wasser 15 Minuten gerührt (mit Küchenrührmaschine 10 Minuten), dann das Gewürz dazugeben. Mehl und Hirschhornsalz vermischen, dazugeben und zu ziemlich festem Teig verarbeiten. Weitere Behandlung wie Pfeffernüsse Nr. 701.

701. Pfeffernüsse

Zucker mit den Eiern 30 Minuten rühren (mit Küchenrührmaschine 15 Minuten), dann das Gewürz dazurühren. Das Mehl mit dem

Hirschhornsalz mischen, dazugeben und zu ziemlich festem Teig verarbeiten. Den Teig auf mit Mehl bestreutem Nudelbrett 1 Zentimeter dick ausrollen. Pfeffernüsse ausstechen (mit Pfeffernußausstecher). Die Pfeffernüsse mindestens über Nacht in warmem Raum auf mit Mehl bestäubtem Brett trocknen lassen. Schöner werden sie, wenn sie einige Tage trocknen. Auf mit Wachs eingeriebenem oder mit Fett gestrichenem, erkaltetem Backblech bei mäßiger Hitze backen. Fertig gebacken müssen sie hoch und hell sein.

500 g Zucker, 4 große Eier, 2 – 3 gehäufte Teelöffel Zimt, 1 Teelöffel Nelken, die geriebene Schale einer Zitrone, 1 Teelöffel Kardamom, 65 g Zitronat Nr. 872, 500 g Mehl, 3 Messerspitzen Hirschhornsalz

702. Marzipan-Springerle

Zucker und Eier 30 Minuten rühren (mit Küchenrührmaschine 15 Minuten). Zitronenschale zugeben und das mit dem Hirschhornsalz vermischte Mehl darunterkneten. Den Teig 1 Stunde ruhenlassen. Auf mit Mehl bestreutem Nudelbrett messerrückendick ausrollen. Stücke in Größe der vorhandenen Holzform schneiden, die Formen mit Mehl bestäuben und den Teig fest auf die Form drücken. Die ausgestochenen Bilder zwei Tage in warmem Raum stehenlassen. Auf mit Wachs bestrichenem und mit Anis bestreutem Backblech in nicht zu heißer Röhre backen. Marzipan muß hell bleiben.

500 g Zucker, 4 Eier, geriebene Schale von $^1/_2$ Zitrone, 500 g Mehl, 2 g Hirschhornsalz

703. Pflastersteine

Statt Zimt, Nelken, Kardamom und Zitrone kann auch das sogenannte Honigkuchengewürz verwendet werden.

Honig mit Zucker und 5 Eßlöffeln Wasser aufkochen lassen. Dazu unter Rühren Nüsse, Zimt, Zitronenschale, Nelken, Kardamom und so viel Mehl geben, daß dicker Brei entsteht. Ist derselbe erkaltet, Hirschhornsalz daraufsieben und mit restlichem Mehl zu feinem Teig kneten. Daraus $2^1/_2$ Zentimeter starke Rollen fertigen und von diesen wieder $2^1/_2$ Zentimeter lange Stücke abschneiden. Letztere auf leicht gefettetem Blech in mäßig heißer Röhre braun backen. Noch warm mit Zuckerguß nach Nr. 610 überstreichen.

450 g Mehl, 500 g Honig, 60 g Zucker, 50 g gemahlene Nüsse oder Haselnüsse, Schale einer Zitrone, 1 Teelöffel Zimt, 2 Messerspitzen Nelken, 1 Messerspitze Kardamom, 1 Teelöffel Hirschhornsalz, Zuckerguß nach Nr. 610

Süße Soßen, Cremes und süße Sulzen

Süße Soßen

704. Vanillesoße (einfach)

Mehl und Eidotter langsam mit der Milch verrühren. Zucker und Vanille dazugeben. Kochen unter beständigem Rühren, bis es dickliche Soße gibt.

1/2 Liter Milch, 1 gehäufter Eßlöffel Mehl, 1 Eidotter, 1/2 Vanilleschote oder 2 Päckchen Vanillezucker, Zucker nach Geschmack

705. Vanillesoße

Eidotter, Mehl und kalte Milch in Tiegel glatt verrühren. Zucker und Vanille dazugeben, das Ganze unter Rühren mit Schneebesen auf heißer Herdplatte einmal aufkochen lassen. Der Soße kann vor dem Anrichten der Schnee der Eiweiß beigemengt werden.

1/2 Liter Milch, 2 bis 3 Eier, 2 Päckchen Vanillezucker oder 1/2 Vanilleschote, 1 kleiner Eßlöffel Stärkemehl und Zucker nach Geschmack

706. Schokoladensoße

Schokolade in der warmen Milch auflösen, dann Zucker zugeben. Das Mehl mit 1 Eßlöffel kalter Milch verrühren, ebenfalls zugeben. Das Ganze unter Rühren einige Male aufkochen lassen, bis es etwas dicklich ist.

3/8 Liter Milch, 50 g Schokolade, 20 g Zucker, 1/2 Teelöffel Stärkemehl

707. Weinsoße

Das Mehl, die Eidotter und etwas Wein in Tiegel glatt verrühren. Dann den übrigen Wein, Zucker und Zitronenschale zugeben. Auf heißer Herdplatte so lange rühren, bis es anfangen will zu kochen. Vom Herd nehmen und nochmals fest rühren oder schlagen. Zum Schluß kann man den Schnee der Eiweiß darunterrühren.

1/2 Liter verdünnter Weißwein oder 1/2 Liter Apfelwein, 2 bis 3 Eidotter, 1 Eßlöffel Stärkemehl, Zucker nach Geschmack, 1 Stückchen Zitronenschale

708. Obstsoße

500 g Johannisbeeren oder Himbeeren, 1 gehäufter Teelöffel Stärkemehl, Zucker nach Geschmack

Die Beeren waschen und mit wenig Wasser weichkochen. Durch feines Sieb treiben. Stärkemehl in Tiegel mit etwas kaltem Wasser anrühren, den Saft unter Rühren langsam zugeben, danach Zucker nach Geschmack. Das Ganze einige Male aufkochen lassen.

709. Hiffensoße (Hagebutten)

4 – 5 Eßlöffel Hiffenmark, 1 – 2 Teelöffel Stärkemehl, 1/4 Liter Wasser, 1/8 Liter Weißwein, 1 Stückchen Zitronenschale oder Zimtstange, Zucker nach Geschmack

Hiffenmark mit dem Wasser glatt schlagen, Wein dazugeben und unter Zugabe von Zitronenschale oder Zimtstange und Zucker zum Kochen bringen. Das mit wenig kalter Flüssigkeit verrührte Stärkemehl einrühren und einmal kurz aufkochen lassen. Die Gewürze entfernen.

Es kann auch Hiffenmarmelade (Hagebuttenmarmelade) verwendet werden, in diesem Falle keinen oder nur wenig Zucker nehmen.

710. Kirschensoße

500 g Kirschen, 1/4 Liter Wasser, Zucker, Stückchen Zimtstange, 1 Teelöffel Stärkemehl, etwas Wein

Die entsteinten Kirschen in Wasser, mit Zucker und Zimtstange und dem Inneren einiger Kirschkerne weichkochen. Durch Sieb rühren, Stärkemehl mit etwas Saft verrühren und zugeben. Nochmals kurz aufkochen lassen. Wenn zu dick, mit Wein oder Wasser verdünnen.

711. Schlagrahm

1/4 Liter frischer, gekühlter Rahm; Zum Füllen von Kuchen und Torten: 1/2 Liter frischen, gekühlten Rahm, 4 Blatt weiße Gelatine oder 2 gehäufte Teelöffel gemahlene Gelatine, 3 Eßlöffel Wasser zum Lösen, 50 – 60 g Puderzucker

Frischer Rahm wird vor dem Schlagen in kühlem Raum oder Kühlschrank aufbewahrt. Bei heißem Sommerwetter sogar auch die Rührschüssel kühlen! Mit Küchenrührmaschine steif schlagen.

Zum Füllen von Kuchen und Torten Gelatine nach Gebrauchsanweisung zubereiten, darauf achten, daß Gelatine nie warm unter den Schlagrahm gerührt wird. Den Schlagrahm fast steif schlagen, vorbereitete Gelatine dazugeben und nun ganz steif schlagen.

Cremes

712. Wein-Creme

Den Wein mit den 3 Eidottern und den sonstigen Zutaten glatt verrühren. Dann auf Feuer unter ständigem Rühren zum Kochen bringen. Zur Seite stellen und noch einige Minuten fest rühren. Nun legt man in tiefe Schüssel feine Keks oder Biskuits, schüttet die Creme darüber. Der steife Schnee der Eiweiß wird mit etwas Zucker vermischt und erhöht daraufgeben. Kalt stellen.

Will man Keks oder Biskuits weglassen, wird der Schnee unter die Creme gerührt.

1/4 Liter Wein, 1/8 Liter Wasser oder 3/8 Liter Apfelwein, 3 Eier, 1 gehäufter Teelöffel Stärkemehl, 100 g Zucker, 1 Stückchen Zitronenschale

713. Feine Weincreme

Eigelb, Zucker, Stärkemehl mit Wein glatt verrühren und auf heißer Herdplatte unter dauerndem Schlagen zum Kochen bringen. Gelatine in ca. 2 Eßlöffel lauwarmem Wasser auflösen, mit Zitronensaft und -schale an die Creme geben, einige Minuten schlagen und mit dem zu steifem Schnee geschlagenen Eiweiß vermischen.

4 Eier, 80 g Zucker, 2 Teelöffel Stärkemehl, 1/4 Liter Weißwein, Saft und Schale von 1/2 Zitrone, 4 Blatt weiße Gelatine

714. Schokoladen-Creme

Schokolade wird in warmem Tiegel in etwas Milch aufgeweicht, dann werden die Eidotter, das Mehl, der Zucker mit der übrigen Milch dazugegeben. Das Ganze glatt verrühren. Auf Feuer unter beständigem Rühren zum Kochen bringen, bis die Masse dicklich ist. Biskuits oder Makronen in tiefe Schüssel legen und Creme darübergeben. Man kann am Schluß auch noch den Schnee der Eiweiß unter die Creme geben.

3/8 Liter Milch, 2 bis 3 Eier, 70 g Zucker, 60 g Vanilleschokolade, 1 gehäufter Teelöffel Stärkemehl

715. Vanille-Creme

Eidotter, Mehl, Zucker werden mit der kalten Milch angerührt. Die aufgeschnittene Vanille dazugeben und so lange auf Feuer rühren, bis sie kocht. Zur Seite stellen und noch 5 Minuten mit Schneebesen schlagen. Kalt stellen. Vor Anrichten Schlagrahm darübergeben.

3/8 Liter Milch oder frischer, süßer Rahm, 3–4 Eidotter, 1/2 Stange Vanille, 90 g Zucker, 1 gehäufter Teelöffel Stärkemehl, Schlagrahm

716. Orangen-Creme

3 Eier, 3 gehäufte Eßlöffel Zucker, Saft von 2 Orangen, geriebene Schale von 1/2 Orange, 1 Eßlöffel Stärkemehl, 1 Eßlöffel Wasser, 1 Eßlöffel Zitronensaft

Eidotter nebst Zucker und Mehl werden mit dem Zitronensaft und dem Wasser glatt verrührt. Den Saft und die Schale der Orange dazugeben und dann behandeln wie Zitronen-Creme Nr. 718.

717. Butter-Creme

2 Eidotter, 80 g frische Butter, 80 g gesiebter Zucker, 3 Teelöffel starker schwarzer, lauwarmer Kaffee, 50 g geriebene Schokolade, 1 Teelöffel Zitronensaft

Butter schaumig rühren, dann Eidotter, Schokolade und Zucker dazurühren. Danach Kaffee und Zitronensaft unter Rühren tropfenweise dazugeben. Das Ganze noch 30 Minuten rühren (mit Küchenrührmaschine 10 – 15 Minuten). Die Creme findet Verwendung zum Füllen von Torten und sonstigen Speisen.

718. Zitronen-Creme

3 Eier, 3 gehäufte Eßlöffel Zucker, Saft von 2 Zitronen, geriebene Schale einer Zitrone, 1 Eßlöffel Stärkemehl, 2 Eßlöffel Wasser

Eidotter nebst Zucker und Mehl werden mit dem Wasser glatt verrührt. Den Saft und die Schale der Zitrone dazugeben und in Tiegel auf Feuer so lange mit Schneebesen schlagen, bis die Masse steigt und dicklich wird. Vom Feuer nehmen und den steifen Schnee der 3 Eiweiß leicht darunterheben. In Schüssel geben, in der die Creme angerichtet wird.

719. Zitronen-Creme, andere Art

160 g Zucker, 4 Eier, Schale von einer und Saft von 1 1/2 Zitronen, 1 gehäufter Eßlöffel Stärkemehl, 1/4 Liter Weißwein

Zucker, Eigelb, Zitronensaft und -schale, Stärkemehl in höherem Topf mit Wein glatt rühren. Diesen Topf in kochendes Wasser stellen und so lange schlagen, bis dickliche Creme entsteht. Topf vom Feuer nehmen und noch 5 Minuten weiterschlagen, bis die Masse erkaltet ist. Die zu steifem Schnee geschlagenen Eiweiß daruntergeben und in Glasschale füllen.

720. Gefüllte Creme

1 Glasschale oder Schüssel wird 2 Finger hoch mit süßem Dunstobst (Rhabarber oder anderen Obstsorten) gefüllt. Dann ebenso hoch mit zerkleinertem Backwerk belegt. $^1/_4$ Liter Milch mit Päckchen Vanillezucker heiß machen. 2 Eidotter mit dem Mehl, dem Zucker und mit der übrigen, kalten Milch verrühren. In die heiße Milch rühren und zu dicklichem Brei kochen. Wenn etwas abgekühlt, wird der Schnee der zwei Eiweiß daruntergemengt und über das Backwerk gegeben.

Kann warm oder kalt angerichtet werden.

$^3/_8$ Liter Milch, 2 Eier, 1 Päckchen Vanillezucker, 75 g Zucker, Dunstobst und Kleinbackwerk, 30 g Stärkemehl

721. Kaffee-Creme

Eidotter, Mehl und Zucker werden mit dem kalten Kaffee glatt verrührt und auf Feuer unter ständigem Rühren zum Kochen gebracht. Auf die Seite gestellt, Butter darangeben, noch 5 Minuten rühren. In eine Schale Makronen oder Biskuits legen, mit etwas Arrak oder Wein befeuchten, die Creme darüberschütten. Kalt stellen. Vor Anrichten mit Schlagrahm bedecken.

Man kann das Gebäck und Schlagrahm weglassen, dann wird der Schnee der 3 Eiweiß unter die Creme gemengt.

$^3/_8$ Liter starker, schwarzer Bohnenkaffee (ohne Zusatz gekocht), 110 g Zucker, 3 Eidotter, 1 gehäufter Teelöffel Stärkemehl, Stückchen Butter, Makronen oder Biskuits, Schlagrahm

722. Äpfel-Creme

Äpfel mit Schale braten und durch feines Sieb drücken. Eigelb, Zucker und Zitronenschale in Topf geben und auf heißer Herdplatte so lange schlagen, bis die Masse steigt. Apfelbrei darunterrühren und nochmals aufkochen lassen. Ist Masse erkaltet, steifen Schnee der Eiweiß daruntergeben und auf Eis stellen.

10 Äpfel, 3 Eier, 120 g Zucker, Schale von $^1/_2$ Zitrone, 1 bis 2 Eßlöffel Rum oder Arrak

723. Russische Creme

Zucker und Eigelb 15 Minuten fest schlagen (mit Küchenrührmaschine 8 – 10 Minuten). Arrak oder Rum und Schlagrahm daruntermischen, in Gläser füllen und kalt stellen.

4 Eßlöffel Zucker, 4 Eigelb, 1 Eßlöffel Arrak oder Rum, Schlagrahm von $^1/_4$ Liter Rahm

724. Ananas-Creme

Zutaten zu Vanillecreme nach Nr. 715, 1 kleine Dose Ananasstückchen, 12 Stück längliche Biskuits (fertig kaufen oder nach Nr. 515 herstellen)

Vanillecreme nach Nr. 715 bereiten und erkalten lassen. In Glasschale eine Lage Biskuits einlegen, eine Lage Ananasstückchen darauf und nochmals Biskuits hinzugeben. Etwas Ananassaft darüberträufeln. Die erkaltete Vanillecreme darübergeben und die übrigen Ananasstückchen darauf verteilen.

725. Johannisbeer-Creme

Saft von 1 kg Johannisbeeren, 300 g Zucker, 40 g Stärkemehl, 3 Eier

Eigelb, Mehl und Zucker mit etwas Wasser glatt verrühren. Johannisbeersaft hinzugeben und so lange unter Rühren kochen lassen, bis die Masse dicklich ist. Noch so lange rühren, bis Creme anfängt, kalt zu werden, und die zu steifem Schnee geschlagenen Eiweiß darunter-mengen. Creme in Gläser füllen und kaltstellen.

726. Arrak- oder Rum-Creme

100 g Zucker, Saft und Schale von 1 Zitrone, 1/4 Liter Weißwein, 4 Eier, 1 gehäufter Eßlöffel Stärkemehl, 3 Eßlöffel Arrak oder Rum

Zucker, Zitronensaft und -schale, Arrak, Wein in Schüssel geben und so lange stehenlassen, bis sich der Zucker aufgelöst hat (ca. 1 Stunde). Eigelb mit Mehl verrühren, obige Flüssigkeit dazugeben und auf schwachem Feuer so lange rühren, bis dickliche Masse entsteht. Erkalten lassen und die zu steifem Schnee geschlagenen Eiweiß daruntergeben. In Gläser füllen und kalt stellen.

727. Diplomaten-Creme

4 Eigelb, 70 g Zucker, 1/4 Liter Milch, 1 Eßlöffel Kartoffelmehl, 1 Eßlöffel Zitronensaft, 15 Stück kleine Biskuits (fertig kaufen oder nach Nr. 515 herstellen), 2 Eßlöffel Sultaninen, 12 g weiße Gelatine, 2 Eßlöffel Rum oder Arrak, Schlagrahm von 1/4 Liter Rahm

Biskuits in Schale geben und mit Rum oder Arrak befeuchten. Eigelb Kartoffelmehl, Zucker, Zitronensaft in kleinem Tiegel mit Milch anrühren. Diesen Tiegel in kochendes Wasser stellen und so lange rühren, bis dickliche Creme entsteht. Gelatine in zwei Eßlöffel lauwarmem Wasser aufweichen, mit Sultaninen an Creme geben und fest durcheinanderrühren. Schlagrahm unter Creme mischen, die ganze Masse auf Biskuits geben und auf Eis erstarren lassen.

728. Apfelschaum

Äpfel mit Schale braten und durch feines Sieb drücken. Zucker, Zitronensaft und -schale, Eiweiß dazugeben und so lange schlagen, bis dickliche Creme entsteht (ca. 30 Minuten, mit Küchenrührmaschine entsprechend kürzer). Wenn möglich, auf Eis stellen.

1 kg gute Äpfel, 125 g Zucker, 3 Eiweiß, Saft und Schale von $^1/_2$ Zitrone

729. Himbeer- oder Erdbeer-Schaum

500 g Himbeeren oder Erdbeeren, 200 g Zucker, 3 Eiweiß, Saft und Schale von $^1/_4$ Zitrone

Himbeeren putzen, waschen und durch feines Sieb drücken. Die weitere Behandlung wie bei Apfelschaum Nr. 728.

730. Wiener Cremespeise

Stärkemehl, Eigelb, 3 Eßlöffel Zucker und Vanillezucker in Topf mit Milch glatt verrühren und unter fortwährendem Schlagen zum Kochen bringen. Vom Ofen wegnehmen und noch 5 Minuten weiterrühren. Diese Creme in mit Butter bestrichene Porzellanform oder auf Platte geben und erkalten lassen. Eiweiß zu sehr steifem Schnee schlagen, 2 Eßlöffel Zucker dazugeben und noch etwas weiterschlagen. In die Mitte der Creme ganz dickes Kompott legen und mit dem Eischnee kranzartig umlegen.

5 gehäufte Eßlöffel Zukker, 1 Päckchen Vanillezucker, 4 Eier, 1 gehäufter Eßlöffel Stärkemehl, $^3/_8$ Liter Milch, feines Kompott wie Aprikosen, Pfirsiche, Erdbeeren, Himbeeren, Johannisbeeren

Süße Sulzen

731. Fruchtsulze

Zuckermenge richtet sich nach der Süße des Fruchtsaftes. Fruchtsaft erwärmen. Wasser und Zucker erwärmen und Gelatine darin auflösen. Durch feines Sieb in den Fruchtsaft seihen. Einige Male aufkochen lassen. In beliebige, mit kaltem Wasser ausgespülte Form schütten. Erkalten lassen.

Vor Anrichten stürzen und mit Früchten verzieren.

Sollte sich die Sulze nicht von der Form lösen, taucht man dieselbe nur einen Augenblick in heißes Wasser.

$^1/_4$ Liter Fruchtsaft, $^1/_4$ Liter Wasser, 10 Blatt weiße Gelatine

732. Weinsulze mit Früchten

$^1/_4$ Liter Weißwein oder Apfelwein, Zucker nach Geschmack, Saft und geriebene Schale von $^1/_2$ Zitrone, 12 Blatt Gelatine, frische Äpfel oder Birnen oder Kirschen (etwa 250 g)

Die geschälten und geschnitzelten Äpfel oder Birnen oder die ganzen Kirschen in etwas Zuckerwasser fast weich dämpfen. Mit Seihlöffel herausnehmen und in die Form legen, in welche die Sulze kommt. Wein mit dem Saft und der Schale der Zitrone erwärmen.

Weiterbehandeln wie Fruchtsulze Nr. 731.

Die fertiggekochte Sulze wird über die Früchte geschüttet. Erkalten lassen. Vor Anrichten stürzen.

733. Weinsulze

$^1/_4$ Liter Weißwein oder Apfelwein, Zucker nach Geschmack, Saft und geriebene Schale von $^1/_2$ Zitrone, 12 Blatt weiße Gelatine

Wein mit dem Saft und der Schale der Zitrone erwärmen.

Weitere Behandlung wie Fruchtsulze Nr. 731. Zum Verzieren kann man auch Schlagrahm verwenden.

734. Rotweinsulze

$^1/_4$ Liter Rotwein, Zucker nach Geschmack, Saft und geriebene Schale von $^1/_2$ Zitrone, 12 Blatt rote Gelatine

Behandlung wie Weinsulze Nr. 733.

735. Johannisbeer-Grütze

1 Suppenteller abgestreifte Johannisbeeren, Zucker, 4 Eßlöffel Stärkemehl

Johannisbeeren waschen und in Sieb ablaufen lassen. In Tiegel mit wenig Wasser und etwas Zucker weichkochen. Durch feines Sieb treiben. Der Saft wird nun nochmals mit etwas Zucker zum Kochen gebracht. Stärkemehl mit etwas kaltem Wasser verrühren und unter Rühren in kochenden Saft geben. Unter weiterem Rühren 10 Minuten kochen lassen. In kalt ausgespülte Form geben. Erkalten lassen.

736. Johannisbeer-Grütze mit Grieß

Zutaten zu Nr. 735, jedoch statt Stärkemehl 120 – 150 g feinen Grieß

Zubereitung wie Nr. 735, jedoch statt Stärkemehl den Grieß in den kochenden, durchgeseihten Saft unter Rühren langsam einlaufen lassen. Das Ganze so lange kochen, bis es dicke Masse ist. In kalt ausgespülte Form geben. Erkalten lassen.

In Kochvorschrift Nr. 735 und Nr. 736 können statt Johannisbeeren auch Brombeeren, Himbeeren, Stachelbeeren verwendet werden.

Dunstobst und eingemachte Früchte Fruchtsäfte und Essigfrüchte

Dunstobst (Kompotte)

Es ist empfehlenswert, beim Dünsten von jeder Art Steinobst einige Kerne zu öffnen, die inneren Kerne zu überbrühen, die Haut abzuziehen und die Kerne mitzukochen. Die Menge des Zuckers richtet sich nach dem Zuckergehalt (Reifegrad) der Früchte!

737. Gedünstete Äpfel

6 – 7 Äpfel, 80 g Zucker, 1/4 Liter Wasser, etwas Zitronenschale, 1 Stückchen ganzen Zimt (oder 1 Eßlöffel Wein)

Äpfel schälen, Kernhaus herausnehmen, in fingerdicke Schnitze schneiden. Wasser, Zucker, Zitronenschale, Zimtstange oder Wein zum Kochen bringen und dann sofort die Apfelschnitze einlegen; nicht zudecken. Weichkochen, müssen aber ganz bleiben. Schnitze mit Schaumlöffel in Schüssel legen. Den Saft noch 5 Minuten weiterkochen lassen und dann über die Schnitze geben. Erkalten lassen.

738. Gedünstete Birnen

6 – 7 Birnen, 80 g Zucker (bei sehr süßen Sorten weniger), 1/4 Liter Wasser, etwas Zitronenschale, 1 Stückchen ganzen Zimt (oder 1 Eßlöffel Wein)

Birnen schälen, Kernhaus herausnehmen, halbieren und dann weiterbehandeln wie Nr. 737.

739. Apfelmus

6 – 7 Äpfel, 50 g Zucker, 1/4 Liter Wasser, etwas feinen Zimt, feingeschnittene Zitronenschale

Äpfel mit Schale vierteilen, Kernhaus herausnehmen, mit Wasser, Zucker, Zitronenschale (feingeschnitten), Zimt zusetzen und gut weichkochen. Noch heiß durch feines Sieb treiben und nach Geschmack zuckern. Eventuell Wein zugeben.

740. Gedünstete Kirschen

500 – 1000 g Kirschen, 1/4 Liter Wasser, 70 g Zucker, Stückchen ganzen Zimt, Zitronenschale, 2 ganze Nelken, etwas Wein

Kirschen von den Stielen befreien, waschen. Wasser, Zucker, Zimtstange, Zitronenschale und Nelken heiß werden lassen, die Kirschen einlegen und einigemal aufkochen. Kirschen mit Seihlöffel herausnehmen, den Saft noch 5 Minuten kochen lassen; über die Kirschen gießen. Man kann am Schluß etwas Wein dazugeben. Kalt anrichten.

741. Gedünstete Weichselkirschen

Zubereitung wie Nr. 740.

Zutaten wie Rezept Nr. 740, jedoch mit 100 g Zucker

742. Gedünstete Zwetschgen (Pflaumen)

Früchte waschen und entsteinen. In Tiegel geben und Zucker darüberstreuen (Menge richtet sich nach dem Zuckergehalt der Früchte), Wasser zugießen und zugedeckt langsam weichdämpfen. Feiner, wenn die Früchte enthäutet werden. Zu diesem Zweck die ganzen Früchte einige Minuten in sehr heißes Wasser legen. Haut läßt sich dann leicht abziehen. Danach entsteinen.

1 kg Zwetschgen, Zucker (Menge richtet sich nach dem Zuckergehalt der Früchte), 1/8 Liter Wasser, Stückchen Zimtstange

743. Gedünstete Aprikosen

Aprikosen ganz kurze Zeit in heißes Wasser legen. Dann Haut abziehen, halbieren, entsteinen, Wasser mit Zucker einmal aufkochen lassen, die Früchte einlegen und nicht zugedeckt weichkochen, sie sollen möglichst ganz bleiben. Mit Schaumlöffel herausnehmen, den Saft noch 5 Minuten weiterkochen lassen. Unter Zugabe von etwas Wein über die Früchte geben.

1 kg Aprikosen, ca. 70 g Zucker oder evtl. mehr, 1/4 Liter Wasser oder mehr, je nach Saftbedarf, etwas Wein

744. Gedünstete Pfirsiche

Zubereitung wie Nr. 743.

1 kg Pfirsiche, ca. 70 g Zucker oder evtl. mehr, 1/4 Liter Wasser oder mehr, je nach Saftbedarf, etwas Wein

745. Gedünstete Johannisbeeren

Johannisbeeren entstielen, in Sieb legen, kaltes Wasser darüberschütten, ablaufen lassen. Unter öfterem Rühren Zucker und Wasser langsam kochen, bis sich beim Herausnehmen des Löffels Faden zieht. Johannisbeeren dann einlegen, sie ziehen sofort Saft, einmal aufkochen und in einer Schüssel erkalten lassen.

500 g Johannisbeeren, 200 g Zucker, 1/4 Liter Wasser

746. Gedünstete Himbeeren

Die Früchte in leichtem Essigwasser vorsichtig waschen und etwas stehen lassen. Durch Verwendung von Essigwasser steigen die

500 g Himbeeren, 100 g Zucker, 1/4 Liter Wasser, Essig

Würmchen an die Oberfläche. Wasser langsam abgießen und die Himbeeren im Sieb abtropfen lassen. Weitere Behandlung wie Johannisbeeren Nr. 745.

747. Gedünstete Erdbeeren

500 – 1000 g Erdbeeren, 100 – 200 g Zucker, 1/4 Liter Wasser

Beeren in Sieb einlegen, kaltes Wasser darübergießen, abtropfen lassen. Zucker und Wasser unter öfterem Rühren langsam kochen, nicht ganz so lange wie bei Johannisbeeren. Etwas abkühlen lassen und über die Erdbeeren geben.

Auf andere Art: (rohe Erdbeeren)

Frische Erdbeeren in Sieb legen, kaltes Wasser darübergießen, abtropfen lassen. Mit Zucker bestreuen und Gläschen Wein übergießen, kühl stellen. Statt Gläschen Wein kann auch süßer Rahm verwendet werden.

748. Hollermus (Holunder)

500 g Holler (Holunder), Zucker, Stückchen Zimt, nach Belieben einige frische Zwetschgen

Stiele entfernen, im Sieb waschen und abtropfen lassen. In Tiegel einlegen, gut zuckern, Zimt beigeben und zugedeckt im eigenen Saft langsam weichkochen. Man kann auch entsteinte, frische Zwetschgen mitkochen.

749. Heidelbeeren (Blaubeeren)

500 g Heidelbeeren (Blaubeeren), Zucker, Stückchen Zimt, etwas Weiß- oder Rotwein

Früchte waschen, in Sieb abtropfen lassen. In Tiegel einlegen, gut zuckern. Stückchen Zimt beigeben und zugedeckt im eigenen Saft weichkochen. Man kann am Schluß etwas Weiß- oder Rotwein zugeben. Preiselbeeren werden zu Kompott ebenso behandelt.

750. Gedünsteter Rhabarber

500 – 1000 g Rhabarber, 100 – 200 g Zucker, 1/4 Liter Wasser oder mehr, Stückchen Zitronenschale, Zitronensaft oder 1 Eßlöffel Essig

Vom Rhabarber die Haut abziehen, in 2 Zentimeter lange Stücke schneiden. Zucker, Wasser, Stückchen Zitronenschale, Zitronensaft oder Essig einige Male aufkochen. Rhabarberstücke einlegen und darin weichkochen. Eventuell noch nachzuckern.

751. Gedünstete Melonen

Melonen schälen, Kernhaus mit Löffel sauber herausnehmen, in 2 Zentimeter lange, 1 Zentimeter dicke Stücke schneiden, 1 – 2 Stunden in leichtes Essigwasser legen. Zucker, Wasser, Zimtstange, Nelken, Zitronenschale, Zitronensaft oder Essig aufkochen, die Stücke einlegen und kochen, bis sie glasig sind. Die Melonen mit Schaumlöffel in Schüssel legen, den Saft noch etwas einkochen lassen und über die Melonen geben.

500 – 1000 g Melonen, 100 g Zucker, 3/8 Liter Wasser, 1 Stückchen Zimtstange, 2 – 3 Nelken, Stückchen Zitronenschale, etwas Zitronensaft oder Essig

Eingemachte Früchte

Vorbemerkungen

Marmelade wird wie Gelee durch Einkochen mit Zucker haltbar gemacht. Beim Einkochen der zerkleinerten Früchte bzw. der Saftmasse verdunstet Flüssigkeit, die Fruchtfleischmasse geliert infolge ihres Pektingehaltes sowie der Zuckerbeigabe.

Man unterscheidet beim Marmeladekochen zwei Verfahren:

1. das natürliche, bei dem Zucker und Kochdauer das Fruchtfleisch eindicken und damit haltbar machen;
2. das Einkochen mit fertigkäuflichem Pektin (Einmachzucker).

Beim Einkochen von Früchten ist es, um die Haltbarkeit zu fördern, unbedingt nötig, daß die Kochgeräte vollkommen rein (fettfrei) sind. Es ist zweckdienlich, hierfür eigenen Topf und Kochlöffel zu halten. Man verwende nur gesunde Früchte.

Nach Belieben können auch die Gefäße, in denen die Früchte aufbewahrt werden, geschwefelt werden: Schwefelfaden anzünden, das Gefäß kurz vor dem Einfüllen der Früchte einige Minuten darüberhalten.

Zum Verschließen der Gefäße verwendet man am besten Pergamentpapier. Ein rundes Stück Pergamentpapier schneiden, in Schnaps tauchen und oben auf die Marmelade legen. Dann ein etwas größeres Stück als das Gefäß abschneiden, in kaltes Wasser tauchen, über das Gefäß spannen und zubinden.

Bei Schimmelbildung auf den Früchten wird Schimmel vorsichtig entfernt. Die Früchte einmal aufkochen, das Gefäß reinigen, nochmals schwefeln. Alles Eingekochte soll in luftigem, kühlem Raum aufbewahrt werden.

I. Marmeladen (mit ganzen Früchten, nicht durchpassiert)

752. Preiselbeeren

2 1/2 kg Beeren, 1 kg Zucker, etwas ganzer Zimt

Beeren sauber verlesen, waschen, ablaufen lassen. In Kochtopf geben, Zucker und Zimt darüberstreuen, etwas stehenlassen. Auf schwachem Feuer zum Kochen bringen. Unter öfterem Rühren einigemal aufkochen. Schaum abschöpfen, in Gläser füllen. Nach dem Erkalten zubinden.

753. Heidelbeeren (Blaubeeren)

1 1/2 kg Heidelbeeren, 625 g Zucker, 1/8 Liter Weinessig, Stückchen ganzer Zimt

Unter Zugabe des Essigs behandeln wie Nr. 752.

754. Johannisbeeren (rot oder schwarz)

Je 500 g abgestreifte Beeren, je 500 g Zucker

Die Beeren waschen und in Seiher gut abtropfen lassen. In Kochtopf geben, Zucker darunter mischen und einigemal gut umrühren, etwas stehenlassen. Langsam ankochen und unter öfterem Rühren 30 Minuten kochen lassen. Schaum abschöpfen, in Gläser füllen und nach Erkalten zubinden.

Rote Johannisbeeren, so eingekocht, kann man bestens als Ersatz für Preiselbeermarmelade zu Sauerbraten oder Wild verwenden.

755. Himbeeren oder Erdbeeren

Je 500 g verlesene Früchte, je 500 g Zucker

Himbeeren oder Erdbeeren sauber verlesen, kurz waschen und in Seiher gut abtropfen lassen. Früchte in Kochtopf geben, Zucker daruntermischen und fest zerdrücken. Langsam ankochen und unter öfterem Rühren $1^1/_2$ Stunden kochen. Schaum abschöpfen, in Gläser füllen, nach Erkalten zubinden.

756. Stachelbeeren

Je 500 g Stachelbeeren, je 500 g Zucker

Größere reife Beeren, leicht waschen, von den Stielen und Blüten befreien, ablaufen lassen. Beeren in Kochtopf geben, Zucker daruntermischen und mit dem Kochlöffel etwas zerdrücken. Langsam ankochen und 60 Minuten unter öfterem Rühren kochen lassen. Schaum abschöpfen, in Gläser füllen und nach Erkalten zubinden.

757. Brombeeren

Je 500 g Brombeeren, je 500 g Zucker

Zubereitung wie Nr. 755 Himbeeren.

758. Aprikosen, Pfirsiche, Zwetschgen, Reineclauden

Je 500 g Früchte, je 400 g Zucker

Reife feste Früchte, enthäuten, halbieren, Kerne herausnehmen. In Schüssel legen, mit dem Zucker bestreuen, über Nacht zugedeckt stehen lassen. Anderntags in Tiegel sehr heiß werden lassen (nicht kochen). Mit Schaumlöffel die Früchte in Gläser füllen. Den Saft noch kochen, bis er dicklich ist. Warm über die Früchte geben. Nach einigen Tagen Saft nochmals kochen, erkaltet über die Früchte gießen.

In die einzelnen Gläser legt man einige abgezogenen innere Kerne, gibt guten Geschmack.

759. Zwetschgen *(sehr gut)*, andere Art

Je 500 g entsteinte Zwetschgen, je 250 g Zucker

Zucker über die Zwetschgen streuen, etwas durcheinandermischen, stehenlassen. Danach das Ganze 25 Minuten kochen. In geschwefelten Topf oder Gläser füllen.

760. Feine Zwetschgen- oder Pflaumenmarmelade

$1^1/_2$ kg Zwetschgen (große, reife), 500 g Zucker, $^1/_8$ Liter Weinessig, Saft und geschnittene Schale von $^1/_2$ Zitrone

Zwetschgen enthäuten, indem man sie kurze Zeit in sehr heißes Wasser legt. Haut läßt sich dann leicht abziehen. Früchte entsteinen. Zukker mit Essig läutern Nr. 874, Zwetschgen und Zitrone zugeben, unter Rühren zu dickem Mus kochen. Fertig ist das Mus, wenn es sich beim Rühren vom Topfe löst. Soll das Mus zum Füllen von Backwerk verwendet werden, noch heiß durch Sieb treiben. Dann nochmals aufkochen. Noch warm in Gläser füllen.

761. Zwetschgen- oder Pflaumenmarmelade

4 – 5 kg Zwetschgen oder Pflaumen, 1 kg Zucker, Stückchen ganzer Zimt

Zwetschgen waschen, entstielen, entkernen. In größeren Topf (am besten irdenes Geschirr) einlegen, den Zucker darüberstreuen. Unter Rühren anfangs rasch kochen lassen, danach unter ständigem Rühren auf schwächerem Feuer ganz dick einkochen, das Mus muß ganz dunkel werden. Noch heiß in Steintöpfe füllen. Diese, wenn möglich, in Bratröhre stellen, bis sich oben Kruste bildet. Hält sich dadurch besser. Zubinden.

Auf diese Art können Zwetschgen auch ohne Zucker eingekocht werden.

762. Kirschenmarmelade

2 kg schwarze Kirschen, 1 kg Zucker, $^1/_2$ Stange Vanille

Kirschen waschen, entstielen, entsteinen. Zucker und kleingeschnittene Vanille zugeben. Unter Rühren zu dickem Mus kochen. Das Innere einiger Kerne kann mitgekocht werden.

763. Orangen-Marmelade (Pomeranzen-Jam)

3 kg Orangen, 4 – 5 Zitronen, Zucker, $2^1/_2$ Liter Wasser

Orangen und Zitronen überbrühen und bürsten, trockenreiben und mit Schale querblättrig schneiden. Kerne entfernen. Wasser daraufgeben und 24 Stunden stehenlassen. Nun das Ganze auf Feuer 1 bis 2 Stunden kochen lassen. Wieder 24 Stunden stehenlassen.

Masse abwiegen und gleiche Menge Zucker dazugeben. Ca. 2 Stunden *langsam* kochen lassen, bis Probe sulzt. Noch heiß in Gläser füllen. Erkaltet zubinden. Hält sich sehr lange.

II. Marmeladen und Mark (durch Sieb passiert)

764. Quittenmarmelade

Je 500 g Mark, je 500 g Zucker

Quitten mit Tuch abreiben, fein schneiden und in Wasser weichkochen. Durch Haarsieb treiben. Mark und Zucker unter Rühren 1 Stunde einkochen. Noch heiß in Gläser füllen.

765. Quittenpaste

Je 500 g Mark, je 500 g Zucker

Quitten mit Tuch abreiben, fein schneiden und in Wasser weichkochen. Durch Haarsieb treiben. Mark und Zucker unter Rühren so lange kochen, bis die Masse ganz dick ist. In beliebige flache Form füllen, erkalten lassen und dann stürzen oder auf Pergamentpapier (1 bis $1^1/_2$ Zenitmeter dick) aufstreichen, trocknen und in beliebige Vierecke schneiden oder Formen ausstechen, in feinen Zucker getaucht zu Tisch geben. Hält sich sehr lange.

766. Apfelmarmelade (fein)

Je 500 g durchgetriebenes Apfelmus, je 375 g Zucker, Stückchen Zitronenschale

Zubereitung genau wie Nr. 764.

767. Aprikosen- oder Reineclauden- oder Mirabellenmarmelade

Je 500 g entsteinte Früchte, je 500 g Zucker

Die Früchte waschen, entsteinen, mit dem Zucker bestreuen, einige Stunden stehenlassen. Unter Rühren auf nicht zu starkem Feuer ganz dick einkochen. Durch Sieb treiben, nochmals aufkochen. Heiß in Gläser füllen.

Werden die Früchte geschält, dann nicht durchtreiben.

768. Himbeer- und Brombeermarmelade

Je 500 g Beeren, je 375 g Zucker

Beeren sauber verlesen. In Topf schütten, mit Kochlöffel etwas zerdrücken, Zucker daraufgeben, langsam ankochen. Kochen, bis Mus dick ist. Durch Sieb treiben, nochmals aufkochen, warm in Gläser einfüllen.

769. Vierfruchtmarmelade

2 – $2^1/_2$ kg Früchte, 2 – $2^1/_2$ kg Zucker, Früchte: entsteinte Kirschen, Himbeeren, Johannisbeeren, Stachelbeeren

Verlesene, gewaschene und entsteinte Früchte mit Zucker vermischen 1 – 2 Stunden stehenlassen. Bei schwacher Hitze unter Rühren dick einkochen. In Gläser füllen.

770. Stachelbeermarmelade

$2^1/_2$ kg reife Stachelbeeren, $1^1/_4$ kg Zucker

Beeren waschen, von den Stielen und Blüten befreien. Mit dem Zukker dick einkochen, durch Sieb treiben, nochmals aufkochen und heiß in Gläser füllen.

771. Rhabarbermarmelade

$1^1/_2$ kg Rhabarber, $1^1/_2$ kg Zucker

Rhabarber schälen, in Stücke schneiden, waschen, in Sieb ablaufen lassen. Mit dem Zucker vermischt unter Rühren dick einkochen. Noch warm in Gläser füllen.

772. Tomaten-Marmelade

Je 500 g Tomaten, je 400 g Zucker

Tomaten waschen, zerschneiden, in Topf geben und ohne Wasser unter Rühren $^1/_2$ Stunde kochen lassen. Zucker dazugeben und Masse dicklich einkochen lassen. Abschäumen, durch feines Haarsieb treiben, Marmelade wieder heiß werden lassen, in Gläser füllen und mit Pergamentpapier zubinden.

Nach 4 bis 5 Tagen Marmelade in Tiegel nochmals 10 Minuten kochen. Wieder in Gläser füllen und zubinden.

773. Kürbis-Marmelade (auch Melonen verwendbar)

Je $1^1/_2$ kg Mark, je 1 kg Zucker, Saft und die in Stücke geschnittene Schale von $^1/_2$ Zitrone, 4 Eßlöffel Weinessig

Kürbisse in große Stücke schneiden, schälen, Kernhaus sauber ausschaben (sämtliche weißen Teile entfernen), waschen und auf Seiher ablaufen lassen. Mit kaltem Wasser zusetzen (Kürbisse müssen bedeckt sein), weichkochen, bis sie sich zerdrücken lassen. Mark mit obigen Zutaten unter häufigem Umrühren dick einkochen (einige

Stunden). Warm in Gläser oder Töpfe füllen. Wird die Marmelade wider Erwarten nach einiger Zeit dünner, dann nochmals aufkochen.

Auch als Kuchenbelag geeignet.

774. Johannisbeer-Mark

Je 500 g Mark aus roten oder schwarzen Johannisbeeren, je 500 g Zucker

Rote oder schwarze Johannisbeeren waschen, entstielen, mit soviel Wasser zusetzen, daß dasselbe in Höhe der Beeren steht. Kochen, bis sie platzen. Durch Sieb passieren. Mark und Zucker kochen, abschäumen. Fertig ist das Johannisbeer-Mark, wenn entnommene Probe gut sulzt.

775. Erdbeermark (kalt gerührtes)

Je 500 g Erdbeeren, je 500 g feiner Zucker

Saubere Erdbeeren, wenn möglich ungewaschen, mit dem Zucker 1 Stunde rühren, durch Sieb streichen und in Gläser füllen. In Arrak oder Schnaps getauchtes Papier in Größe der Gläser auf die Erdbeeren legen. Gläser mit Pergamentpapier gut verschließen.

776. Hagebutten- (Hiffen) Mark

Genau soviel Mark wie Zucker

Die gut reifen, noch harten Hagebutten putzen und entkernen. Nicht waschen. In Schüssel in kühlem Raum 2 bis 3 Tage stehenlassen bis sie weich sind (Vorsicht, daß sie nicht schimmeln.). Wenig Wasser in Topf mit Hagebutten schütten und kurz durchkochen, bis Wasser verdampft ist. Dabei stehenbleiben! Dann durch Haarsieb lang und fest durchpressen. Nun gibt man zu dem Mark ebensoviel Zucker und rührt dieses ca. 20 bis 30 Minuten kalt. In Gläser füllen und zubinden.

777. Feines Tomatenmark

Beliebige Menge Tomaten

Tomaten klein zerreißen (sollen nicht mit Messer berührt werden) und im eigenen Saft weichkochen. Durch Haarsieb treiben und das Mark so lange kochen, bis es dicklich ist. Es muß jedoch so weich sein, daß man es durch Trichter noch in Flaschen füllen kann (warm einfüllen). Flaschen zukorken und versiegeln.

III. Gelee

778. Apfelgelee

Je 1/2 Liter Saft, je 375 g Zucker

Unreife Äpfel waschen, in Stücke schneiden, wenn vorhanden in einen „Entsafter-Apparat“ schütten. Sonst mit Wasser bedeckt zusetzen, weich kochen, in Säckchen füllen und Saft in Schüssel ablaufen lassen. Saft und Zucker kochen, bis Probe auf Teller sulzt und schön rot ist. Öfters abschäumen. Warm in Gläser füllen.

779. Johannisbeer-Gelee

Je 500 g Saft, je 500 g Zucker. Früchte: rote, weiße oder schwarze Johannisbeeren

Johannisbeeren waschen und, wenn vorhanden, in einen „Entsafter-Apparat“ schütten. Ist kein „Entsafter-Apparat“ vorhanden, so entstielt man die Beeren und setzt sie mit so viel Wasser zu, daß dasselbe in Höhe der Beeren steht. Kochen, bis sie platzen, und anschließend in Schüssel durch Säckchen ablaufen lassen. Saft und Zukker kochen und abschäumen. Fertig ist das Gelee, wenn Probe sulzt. Geht rascher als bei Äpfeln.

780. Himbeer-Johannisbeer-Gelee

Je 500 g Saft, je 500 g Zucker. Früchte: halb Himbeeren, halb Johannisbeeren

Zubereitung wie Nr. 779.

781. Quittengelee

Je 1/2 Liter Saft, je 500 g Zucker. Früchte: reife Quitten

Quitten mit Tuch abreiben. Weiterbehandeln wie Apfelgelee Nr. 778.

782. Stachelbeergelee

Je 500 g Saft, je 500 g Zucker. Früchte: unreife Beeren verwenden

Zubereitung wie Nr. 779.

783. Holler-(Holunder)Gelee

Beeren abstreifen, waschen, auf Seiher ablaufen lassen. In Kochtopf zerdrücken, mit Wasser bedecken und einige Zeit kochen. Dann durch Tuch laufen lassen. Hollersaft, Apfelsaft und Zucker kochen, bis erkaltete Probe sulzt.

Je 1/2 Liter Hollersaft, dazu 1/2 Liter Saft aus Äpfeln (Nr. 778), 1 kg Zucker

IV. Verschiedene Rezepte über eingemachte Früchte

784. Arrak- oder Rumfrüchte (Rumtopf, Tuttifrutti)

Als Rumtopf eignet sich entweder ein Steintopf oder ein größeres Glasgefäß. Den Rumtopf setzt man meist mit den ersten Früchten, nämlich den Erdbeeren an. Zuerst füllt man eine Schicht Zucker ein, gibt darauf die verlesenen, geputzten, gewaschenen und gut abgetropften Erdbeeren, füllt mit soviel Arrak oder Rum auf, daß die Früchte eben bedeckt sind und schließt mit einer Zuckerschicht. Der Topf wird mit Zellophan zugebunden und kühl gestellt. Wenn nächste Obstsorte reif ist, gibt man wieder frischen Arrak oder Rum zu und schließt mit Zucker. Die Reihenfolge der Obstsorten ist etwa, wie bei den Zutaten angegeben, entsprechend der Jahreszeit.

Je 500 g Früchte je 500 g Zucker, Arrak oder Rum.
Früchte:
Erdbeeren (im ganzen), Himbeeren (im ganzen), Kirschen (entsteint), Aprikosen (halbiert und entsteint), Pflaumen (halbiert und entsteint), Reineclauden (halbiert und entsteint), Weintrauben, auch Melonen

785. Eingemachte grüne Nüsse

Nüsse dürfen nicht fleckig sein, am geeignetsten sind dieselben Ende Juni bis Mitte Juli. Die innere Schale darf noch nicht hart sein. Nüsse mit spitzem Hölzchen einige Male durchstechen. 10 bis 12 Tage in kaltes Wasser legen, das jeden Tag erneuert wird. In Wasser weichkochen, nochmals in kaltem Wasser über Nacht stehenlassen. Auf Sieb ablaufen lassen. Zucker wie Nr. 874 läutern, jedoch mit der doppelten Menge Wasser. Nüsse und den Zimt zugeben, einige Male aufkochen. Warm in Gläser füllen. Nach einigen Tagen Saft nochmals gut aufkochen, erkaltet darüberschütten.

Je 500 g Nüsse, je 600 g Zucker, etwas ganzer Zimt

786. Grüne Tomaten in Zucker

1½ kg Tomaten, ¾ Liter Weinessig, 750 g Zucker

Tomaten waschen, in Stücke schneiden. In kochendem Wasser einmal aufkochen, in Seiher ablaufen lassen. Essig und Zucker läutern Nr. 874. Tomaten einlegen, öfters aufkochen. Mit Schaumlöffel in Gläser einlegen. Saft noch einkochen lassen, kalt über die Tomaten schütten. Nach einigen Tagen Saft nochmals kochen, lauwarm über die Tomaten geben.

787. Tomaten in Salzwasser

Feste, reife Tomaten, je 1 Liter Wasser, 2 Eßlöffel Salz

Tomaten waschen, entstielen, mit reinem Tuch abreiben und in steinernen Topf einlegen. Dann Wasser mit Salz fest abschlagen, bis sich Salz völlig aufgelöst hat. Über die Tomaten schütten; das Wasser muß über den Tomaten stehen. Zugebunden kühl aufbewahren.

788. Ohne Zucker eingemachte Kirschen, Zwetschgen, Stachelbeeren, Heidelbeeren

Kirschen entstielen, Zwetschgen entsteinen und vierteilen, Stachelbeeren: Stiele und Blüten entfernen, Heidelbeeren verlesen. Jede Fruchtart für sich in Steinkrüge oder Flaschen füllen, auf Tuch aufstoßen, damit sich die Früchte setzen. Gefäße müssen ganz voll sein. Die Gefäße mit neuen, gebrühten Korken luftdicht verschließen. Kork muß mit Flaschenrand abschneiden. Schnur darüberbinden. Die Flaschen oder Krüge fest mit Heu umwickeln, in großen Topf oder Kessel stellen (dürfen sich nicht berühren). Soviel kaltes Wasser eingießen, daß es bis zum Hals der Gefäße geht. Das Wasser zum Kochen bringen, einige Minuten kochen, im Wasser erkalten lassen.

Verwendung für Kuchen und Kompotte

789. Einmachen von reifen, ganzen Stachelbeeren

Je 500 g geputzte Früchte, je 500 g Zucker

Große, reife und feste Stachelbeeren mit Tuch abreiben sowie Stiele und Butzen entfernen. Zucker nach Nr. 874 läutern, Stachelbeeren dazugeben und auf schwachem Feuer weichkochen. Noch heiß in gut gereinigte Gläser füllen und, sobald erkaltet, zubinden. Nach einigen Tagen Saft vorsichtig abseihen, noch einmal 10 Minuten kochen lassen, warm wieder über die Beeren geben und Gläser zubinden.

Sehr guter Belag für Torten!

790. Vanille-Kirschen

Je 2 kg Herzkirschen, je $1^1/_2$ kg Zucker, 1 kleine Stange Vanille, $^3/_8$ Liter Essig

Kirschen waschen, entstielen und ablaufen lassen. Dann entsteinen, Essig darübergeben und unter öfterem Rühren bis zum anderen Tag stehenlassen. Auf Sieb abtropfen lassen. Zucker nach Nr. 874 läutern, die in kleine Stücke geschnittene Vanille, sowie die Kirschen hinzugeben und darin weichkochen lassen (müssen ganz bleiben). Mit Sieblöffel in gut gereinigte Gläser geben. Saft noch ca. 10 Minuten kochen lassen und noch warm über Kirschen füllen.

Essig mit Zucker einkochen und zu Fruchtsoßen verwenden.

791. Orangenschalen in Zucker

(Ersatz für Orangeat)

Je 500 g gekochte Orangenschalen, je 500 g Zucker

Schale von der Frucht in vier Teilen abziehen, in reichlich Wasser weichkochen, anschließend noch einige Stunden in kaltem Wasser liegen lassen. Abseihen, abtrocknen und Gewicht feststellen. Entsprechende Menge Zucker nach Nr. 874 läutern und über Orangenschalen gießen. 1 Tag offen stehen lassen, den Saft abgießen, dick einkochen und wieder über Schalen geben. Nach einigen Tagen Saft abgießen, dick einkochen und wieder über Schalen gießen. Dies wiederholt man in Abständen so lange, bis kein Saft mehr vorhanden ist. Dann Schalen auf sauberes Papier legen und in der Luft trocknen.

Fruchtsäfte

Vorbemerkung: Für die Gewinnung der Fruchsäfte aus nachstehenden Rezepten wird kein „Entsafter-Apparat“ benötigt; ist jedoch ein solcher Apparat vorhanden, so vereinfacht sich die Fruchtsaftgewinnung wesentlich.

Unteren Wassertopf des „Entsafter-Apparates“ mit Wasser anfüllen und in den darauf gestellten Seiher die gewaschenen, aber nicht entstielten Früchte schütten. Das Wasser im Wassertopf des „Entsafter-Apparates“ muß ständig kochen. Erst wenn kein Saft mehr aus dem kleinen Schlauch rinnt, „Entsafter-Apparat“ beiseite stellen. Beliebig große saubere Flaschen in heißes Wasser legen bis zum Moment des Saftabfüllens. Den Saft heiß in die Flaschen füllen bis zum obersten Flaschenrand und sofort verschließen. Vor Zugluft oder zu rascher Abkühlung schützen.

792. Einfache Obstsaftgewinnung

(ohne „Entsafter-Apparat“)

5 kg Früchte, 500 g weißer Zucker

In Wecktopf Rost oder Gitter einlegen und einen Topf von ca. 4 Liter Inhalt daraufstellen. Den Wecktopf bis zur halben Höhe des kleineren Topfes mit Wasser füllen. Über den Wecktopf ein größeres Tuch spannen. Einen Teil der Früchte auf das Tuch legen, dann den Zucker und die übrigen Früchte. Mit einem anderen Tuch zudecken und den Deckel fest auf den Wecktopf drücken. Dann zum Kochen bringen. Vom Siedepunkt ab 1 Stunde kochen lassen. Der Saft hat sich nun in dem kleineren Topf gesammelt. Beliebig große saubere Flaschen in heißes Wasser legen bis zum Moment des Saftabfüllens. Den Saft heiß einfüllen bis zum obersten Flaschenrand und sofort verschließen. Vor Zugluft oder zu rascher Abkühlung schützen.

Angefangen bei Rhabarber, den man in kleine Stücke schneidet, kann man von allen Früchten auf diese einfache Art Saft gewinnen. Besonders günstig für Beeren, welche färben, da kein Durchpressen notwendig.

793. Himbeersaft

Beeren gut verlesen, in Schüssel fest zerdrücken und durch Tuch pressen oder durch Fruchtpresse treiben. Den Saft 2 bis 3 Tage kühl stellen, dann vorsichtig abgießen. Saft und Zucker zum Kochen bringen, unter öfterem Rühren mehrmals aufkochen, abschäumen. Etwas erkaltet in Flaschen füllen, luftdicht verschließen.

Je $^{1}/_{2}$ Liter Saft 500 g Zucker

794. Himbeersaft, ungekocht

Beeren gut verlesen und in Schüssel zerdrücken. Wasser und Zitronensäure zugeben, umrühren und zugedeckt $1^{1}/_{2}$ Tage stehenlassen. Saft durch Tuch laufen lassen, ohne zu drücken. Saft und Zucker vermengen, unter öfterem Umrühren einige Stunden stehenlassen. Nochmals durch dünnes Tuch seihen, in Flaschen füllen, luftdicht verschließen, kühl aufbewahren. Flaschen nur bis zum Hals füllen.

$1^{1}/_{2}$ kg Himbeeren, 35 g Zitronensäure, 1 Liter Wasser. Je $^{1}/_{2}$ Liter Saft 500 g Zucker

795. Johannisbeer-Saft

Beeren von Stielen abstreifen, waschen, dann entweder durch Fruchtpresse treiben oder durch Säckchen pressen. Saft eine Woche im Keller oder Kühlschrank zugedeckt stehenlassen. Durch Tuch abseihen. Saft mit Zucker in Tiegel geben und so lange kochen, bis er ganz rein ist. Erkaltet in Flaschen füllen und zusiegeln.

Das zurückgebliebene Mark mit Zucker aufkochen und als Marmelade verwenden.

Je 1 Liter Saft 625 g Zucker

796. Erdbeersaft, ungekocht

Zubereitung wie Himbeersaft Nr. 794.

$1^{1}/_{2}$ kg Erdbeeren, 35 g Zitronensäure, 1 Liter Wasser. Je $^{1}/_{2}$ Liter Saft 500 g Zucker

797. Brombeersaft

Zubereitung wie Himbeersaft Nr. 794.

$1^{1}/_{2}$ kg Brombeeren, je $^{1}/_{2}$ Liter Saft 500 g Zucker, 35 g Zitronensäure, 1 Liter Wasser

798. Heidelbeer-Saft

3 Liter Heidelbeeren, 500 g Zucker, 2 Stangen Zimt, 3 Nelken, Arrak oder Rum, 1 Liter Wasser

Heidelbeeren mit 1 Liter Wasser kochen. Durch Tuch pressen und Saft mit Zucker, Zimt und Nelken kochen lassen. Über Nacht in Keller stellen. Saft in Flaschen bis 6 Zentimeter unter den Korken füllen, 1 Zentimeter hoch Arrak daraufgeben, Flaschen verkorken und versiegeln.

799. Preiselbeer-Saft

Je 2 kg verlesene Preiselbeeren 750 g Zucker und $1^1/_4$ Liter Wasser

Preiselbeeren sauber verlesen, waschen und auf Seiher abtropfen lassen. In Schüssel zerdrücken und mit der angegebenen Menge Wasser weichkochen lassen. Saft durch Tuch ablaufen lassen und mit Zucker ca. $^3/_4$ Stunden unter öfterem Abschäumen kochen. Heiß in Flaschen füllen und diese, sobald erkaltet, zusiegeln.

800. Kirschsaft

Je $^1/_2$ Liter Saft 400 g Zucker

Kirschen entstielen, entsteinen, einige Kerne aufschlagen, alles fest zerdrücken. Zugedeckt 24 Stunden in den Keller stellen. Durchpressen, den Saft nochmals 24 Stunden stehen lassen. Vorsichtig abseihen. Saft und Zucker einigemal aufkochen, abschäumen und etwas erkaltet in Flaschen füllen. Luftdicht verschließen.

801. Weichselsaft

Je $^1/_2$ Liter Saft 625 g Zucker

Zubereitung wie Kirschsaft Nr. 800.

802. Holler-(Holunder)Saft

Je $^1/_2$ Liter Saft 400 g Zucker

Beeren abstreifen, zerdrücken, über Nacht stehenlassen, danach durchpressen. Saft und Zucker unter öfterem Rühren mehrmals aufkochen, abschäumen. Etwas erkaltet in Flaschen füllen, luftdicht verschließen.

803. Rhabarbersaft *(Gut gegen Husten!)*

Rhabarber schälen, waschen, in Stücke schneiden und in nicht zuviel Wasser weichkochen. Über Nacht in Säckchen ablaufen lassen. Saft und Zucker längere Zeit kochen, bis er dicklich wird, abschäumen. Ganz erkaltet in Flaschen füllen, luftdicht verschließen.

Je $^1/_2$ Liter Saft
500 g Zucker

804. Himbeeressig

(Mit Wasser verdünnt, ein erfrischendes Getränk)

Die verlesenen Himbeeren mit dem Essig in Topf 2 bis 3 Tage zugedeckt im Keller stehenlassen. Durch Tuch pressen, den Saft nochmals über Nacht zugedeckt stehenlassen. Vorsichtig abgießen. Saft und Zucker 10 Minuten kochen lassen, abschäumen. In Topf abkühlen lassen, danach in Flaschen füllen, luftdicht verschließen. Flaschen nicht ganz voll füllen.

Zum Ansetzen: Je 1 Liter Himbeeren, je 1 Liter guter Weinessig
Zum Kochen: Je $^1/_2$ Liter Saft, 250 g Zucker

805. Einfaches Sterilisier-Verfahren

In gut gereinigte und mit *sauberem* Tuch ausgetrocknete Sterilisier-Gläser die fehlerfreien, gewaschenen Früchte einfüllen. (Die Gläser müssen dabei öfter geschüttelt werden, damit möglichst viele Früchte hineingehen.) Zucker daraufgeben und jedes Glas bis 2 Zentimeter unter den Rand mit kaltem, ungekochtem Wasser füllen. Gläser verschließen und nebeneinander in Topf stellen.

In diesen Topf Wasser bis $^2/_3$ der Gläserhöhe einfüllen und langsam auf Siedehitze bringen. Bei härteren Früchten bei gleichbleibender Temperatur 30 bis 40 Minuten sterilisieren. Topf muß gut verschlossen sein. Dann Topf vom Feuer nehmen und Gläser darin erkalten lassen.

Je 1 Literglas Obst
3 Eßlöffel Zucker

Essigfrüchte

806. Zwetschgen in Essig

2 kg Zwetschgen, 1/2 Liter guter Weinessig, 750 g Zucker, Stückchen ganzer Zimt, einige ganze Nelken

Zwetschgen entstielen, mit trockenem, reinem Tuch abreiben, mit feiner Nadel einige Male einstechen. Dicht in steinernen Topf legen. Zucker mit Essig und Gewürz gut kochen lassen. Erkaltet über die Zwetschgen schütten. Topf mit Pergamentpapier bedecken und zubinden. Nach 5 bis 6 Tagen Saft nochmals kochen, erkaltet über die Zwetschgen geben.

Feiner sind die Zwetschgen, wenn man sie kurz in heißes Wasser legt und dann enthäutet.

807. Zwetschgen, andere Art

2 kg Zwetschgen, 1/2 Liter guter Weinessig, 750 g Zucker, Stückchen ganzer Zimt, einige ganze Nelken

Zwetschgen entstielen, mit trockenem, reinem Tuch abreiben, Zucker mit Essig und Gewürz gut kochen lassen. Einen Teil der Früchte einlegen, so lange kochen, bis die Haut Risse bekommt. Mit Schaumlöffel herausnehmen und in sauberen, trockenen Steinguttopf oder Einmachglas legen. Wenn auf diese Art sämtliche Zwetschgen gekocht sind, die Brühe noch etwas einkochen. Noch warm über die Zwetschgen schütten. Nach einigen Tagen Saft nochmals kochen. Kalt über die Zwetschgen geben.

808. Kirschen in Essig

2 kg Kirschen, 1/2 Liter guter Weinessig, 750 g Zucker, Stückchen ganzer Zimt, einige ganze Nelken

Von den Stielen die Hälfte abschneiden, Kirschen waschen, auf Seiher ablaufen lassen. In Topf einlegen und weiterbehandeln wie Nr. 806.

---

809. Weichseln in Essig

2 kg Weichseln, 1/2 Liter guter Weinessig, 1 1/4 kg Zucker, Stückchen ganzer Zimt, einige ganze Nelken

Zubereitung wie Kirschen Nr. 808 und Zwetschgen Nr. 806.

810. Birnen in Essig

Birnen schälen, von halbierten Birnen Kernhaus herausschneiden. Einige Stunden in kaltes Wasser legen, auf Seiher ablaufen lassen. Zucker, Essig und Gewürz kochen. Einen Teil der Birnen einlegen und kochen, bis man sie leicht durchstechen kann. Mit Schaumlöffel herausnehmen, in steinernen Topf legen. Wenn sämtliche Birnen gekocht sind, die Brühe noch etwas einkochen. Noch warm über die Früchte schütten. Nach einigen Tagen Saft nochmals gut einkochen. Vollständig erkaltet über die Birnen schütten.

2 1/2 kg runde oder größere halbierte Birnen, 1 kg Zucker, 3/4 Liter guter Weinessig, 2 Stangen Zimt, 3 Nelken, kleingeschnittene Schale von 1/2 Zitrone

811. Quittenschnitze in Essig

Früchte mit trockenem Tuch abreiben, abschälen, Kernhaus herausnehmen und in Scheiben schneiden. Quittenstücke über Nacht in kaltes Wasser legen. Auf Seiher ablaufen lassen, dann in Wasser fast weichkochen, Wasser wieder ablaufen lassen. Zucker, Essig und Gewürz kochen, einen Teil der Schnitze einlegen, fertigkochen. Sind sämtliche gekocht, weiterbehandeln wie Birnen Nr. 810.

Schale und Kernhaus wird zu Gelee gekocht.

1 1/2 – 2 kg abgeriebene, geschälte, in Scheiben geschnittene Quitten, 1 kg Zucker, geschnittene Schale von 1/2 Zitrone, 3/4 Liter guter, nicht zu scharfer Weinessig, 2 Stangen Zimt

812. In Essig eingekochte Pilze

Pilze putzen, waschen und in Salzwasser nicht ganz weichkochen. Weinessig mit Lorbeerblatt, Pfefferkörnern, Nelken und Zwiebeln zum Kochen bringen und *kochend* über die im Steintopf sich befindenden, vorher abgeseihten Pilze geben. Sobald erkaltet, mit Pergamentpapier zubinden.

Zum Garnieren oder als Beilage zu Fleischspeisen

1 kg junge Steinpilze oder Pfifferlinge (Eierschwämme), 20 Schalotten-Zwiebeln, 1 Liter Weinessig, 1/2 Teelöffel Pfefferkörner, 1/2 Teelöffel Nelken, 3 – 4 Lorbeerblätter, 1 Eßlöffel Salz

813. Melonen oder Kürbis oder Zucchini in Essig

Melonen schälen, Kernhaus mit Löffel sauber ausschaben; es darf nichts Weißes mehr darin bleiben. In fingerlange und fingerdicke Stücke schneiden. Waschen, auf Seiher ablaufen lassen. Melonen in

1½ kg geschnitzelte Melonen oder Kürbis oder Zucchini (große, ausgereifte Früchte), 1½ Pfund Zucker, ³/₈ Liter guter Weinessig, ½ Liter gewöhnlicher Essig, ¼ Liter Wasser, geschnittene Schale von ½ Zitrone, 1 ganze Zimtstange, 4 ganze Nelken

Porzellanschüssel legen, den mit dem Wasser verdünnten gewöhnlichen Essig darüberschütten, 24 Stunden stehenlassen. Die Melonen öfter wenden. Danach auf Seiher ablaufen lassen. Zucker, Weinessig und Gewürze aufkochen, einen Teil der Melonen einlegen, so lange kochen, bis sie glasig sind. Mit Schaumlöffel herausnehmen, in steinernen Topf oder Glas einlegen. Sind sämtliche Melonenschnitze gekocht, den Saft noch etwas einkochen lassen. Erkaltet über die Melonen schütten. Sollte Saft nach einer Woche dünn geworden sein, nochmals gut einkochen. Wieder erkaltet über die Melonen schütten.

814. Essiggurken

50 Stück Einmachgurken, 1 – 1½ Liter guter, nicht zu scharfer Weinessig, 100 g Schalotten, ¼ Schote spanischer Pfeffer oder ½ Teelöffel Pfefferkörner, ½ Teelöffel ganze Nelken, 6 – 7 Lorbeerblätter, etwas Dill, 1 Messerspitze Pfeffer

Gurken waschen, in leichtes Salzwasser legen. Mindestens ½ Tag stehenlassen. Abtrocknen und mit dem Gewürz in Topf legen. Essig kochen, wenn möglich in Messingtopf, damit die Gurken ihre grüne Farbe behalten, erkaltet über die Gurken schütten. Nach einigen Tagen Essig nochmals aufkochen mit „Gurkendoktor“, noch warm über die Gurken geben. Essig muß über den Gurken stehen.

815. Senfgurken

5 – 6 große Gurken, ¾ Liter guter, nicht zu scharfer Weinessig, 100 g kleine, geschälte Zwiebeln (Schalotten), 50 g Senfkörner, einige Lorbeerblätter, 60 g Salz, ½ Teelöffel Pfefferkörner, 1 Eßlöffel fein geschnittener Meerrettich (nicht unbedingt nötig), ½ Teelöffel Nelken, ca. 1 Eßlöffel Zucker

Die Gurken können auch schon gelbe Schalen haben.

Gurken schälen, Kernhaus sauber herausschaben, in fingerlange, nicht zu dicke Stücke schneiden. Waschen, in Seiher legen, salzen, über Nacht in Seiher ablaufen lassen. Den Essig mit dem Zucker aufkochen, über die Gurken in Schüssel schütten, nochmals über Nacht stehenlassen. Gurken wieder in Seiher ablaufen lassen. Essig wird weiterverwendet. Gurken mit dem Gewürz in Topf einlegen: 1 Lage Gurken, 1 Lage Gewürz usw. Die Senfkörner können zwischen die Gurken gegeben werden oder in Leinwandsäckchen auf die Gurken obenauf gelegt werden. Den Essig nochmals aufkochen, den sich bildenden Schaum abschöpfen, erkaltet über die Gurken schütten. Essig muß über den Gurken stehen.

816. Geschälte Gurken in Essig und Zucker

Gurken schälen, salzen, auf Seiher über Nacht abtropfen lassen. Mit reinem Tuch abtrocknen, in Schüssel legen, verdünnten gewöhnlichen kochenden Essig ($^{1}/_{2}$ Liter) darüberschütten. 1 Tag stehenlassen. Nach Abtropfen dasselbe wiederholen. Nochmals 1 Tag stehenlassen. Auf Seiher ablaufen lassen, mit Gewürz ohne Senfkörner in Topf legen. Weinessig mit Zucker kochen, noch heiß darüberschütten, Senfkörner in Leinwandsäckchen nach Erkalten darauflegen.

6 – 8 mittlere Gurken, $^{3}/_{4}$ Liter guter Weinessig, 75 g Zucker, 1 Messerspitze Pfeffer, $^{1}/_{2}$ Teelöffel Nelken, einige Lorbeerblätter, etwas Dill, 1 Eßlöffel Senfkörner

817. Süße Gurken

Gurken waschen, schälen, halbieren, Kernhaus herausschaben. In fingerlange, nicht zu dicke Streifen schneiden. Nochmals waschen, auf Sieb ablaufen lassen. In Schüssel mit dem verdünnten gewöhnlichen Essig über Nacht stehenlassen. Anderntags in Seiher ablaufen lassen. Weinessig mit Zucker und Gewürz kochen. Einen Teil der Gurken einlegen, bis sie glasig sind. Mit Schaumlöffel in Einmachglas legen. Nach dem Kochen sämtlicher Gurken den Saft weiter einkochen. Noch warm über die Gurken schütten. Nach 5 – 6 Tagen Saft nochmals kochen, kalt über die Gurken schütten.

2 kg Gurken, 625 g Zukker, $^{3}/_{4}$ Liter guter Weinessig, 1 Stückchen Zimt, $^{1}/_{2}$ Teelöffel Nelken, $^{1}/_{2}$ Liter gewöhnlicher Essig, $^{3}/_{4}$ Liter Wasser

818. Salzgurken

Gurken 24 Stunden in kaltes Wasser legen, dann mit weicher Bürste sauber abbürsten, mit reinem Tuch abtrocknen. Boden eines größeren Topfes mit Weintrauben- oder Kirschenblättern bedecken. Gurken mit Pfefferkörnern und Dill einlegen. Essig, Salz und Wasser so lange schlagen, bis das Salz aufgelöst ist. Über die Gurken schütten, das Wasser muß über den Gurken stehen. Wieder Blätter auflegen, zuletzt ein mit Stein beschwertes Holzbrettchen obenauflegen. In kühlem Raum aufbewahren.

Bei Entnahme von Gurken schiebt man den manchmal sich bildenden weißen Belag auf die Seite. Man kann die Gurken nun noch in ein größeres Glas mit verdünntem Essig legen, um sie milder zu machen. Essig kann immer wieder verwendet werden. Man hat so einen gebrauchsfertigen Vorrat von Gurken stets zur Hand.

15 – 20 mittlere Gurken, 250 g Salz, 1 Eßlöffel Pfefferkörner, etwas Dill (Gurkenkraut), $^{1}/_{4}$ Liter Essig

819. Salzgurken im Faß

Feste Gurken ohne Flekken, Weintrauben- oder Kirschenblätter, Salz, Pfefferkörner, Dillkraut

Das Holzfaß muß vollkommen sauber und ganz dicht sein. Der obere Deckel wird durch Lösen einiger Reifen entfernt. Spundloch muß offen sein. Man nehme feste Gurken ohne Flecken, lege sie 24 Stunden in kaltes Wasser. Mit weicher Bürste abbürsten und mit reinem Tuch abtrocknen. Boden des Fasses mit sauberen Weintrauben- oder Kirschenblättern belegen. Einlegen: eine Lage Gurken, 1 Handvoll Salz, etwas Pfefferkörner, etwas Dill, dann wieder 2 Lagen Gurken, Salz usw. Wenn das Faß voll ist, werden obenauf wieder Blätter gelegt. Das Faß mit dem oberen Deckel wieder fest verschließen. Danach gießt man durchs Spundloch so viel kaltes Wasser zu, daß das Faß spundvoll ist. Das Spundloch luftdicht verschließen. In kühlem Raum aufbewahren. Nach Öffnen des Fasses ein mit Stein beschwertes Brettchen obenauflegen.

Es ist unbedingt erforderlich, daß tadellose Gurken verwendet werden und daß das Faß vollkommen luftdicht verschlossen wird.

820. Eingeweckter Gurkensalat

Größere Gurken, Salz, Essig, Lorbeerblatt

Größere Gurken schälen und in $^1/_2$ Zentimeter dicke Scheiben schneiden. Einsalzen, 24 Stunden stehenlassen. Auf Sieb abtropfen lassen. Auf Tuch schütten und mit einem trockenen Tuch abreiben. In Weckgläser füllen. Verdünnten Essig mit Salz und Lorbeerblatt kurz aufkochen, erkaltet über die Gurken gießen. Gläser 20 Minuten bei 70 Grad sterilisieren.

821. Bohnen im Steintopf

Zarte Bohnen, Salz

Zarte Bohnen fein schneiden und einige Male tüchtig aufkochen, abseihen und auf Tuch etwas abtrocknen lassen. In Steintopf füllen, abgekochte leichte Salzlösung erkaltet darübergießen: Auf 5 kg Bohnen 500 g Salz. Bohnen mit Tuch bedecjen und mit Brett und Stein beschweren. Brühe muß über den Bohnen stehen.

822. Suppenwürze für den Winter

Gelbe Rüben, Tomaten, Zwiebeln, Petersilienwurzeln, Selleriewurzeln, Lauch putzen, waschen und durch die Fleischmaschine drehen. Petersilie und Sellerieblätter fein schneiden, dazugeben und das Ganze mit Salz in einer großen Schüssel gut vermengen. In Steintöpfe oder Gläser füllen und zubinden.

Findet Verwendung für Suppen, Soßen, Fleischspeisen. Die Gerichte sind dann entsprechend weniger zu salzen.

Je 1 kg gelbe Rüben, Tomaten, Zwiebeln, Petersilienwurzeln, Selleriewurzeln, Lauch, 1 kg Petersilien- und Sellerieblätter, 1 kg Salz

823. Tomaten-Ketchup (Tomaten-Würze)

Tomaten waschen und in Scheiben schneiden. Zucker dunkel bräunen und mit einer Tasse lauwarmem Wasser ablöschen. Gelöschten Zukker an die Tomaten geben, ferner die feingeschnittenen Zwiebeln, etwas Salz, Pfeffer, Paprika. Alles zusammen 15 Minuten kochen. Die Masse durch ein Sieb rühren. Nun den Weinessig besser noch Estragon-Essig Nr. 824, Ingwer, Nelken dazugeben und unter Rühren 30 Minuten kochen lassen. Eventuell ein Estragon-Zweiglein mitkochen. Erkaltet in Flaschen füllen und bei 90 Grad 15 Minuten sterilisieren. Im Sterilisiertopf erkalten lassen.

Dieses Ketchup muß gut gewürzt sein und einen süß-säuerlichen Geschmack haben.

5 kg reife Tomaten, 2 gehäufte Eßlöffel weißer Zucker, 1/4 Liter Weinessig oder besser Estragonessig, 2 große Zwiebeln, Salz, Pfeffer, Paprika, etwas Ingwerpulver und gemahlene Nelken, wenn vorhanden, ein Zweiglein Estragon

824. Estragon-Essig

Estragonblätter in eine Schüssel legen und mit kochendem Essig übergießen. Das Ganze abkühlen lassen, dann in die Flasche füllen (mit den Blättern) und noch einige Tage stehenlassen. Blätter können in der Flasche bleiben.

1 Liter Essig, 1 Handvoll Estragonblätter

Gefrorenes
Liköre und Obstweine
Verschiedene Getränke

Gefrorenes (Eis)

825. Zubereitung von Gefrorenem in der Eismaschine

1 Stange Roheis, Viehsalz

Gefrierbüchse der Eismaschine so einsetzen, daß der spitze Zapfen in dem am Boden befindlichen Lager ruht. Das Rührwerk einsetzen, die zu frierende Masse einfüllen, mit Deckel verschließen, Kurbelwelle aufsetzen, befestigen. Durch Umdrehungen überzeugen, ob Maschine richtig zusammengesetzt ist. In den Hohlraum zwischen Büchse und Kübel einfüllen: 1 Lage klein zerschlagenes Eis, 2 Handvoll Viehsalz oder grobes gewöhnliches Salz usw. Kübel nicht ganz füllen. Wenn das Roheis abgeschmolzen ist, immer wieder Eis und Viehsalz nachfüllen.

Langsam beginnen, nach und nach rascher drehen. Fertig ist das Eis, wenn sich die Büchse nur mehr schwer drehen läßt.

Kurbelwelle abnehmen, Deckel der Büchse sauber abtrocknen, vorsichtig abnehmen, daß kein Wasser in die Büchse dringt. Rührwerk herausnehmen, das Speiseeis sauber abstreifen und in der Büchse glattstreichen. Deckel wieder aufsetzen. Öffnung mit Kork schließen. Wenn genügend Roheis vorhanden, Wasser ablaufen lassen, den ganzen Hohlraum bis über den Deckel mit Eis füllen. Die Maschine in wollenes Tuch einschlagen und 1 bis 2 Stunden in den Keller stellen. Der Geschmack des Gefrorenen wird durch das Stehen besser.

Will man das Gefrorene im Ganzen zu Tisch geben, Büchse herausnehmen, abwischen und einen Moment in heißes Wasser tauchen. Deckel abnehmen, Teller auf die Öffnung halten und stürzen.

Gefrorenes, bei dem Wasser mitverwendet wird, braucht etwas länger als solches mit Milch oder Rahm.

826. Zubereitung von Gefrorenem im Kühlschrank

Will man Gefrorenes im Kühlschrank zubereiten, so füllt man die Eiscreme in die Eisschale (mit oder ohne Würfeleinsatz) und stellt dieselbe in das Gefrierfach, bis der gewünschte Gefrierpunkt erreicht ist. Es ist empfehlenswert, von der in den Rezepten angegebenen Milchmenge *mindestens* die Hälfte Sahne zu nehmen, da bei der Zubereitung im Kühlschrank das Eis sonst leicht zu hart wird.

827. Vanilleeis

1/4 Liter Milch, 1/4 Liter süßer Rahm, 3 Eidotter, 1/4 Schote Vanille, 100 g Zucker, 1 Teelöffel Stärkemehl oder 1 Päckchen Vanillesoßenpulver

Vanille der Länge nach aufschneiden, Mark herausschaben. Eidotter, Zucker und Stärkemehl mit der kalten Milch verrühren. Vanille mit der Schote dazugeben. Auf nicht zu starkem Feuer mit Schneebesen schlagen, bis es dicklich wird (nicht kochen). Vom Herde nehmen, noch rühren, bis es fast kalt ist. Entweder in die Gefrierbüchse der Eismaschine füllen und weiterbehandeln wie Nr. 825 oder in Eisschale in das Gefrierfach des Kühlschrankes stellen nach Nr. 826. Will man Vanilleeis feiner, muß man statt Milch süßen Rahm sowie 4 bis 5 Eidotter verwenden und Stärkemehl weglassen.

828. Schokoladeeis

1/2 Liter Milch, 2–3 Eidotter, 120 g feine Vanilleschokolade, 100 g Zucker, 1 Teelöffel Stärkemehl

Schokolade mit etwas Milch aufkochen. Eidotter, Zucker, Stärkemehl und die aufgelöste Schokolade mit der kalten Milch verrühren. Weiterbehandeln wie Vanilleeis Nr. 827, beginnend: „Auf nicht zu starkem Feuer . . .“. Entweder in die Gefrierbüchse der Eismaschine füllen oder weiterbehandeln wie Nr. 825 oder in Eisschale in das Gefrierfach des Kühlschrankes stellen nach Nr. 826.

829. Aprikosen- oder Pfirsicheis

250 g Mark, 280 g Zucker, 3/8 Liter Wasser

Früchte schälen, entsteinen, durch feines Sieb treiben. Zucker mit Wasser kochen, erkaltet mit dem Mark vermischen. Entweder in die Gefrierbüchse der Eismaschine füllen und weiterbehandeln wie Nr. 825 oder in Eisschale in das Gefrierfach des Kühlschrankes stellen nach Nr. 826.

830. Fruchtmarkeis

Beeren verlesen und durch feines Sieb treiben. Zucker mit dem Wasser kochen, erkaltet mit dem Mark vermischen oder das Mark mit dem Zucker 20 Minuten rühren, dann das kalte Wasser dazurühren. Entweder in die Gefrierbüchse der Eismaschine füllen und weiterbehandeln wie Nr. 825 oder in Eisschale in das Gefrierfach des Kühlschrankes stellen nach Nr. 826.

200 g Mark, 200 g Zucker, 3/8 Liter Wasser; Früchte: Erdbeeren, Himbeeren, Johannisbeeren oder Stachelbeeren

831. Fruchtsafteis

Wasser und Zucker kochen, erkalten lassen und mit dem Saft vermischen. Entweder in die Gefrierbüchse der Eismaschine füllen und weiterbehandeln wie Nr. 825 oder in Eisschale in das Gefrierfach des Kühlschrankes stellen nach Nr. 826.

1/4 Liter Saft, 1/8 Liter Wasser, Zucker nach Geschmack, Früchte nach Belieben

832. Zitroneneis

Zitronen fein abschälen, an der Schale darf nichts Weißes mehr sein. Saft und Schale der Zitronen, Zucker und Wasser vermischen, unter öfterem Rühren 1 bis 2 Stunden stehen lassen. Entweder in die Gefrierbüchse der Eismaschine seihen und weiterbehandeln wie Nr. 825 oder in Eisschale in das Gefrierfach des Kühlschrankes stellen nach Nr. 826.

2 Zitronen, 250 – 280 g Zucker, 1 Liter Wasser oder halb Wasser, halb Wein

833. Orangeneis

Orangen und Zitrone fein schälen. Zutaten mit dem Saft und Schale der Zitrone und Orangen vermischen. Unter öfterem Rühren 1 bis 2 Stunden stehenlassen. Entweder in die Gefrierbüchse der Eismaschine seihen und weiterbehandeln wie Nr. 825 oder in Eisschale in das Gefrierfach des Kühlschrankes stellen nach Nr. 826.

2 Orangen, 250 – 280 g Zucker, 1 Liter Wasser oder halb Wasser, halb Wein, Saft und Schale von 1/2 Zitrone

834. Eisbombe mit Früchten

Zutaten zu Vanilleeis Nr. 827, Schlagrahm nach Nr. 711, ganze eingemachte Früchte oder gezuckerte frische Früchte, am besten Erdbeeren oder Himbeeren

Vanilleeis zubereiten nach Nr. 827. Vor Einfüllen in die Gefrierbüchse werden dem Vanilleeis die Früchte beigemengt. Entweder in die Gefrierbüchse der Eismaschine füllen und weiterbehandeln wie Nr. 825 oder in Eisschale in das Gefrierfach des Kühlschrankes stellen nach Nr. 826.

Im Ganzen anrichten, verziert mit Schlagrahm nach Nr. 711.

835. Gefrorene Weincreme

Zutaten zu Weincreme Nr. 712, Weinbeeren, Rosinen, feine eingemachte Früchte

Weincreme bereiten nach Nr. 712. Der Schnee wird nicht darübergegeben, sondern mit gereinigten Rosinen, Weinbeeren, feinen eingemachten Früchten zusammen unter die Weincreme gemischt. Entweder in die Gefrierbüchse der Eismaschine füllen und weiterbehandeln wie Nr. 825 oder in Eisschale in das Gefrierfach des Kühlschrankes stellen nach Nr. 826.

Liköre

Vorbemerkungen

Liköre, die nach Fertigstellung zu stark sind, können mit abgekochtem kaltem Zuckerwasser verdünnt werden.

Liköre gewinnen durch längeres Lagern.

Likören von Steinobst gibt man beim Ansetzen das Innere einiger aufgeklopfter Kerne bei.

Bei Verwendung von Schnaps statt Weingeist muß mindestens die Hälfte Schnaps mehr genommen werden.

836. Eierlikör

Milch mit Zucker und Vanillezucker aufkochen und unter Rühren abkühlen lassen. Wenn fast kalt, 5 verquirlte Eigelb darangeben und gut verrühren. Zuletzt Weingeist beigeben. Nochmals gut verrühren. Mit Trichter in Flaschen durch ein Sieb oder Filter abseihen.

1/4 Liter Rahm, 1/2 Liter Milch, 500 g Zucker, 4 Vanillezucker, 5 Eigelb, 1/4 Liter Weingeist (96 %)

837. Kaffeelikör

Die Kaffeebohnen fein mahlen und daraus mit 1/2 Liter Wasser einen starken Kaffee kochen. Zucker in einem halben Liter Wasser zu Faden kochen. Beides zusammengießen, durchrühren und erkalten lassen. Nun den Weingeist dazugeben, nochmals gut durchrühren. In Flaschen abfüllen und gut verkorkt vor Gebrauch noch zwei Tage stehenlassen.

500 g Zucker, 3/8 Liter Weingeist (96 %), 150 g Kaffeebohnen

838. Kirschlikör

Weingeist läßt man einige Tage mit der dünn abgeschälten Zitronenschale in einem verschlossenen Gefäß stehen. Der Weingeist nimmt die Aromastoffe der Zitrone auf. Dann gießt man den Kirschsaft in einen Topf, gibt den Zucker dazu und erwärmt unter Rühren auf etwa 80 Grad (nicht kochen!), bis sich der Zucker gut gelöst hat. Nun wird der Weingeist in einem offenen Gefäß bereitgestellt und der heiße gezuckerte Saft in einem Zuge in den kalten Weingeist eingegossen. Man läßt die Mischung langsam in bedecktem Gefäß abkühlen und füllt dann auf Flaschen ab.

Den Kirschsaft gewinnt man nach Nr. 792 „Obstsaftgewinnung".

1/2 Liter Weingeist (96 %), Schale einer Zitrone, 3/4 Liter kräftigen Kirschsaft (nicht Sirup) nach Nr. 792, 600 g Zucker

839. Nußlikör

Jahreszeit: Ende Juni bis Mitte Juli; Zutaten: 35 grüne Nüsse, 1 Liter Weingeist (96 %), 750 g Zucker, 1 1/4 Liter Wasser, 15 g Nelken, 1/2 Stange Zimt, Schale von 1/2 Zitrone und von 1/2 Orange

Nüsse waschen, abtrocknen, fein schneiden. Mit Weingeist, Nelken, Zimt und Orangen- sowie Zitronenschalen in größere Flasche legen. Zucker mit dem Wasser kochen, fast kalt ebenfalls zugeben. Fest schütteln, die Flasche verschließen. 4 bis 5 Wochen in Sonne oder an warmem Ort stehenlassen. Öfter schütteln, darnach durch feines Tuch seihen, in Weinflaschen gut verkorkt aufheben.

Je $1^1/_2$ kg Früchte, 1 Liter Weingeist (96 %), $1^1/_4$ Liter Wasser, 750 g Zucker, $^1/_2$ Stange Zimt, einige Nelken, Schale von $^1/_2$ Zitrone und von $^1/_2$ Orange

840. Schlehen-, Kirschen-, Weichsel- oder Johannisbeerlikör

Die Früchte waschen und entstielen. Weiterbehandlung wie Nußlikör Nr. 839.

Zur Fruchtsaftgewinnung: Je 1 Liter Schlehen, je $^3/_4$ Liter Wasser; Zum Ansetzen: Je $^1/_2$ Liter Saft, je 180 g Zucker, etwas ganzer Zimt, einige Stückchen Zitronenschale, einige Nelken, $^1/_4$ Liter Weingeist (96 %) oder $^1/_4$ Liter Schnaps auf je $^1/_2$ Liter gezuckerten Saft

841. Schlehenlikör, andere Art

Schlehen mit Wasser kochen, bis die Schlehen platzen. Durch Tuch laufen lassen, ohne zu drücken. Saft und Zucker, Zimt, Zitronenschale und Nelken 30 Minuten kochen. Wenn vollständig erkaltet, je nach der gewünschten Stärke, die der Likör haben soll, $^1/_4$ Liter Weingeist oder $^1/_4$ Liter Schnaps auf je $^1/_2$ Liter gezuckerten Saft zugeben. Durch Tuch seihen oder filtrieren. In gut verschlossenen Flaschen aufbewahren.

3 Liter Beeren, $^1/_2$ Liter Weingeist, $^1/_4$ Liter Wasser, 375 g Zucker, einige Nelken

842. Heidelbeerlikör

Beeren zerdrücken, 2 Tage stehenlassen. Danach durchpressen. Saft nochmals 1 Tag stehenlassen, vorsichtig abseihen. Mit Zucker, Gewürz und Wasser aufkochen, erkalten lassen. Nun Weingeist zugeben. Filtrieren oder durch feines Tuch laufen lassen. In gut verschlossenen Flaschen aufheben.

4 – 5 Zitronen oder Orangen, 250 g Zucker, $^1/_8$ Liter Wasser, $^1/_2$ Liter Weingeist (96 %) oder 1 Liter Schnaps

843. Zitronen- oder Orangenlikör

Zitronen oder Orangen mit Tuch abreiben, ganz fein schälen, darf nichts Weißes an der Schale bleiben. Die Schalen in gut verschließbare Flasche legen. Zucker mit Wasser kochen, abschäumen, noch heiß über die Schalen geben. Weingeist oder Schnaps darübergießen, 48 Stunden stehenlassen. Das Ganze durch feines Tuch seihen. Gut verschlossen aufheben.

Wenn zu stark, mit abgekochtem, kaltem Zuckerwasser verdünnen.

844. Quittenlikör

Quitten mit Tuch trocken abreiben. Die Früchte auf einem Reibeisen in Schüssel reiben. 24 Stunden stehenlassen, dann den Saft durch Tuch auspressen. Quittensaft, Schnaps, Zucker, kleingeschnittene Nelken, gestoßenen Koriander und geschnittene, bittere Mandeln zusammenmengen. Das Ganze in Flaschen füllen, täglich schütteln, 4 Wochen in der Sonne oder an warmem Ort stehenlassen. Zuletzt durch Tuch seihen.

Quitten für 1/4 Liter Quittensaft, 1/4 Liter Schnaps, 500 g Zucker, 10 Nelken, 50 Stück gestoßene Korianderkörner, 18 g geschnittene, bittere Mandeln

845. Anislikör

Die Zutaten zum Ansetzen in Flasche 14 Tage in der Sonne stehen lassen. Nun den Zucker mit Wasser kochen, abschäumen, erkaltet in die Flasche geben. Fest schütteln, durch feines Tuch seihen. Gut verschlossen aufbewahren.

Zum Ansetzen: 1/2 Liter Schnaps, 15 g Stern-Anis, 15 g gewöhnlicher Anis, 8 g Fenchel, Saft und Schale von 1/2 Zitrone, 1 Stange Zimt, 4 ganze Nelken.
Zur Herstellung: 200 g Zucker, 1/8 Liter Wasser

846. Sehr guter Kirschlikör

Kirschen waschen, entstielen und auf Sieb ablaufen lassen. Dann dieselben in höherer Schüssel mittels hölzernem Stampfhammer einschließlich *der Kerne* zerstoßen. In Likör-Ansetzflasche mit Zimt, Nelken und 500 g Zucker einfüllen, den Weingeist dazugießen und Flaschen 3 Wochen gut verschlossen in der Sonne stehenlassen. Den restlichen Zucker (500 g) mit 3/4 Liter Wasser kochen und *erkaltet* an die Kirschen geben. Anschließend das Ganze durch feines Tuch filtrieren. Likör in Flaschen abfüllen.

2 kg reife schwarze Kirschen, 25 g ganzer Zimt, 15 g ganze Nelken, 1 Liter Weingeist (96 %), 1 kg Zucker

847. Likör von schwarzen Johannisbeeren

Zubereitung genau wie Rezept Nr. 840.

Zutaten wie Nr. 840, nur statt roter, schwarze Johannisbeeren, die ein besonders feines Aroma geben, verwenden

848. Orangenlikör

5 reife schöne Orangen, $^{1}/_{2}$ Liter Weingeist (96 %), 400 g Zucker, $^{3}/_{8}$ Liter Wasser

Orangen mit sauberem Tuch abreiben, ganz fein abschälen und nur die Schale in Likör-Ansetzflasche geben. Weingeist darübergießen und gut verschlossen 3 Wochen in Sonne oder Wärme stehenlassen. Zucker mit $^{3}/_{8}$ Liter Wasser kochen (ca. 20 Minuten), bis die Flüssigkeit dicklich ist. Erkaltet an die Orangenschalen geben, das Ganze durch Tuch filtrieren und in Flaschen füllen.

849. Himbeerlikör

1 Liter reife Himbeeren, $^{1}/_{2}$ Liter Weingeist (96 %), 400 g Zucker, $^{3}/_{8}$ Liter Wasser

Himbeeren verlesen und in Schüssel etwas zerdrücken. Mit Weingeist übergießen und in Ansetzflaschen 3 Wochen in der Sonne stehenlassen. Zucker mit $^{3}/_{8}$ Liter Wasser kochen (ca. 20 Minuten), bis die Flüssigkeit dicklich ist. Erkaltet zu den Himbeeren geben, das Ganze durch Tuch filtrieren und in Flaschen abfüllen.

850. Pfefferminzlikör

100 g Pfefferminzkraut, 1 Liter Weingeist (96 %), 750 g Zucker, 3 g Pfefferminzöl

Pfefferminzkraut waschen, fein schneiden, mit Weingeist in Likör-Ansetzflasche geben und 10 Tage unter täglichem Schütteln stehenlassen. Zucker mit 1 Liter Wasser kochen und erkaltet mit Pfefferminzöl in die Flasche geben. Das Ganze durch feines Tuch filtrieren und in Flaschen füllen.

851. Arrak

$^{1}/_{2}$ Liter Weingeist (96 %), 125 g Zucker, 2 Eßlöffel Arrak-Essenz, $^{1}/_{2}$ Liter Wasser

Zucker mit Wasser kochen und erkalten lassen. Weingeist und Arrakessenz dazugeben und in Flaschen füllen.

Obst-Weine

852. Johannisbeer-Wein *(Rote und weiße Beeren)*

Zutaten für 30 Liter Wein: 10 Liter Johannisbeersaft, $6^1/_2$ kg Zucker

Zucker in 13 Liter warmem Wasser auflösen. Saft in *gut gereinigtes* Faß von 30 Liter Inhalt geben und Zuckerwasser *lauwarm* dazugießen. Faß muß spundvoll sein, eventuell noch etwas Zuckerwasser nachgießen. Faß mit einem durchbohrten Spund oder besser mit einem sogenannten (käuflichen) Gärspund verschließen und in mäßig temperierten Keller stellen. Der Wein muß täglich mit sauberem hölzernem Stiel umgerührt werden.

Ist Wein ruhig geworden, das heißt, die Gärung beendet, verschließt man das Faß vollkommen und läßt es noch 1 bis 2 Monate im Keller stehen. Dann Wein in gut gereinigte Flaschen mittels Schlauch abfüllen. Faß darf vorher nicht bewegt werden, damit der Satz nicht aufgerüttelt wird. Flaschen gut verschließen und liegend im Keller aufbewahren.

Noch heller wird der Wein, wenn beim Ansetzen sogenannte *Reinzuchthefe* mit ins Faß gegeben wird.

853. Stachelbeer-Wein

Je 1 Liter Saft 660 g Zucker und 1 Liter Wasser

Zubereitung genau wie Johannisbeer-Wein Nr. 852.

854. Heidelbeer-Wein

Je 1 Liter Saft 400 g Zucker und $^1/_2$ Liter Wasser

Zubereitung genau wie Johannisbeer-Wein Nr. 852.

855. Hagebutten- (Hiffen-) Wein

Zutaten für 25 Liter Wein: 9 Liter Hagebutten-Früchte, 6 kg Zucker

Stiele und Butzen der Hagebutten entfernen, Früchte halbieren und einige Tage in Keller stellen, damit sie weich werden. Dann in Fäßchen oder Ballon von 25 Liter Inhalt füllen. Zucker in 12 Liter warmem Wasser auflösen und die Flüssigkeit *lauwarm* ins Faß geben. Weiterbehandeln wie Johannisbeer-Wein Nr. 852, nur länger, etwa bis zum Frühjahr im Faß liegenlassen und Wein beim Abfüllen durch feines Tuch filtrieren.

Verschiedene Getränke

Bemerkung für jede Art Bowle

In jede Bowle gibt man, wenn sie serviert wird, 1 Flasche Sekt oder 1 Flasche geschmackloses, kohlensäurehaltiges Wasser (Sprudelwasser oder Selterswasser). Süßt man die Bowle nicht übertrieben stark, so ist sie bekömmlicher.

856. Waldmeister-Bowle

1 Handvoll noch nicht blühender Waldmeister, 180 – 200 g Zucker, Saft und Schale von 1 Zitrone, Saft von 1 Orange, 1 Liter Wein oder Apfelwein

Waldmeister zusammenbinden. Das Ganze in Schüssel geben, zugedeckt kalt stellen. Nach etwa 20 Minuten umrühren und versuchen. Ist die Bowle schon gut, Waldmeister herausnehmen, außerdem noch weiterziehen lassen. Danach durch feines Tuch seihen. Noch $^1/_4$ Stunde sehr kühl stellen.

857. Erdbeer- oder Himbeerbowle

500 – 750 g Erdbeeren, am besten Walderdbeeren oder Himbeeren, 200 g Zucker, $1^1/_2$ Liter Wein oder Apfelwein

Beeren sauber verlesen, mit dem Zucker bestreuen, $^1/_4$ Stunde stehenlassen. Den Wein zugießen, sehr kühl stellen. Vor Gebrauch umrühren.

858. Aprikosen- oder Pfirsichbowle

750 g schöne, reife Früchte, 200 g Zucker, $1^1/_2$ Liter Wein oder Apfelwein

Früchte waschen, abschälen, entsteinen und in Schnitze schneiden. Weiterbehandeln wie Nr. 857.

859. Orangenbowle

200 g Zucker, 4 Orangen, Saft von 1 Zitrone, 1 – $1^1/_2$ Liter Weißwein oder Apfelwein

3 Orangen abreiben (Reibeisen), in Schüssel geben, dann den durchgeseihten Saft der Zitrone und der 3 Orangen, Wein und Zucker dazugeben. Die 4. Orange fein abschälen, in kleine Stücke schneiden, ebenfalls zugeben. Das Ganze unter öfterem Rühren 1 bis 2 Stunden zugedeckt sehr kühl stellen.

860. Einfacher Punsch

Zucker, Zitronenschale und Saft der Zitrone und der Orangen in Schüssel geben. Das Wasser kochend darüberschütten. Zugedeckt heiß stellen. Unterdessen $^3/_4$ Liter leichten Tee kochen, über die andere Flüssigkeit seihen. Nun das Ganze durchseihen. Arrak oder Rum nach Geschmack zugeben. Heiß zu Tisch geben.

200 g Zucker, Schale von $^1/_2$ Zitrone, Saft von 1 Zitrone und von 2 Orangen, $^1/_4$ Liter Wasser, Arrak oder Rum, $^3/_4$ Liter leichten Tee

861. Weinpunsch

2 Zitronen und 1 Orange abreiben (Reibeisen). Zucker mit den abgeriebenen Schalen in Schüssel legen, den Saft aller Früchte und den Wein zugeben. Zugedeckt heiß werden lassen (nicht kochen). Unterdessen von 1 Liter Wasser mittelstarken Tee kochen, an den Wein seihen. Das Ganze umrühren, Arrak oder Schnaps zugeben.

Wenn Punsch zu stark ist, mit Tee verdünnen, wenn zu schwach, Arrak zugießen.

500 g Zucker, 1 Flasche Weiß- oder Rotwein, 2 Zitronen, 2 Orangen, $^1/_4$ Liter Arrak oder $^1/_4$ Liter Zwetschgenschnaps

862. Grog

Man koche Wasser oder leichten Tee mit Zucker und einigen Stückchen Zitronenschale auf und gieße nach Geschmack Arrak oder Schnaps dazu. Heiß trinken, gut bei Erkältungen.

Wasser oder Tee, Zucker, Stückchen Zitronenschale, Arrak oder Schnaps oder Rum

863. Grog-Essenz

Man läutert den Zucker mit etwas Wasser Nr. 874 sehr langsam, bis er braun ist. Rum, Zitronensaft und feingeschnittene Zitronenschale zugeben. In Flasche füllen, gut verkorkt kühl aufbewahren. Will man Grog bereiten, gibt man von der Essenz nach Geschmack in kochendes Wasser.

1 kg Zucker, $^1/_4$ Liter Rum, Saft von 2 Zitronen und feingeschnittene Schale von 1 Zitrone

864. Glühwein

Das Ganze zugedeckt sehr heiß werden lassen, darf nicht kochen. Zuletzt das Gewürz herausnehmen.

1 l Weiß- oder Rotwein, 1 Stückchen Zimt, einige Nelken, Zucker, Stückchen Zitronenschale

865. Heiße Zitronenlimonade

$^1/_4$ Liter Wasser, 1 Zitrone, ungefähr 50 g Zucker

Saft der Zitrone und Zucker in Tasse rühren, das Wasser kochend dazugeben. Bei Erkältung heiß trinken.

866. Warmbier

1 – 2 Eidotter, $^1/_4$ Liter Milch, $^1/_4$ Liter Bier, 4 – 5 Stückchen Zucker

Die Eidotter mit der Milch verrühren. Heiß werden lassen (nicht kochen). Das Bier mit dem Zucker zum Kochen bringen, kochend und *langsam* unter *raschem* Rühren in die Milch geben. Muß sofort getrunken werden.

867. Wacholderlimonade

4 Liter frisches Wasser, 60 Stück geschnittene Wacholderbeeren, von 5 Nelken das Köpfchen, Saft und Schale von $^1/_2$ Zitrone, 500 g Zucker, $^1/_8$ Liter guter Weinessig

Die ganzen Zutaten in großen Steintopf geben, gut bedecken, unter täglichem Rühren 10 Tage kühl stellen. Filtrieren und am besten in Patentflaschen füllen, da sehr stark treibend. Nochmals 5 Tage in den Keller stellen.

Perlt wie Selterswasser. Sehr gut bei heißem Wetter.

Verschiedenes

868. Schneeschlagen

Falls Küchenrührmaschine vorhanden ist, stellt man von Anfang an die höchste Geschwindigkeit ein und hält das Gerät in der Mitte der Schüssel. *Fest* ist Eischnee, wenn er bei leichtem Kippen der Schüssel nicht herausfällt. *Schnittfest* ist der Eischnee, wenn man Stücke mit dem Messer abschneiden kann, die ihre Form nicht verändern. Eischnee nicht lange stehen lassen, sonst wird er wieder weich.

Wird Eischnee mit dem Schneeschläger oder -besen von Hand geschlagen, so ist es ratsam, das Eiweiß in nicht zu großen Mengen zu schlagen und, langsam beginnend, dann immer schneller, in die Höhe zu treiben. Weiterschlagen, bis er streif oder schnittfest ist, rasch verwenden.

Wichtig: Steif- oder schnittfestgeschlagener Eischnee wird dem fertigen Teig nicht zugerührt, sondern nur *leicht* daruntergehoben.

80 – 100 g geriebene Nüsse, 3 Eßlöffel Milch, 30 g Butter, 60 g Zucker, 1 Messerspitze Zimt oder 1/2 Päckchen Vanillezucker, 2 Eiweiß, 1 Eßlöffel kleingeschnittenes Zitronat Nr. 872

869. Nußfülle

Die geriebenen Nüsse mit der kochenden Milch brühen, sämtliche Zutaten darunterrühren, zuletzt den Schnee der 2 Eiweiß darunterheben.

1 Eiweiß, 50 g feinen Zucker

870. Schaumkonfekt zur Verzierung von Torten

Das Eiweiß zu sehr steifem Schnee schlagen Nr. 868. Den Zucker zugeben und noch einige Minuten rühren. Mit Teelöffel auf kaltes, gefettetes Blech Häufchen setzen, die nach oben zugespitzt sind. In lauwarmer Röhre trocknen. Man kann auch noch 1 Eßlöffel geriebene Schokolade darunterrühren.

Auf die Schale 1 Zitrone je 1 Eßlöffel feiner Zucker. Man achte aber auf die Verwendung ungespritzter Zitronen

871. Verwendung von Zitronenschalen

Die Schalen der ausgepreßten Zitronen fein abreiben (Reibeisen), mit dem Zucker vermischen, in gut verschließbares Glas einlegen. Man kann jederzeit weitere mit Zucker vermischte Zitronenschalen dazugeben, stets dabei umrühren. Eignet sich für Backwerke und Soßen. Den sich bildenden Saft mitverwenden. Sehr lange haltbar.

872. Zitronat/Orangeat

Zitronen- und Orangenschalen 14 Tage in leichtes Salzwasser legen. Dann die Schalen abwaschen und in frischem Wasser weichkochen. Abseihen. Ebensoviel Frucht wie Zucker. Zucker zu Faden kochen und die Schalen darin aufkochen. Nach 8 Tagen den sich bildenden Saft nochmals dick einkochen und über die Schalen gießen. In Glas mit Deckel oder zugebunden aufbewahren.

Zitronen- und Orangenschalen (dickschalige Früchte), (vor allem sollen sie nicht gespritzt sein), Zuckermenge richtet sich nach der Menge gekochter Frucht

873. Schokoladebutter

Butter schaumig rühren, Schokolade in dem Wasser auflösen und kochen, bis sie anfängt, dunkel zu werden. Die ganzen Zutaten so lange rühren, bis es eine feste Masse ist.

Verwenden zum Verzieren und Füllen von Torten.

135 g Schokolade, 100 g Butter, 100 g gesiebter Puderzucker, 2 Eßlöffel Wasser

874. Zucker läutern

Zucker und Wasser in Tiegel oder Messingpfanne auf geschlossenem Herd unter öfterem Umrühren kochen, bis die Flüssigkeit hell ist. Jeglichen Schaum entfernen. Will man Zucker zu Faden kochen, wird derselbe unter Abschäumen so lange gekocht, bis sich beim Hochheben des Löffels Faden zieht. Auf diese Weise wird er meistens bei Früchten verwendet.

500 g Zucker, knapp $^1/_4$ Liter Wasser

875. Einlegen der Eier

Kaltes Wasser mit Wasserglas gut mischen und über die mit feuchtem Tuch sauber abgeriebenen Eier gießen. Genügt für etwa 60 Eier. Wasser muß die Eier bedecken. Zugedeckt kühl aufbewahren. Falls das Wasserglas im Laufe der Zeit nicht steif werden sollte, schadet dies nichts.

3 Liter Wasser, $^1/_4$ Liter Wasserglas (genügt für 60 Eier)

876. Salzlake, für Fleisch einzusalzen (Pökelfleisch)

Schweinekamm (Halsstück) geeignet

Je Liter Wasser 5 gehäufte Eßlöffel Salz, 1 gehäuften Teelöffel Zucker

Wasser, Salz und Zucker einige Male aufkochen lassen, den sich bildenden Schaum abschöpfen und das Salzwasser *ganz erkaltet* über das Fleisch gießen. Das Wasser muß über dem Fleisch stehen. Fleisch beschwert man mit Holzbrettchen und Stein. In kühlem Raum aufbewahren. Fleisch kann jederzeit verwendet werden. Vorher muß es jedoch gewässert werden. Will man dasselbe räuchern, muß es mindestens 4 bis 5 Wochen in der Lake liegenbleiben.

877. Fülle für Fleischspeisen

4 geschnittene Semmeln, 1 – 2 Eier, 1/8 Liter Milch, 50 g zerlassene Butter oder Fett, 1 kleine Zwiebel, wenig Knoblauch, Salz, Pfeffer, Muskatnuß, feingeschnittene Zitronenschale, 1 gehäuften Teelöffel Mehl, 1 Bund Petersilie. Wenn vorhanden, etwas Leber oder Milz. Zum Füllen eines Hahnes genügt die Menge von 3 Semmeln und 35 g Fett

Semmeln fein schneiden, Eier mit Milch verrühren und über die Semmeln schütten. Weichen lassen. Die feingeschnittene Zwiebel in der Butter oder dem Fett hell rösten, unter Beigabe von wenig Knoblauch über die Semmeln geben. Salz, Pfeffer, etwas Muskatnuß, feingeschnittene Petersilie und, wenn vorhanden, geschabte Leber oder Milz dazu. Das Ganze gut durcheinandermischen. Diese Fülle kann noch durch Beigabe von frischen Kräutern wie Thymian, Schnittlauch und Maggikraut verfeinert werden.

Beim Füllen von Geflügel nicht zuviel Fülle nehmen, damit das Geflügel nicht platzt.

878. Einbrenne

50 – 60 g Mehl, 40 g Butter, Öl oder Fett, Salz, Zucker für dunkle Einbrenne; Flüssigkeit zum Aufgießen: 1 1/2 Liter für Suppen, 3/4 Liter für Soßen; Zur Verfeinerung: etwas Rahm, oder Weiß- oder Rotwein, Madeira (Wein) oder Zitronensaft

Mehl mit Butter oder Öl oder Fett rösten (d.h. Mehl in heißem Fett verrühren, bis es die in den Vorschriften verlangte Farbe hat). Nun gießt man eine kleine Menge *kaltes* Wasser zu und rührt die Einbrenne mit einem Schneebesen so stark, daß es dicklichen Brei gibt. Kaltes Wasser wird verwendet, damit sich keine Klümpchen bilden. Wenn der dickliche Brei ganz glatt ist, gießt man wieder Wasser zu, bis die Einbrenne dick oder dünn genug ist. Um *rasch* dunkle Einbrenne zu erhalten, fügt man dem Mehl und dem Fett feinen Zucker bei. Wird dadurch rasch braun und bekommt schöne Farbe.

879. Zähes Fleisch mürbe zu machen

Essigbeize bereiten nach Nr. 880, einmal aufkochen lassen und *kochend* über das Fleisch gießen. Das Fleisch läßt man einige Tage in der Beize kühl stehen.

Zutaten zu Essigbeize Nr. 880

880. Essigbeize

Essig, Wasser, Nelken, Lorbeerblatt, Salz, Pfefferkörner, Zitronenschale kalt über das Fleisch schütten. Wenn das Fleisch nicht ganz bedeckt ist, muß dasselbe öfters gewendet werden. Besser ist das Fleisch ganz zu bedecken. In diesem Fall nur einen kleineren Teil als die Hälfte der Beize zum Kochen verwenden. Das Fleisch wird zweckmäßig mit Brettchen und Stein beschwert.

1 Teil Essig, 1 Teil Wasser, 5 – 6 ganze Nelken, 1 großes Lorbeerblatt, Salz, 1/2 Teelöffel Pfefferkörner, Stück Zitronenschale

3

Rezepte aus südlichen Ländern

Die alljährlichen Urlaubsreisen bringen Millionen von Menschen ins Ausland, vor allem in südliche Länder, machen sie bekannt mit Klima und Kultur, den Speisen und Eßgewohnheiten dieser Menschen.

Die Länder rings um das Mittelmeer haben, bedingt durch das Klima, ähnliche oder zum großen Teil die gleichen Naturprodukte, so daß dadurch auch die Speisen verwandt sind. Die herrlichen Gemüsefrüchte, wie Tomaten, Auberginen, Artischocken, Zucchini, Zwiebel und Knoblauch, Bohnen und Fenchel bieten eine reiche und hervorragende Grundlage für köstliche Gerichte!

Ferner die wunderbaren Südfrüchte, wie Orangen, Feigen, Bananen, Melonen, Avocados und Kiwis runden die südlichen Gerichte in Form eines erfrischenden Nachtisches oder als Salatzugabe ab.

Auch auf unseren Märkten findet man südliche Früchte; hier einige Rezepte zur Anregung:

Kräuter und Gewürze aus dem Süden

In unseren Küchen geht man relativ sparsam um mit Gewürzen und Kräutern im Vergleich zur südländischen Küche. In den Mittelmeerländern werden eine Reihe sehr aromatischer Gewürze in frischem, wie in getrocknetem Zustand beim Kochen verwendet. Der südländische Koch ist »würzfreudiger«!

Ein alter Küchenspruch heißt: *»Gut gewürzt, ist halb gesalzen«!* Diesen Spruch sollte jede Köchin beherzigen, da durch Gewürze und Kräuter oftmals der Gebrauch von Salz eingeschränkt, verringert oder ersetzt werden kann. Nur einen Ratschlag muß man beachten:

Verwenden Sie niemals ein Gewürz gleichzeitig in mehreren Gerichten einer Mahlzeit!

Auch das wahllose Mischen von Kräutern und Gewürzen ist nicht vorteilhaft, denn es soll auf Haupt- und Nebengewürze geachtet werden. Das heißt, das für eine Speise typische Gewürz kann dominieren, also hervortreten, und leichtere Nebengewürze sollen den Geschmack abrunden.

Folgende Gewürze sind typisch für die Küche der Mittelmeer-Länder: Thymian, Oregano, Basilikum, Rosmarin, Salbei, Estragon, Borretsch, Zitronenmelisse, Pfefferminze. Aus Süd-Frankreich kommen die auch bei uns erhältlichen Kräutermischungen »Kräuter der Provençe« in getrocknetem Zustand. Auch frische Kräuter, zusammengestellt in Sträußchen, z.B. Thymian, Rosmarin, Salbei, Estragon und Petersilie verwendet der südliche Koch gern.

Natürlich ist die Zubereitung südländischer Gerichte ohne frisch gehackten Knoblauch, viel Zitrone und Petersilie nicht denkbar!

Wichtige Hinweise:

Frische Kräuter für Salat nicht zu *fein* wiegen, am besten auf nassem Brett mit Messer *grob* schneiden.

Frische Kräuter erst kurz vor dem Anrichten der Speise zugeben, *nicht kochen, sondern nur ziehen lassen.*

Getrocknete Kräuter sollen etwas länger ziehen, da sie Feuchtigkeit aufnehmen müssen, um das Aroma freizugeben.

Viele Kräuter haben nicht nur eine feine Würzkraft, sondern auch eine große Heilwirkung!

Einige Tips fürs eigene Kräuterbeet im Garten

1. *Winterharte Kräuter:*
Thymian, Salbei, Liebstöckel oder Maggikraut, Estragon, Schalotten-Zwiebeln, Schnittlauch, Petersilie, Pfefferminze, Ysop, Zitronenmelisse, Borretsch (sät sich selbst immer wieder aus).

2. *Jedes Jahr neu zu pflanzender Kräuter:*
Dill, Basilikum (benötigt viel Sonne, wenig Regen), Bohnenkraut, Majoran.

3. *Nicht überwinterndes Kraut:*
Rosmarin, am besten Ableger in Blumentopf anwurzeln, im Sommer im Kräuterbeet, im Winter am Blumenfenster halten.

Versuchen Sie einmal:

881. Kräuterbutter zum Grillen

Petersilie, Schnittlauch, Thymian, Liebstöckel oder Maggikraut, Salbeiblätter, Estragon und Zitronenmelisse. 1 Knoblauchzehe, frische Butter, 1 Prise Salz

Gewürzsträußchen, aus frischen Gewürzen nach Ihrem Geschmack zusammengestellt, sollten nebenstehende Kräuter enthalten.

Knoblauch mit Messer und Salz zerdrücken oder durch Knoblauchpresse drücken, Gewürzsträußchen, es reichen oft von jedem Kraut 1 – 2 Blätter, über dem zerdrückten Knoblauch fein wiegen und die zimmerwarme Butter fest hineinkneten. Längliche Rolle formen und Scheiben schneiden. 1 Stunde ziehen lassen. Das Aroma dieser frischen Kräuter genügt als Würze für gegrilltes Fleisch oder Fisch!

Zucchini (Zucchetti)

Zartes, wasserhaltiges Gemüse aus der Familie der Gurkengewächse, mit ziemlich festem Fleisch, vielseitig verwendbar. Zucchini-Gemüse kommt aus Italien, wächst aber auch in unseren Gärten sehr gut. Geerntet werden Zucchini in Größe einer mittelgroßen Banane. In dieser Größe sind sie am zartesten, vor allem ist die grüne Schale noch zart und verwendbar. Auch bewirkt die rechtzeitige Ernte, daß schnell wieder neue Früchte nachwachsen. Läßt man die Zucchini größer werden, etwa wie eine dicke Gemüsegurke, so bildet sich innen das Kernhaus aus, was bei Verwendung der Zucchini zum Füllen ausgehöhlt werden muß. Bei größeren Zucchini wird die grüne Schale zunehmend härter und ungenießbar, die Früchte müssen abgeschält werden. Ganz große Zucchini, in Größe länglicher Kürbisse, können, wenn sie ausgereift sind, zum Einlegen in Essig verwendet werden nach Rezept Nr. 813. Die so süßsauer eingelegten Zucchini-Stücke sind eine ausgezeichnete Beilage zu kaltem Braten und Wurst.

882. Zucchini-Grundrezept

Zucchini, *in Größe einer mittleren Banane*, waschen und beide Enden abschneiden, nicht schälen.

Zucchini, *in Größe einer dicken Gemüsegurke,* waschen, abschälen und der Länge nach durchschneiden, Kernhaus mit Suppenlöffel herausnehmen.

Zucchini, *in Größe eines länglichen Kürbisses,* waschen, abschälen, halbieren und das Kernhaus mit allen weichen Teilen herausschälen. Fleisch der Zucchini, wenn sie richtig ausgereift sind, ist leicht goldgelb wie bei Kürbissen.

Sollen Zucchini gebraten, ausgebacken, fritiert oder gegrillt werden, so ist folgende Vorbereitung notwendig: Da das Fruchtfleisch reichlich Wasser speichert, schneidet man die Frucht je nach Vorschrift im Rezept in Scheiben oder große Stücke oder Würfel, salzt diese $^1/_2$ Stunde vor der Zubereitung etwas ein. Dadurch wird das beim Braten hinderliche Wasser entzogen. Anschließend abspülen und auf Tuch abtrocknen. Nun läßt sich das so vorbereitete Gemüse gut in Fett herausbraten.

883. Zucchini-Suppe *(Nordafrika)*

750 g Zucchini, 750 g Suppenfleisch, 1 große Zwiebel, 1 Eßlöffel Majoran, $^1/_2$ Eßlöffel Salz, Pfeffer, 3 Liter Wasser

Wasser, Salz und frischgemahlenen schwarzen Pfeffer zum Kochen bringen und Suppenfleisch darin fast weichkochen. Zwiebel feinhacken. Zucchini und Zwiebel noch mindestens 30 Minuten mit dem Fleisch kochen bis alles weich ist. Nun wird das Fleisch herausgenommen und die Gemüsesuppe durch ein Sieb gedrückt. Die Suppe mit Majoran und eventuell noch etwas Salz abschmecken. Fleisch kann gesondert gereicht werden oder in Stücke geschnitten in der Zucchini-Suppe als Suppeneintopf angerichtet werden.

Beilage: frisches Stangenweißbrot

884. Zucchini als Vorspeise *(Dalmatien)*

500 g Zucchini, 3 Eidotter, 70 g Butter, 1 Eßlöffel Essig, 1 – 2 Knoblauchzehen, Salz, 2 Eßlöffel Öl, Pfeffer, $^1/_8$ *Liter saurer Rahm, 70 g Parmesankäse, 1 Bund Schnittlauch*

Zucchini waschen, beide Enden abschneiden, ungeschält, in $^1/_2$ cm dicke Scheiben schneiden oder hobeln. In siedendem Salz-Essig-Wasser einige Minuten nicht zu weich kochen. Auf Sieb abtropfen lassen. In Pfanne das Öl erhitzen und den feingehackten Knoblauch darin etwas anbraten und sofort die Zucchini-Scheiben darüber verteilen.

Hitze auf klein schalten. Butter in kleinem Töpfchen schmelzen lassen, Eidotter, sauren Rahm und Parmesankäse gut damit verrühren und über die zuvor mit frischgemahlenem schwarzen Pfeffer bestreuten Zucchini-Scheiben gießen. Auf kleiner Hitze zugedeckt 10 Minuten garen lassen. Mit Schnittlauch bestreut anrichten.

Beilage: frisches Stangenweißbrot

885. Zucchini-Gemüse *(Jugoslawien)*

1 kg Zucchini, 400 g Tomaten, 2 Knoblauchzehen, 5 Eßlöffel Olivenöl, Salz, Pfeffer, 1 Bund Petersilie

Zucchini waschen, beide Enden abschneiden, ungeschält in gleichmäßige Würfel von 2 cm schneiden. In Gemüsetopf geben. Tomaten heiß überbrühen, abschälen, zerkleinern und über die Zucchiniwürfel verteilen. Knoblauch und Petersilie fein hacken und mit Salz und frischgemahlenem schwarzen Pfeffer über das Gemüse streuen. Nun wird das Olivenöl darübergegossen, $^{1}/_{2}$ Tasse Wasser daran und zugedeckt bei schwacher Hitze ohne Umrühren ca. 45 Minuten gedünstet. Den Topf ab und zu etwas rütteln.

Beilagen: Fleisch- oder Fischgerichte, frisches Stangenweißbrot

886. Zucchini fritiert *(Italien)*

4 – 6 junge Zucchini, Salz, Öl, 1 Zitrone; Zutaten für Backteig Nr. 921

Zucchini waschen, beide Enden abschneiden und in dicke Scheiben oder Stücke von 2 – 3 cm teilen. In kochendem Salzwasser wenige Minuten garen; dürfen auf keinen Fall weich werden. Auf Sieb abtropfen lassen und abtrocknen.

Backteig nach Nr. 921 anfertigen, die Zucchinistücke darin eintauchen und in reichlich heißem Öl backen. Mit Seihlöffel herausnehmen, Fett kurz abtropfen lassen und Gemüse bis zur Fertigstellung in heiße Röhre stellen. Mit Zitronenscheiben garniert anrichten.

Folgende Gemüsearten eignen sich zum Fritieren: Artischockenherzen, Auberginenscheiben, Blumenkohlröschen, grüne Bohnen, Pilze, kleine gelbe Rüben, Sellerie-Stücke, Fenchel, Rosenkohl, Spargel und Paprikaschoten

887. Zucchini gefüllt *(Italien)*

5 – 6 Zucchini (ca. mittl. Bananengröße) oder 2 – 3 größere Zucchini (ca. 15 – 20 cm lang); Zur Fülle: 250 g gemischtes Schweine-Rind-Hackfleisch, 1 trockene Semmel, 1 Knoblauchzehe, 2 Eier, 3 Eßlöffel Parmesankäse, $^1/_2$ Teelöffel getrocknete Basilikumblätter, $^1/_2$ Teelöffel Thymian, etwas Rosmarin, 1 Teelöffel Salz, Pfeffer, 1 Zwiebel

Zucchini waschen, beide Enden abschneiden, der Länge nach halbieren und die kleinen, jungen Zucchini nur wenig aushöhlen. Das entnommene Fruchtfleisch feingeschnitten zur Fülle geben. Bei größeren Früchten das Kernhaus mit allen weichen Teilen sorgfältig herausschälen, wird nicht verwertet. Die Zucchini-Hälften etwas salzen und mit frischgemahlenem schwarzem Pfeffer bestreuen und in eine ausgefettete, feuerfeste Form nebeneinander setzen.

Die Fülle anfertigen aus dem Fleisch, den Eiern, der eingeweichten und fest ausgedrückten Semmel, der feingehackten Zwiebel und dem Knoblauch, Parmesankäse, Basilikum, Thymian, Rosmarin, Salz, Pfeffer. Alle Zutaten gut durchkneten bis es eine feine Fülle ergibt. Die Zucchini-Hälften damit füllen, mit Parmesankäse und Butterflöckchen bestreuen und 45 Minuten im Backrohr bei mittlerer Hitze backen, bis sich eine goldbraune Kruste bildet.

Beilagen: Kartoffelbrei oder Reis

888. Zucchini überbacken *(Italien)*

4 – 5 Zucchini (ca. mittl. Bananengröße, bei größeren Zucchini entsprechend weniger), 2 Eier, 1 Eßlöffel Milch, 1 Prise Salz, 4 Eßlöffel Parmesankäse, $^1/_4$ Liter Tomatensoße ($^1/_2$ Portion von Tomatengemüse Nr. 334, durchpassiert), Butterflöckchen

Zucchini waschen, beide Enden abschneiden, ungeschält, größere Früchte geschält, in 1 cm dicke Scheiben schneiden. Eier mit Salz, Pfeffer und Milch gut verrühren. Die Zucchinischeiben darin wenden, dann in Mehl und nochmals in der Eiermasse wenden und in reichlich Öl goldgelb herausbacken.

Feuerfeste, leicht geölte Form vorbereiten, eine Lage Zucchinischeiben einlegen, dann etwas Tomatensoße und Parmesankäse darüber verteilen und nochmals eine Schicht Zucchini usw. Den Abschluß soll Tomatensoße mit Parmesan und Butterflöckchen bilden. In heißer Röhre ca. 20 Minuten überbacken.

Beilagen: Schweine- oder Kalbschnitzel, Reis

Auberginen (Melanzane oder Eierfrüchte)

Auberginen sind ein kalorienarmes Gemüse; die Vitamine und Mineralstoffe sitzen unter der dunkelvioletten Schale, deshalb nach Möglichkeit Auberginen nicht schälen! Die Größe der Auberginen ist oft sehr unterschiedlich, deshalb schon beim Einkauf je nach Größe die Anzahl abschätzen.

889. Auberginen-Grundrezept

Nachdem das Fruchtfleisch der Auberginen reichlich Wasser speichert, kann man die Frucht in Scheiben oder grobe Würfel schneiden und $^1/_2$ Stunde vor der Zubereitung etwas einsalzen. Dadurch wird Wasser entzogen und auch eventuelle Bitterstoffe. Nun abspülen und abtrocknen. Das so vorbereitete Gemüse läßt sich gut braten oder ausbacken in Fett.

890. Gefüllte Auberginen *(Italien)*

3 – 4 Auberginen, 300 g gemischtes Hackfleisch, 2 Zwiebeln, 1 – 2 Knoblauchzehen, 2 Eier, 3 Eßlöffel Parmesankäse oder anderen Reibkäse, 1 Bund Petersilie, 5 Eßlöffel Olivenöl, 100 g gekochten Reis (= ca. 50 g roher Reis), Salz, Pfeffer, 1 – 2 Eßlöffel feingewiegte Basilikumblätter oder 1 Teelöffel getrocknetes Basilikum, $^1/_4$ Liter Tomatensoße (siehe Rezept Nr. 922) oder aus verdünntem Ketchup oder Tomatenmark, 3 Eßlöffel Parmesankäse zum Überbacken.

Die Auberginen waschen, nicht schälen, längs halbieren und auf leicht geöltes Backblech legen, in heißem Backrohr oder in einer Pfanne mit Deckel 5 – 8 Minuten ohne Zugabe von Wasser garen. Nun aus den Auberginen-Hälften nur so viel Fruchtfleisch mit Löffel entnehmen, daß noch ca. 1 cm desselben in den Hälften verbleibt. Das entnommene Fruchtfleisch fein hacken, ebenso die Zwiebeln und den Knoblauch mit den feingeschnittenen Petersilien- und Basilikumblättern vermengen. Alle diese Zutaten im Olivenöl 5 Minuten dünsten, das Hackfleisch dazugeben und weitere 5 Minuten garen lassen.

Bis die Masse etwas abgekühlt ist, den Reis fast garkochen und mit den Eiern, Reibkäse, Salz und Pfeffer und einem Teil der Tomatensoße mit der Fülle vermengen. Die Masse muß geschmeidig sein. Die Auberginen-Hälften damit füllen und diese in eine leicht geölte feuerfeste Form setzen. Die restliche Tomatensoße darübergießen, Butterflöckchen verteilen und mit Parmesankäse bestreuen. Bei nicht zu starker Hitze 20 Minuten überbacken.

Beilagen: Mit Reis oder Kartoffelbrei als Hauptgericht geeignet

891. Auberginen-Ratatouille *(Frankreich)*

2 große Auberginen, 2 mittlere Zucchini, 2 rote Paprikaschoten, 300 g Tomaten, 150 g Zwiebeln, 3 Knoblauchzehen, 10 – 12 Eßlöffel Olivenöl, 1/8 Liter Rotwein (einfacher), Salz, frisch gemahlener schwarzer Pfeffer, 1 Eßlöffel Kräuter aus der Provençe, 2 Eßlöffel Zitronensaft, 1 Messerspitze Zucker

Auberginen, Zucchini und Paprikaschoten waschen und abtrocknen. Auberginen und Zucchini in Scheiben, Paprika und Zwiebel in Würfel schneiden. Knoblauchzehen fein hacken. Olivenöl erhitzen und die Gemüse darin anbraten, den Rotwein und die Gewürze zugeben. Alles ca. 20 Minuten zugedeckt garen lassen. Die überbrühten Tomaten schälen, vierteln und mit dem übrigen Gemüse 10 Minuten mitdämpfen. Nun gibt man den Zitronensaft und den Zucker dazu, je nach Belieben noch schärfer würzen.

Beilagen: Reis oder Salzkartoffeln, kurzgebratenes Fleisch mit Stangenbrot

892. Auberginen gebacken *(Italien)*

3 Auberginen, 2 Eier, 50 g Semmelbrösel, Salz, Pfeffer, Olivenöl oder halb Öl, halb Butter zum Backen, Zitronenscheiben

Die Auberginen schälen, längs in ca. 1 cm dicke Scheiben schneiden und nebeneinander auf eine Platte legen, leicht mit Salz bestreuen, wenden, nochmals salzen. Nach 10 Minuten abwaschen, abtrocknen, in Ei und Semmelbrösel wenden und in reichlich Fett backen. Mit Zitronenscheiben garniert anrichten.

Beilagen: Fisch, Fleisch, Salzkartoffeln oder Reis

893. Auberginen-Pilz-Gemüse

1 200 g Auberginen, 500 g Pilze (Maronen, Butterpilze, Steinpilze, Champignons), 6 Tomaten, 3 Knoblauchzehen, 8 – 9 Eßlöffel Olivenöl, Salz, Pfeffer, 1/2 Teelöffel Curry, 1/2 Teelöffel Kräuter der Provençe, 1 Eßlöffel gehackte Petersilie

Auberginen waschen und mit der Schale in ca. 1 1/2 cm große Würfel schneiden, einsalzen und 15 Minuten stehen lassen. Das herausgezogene Wasser weggießen und die Würfel abtrocknen. Öl in Pfanne erhitzen und die Auberginen mit dem kleingeschnittenen Knoblauch darin andämpfen. Die geputzten und geschnittenen Pilze dazugeben. Die heiß überbrühten Tomaten schälen, vierteln und ebenfalls dazufügen. Mit Salz, frischgemahlenem schwarzen Pfeffer, Curry und Kräutern würzen. Alles zugedeckt ca. 20 – 25 Minuten weiterdämpfen lassen. Mit Petersilie bestreut anrichten.

Beilagen: Spaghetti oder Stangenweißbrot, gegrilltes Fleisch

894. Auberginen-Salat *(Italien)*

Auberginen schälen und in feine Scheibchen schneiden, in heißem Öl einige Minuten dämpfen und anschließend sofort mit reichlich Öl übergießen. Nach dem Abkühlen die kleingeschnittenen Paprikaschoten, Essig, Salz, frischgemahlenen schwarzen Pfeffer, Zucker und Kapern daruntermengen. Kalt stellen.

Beilage zu gegrilltem Fleisch

2 große Auberginen, 1 rote und 1 grüne Paprikaschote, Weinessig, Olivenöl, Salz, Pfeffer, 1 Teelöffel Zucker, 1 Teelöffel Kapern

Fenchel (Finocchi)

Fenchel ist ein besonders gutverträgliches, gesundes Gemüse. Es gibt drei Fenchelarten: Gewürzfenchel, Gartenfenchel für Liköre und den bekannten *Gemüsefenchel.*

895. Fenchel-Grundrezept

Fenchel kann sowohl roh, gekocht, gedünstet als auch in Fett ausgebacken zubereitet werden. Beim Garen verliert er seinen anisähnlichen Geschmack.

Pro Person rechnet man etwa eine mittlere Knolle, bei Rohkost und Salat genügt $^1/_2$ Knolle. Fenchelknollen unter kaltem Wasser waschen, wenn nötig, die äußeren schlechten oder braunen Stellen entfernen. Die langen Stiele abschneiden, das Grün für spätere Verwendung aufheben. Die Schnittfläche der Wurzel sauber abschneiden. Die Knollen können nun halbiert, geviertelt oder in Scheiben geschnitten werden. In wenig Salzwasser mit etwas Zitronensaft ca. 15 – 20 Minuten garkochen. Im Dampfdrucktopf ist Fenchel in wenigen Minuten weich. Kochbrühe des Gemüses nicht weggießen, kann als Gemüse-Bouillon vor dem Essen in Tassen gereicht werden.

896. Fenchel-Gemüse *(Italien)*

4 Fenchelknollen (mittelgroße), Salz, Pfeffer, 2 Eßlöffel Butter oder 3 Eßlöffel Olivenöl, nach Belieben 2 Eßlöffel Parmesan- oder Reibkäse

Fenchelknollen wie im Grundrezept vorbereiten, halbieren und in Salzwasser weichkochen. Die gut abgetropften Hälften auf eine Platte legen, mit wenig Salz und frischgemahlenem schwarzen Pfeffer bestreuen. Mit dem Olivenöl übergießen oder mit heißer, brauner Butter. Nach Belieben mit Parmesan- oder Reibkäse anrichten.

897. Fenchel-Gemüse in Butter- oder Béchamelsoße

4 Fenchelknollen (mittelgroße), Salz, weißer Pfeffer, 1 Teelöffel Zitronensaft; Zutaten für Buttersoße Nr. 305 oder Béchamelsoße Nr. 918 oder 919

Fenchelknollen wie im Grundrezept vorbereiten, vierteilen und in Salzwasser weichkochen. Auf Sieb gut abtropfen lassen, warm stellen.

Buttersoße nach Nr. 305 oder Béchamelsoße Nr. 918 oder 919 herrichten und die Fenchelstücke darin heiß werden lassen. Nicht mehr kochen. Mit Zitronensaft und weißem Pfeffer abschmecken.

898. Fenchel-Suppe

3 mittelgroße Fenchelknollen, 1 Stück Sellerie, 4 gelbe Rüben, 4 Kartoffeln, 2 Zwiebeln, 1 Knoblauchzehe, 2 Eßlöffel Butter, Salz, Pfeffer, 1 1/2 Liter Brühe (Fleischbrühwürfel), 2 Tomaten, 4 Scheiben gekochter Schinken, 50 g Reibkäse, Fenchelgrün

Sämtliches Gemüse waschen und putzen. Fenchel und gelbe Rüben in Scheiben schneiden, Sellerie würfeln, Kartoffeln in Stücke schneiden. Zwiebeln und Knoblauch fein hacken und in der Butter hellgelb andünsten. Gemüse zugeben, salzen und pfeffern und weiterdünsten lassen. Inzwischen Tomaten heiß überbrühen, abschälen und in Stükke schneiden. Den Schinken in Streifen schneiden und mit den Tomaten zum Gemüse geben. Nun mit der Brühe auffüllen und bei kleiner Hitze ca. 1 Stunde garen. Mit geriebenem Käse und feingehacktem Fenchelgrün anrichten.

899. Fenchel-Salat (roh)

2 Fenchelknollen, 1 Apfel, 1 kleine Zwiebel, Salz, Öl, Pfeffer, 1 Teelöffel scharfen Senf, 1 Teelöffel Zukker, Saft von 1/2 Zitrone,

Fenchel waschen und putzen (siehe Grundrezept) und entweder mit einem Rohkosthobel oder mit einem scharfen Messer quer zu den Ansätzen der Stiele in sehr feine Streifen schneiden, soll wie feine Zwiebelringe aussehen. Apfel schälen und stifteln, Zwiebel fein hacken. Aus Salz, Essig, Öl, Pfeffer, Senf, Zucker und Zitronensaft und eventuell Mayonnaise oder Joghurt eine Salatsoße rühren und über den vorbereiteten Salat gießen. Ca. 15 Minuten stehen lassen, damit der Fenchel weich wird. Mit gehacktem Fenchelgrün überstreut anrichten.

wenig Essig, nach Belieben 1 Eßlöffel Mayonnaise oder 2 Eßlöffel Joghurt

900. Fenchel-Salat (gekocht)

Fenchelknollen waschen, putzen und vierteilen (siehe Grundrezept) und in Salzwasser weichdämpfen. Auf Sieb zum Abtropfen geben. Salatsoße aus Olivenöl, Weinessig, Salz, Pfeffer, Zucker, Fenchelbrühe und feingehackter Zwiebel und Fenchelgrün bereiten und gut verrühren. Fenchel mit dem Messer zerkleinern und mit der Salatsoße übergießen. Etwas ziehen lassen.

3 Fenchelknollen, Salz; für die Salatsoße: 3 Eßlöffel Olivenöl, 3 Eßlöffel Weinessig, Salz, Pfeffer, 1 Prise Zucker, 1/8 Liter Fenchelkochbrühe, 1 kleine Zwiebel, Fenchelgrün

901. Fenchelsalat bunt

Gemüse waschen und putzen. Fenchelknollen halbieren und in sehr feine Streifen, Tomaten in Scheiben, Paprikaschote in Ringe schneiden. Salatschüssel oder Platte mit Salatblättern oder Feldsalat auslegen. Darauf Tomatenscheiben, Paprikaringe und Fenchelstreifen legen. Oliven und in Würfel geschnittenen Schafskäse darüber verteilen. Nun die Salatsoße aus Olivenöl, Weinessig, Salz, frischgemahlenem schwarzen Pfeffer, Zucker, feingehacktem Knoblauch und Fenchelgrün herstellen, gut verrühren und über den Salat gießen.

2 Fenchelknollen, 2 Fleischtomaten, 1 grüne Paprikaschote, 1/2 Kopfsalat oder 150 g Feldsalat, 12 schwarze Oliven, 200 g Schafskäse; für die Salatsoße: 4 Eßlöffel Olivenöl, 4 Eßlöffel Weinessig, 2 Messerspitzen Salz, Pfeffer, 1 Prise Zucker, 1 Knoblauchzehe, Fenchelgrün

902. Fenchel fritiert *(Italien)*

Fenchelknollen waschen und putzen (siehe Grundrezept); in Viertel-, bei größeren Knollen in Achtelstücke schneiden. In leichtem Salzwasser nicht zu weich kochen, auf Sieb geben zum Abtropfen.

Backteig herstellen nach Rezept Nr. 921 und Fenchelstücke darin eintauchen und in reichlich heißem Öl auf beiden Seiten goldgelb backen. Fenchel garniert mit Zitronenvierteln oder Zitronenscheiben anrichten. Der so gebackene Fenchel wird in Italien zu festlichen Essen gereicht. Mit Salzkartoffeln als Beilage auch als fleischloses Essen geeignet.

4 Fenchelknollen, Salz, Pfeffer, Öl, 1 Zitrone, Zutaten zum Backteig siehe Rezept Nr. 921

903. Fenchel überbacken *(Frankreich)*

4 mittelgroße Fenchelknollen, 1/4 Liter Weißwein, 1/4 Liter Brühe (aus Würfel), Salz, Zitronensaft; für die Soße: 1 Zwiebel, 1 Knoblauchzehe, 2 Eßlöffel Butter, 1 kleine Dose geschälte Tomaten, 1 Teelöffel Tomatenmark, 1/8 Liter Fenchelkochbrühe, Salz, weißen Pfeffer, 1 Prise Zucker; weitere Zutaten: 2 Eßlöffel Parmesankäse, 2 Eßlöffel süßen Rahm, grobgemahlenen schwarzen Pfeffer, Butterflöckchen, Fenchelgrün

Fenchelknollen, wie im Grundrezept angegeben, vorbereiten. Je nach Größe halbieren oder vierteilen. In Wein, Brühe, Salz und Zitronensaft ca. 15 – 20 Minuten weichkochen.

Für die Soße die feingeschnittene Zwiebel und den Knoblauch in Butter anbräunen. Die Hälfte der Tomaten zerkleinern und die andere Hälfte mit der Tomatenflüssigkeit durch ein Sieb zu den Zwiebeln passieren. Tomatenmark und Fenchelkochbrühe dazugeben. Alles auf die Hälfte einkochen lassen, vorsichtig, damit die Soße nicht anbrennt. Mit Salz, Pfeffer, Zucker abschmecken. Fenchel mit einem Schaumlöffel aus der Kochbrühe heben, abtropfen lassen und in eine feuerfeste Form legen. Parmesankäse mit dem süßen Rahm verrühren und über den Fenchel gießen. Nun die Soße über den Fenchel verteilen und mit Butterflöckchen belegen.

In vorgeheiztem Backofen bei starker Hitze 15 – 20 Minuten überbacken. Mit gehacktem Fenchelgrün bestreut anrichten.

Beilagen: Schweineschnitzel und Kartoffeln

Artischocken oder Carciofi *(Italien)*

Ein Gemüse, welches im ganzen Mittelmeerraum sehr beliebt ist, besonders in Italien, Frankreich und Spanien. Es stammt aus der Familie der Disteln, daher die spitzen, harten Enden der dunkelgrünen Blätter und die heuähnlichen Blütenblütter auf dem Artischockenherz. Die äußeren grünen Blätter haben fast kein Fruchtfleisch, doch je näher man zum Artischockenherz hinkommt, um so weicher und genießbarer werden die Blätter. Das Artischocken-Herz oder der -Boden werden auch in Öl oder Essig eingelegt und als Vorspeise mit Weißbrot gereicht.

904. Artischocken-Grundrezept

Den Stiel und die äußersten harten Blätter und Spitzen der Blätter abschneiden, unter fließendem Wasser waschen und 40 – 50 Minuten in kochendem Salzwasser garen. Es ist ratsam etwas Zitronensaft dem Salzwasser beizufügen, damit die abgeschnittenen Blattspitzen nicht braun werden. Wenn sich die Artischockenblätter leicht herausziehen lassen, ist das Gemüse fertig. Die so gekochten Artischocken werden mit pikanten Soßen, in die man die Blätter eintaucht, als Vorspeise gereicht.

905. Artischocken als Vorspeise mit Sauce mousseline *(Frankreich)*

Pro Person 1 Artischocke, Salz, Zitronensaft; Zutaten für Sauce mousseline: 1 Ei, je 1 Messerspitze Salz und Pfeffer, 1 Teelöffel Senf, 1 Eßlöffel Essig, 3 Eßlöffel Olivenöl, je 1/2 Bund Schnittlauch, Petersilie und Kerbelkraut

Die Artischocken nach Grundrezept vorbereiten und kochen. Sauce mousseline wie folgt zubereiten: Das Ei eine Minute in kochendes Wasser legen. Dann das Ei aufschlagen und in eine Schüssel fallen lassen. Salz, Pfeffer, Senf und Essig dazugeben und mit Schneebesen gut verrühren. Jetzt erst das Olivenöl langsam dazuschlagen. Die Kräuter fein hacken und in die Sauce geben.

Die heißen, gekochten Artischocken und die Sauce in einer Glasschüssel anrichten. Jede Person bekommt eine Artischocke und nimmt Sauce mousseline auf ihren Teller. Nun beginnt man mit den äußeren Blättern, an deren Innenseite nur wenig Fruchtfleisch ist, tunkt in die Sauce ein und schabt mit den Zähnen das eßbare Fleisch ab. Je näher man zum Herz oder Boden der Artischocke gelangt, um so mehr Gemüsefleisch enthält jedes Blatt. Beim Herz angelangt, muß man mit einem Löffel die heuähnlichen Blütenblätter entfernen. Auf den Artischocken-Boden Sauce mousseline geben und so das beste Stück dieses Gemüses genießen!

Beilage: frisches Stangenweißbrot

906. Artischocken gefüllt *(Italien)*

4 mittelgroße Artischocken, 1 – 2 Zehen Knoblauch, 2 Schalotten, 2 Eßlöffel Champignons, 5 Eßlöffel feingewiegte, gekochte Kalbsnieren oder

Artischocken waschen und einmal fest gegen den Tisch klopfen, dadurch öffnen sich die Blätter. Die Mittelblätter auseinanderdrücken und vom Artischocken-Herz die heuähnlichen Blütenblätter entfernen. Die harten Spitzen der Blätter mit Schere abschneiden. Mit Zitronensaft beträufeln und in kochendem Salzwasser nicht zu weich kochen.

Hühnerfleisch, 3 Eßlöffel Olivenöl, 4 Eßlöffel Semmelbrösel, 1/8 Liter Weißwein, Saft von 1/2 Zitrone, Salz, Pfeffer, 1 Bund Petersilie, ca. 1/4 Liter Brühe aus Fleischbrühwürfeln, Butterflöckchen

Knoblauch fein hacken, Schalotten und Pilze schneiden und im Olivenöl andünsten, mit dem Fleisch, Semmelbrösel, Weißwein, Salz und frischgemahlenem schwarzem Pfeffer und der feingewiegten Petersilie zu einer feinen Fülle vermengen. Die Fülle in die Mitte der Artischocken geben und diese in eine ausgefettete, feuerfeste Form setzen. Mit Butterflöckchen belegen und die Form ungefähr 2 – 3 cm hoch mit der Brühe auffüllen. In heißem Backrohr 30 Minuten backen. *Beilage:* Reis

Chicorée

Chicorée ist ein vitaminreiches (Vitamin C) und kalorienarmes Gemüse. Es kann als Salat oder Gemüse verwendet werden.

907. Chicorée-Grundrezept

Die Chicorée-Stangen werden gewaschen, eventuell äußere Blätter, falls braun, wegnehmen, mit scharfem Messer vom Boden jeder Stange eine dünne Scheibe abschneiden und mit Messerspitze Kern etwa 1 – 2 cm tief herausholen. Dieser Kern enthält Bitterstoffe.

908. Chicorée-Salat bunt

2 – 3 Chicorée-Stangen je nach Größe, 1 Orange, 1 Grapefruit, 2 Fleischtomaten, 1 Banane, 5 – 6 Walnüsse, 100 g gekochter Schinken; für die Salatsoße: 1/8 Liter süßer Rahm oder 1 Joghurt, 1 Teelöffel Salz, 2 Eßlöffel Olivenöl, 1 Teelöffel scharfen Senf, 2 Eßlöffel Zitronensaft, 1 Teelöffel Zucker, Pfeffer, je 1/2 Bund Petersilie, Dill, Kerbel oder Schnittlauch. Statt süßem Rahm kann auch Mayonnaise verwendet werden.

Chicorée nach dem Grundrezept vorbereiten, die Kolben in 2 cm breite Streifen schneiden. Orange und Grapefruit schälen, die weiße Haut sorgfältig entfernen und die Früchte in Würfel schneiden, eventuell auftretenden Saft in die Salatschüssel geben. Banane, Tomaten und Schinken auch würfeln. Alle Früchte zum Chicorée geben.

Die Salatsoße bereiten aus dem süßen Rahm oder Joghurt mit Zitronensaft verrührt, Salz, Olivenöl, Senf, Zucker, frischgemahlenem schwarzem Pfeffer und den feingewiegten Kräutern. Kurz vor dem Anrichten die Salatsoße über den Chicorée geben und vorsichtig unterheben. Mit geviertelten Walnüssen verzieren.

Übrigens als erfrischender Partysalat sehr geeignet!

Beilage: Toast mit Butter oder frisches Stangenweißbrot, gegrillte Schweinekoteletts

909. Chicorée in Schinken gerollt *(Belgien)*

6 – 8 Chicorée-Stangen, Salz, Zitronensaft, je Chicorée-Stange eine Scheibe rohen oder gekochten Schinken, 2 – 3 Eßlöffel süßen Rahm

Chicorée nach dem Grundrezept herrichten und in wenig Salzwasser mit etwas Zitronensaft einige Minuten kochen, auf Sieb abtropfen lassen. Jede Stange Chicorée in eine Scheibe Schinken einrollen und in einer feuerfesten Form zugedeckt 20 Minuten im eigenen Saft schmoren lassen. Mit frischgemahlenem schwarzem Pfeffer und süßem Rahm abschmecken und anrichten.

Beilagen: Kartoffelbrei, Kartoffelkroketten

910. Chicorée mit Roquefortsauce *(Frankreich)*

6 – 8 Chicorée-Stangen, Salz, Zitronensaft; Sauce aus 50 g durchpassiertem Roquefortkäse, 1 Becher Joghurt, 50 g Mayonnaise, 1 Teelöffel Zitronensaft, etwas Kirschwasser, Salz, Pfeffer

Chicorée nach dem Grundrezept herrichten und in wenig Salzwasser mit etwas Zitronensaft weichkochen. Auf Sieb gut abtropfen und kalt werden lassen, gut ausdrücken. Sauce aus dem durchpassierten Roquefortkäse, Joghurt, Mayonnaise, Salz und Pfeffer herstellen, gut verrühren. Mit Zitronensaft und Kirschwasser abschmecken und über den Chicorée geben.

911. Chicorée Pariser Art

6 – 8 Chicorée-Kolben je nach Größe, 70 g Butter, 1 Knoblauchzehe, Saft und Schale von $^1/_2$ Zitrone, Salz, weißen Pfeffer, 1 Schuß Cognac, 4 Eßlöffel Olivenöl

Chicorée nach dem Grundrezept herrichten und auf kleiner Hitze in der Butter dämpfen.

Knoblauchzehe fein zerdrücken und das Olivenöl dazugeben, den Saft und die geriebene Schale der halben Zitrone, Salz, weißen Pfeffer und einen Schuß Cognac dazurühren. Diese Soße über das heiße Gemüse geben und sofort anrichten.

Beilage: frisches Stangenweißbrot

912. Chicorée überbacken *(Frankreich)*

6 – 8 Chicorée-Stauden, Salz, Zitronensaft, 6 Scheiben Schmelzkäse; Zutaten zur Béchamelsoße Nr. 918 und $^1/_4$ Liter Gemüsesud; zum Überbacken: 2 – 3 Eßlöffel Parmesankäse, Semmelbrösel, Butterflöckchen

Chicorée nach dem Grundrezept herrichten und in Salzwasser mit Zitronensaft nicht zu weich kochen. Auf Sieb abtropfen lassen und in gefettete, feuerfeste Form setzen. Mit den Schmelzkäsescheiben belegen.

Béchamelsoße nach Nr. 918 zubereiten und mit 1/4 Liter Gemüsesud verrühren. Die Soße über den Chicorée verteilen, mit Parmesankäse und Butterflöckchen bestreuen und 15 – 20 Minuten in vorgeheizter, heißer Röhre goldgelb überbacken.

Beilagen: Gebratene Würstchen, Salzkartoffeln

913. Chicorée-Cocktail mit 3 Soßen

Pro Person 1 feste Chicorée-Stange von bester Qualität, je nach Größe auch mehr

Chicorée nach dem Grundrezept herrichten, auf einem Küchentuch gut abtrocknen. Die einzelnen Blätter werden gelöst und auf einer Platte fächerförmig angeordnet. Jeder bedient sich selbst: die knackigen Blätter in die Saucen eintauchen, abbeißen und wieder eintauchen! Nachfolgende Soßen in Schälchen füllen.

Kräutersoße

2 Eier, je 1/2 Bund Petersilie, Dill, Schnittlauch, 1 Kästchen Kresse, 1 Eßlöffel Weinessig, 2 – 3 Eßlöffel Olivenöl, 1/2 Teelöffel Salz, Pfeffer, 1 Messerspitze edelsüßen Paprika, 1 Teelöffel scharfen Senf

Die Eier hartkochen, erkaltet fein hacken, ebenfalls die gesamten Kräuter fein schneiden oder hacken. Eine Sauce aus Essig, Olivenöl, Salz, frischgemahlenem schwarzem Pfeffer, Paprika und Senf herstellen, gut verrühren und mit den Eiern und Kräutern vermischen.

Orangensoße

100 g Mayonnaise, 1 Becher Dickmilch, Fruchtfleisch von 1 Orange, Saft von 2 Orangen, Salz, Pfeffer, 1/2 Teelöffel Zucker

Mayonnaise und Dickmilch mit dem Saft von 2 Orangen gut verrühren, Salz, frischgemahlenen schwarzen Pfeffer und Zucker dazugeben. Zuletzt das feingeschnittene Fruchtfleisch von 1 Orange untermischen.

Tomaten-Joghurt-Soße

100 g Mayonnaise, 2 Becher Joghurt, 8 Eßlöffel Tomatenketchup, Salz, Pfeffer, 1/2 Teelöffel edelsüßen Paprika, eine Messerspitze Ceyennepfeffer, 1/2 Teelöffel Zucker, nach Belieben je 1/2 Bund Dill, Petersilie, Basilikumblätter

Mayonnaise und Joghurts mit dem Tomatenketchup gut verrühren, Salz, frischgemahlenen schwarzen Pfeffer, Paprika, Zucker, Ceyennepfeffer und die feingewiegten Kräuter dazugeben.

Diese Soßen können auch zu anderen Salaten oder gegrilltem Fleisch verwendet werden.

Pizza *(Italien)*

Eine gute Pizza selbst herzustellen, ist keine große Kunst und erfordert keine teuren Zutaten. Das echte Grundrezept für den Teig ist einfach anzufertigen, es ist ein Weißbrotteig, wie ihn die italienische Hausfrau auch beim Bäcker kaufen kann. Also kein fett- oder eierreicher Teig!

914. Grundrezept

Mehl in Schüssel geben, Hefe in Tasse mit lauwarmem Wasser anrühren und in die Mitte des Mehles gießen. Mit etwas Mehl zu dicklichem Brei anrühren, zudecken und gehen lassen, bis Teiglein doppelt so groß ist. Nun Öl, Salz und Zucker dazugeben und mit so viel lauwarmem Wasser oder Milch verrühren, bis geschmeidiger Teig vorhanden ist. Gut schlagen, bis der Teig glänzt. Wieder 15 Minuten gehen lassen. Großes Backblech mit Öl bestreichen, Hefeteig gleichmäßig darauf verteilen und mit einem der nachfolgenden Pizza-Rezepte weiterverfahren.

500 g Mehl, 20 g Hefe, 1 Teelöffel Salz, 1 Teelöffel Zucker, 1/8 Liter Milch oder Wasser, 1 – 2 Eßlöffel Öl

915. Pizza neapolitana *(Neapel)*

Pizzateig wie im Grundrezept vorbereiten und folgendermaßen belegen: Inhalt der Tomatendose mit Schneebesen zerschlagen, damit es eine dickliche Tomatenmasse ergibt. Diese auf dem Pizzateig gleichmäßig verteilen, wenn zuviel Tomatensoße vorhanden, anderweitig verwenden. Die Hartwurst in kleine Stücke schneiden, darüberstreuen, den Emmentaler-Käse gleichmäßig, am besten etwas zerpflückt, auflegen. Parmesankäse verteilen und die in Stücke geschnittenen Sardellenfilets ebenfalls auflegen. Zum Schluß das Oreganogewürz darüberstreuen. Will man die Pizza besonders saftig haben, verteilt man noch 2 – 3 Eßlöffel Öl über derselben.

Backofen vorheizen und Pizza bei guter Hitze 20 – 25 Minuten backen. Pizza darf nicht hart werden, sondern muß weich bleiben. Vor dem Anrichten in beliebig große Stücke schneiden.

Zutaten zum Pizzateig nach dem Grundrezept Nr. 914; für Belag: 1 Dose geschälte Tomaten, 200 g Emmentaler-Käse in Scheiben, 100 g Parmesankäse, 100 g Hartwurst, 4 – 6 Sardellenfilets, 1 Eßlöffel Oregano, 2 – 3 Eßlöffel Öl

916. Pizza Vierjahreszeiten oder quattro stagioni

Pizzateig Nr. 914; für Belag: 1 Dose geschälte Tomaten, 200 g Emmentaler Käse, 100 g Parmesankäse, 100 g gekochten Schinken, 1 Dose Champignons, 10 – 12 Oliven, 1 Eßlöffel Oregano, 1/2 Teelöffel Thymian, 2 – 3 Eßlöffel Öl

Pizzateig nach Grundrezept herstellen. Belag in der Art und Reihenfolge wie in Rezept „Pizza neapolitana" auflegen und backen.

917. Pizza mit Pilzen *(Champignons, Steinpilze oder Maronen-Röhrlinge)*

Pizzateig Nr. 914; für Belag: 250 g Pilze, 2 Eßlöffel Butter, 2 große Zwiebeln, 1 Dose geschälte Tomaten, 100 g Parmesankäse, 6 Sardellenfilets, 1 Eßlöffel Oregano, 2 – 3 Eßlöffel Öl

Pizzateig nach Grundrezept vorbereiten und in vorgeheizter Röhre bei guter Hitze 6 Minuten anbacken, herausnehmen. Die geputzten Pilze und in feine Scheiben geschnittenen Zwiebel auf dem Teig verteilen. Inhalt der Tomatendose mit Schneebesen zerschlagen, damit es eine dickliche Tomatensoße ergibt, und über der Pizza verteilen. Sardellenfilets in Stücke schneiden und damit die Pizza verzieren. Mit Oregano überstreuen. Die Pizza gleichmäßig etwas salzen und pfeffern, das Öl verteilen und mit Parmesankäse bestreuen. Bei nicht zu starker Hitze 20 – 25 Minuten backen.

918. Béchamelsoße *(Italien)*

3 Eßlöffel Mehl, 50 g Butter, 1/4 Liter Milch oder halb Milch, halb süßen Rahm, Salz nach Belieben

Butter heiß werden lassen, Mehl dazurühren und sofort mit der kalten Milch oder dem Milch-Rahm-Gemisch glattschlagen. Bei kleiner Hitze einige Minuten aufkochen lassen. Salzen und mit Milch oder Wasser nach Belieben verdünnen.

919. Béchamel-Käsesoße *(Italien)*

Zutaten wie zu Béchamelsoße Nr. 918, 1 – 2 Eigelb, 50 – 80 g Parmesankäse oder anderen Reibkäse

Béchamelsoße zubereiten und mit Eigelb verfeinern, Käse gut unterrühren.

920. Panierteig *(Italien)*

2 Eier, Salz, Mehl, Öl zum Backen

Die Eier werden mit etwas Salz fest verschlagen. Das vorbereitete Gemüse, Fleisch oder Fisch darin eintauchen, danach in Mehl wenden und in reichlich Öl herausbacken.

921. Backteig für fritierte Gemüse, Fleisch oder Fisch *(Italien)*

3 Eßlöffel Mehl, 3 Eßlöffel Olivenöl, 3 Eier, Salz, je 1 Messerspitze getrockneten oder frisch gehackten Thymian, Basilikum und Rosmarin

Zutaten zu einem glatten Teig verrühren und Gewürze zugeben. Das jeweilige Gemüse, Fleisch oder Fisch wird in diesen Backteig eingetaucht und in reichlich heißem Fett herausgebacken.

922. Tomatensoße italienisch

1 große Dose geschälte Tomaten oder *750 g Tomaten, 2 Zwiebeln, 2 Knoblauchzehen, 50 g Kochsalami oder Schinkenwurst, 3 Eßlöffel Olivenöl, 1/2 Teelöffel Salz, Pfeffer, 1 Teelöffel Basilikum, 1/2 Teelöffel Thymian, etwas Salbeiblätter, 1 Fleischbrühwürfel*

Olivenöl in Topf erhitzen und die feingeschnittenen Zwiebeln und den Knoblauch darin hell anbraten. Gewürfelte Wurst zugeben. Verwendet man eine Dose geschälte Tomaten, so gibt man diese zu den Zwiebeln und kocht sie ca. 15 Minuten unter Beigabe aller Gewürze und dem Fleischbrühwürfel.

Kommen rohe Tomaten zur Verwendung, müssen diese mit kochendem Wasser überbrüht und abgeschält werden. Halbiert und vom Butzen befreit, unter Zugabe aller Gewürze und Fleischbrühwürfel ca. 30 Minuten im eigenen Saft auf nicht zu starker Hitze kochen. Nach Belieben durch Sieb passieren.

923. Nudel-Grundteig *(Italien)* *(Pasta asciutta)*

500 g Mehl, 4 Eier, 2 – 3 Eßlöffel Olivenöl, 2 – 6 Eßlöffel Wasser, je nach Bedarf

Alle Zutaten in Schüssel gut durchkneten, wenn vorhanden mit Küchenmaschine (Knethaken). Ca. 1/2 – 1 Stunde zugedeckt ruhen lassen. Auf mit Mehl bestreutem Brett je nach Belieben dünn oder weniger dünn ausrollen und in beliebige Formen schneiden.

924. Spaghetti alla bolognese

500 g Spaghetti, Salz, Öl, Parmesankäse, Zutaten zur Fleischsoße Nr. 925

Fleischsoße (Ragù alla bolognese) nach Rezept Nr. 925 zubereiten. Spaghetti in Salzwasser, dem man 1 Eßlöffel Öl zufügt, „al dente“, also noch mit „Biß“ kochen. Die fertigen Spaghetti auf ein Sieb schütten und kurz mit kaltem Wasser überspülen und mit einem größeren Stück Butter in eine feuerfeste Form füllen und in Röhre oder auf

Platte heiß stellen. Zum Anrichten am besten Suppenteller verwenden und auf jede Portion Spaghetti eine Haube von der Fleischsoße geben, ein nußgroßes Stück Butter darauflegen und mit Parmesankäse bestreuen.

Hinweis: Man rechnet pro Person 100 – 125 g Spaghetti pro Mahlzeit.

Beilage: jede Art von Salat

925. Fleischsoße zu Spaghetti *(Ragù alla bolognese)*

250 – 300 g gemischtes Schweine-Rind-Hackfleisch, 50 g geräucherten Speck, 2 gelbe Rüben, 2 Zwiebeln, 2 Knoblauchzehen, 1 Stückchen Sellerie, 1 Döschen Tomatenmark, 4 – 5 geschälte Tomaten oder kleine Dose geschälte Tomaten, 2 Eßlöffel Öl, 1 Eßlöffel Butter, 1 Bund Petersilie, Salz, Pfeffer, je 1 Messerspitze Oregano, Thymian, Rosmarin, Basilikum, 1 – 2 Lorbeerblätter, 2 ganze Nelken, nach Belieben 2 – 3 Hühnerlebern

Öl und Butter erhitzen und die feingeschnittenen Zwiebeln, Speck und Knoblauch darin anbraten, Hackfleisch und evtl. die feingeschnittenen Hühnerlebern dazu und weiter anbraten. Die überbrühten und geschälten Tomaten und das mit einer Tasse Wasser verrührte Tomatenmark zugeben und auf kleiner Hitze weiterkochen lassen. Die gelben Rüben und den Sellerie fein reiben und mit den Lorbeerblättern und Nelken der Soße beigeben. Alles ca. 20 Minuten auf kleiner Hitze garen lassen. Zuletzt die Gewürze Oregano, Thymian, Rosmarin, Basilikum, Salz und frischgemahlenen schwarzen Pfeffer unterrühren und noch etwas ziehen lassen. Selbstverständlich können die angegebenen Gewürze statt in getrocknetem Zustand auch als frische Kräuter verwendet werden.

Es ist auch möglich, diese Fleischsoße mit mehr Gemüse, das heißt gelben Rüben und Sellerie, und weniger Hackfleisch zuzubereiten.

926. Spaghetti alla romana

500 g Spaghetti, Salz, Öl, Parmesankäse; Zutaten zu Tomatensoße Nr. 924

Spaghetti wie in Rezept „Spaghetti alla bolognese" kochen. Die Tomatensoße nach Rezept Nr. 924 herstellen. Auf jede Spaghettiportion einige Löffel Tomatensoße und ein nußgroßes Stück Butter geben und mit Parmesankäse überstreuen.

Beilage: grüner Salat

927. Cannelloni alla romana *(Italien)*
(Gefüllte Nudelröllchen)

Zutaten zu Nudel-Grundteig Nr. 923; Zutaten zu Fleischsoße Nr. 925; Zutaten zu Tomatensoße Nr. 922; Parmesankäse, Butterflöckchen

Nudelteig nach Grundrezept Nr. 923 herrichten, dünn ausrollen und ca. 10 cm große Quadrate schneiden. Große feuerfeste Form ausfetten und die Hälfte der durchpassierten Tomatensoße gleichmäßig darin verteilen. Nun legt man mit einem Löffel von der Fleischsoße, die nicht zu flüssig sein darf, in die Mitte von einem Ende zum anderen des Teigquadrates eine Portion auf und rollt den Teig zusammen. Die Teigröllchen nebeneinander auf die Tomatensoße legen. Zum Schluß die 2. Hälfte der Tomatensoße über die Cannelloni gleichmäßig verteilen, mit Parmesan bestreuen und Butterflöckchen verteilen.

In vorgeheizter Röhre bei mittlerer Hitze ca. 35 Minuten backen. Auf der Oberseite darf sich eine zarte Kruste bilden, jedoch dürfen die Cannelloni nicht trocken werden.

Beilage: Gurkensalat oder grünen Salat

928. Lasagne oder Nudelauflauf *(Italien)*

Zutaten zu Nudel-Grundteig Nr. 923; Zutaten zu Fleischsoße Nr. 925; Zutaten zu Béchamel-Käsesoße Nr. 919, jedoch doppelte Portion

Nudelteig nach Grundrezept Nr. 923 herrichten, dünn ausrollen und zwar suppentellergroße Flecke, ovaler oder runder Form. Diese auf bemehltes Brett oder Tuch legen. Große feuerfeste Form mit Butter ausstreichen und eine Lage Nudelflecke auslegen. Die Nudelflecke sollen nicht übereinander liegen, nicht passende Teile abschneiden und an Ecken oder Rändern verwenden. Die Nudelflecke sollen eine Schicht, wenn auch aus Teilen zusammengesetzt, ergeben. Nun mit dem Löffel eine Lage Fleischsoße, welche ruhig etwas flüssig sein darf, auflegen. Dann eine Lage Béchamel-Käsesoße darüber verteilen. Nun wieder Nudelflecke, dann Fleischsoße und wieder Käsesoße, bis die Form $^3/_4$ voll ist. Es muß noch Platz zum Aufgehen beim Backen bleiben. Die oberste Schicht soll Béchamel-Käsesoße sein, die mit Parmesankäse bestreut und mit Butterflöckchen belegt wird. In vorgeheizter Backröhre bei mittlerer Hitze 45 Minuten backen.

Die Lasagne am besten in der feuerfesten Form anrichten und mit

einem Scherer von oben nach ganz unten ein ungefähr 10 cm breites Portionsstück herausheben. Die Lasagne muß weich und saftig sein.

Dieses festliche Nudelgericht ißt man in Italien vor allem am Sonntag. In kleinen Portionen kann Lasagne auch als Vorspeise gereicht werden.

Hinweis: Im Handel gibt es schon die fertigen, getrockneten Lasagne-Nudelflecke. Der selbstangefertigte Nudelteig nach dem Grundrezept Nr. 923 ist jedoch besser im Geschmack!

Beilage: jede Art von Salat

Polenta *(Italien)*

Goldkörniger Mais wird in Italien zu feinem Grieß gemahlen und zu Polenta gekocht, mit Wasser oder einem Wasser-Milch-Gemisch, das leicht gesalzen wird. Nach Belieben wird nach Fertigstellung der Polenta Butter oder Reibkäse (Parmesan) zugefügt. Auf eine Platte gestrichen oder in eine Schüssel gedrückt und anschließend gestürzt, kann diese Beilage in Scheiben oder anderer Form zu gebratenem Fleisch, Ragouts, Rouladen oder Hühnchen gereicht werden.

929. Polenta-Grundrezept

A) 225 g feinen Maisgrieß, 1 Liter kochendes Wasser, $^{1}/_{2}$ Teelöffel Salz, oder Wasser gewürzt mit 1 Fleischbrühwürfel.
B) 225 g feinen oder mittelfeinen Maisgrieß, $^{3}/_{4}$ Liter Wasser und $^{1}/_{4}$ Liter Milch, $^{1}/_{2}$ Teelöffel Salz.
Nach Belieben zu A) oder B) noch 30 g Butter, 3 Eßlöffel Parmesankäse

In das kochende Salzwasser oder Wasser-Milch-Gemisch mit Salz den Maisgrieß schütten, glatt rühren, bei kleiner Hitze unter öfterem Rühren 20 Minuten quellen lassen. Schüssel mit Öl ausstreichen und Polenta hineingeben, gut andrücken und gleich auf Platte oder Brett stürzen. Davon ca. 1 cm dicke Scheiben abschneiden. Diese Scheiben kann man nach Belieben noch in Butter schwenken oder abbraten und als Beilage reichen.

Will man Butter und Parmesankäse in die Polenta geben, so geschieht dies nach dem Fertigquellen. Durchrühren und weiterverfahren wie oben angegeben.

930. Römische Krusteln (Gnocchi di polenta) auf 2 verschiedene Arten

Zutaten zu Grundrezept A) oder B)

Polenta nach Grundrezept A) ider B) anfertigen und nach dem Quellen ca. 1 cm dick auf eine geölte, flache Platte streichen. Wenn Polenta ausgekühlt, ca. 3 cm große Plätzchen abstechen und entweder

a) schuppenförmig in feuerfeste, gebutterte Form schichten, dick mit geriebenem Käse, am besten Parmesankäse, bestreuen und Butterflöckchen darüber verteilen. In vorgeheizte Backröhre schieben und bei guter Hitze 20 Minuten überbacken oder

b) schuppenförmig in feuerfeste, gebutterte Form schichten, mit Tomatensoße nach Rezept Nr. 922, jedoch nur $1/2$ Portion, übergießen, Parmesankäse sowie Butterflöckchen darüber verteilen und in vorgeheizter Backröhre bei guter Hitze 20 Minuten überbacken.

931. Polenta mit Speck (Polenta con lardo) *(Italien)*

200 g Maisgrieß, 1 Liter Salzwasser, $1/2$ Fleischbrühwürfel, 250 g nicht zu fetten Speck, 1 Zwiebel, 1 Messerspitze Paprika

Speck durch die Fleischmaschine drehen oder sehr fein würfeln und in Pfanne heiß werden lassen. Die gehackte Zwiebel darin glasig andünsten, Fleischbrühwürfel zugeben und mit dem Wasser aufgießen. In die kochende Brühe Maisgrieß schütten und auf kleiner Hitze unter öfterem Umrühren 20 Minuten quellen lassen. Weiterverfahren wie im Grundrezept. Sehr geeignet für fleischlosen Tag!

Beilagen: Gemüse, Fleischsoßen

Kiwi (Chinesische Stachelbeere)

Kommt aus Ostasien und Neuseeland, eine sehr vitamin-C-reiche Frucht, von süßem, zartem Aroma. Die Frucht wird nach dem Waschen von der pelzigen braunen äußeren Haut befreit und, geviertelt oder in Scheiben geschnitten, als Nachtisch gereicht oder zur Verzierung von kalten Platten verwendet. Als feine Frucht zu zarten Obstsalaten geeignet. Auch fein püriert unter Eis gemischt, ist dies ein köstliches Dessert!

932. Kiwi-Eistorte

1 Biskuit-Obsttortenboden, 500 g gutes Vanilleeis, 5 Kiwis, 1/2 Packung tiefgekühlte oder frische Himbeeren, 5 Eßlöffel Aprikosenmarmelade, 2 Eßlöffel Rum, 4 Eßlöffel Mandelblätter, 1/2 Dose Mandarin-Orangen, 1 Eßlöffel Schokoladenspäne

Aprikosenmarmelade mit Rum gut verrühren und Obsttortenboden, einschließlich Rand, damit bestreichen. Mandeln in etwas Butter goldgelb rösten und den Tortenrand damit verzieren. Kiwis schälen, in Scheiben schneiden und als Kranz auf den Tortenboden legen. Die aufgetauten oder frischen Himbeeren auf Sieb abtropfen lassen. Abwechselnd mit Vanilleeis (mit einem Löffel vom Block schaben) in die Mitte der Torte geben. Die Schokoladenspäne über die Torte streuen und gleich servieren.

933. Kiwi-Schichtpudding

4 Kiwis (auch in Konserven erhältlich), 1/2 Liter Milch, 1 Vanillepuddingpulver oder Vanille-Pudding nach Nr. 502 herstellen, 40 g Zucker, 1 Päckchen Sahnequark 20 %, 8 Löffelbiskuits

Kiwis waschen und schälen und in Scheiben schneiden. Wird eine Konserve verwendet, Kiwis auf Sieb abtropfen lassen. Aus Milch, Puddingpulver und Zucker Pudding anfertigen, abkühlen lassen und nach und nach den Quark unterrühren. Mit Zucker süßen. Den Boden einer Glasschale mit einer Lage Kiwischeiben auslegen, die Hälfte des Puddings einfüllen, darauf die Löffelbiskuits und wieder Kiwischeiben legen, den Rest des Puddings einfüllen, mit einigen Kiwischeiben verzieren und kalt stellen.

Avocado *(Israel)*

Avocado, eine längliche, dunkelgrüne Frucht mit einem großen Kern ist reich an Proteinen, Mineralien und Vitaminen (A, B, C, E). Das leichtverdauliche Öl der Avocado ist frei von Cholesterin.

Avocados können pikant, süß, würzig oder naturbelassen gereicht werden, als Vorspeise, Salate, Nachspeisen, als Brotaufstrich und Gemüse.

Drei Dinge sollte man beachten:

Die Avocado-Frucht muß zum Verzehr reif, das heißt, das Fruchtfleisch muß butterweich und cremig sein. Mit einem Druck von Daumen und Zeigefinger auf die Schale kann man den Reifegrad prüfen.

Soll der Reifeprozeß beschleunigt werden, wickelt man die Frucht in Papier oder Folie und lagert sie bei Zimmertemperatur. Will man die Avocado-Frucht länger frisch halten, so ist das Gemüsefach im Kühlschrank der richtige Platz. Sollte die Frucht beim Auseinanderschneiden schwarze Stellen aufweisen, so sollen diese entfernt werden.

934. Avocado-Brotaufstrich

Avocado waschen, halbieren und den Kern entfernen. Mit Teelöffel das butterweiche Fruchtfleisch herausnehmen und mit der Gabel oder Mixgerät fein pürieren. Salz, frischgemahlenen schwarzen Pfeffer, Zitronensaft und feingewiegte Zwiebel unterrühren. Zusammen mit dunklem Bauernbrot servieren.

Pro Person 1/2 Avocado, Salz, Pfeffer, Zitronensaft, 1 Zwiebel

935. Avocado als Vorspeise

Avocado waschen, halbieren, Stein herausnehmen und auf Glasteller mit Salz bestreut anrichten. Das Fruchtfleisch wird mit einem Kaffeelöffel entnommen. Dazu frisches Stangenweißbrot!

Pro Person eine Avocado-Hälfte, Salz

936. Avocado-Nachspeise

Avocado waschen, halbieren und den Kern entfernen. Nun mit Kaffeelöffel vorsichtig so viel Fruchtfleisch, welches butterweich und cremig sein muß, herausschälen, daß noch eine dünne Schicht in der Schale verbleibt. Da die Schalen-Hälften wieder vollgefüllt werden, vorsichtig arbeiten, damit die Schalen nicht einreißen. Das entnommene Fruchtfleisch mit Gabel zerdrücken und mit Schneebesen oder Küchenmixer fein pürieren.

Den Zucker, Orangensaft und Zitronensaft zugeben und cremig schlagen. Nun den Cointreau-Orangenlikör unterrühren und die Avocado-Hälften damit füllen. Orange abschälen, die weiße Haut sorgfältig entfernen, vierteln und in kleine gleichmäßige, dreieckige Stücke schneiden. Mit den Orangenstücken die gefüllten Avocado-Hälften schuppenartig längs verzieren. Avocados 1 Stunde kühlen.

4 Avocado-Hälften, 100 g Zucker, Saft von 1 Orange, Fruchtfleisch von 1 Orange, 1 Schnapsglas – 2 cl – Cointreau (Orangenlikör), Saft von 1/2 Zitrone

Alphabetisches Register

(Die Zahlen verweisen auf die Rezeptnummern)